牟宗三先生全集㉓

時代與感受

牟宗三　著

《時代與感受》全集本編校說明

林日盛

　　本書收錄牟宗三先生在1962年至1983年間評論現實問題的文章、演講記錄及訪談記錄，於1984年3月由臺北鵝湖出版社出版，1988年10月再版，1995年9月三版。

　　牟先生特以王邦雄先生的〈從中國現代化過程中看當代新儒家的精神開展〉一文爲本書〈導言〉，此文原刊於《鵝湖月刊》第9卷第4期（1983年10月）。爲尊重牟先生的心意，本《全集》本保留王先生此文。

　　本書除〈序言〉與〈導言〉之外，共收錄論著二十四篇，其中若干篇曾多次發表，爲免累贅，每篇之後僅註明第一次發表的出處。至於其他出處，則請參考本《全集》所附的〈牟宗三先生著作編年目錄〉。本書之編校工作以最新版（第三版）爲依據。

序　言

　　一個人在非理性的時代，除各人之專業外，就知識分子言，除其專門學術研究外，不能不理會此非理性時代之何由來。我在大學讀書的時候（民十七至二十二年）正是國家之正當發展處境不穩定的時候，同時亦是馬列主義──一套邪惡的意底牢結（來自西方者）正在興起向社會上散發並向知識分子之心靈注射的時候。讀哲學的，如果他能獨立地運思，他必首當其衝（讀其他學問的人不甚直接相干），因為這正是一個思想底問題──不是泛泛的思想問題，乃是人類價值標準底問題、人類文化方向底問題。因此之故，讀哲學的，處在這個非理性的時代，有其天造地設的命運（受苦），說得積極一點，有其天造地設的使命（天職）。若不能自覺地承當這命運或自覺地擔當這使命，他便不能盡其學哲學之本分。一般知識分子，無論讀哲學的或非讀哲學的，若不能意識到這問題之嚴重，而一味地隨波逐流、搖惑不定，則必亦有其天造地設的命運，那就是說，其結局必是集體自殺，要不然，就是被殺或被辱。

　　我在學校讀書的時候就面對了那一套邪惡的意底牢結，覺得其中的理論都是強辭奪理，沒有一個是站得住的。然而它們卻又風靡了一時的知識分子，這裡面必有一種假象在愚弄人、在搖惑人。人

就是這樣常易為一種假象所愚迷而陷於如醉如癡的自殺之境，此即所以為非理性的時代。

　　我在密切的注意與感受中，中間經過抗戰八年，勝利後整個大陸的陷落，以及近三十年來大陸人民受那一套邪惡的意底牢結之災害，至今我已七十有五。我的一生可以說是「為人類價值之標準與文化之方向而奮鬥以申展理性」之經過。我徹底疏通了中國智慧之傳統，並疏通了中國文化發展中之癥結，寫了許多學術性的專書，並隨時亦作了些通俗性的講演。近來鵝湖出版社把這些講辭輯成部帙，我名之曰「時代與感受」。凡有所說，皆有所本。近見《鵝湖》第100期載有王邦雄君一文，題曰：「從中國現代化過程中看當代新儒家的精神開展」，其中對於曾、胡洋務，康、梁維新，下屆保皇、保教、國粹諸想法之陋劣與義和團之愚迷，以及五四新文化運動之激情，直至馬列邪執之征服大陸，這一步一步的扭曲與顛倒，作了綜括性的評述。王君有通識與慧解。這一步一步的扭曲與顛倒正是中國步入非理性的時代之寫照。王君道說其故甚諦當而確切，我見之甚喜。如是，乃商得王君之同意，將該文列為本集之導言，以通讀者之心志。閱此集者先看此導言，必較有眉目，且可瞭然於近代中國之所以受苦難並非無故。此為序。

中華民國72年11月

目　次

導言：從中國現代化過程中
看當代新儒家的精神開展

71年11月3日講於師大「人文學社」
王邦雄

一、前言

　　今天我們要討論的是當代中國的世界，我們的世界在那裡？這「世界」是特殊的定義，是指我們精神的宇宙、無形的天地、心靈的世界，來自於文化傳統與哲學宗教的世界。當代新儒家就是爲我們將失落已久的世界，重新的找回來。中國的世界在那裡？我覺得人的生命都要通過文化傳統來看它，才能有一個源遠流長的發展，也才能跟過去接續起來，不再是孤零零的現在，而是過去的帛綖，這個接續讓自己的生命茁壯起來，不再是只站在當前的某一點，而是整個歷史傳統的成長過程直接與生命通貫起來，這樣我們才能找到當前應有的方向，去開展未來的生命。我們總是有自己的世界，而這個世界是從傳統來的，那麼所謂的「當代」呢？我們講當代好像很有現代感、很有衝擊力、很有挑戰性，很多青年朋友很喜歡挑

戰，但是就一個國家、就一個社會來說的話，一個傳統的世界崩潰
了，絕對不是一個很有現代感、挑戰性的事，所以面對所謂的「當
代」，真是充滿了悲劇情懷。我對當代的界定是：從鴉片戰爭到今
天。今天我試圖通過整個中國學術長流的發展，來看當代中國人的
處境，並從中國現代化過程的反省中，來看當代新儒家所面對的問
題，以及生命精神的開展。

二、當代中國人的處境

當代，概括的說就是清末民初，是數千年來的一大變局，那麼
這個變局怎麼說呢？我們可以從兩方面來看：一從政治社會的轉
型，二從思想文化的交流。從政治社會的轉型來看，我們知道在中
國歷史上有三大轉型的時期：第一個是殷周之際，最大的不同是從
氏族社會的部落政治轉向宗法社會的封建政治，關鍵人物是周公。
第二個在周秦之際，由貴族封建政治轉向君主專制政治，關鍵人物
是秦始皇（秦始皇畫天下為郡縣，把諸侯分治的制度，轉變為郡縣
直屬中央的政治，所以秦始皇對中國歷史文化的影響很大，這一點
是很重要的。書同文、車同軌很重要，假定書不同文、車不同軌，
中國很可能一如歐洲形成分崩離析的局面，所以秦始皇對於中國歷
史文化很有貢獻）。第三個是清末民初，由君主專制的政治轉向民
主立憲的政治，關鍵人物是孫中山先生。所以今天我們面對的就是
這樣政治社會急速轉型的一個時代。

另外，我們從學術文化的觀點來看，在中國歷史文化的過程
中，在兩度異文化進入中國。第一度是印度文化進入中國，中國通

過南北朝、隋唐將近六百年的時間，來消化印度佛學和印度文化，我們很成功的消化了印度佛學和印度文化，使成為中國文化的一部分；第二度異文化走進中國，是西方的文化，這是我們當前所面對的，從科技器物而政治制度，再到宗教信仰，一波又一波的，層次逐漸加深的西潮東漸，衝擊這個古老的文化大國。今天我們講的當代，就是政治社會的急速轉型和西潮東漸全面消化西方文化的時期。整個西方文化進入中國，導致政治社會的轉型，這是就政經層面來說的，而影響最深的是來自於西方的心態、西方的文化、西方的宗教，所以整個中國傳統的世界觀崩潰了，就是我們幾千年來存在的那個世界已經破滅不見了，我們被拋在一個完全陌生的世界中，造成我們形上世界的迷失、價值的迷失，因為我們都存在於某一個世界觀裡，而這個世界觀會決定我們的價值觀、人生觀。人生的價值是看我們把自己放在怎樣的世界裡，也就是人在這世界的地位到底怎樣而定。過去的中國人活在一個和諧有機的哲學和價值體系中，我們把人生放在這個天地間去決定我們的方向，所以整個傳統世界觀崩潰了，中國人有如天地的棄兒，在人間流浪，而無家可歸，造成我們存在的迷失，不曉得該何去何從。我們看中國近百年經過洋務運動、維新運動、孫中山的國民革命運動，革命是成功了，建國卻失敗，一個民主憲政的政治，遭遇洪憲帝制、張勳復辟，然後是軍閥割據；對日抗戰勝利以後，是國共分裂，一直到今天，所以一個政治社會的轉型不是那麼容易的。政治社會的轉型有待思想文化的推動，不具備思想文化的條件，政治社會的轉型是難竟全功的，而且會有很多的迂迴、曲折、扭曲、變質的發展，民主沒有生根，科學也沒有生根，所以儘管中國人在當代政治社會的奮

鬥是一波又一波地,但是卻一而再,再而三地把我們成功的果實流失了。我覺得這是因為沒有在思想文化的層次預作疏導的工作,才導致政治轉型的困難,所以中山先生的三民主義,後來用心在心理建設,以為補救;並在憲政實行不能成功之際,加上軍政、訓政兩時期做為過渡。我們亟待思想文化的建設,才能把我們的社會推向一個民主憲政的政治。

三、當代新儒家的界定

當代中國思想家,大略可分為三派:一派是保守主義(無本的習慣的)的傳統派,代表人物有康有為、梁任公、劉師培、嚴復等人;另一派是自由主義的西化派,代表人物有胡適之、吳稚暉等人;第三派是激進主義的俄化派,代表人物有陳獨秀、李大釗等人。這三派壁壘分明,造成中國近代史發展的迂迴、曲折。康梁的維新運動是學日本的,西化派學美國,俄化派學蘇俄,從這些派別可以看出近代史的轉向曲折。當代新儒家若跟西化派、俄化派比較的話,它應該是傳統派的,因它不是西化派也不是俄化派,所以相對這兩派來說,就是所謂的保守主義;若跟保守主義的代表人物來比較的話,他們又不是保守主義的傳統派,因為保守主義的傳統派,包括國粹派、保皇派、保教派,當代新儒家不屬於保皇、國粹、保教派,但他們根源於傳統,又立身於現代,所以我們在比較中,發覺很難把當代新儒家歸到這三派中的任何一派。假如一定要歸屬的話,那麼他們似是保守主義的傳統派,假若跟那些保皇、保教、國粹等人士來比較的話,他們又不是保守派。因此可名之曰超

越地立本的的傳統派。中山先生也不是那三派的一派。中山先生所
關懷的是政經制度的改革和創建，當代新儒家關懷的是思想文化的
層次，怎樣把傳統中國推向現代？怎樣使中國從傳統走出來，使傳
統繼續開展，繼續生根而成爲現代的中國？當代被認爲比較穩健的
兩派，一派是中山先生三民主義的革命建國運動，另一派是新儒家
返本開新的文化運動。所謂當代新儒家的代表人物，前輩有張君
勱、熊十力、梁漱溟；主力中堅人物有唐君毅、徐復觀、牟宗三，
他們被列爲當代新儒家的代表人物。牟先生、唐先生、徐先生等三
位先生是熊先生的弟子。但熊、梁兩位先生講儒學，是通過印度佛
學來說的，透顯儒家是通過印度佛學來說的，而張、牟、唐、徐他
們四位先生是透過當代西方哲學來說的。我們知道中國消化佛學是
在南北朝隋唐，這個消化到了宋明儒家已經告一段落，梁、熊兩位
先生由佛顯儒來講當代中國文化，他們的心態比較接近宋明儒家的
心態，因爲宋明儒家是消化佛學的時代，但是目前中國是立身於當
代，當代面對的異文化的衝擊是來自西方的文化。所以就時代來
說，今天我們的問題是西方的哲學、西方的文化，而不是印度佛
學、印度文化，所以我們覺得熊、梁兩位先生的當代感比較缺乏，
傳統的鬱積很重很厚，但是對當代中國文化、對中國未來，他們兩
位所反省、所承擔的是不及其他四位先生，這是第一個理由。第二
個理由是張、牟、徐、唐四位先生聯合發表〈中國文化與世界〉的
宣言，這宣言被認爲是當代新儒家思想的總綱，代表中國傳統面對
西潮東漸之後最強有力的文化回應，今天我們所講的新儒家，就是
以他們四位先生爲代表，我這裡所講的就是根據〈中國文化與世
界〉這篇宣言來說明這個論點，這篇宣言是唐君毅先生主稿，再由

張君勱先生、牟宗三先生，與徐復觀先生等書信往還修正，而共同發表，這篇文章收在唐先生的《中華民族的花果飄零》一書的附錄，這是很重要的歷史性的文獻。

當代的問題在什麼地方？政治社會的轉型如何？一個異文化的衝擊，我們要怎樣消化？這是二為一的問題，我們政治社會的轉型，頗多迂迴曲折，就是因為思想文化不能夠發揮疏導的功能，而政治社會的轉型，這個衝擊力是從西潮東漸來的，因為西方文化來了，迫使中國走向一個政治社會的轉型，所以整個來自西方的衝擊力。

四、儒學傳統的三個階段

談到當代新儒家，要對中國儒家的傳統有一個分期。所謂當代新儒家，是相對於宋明新儒家說的，宋明儒學也叫新儒家，所以當代儒學要稱為當代新儒家，以免誤為是講宋明儒學。宋明新儒家是相對於先秦原始儒家而說的，所以有原始的儒家、宋明新儒家、當代新儒家，這是儒家傳統的三個分期。我剛剛說過，要了解當代的中國，一定要了解中國的傳統，因為歷史對我們很重要，就一個人來說，成長過程也是很重要的，你的鄉土、你的童年很重要，你忘掉它的話，你的生命就會跟過去不接續，你變成孤零零的現在；孤零零的現在，可以存在也可以不存在，生命也就沒有什麼非此不可的必然性。我們的生命力、我們價值的根源，是要從過去通到現在接續起來。

㈠先秦原始儒家

　　先秦原始儒家要從孔子說起，孔子的時代是一個周文崩壞的時代，周文崩壞是禮壞樂崩，周公制禮作樂，殷周之際政治社會的轉型，封建宗法是周公一手建立的，他一手開出八百年周王朝的天下。但是到了東周以後禮壞了樂崩了，所以孔子的問題是禮樂，是代表當時的一個價值體系和行為模式，禮樂就是當時中國人的世界，不光是周王朝的制度，它代表了整個中國人的世界、價值和軌道。禮壞樂崩，孔子要重建禮樂、要復活禮樂。他有兩條路：第一條他從人性的內在找到它的源頭，那就是仁，所以孔子說「人而不仁如禮何，人而不仁如樂何」。禮樂的崩壞，就是禮樂的制度沒有真情實感，沒有內在的實質，所以禮樂變成空的虛文，任何的禮沒有真實的感情，那個禮即成虛假，完全變成一個空殼，一個模套，所以孔子要重建禮樂。要重建禮樂，是要重建整個周王朝時中國人的世界，他找到仁心的內在源頭，在人性裡找到根柢源頭，假定一個人沒有仁心、沒有真情感的話，禮樂就死掉，不再能復活了，這是孔子在普遍人性找到的根據。第二條路，他從歷史文化找到根源，因為「周因於殷禮，殷因於夏禮」，所以周文是代表中國文化的傳統，重建禮樂就是重建中國文化，這兩個根據很重要，是代表儒家兩大方向。周因於殷，殷因於夏，源遠流長，所以孔子的奮鬥，不只是他自己的奮鬥，也是整個時代的，全體中國人的奮鬥。周文的世界，是從夏商兩代而來的世界，等於是中國文化之傳統的世界。孔子要承續這個世界，遂轉而在普遍的人性基底裡找到當時禮樂的根源。人性基底就是人之所以為人，歷史文化的傳統就是中

國之所以爲中國。所以儒家樹立兩綱領：一個是人之所以爲人的人性眞實在什麼地方？第二個是中國之所以爲中國的文化傳統在什麼地方？一邊講人禽之辨，一邊講夷夏之防。人之所以爲人，是普遍的人性；中國之所以爲中國是指特殊性的文化，因爲文化是在中國這個土地開展，是一代又一代的中國人自覺的傳承與延續，此與西方文化大有不同。此後孟子發展人之所以爲人這條道路。戰國時代天下大亂，孟子把天下事完全收歸在每一個人的良心跟本性裡面，認爲只有人的心才是可依據的，因爲外在崩壞，外在的價值模式都垮了，唯一不垮的是良知與本性，所以要求每一個人站出來，通過自己的良心成爲一個頂天立地的大丈夫，所以孟子說性善良知，他重視人之所以爲人的人性莊嚴的那條道路。荀子講性惡，他所發展的是中國之所以爲中國的那條道路，所以他講禮義之統，禮義之統代表中國百王治道的傳統。所以一個發展仁，一個發展禮，禮義之統是指歷代的周禮、殷禮、夏禮，禮代表文化的傳統，仁代表人性的尊嚴，這是先秦儒家。由是可見，先秦儒家的問題是內聖的問題，因爲外王是禮樂，而周公制禮作樂，禮壞樂崩是人性的眞實不顯，孔子的問題是認爲平民、貴族都平等，人人有仁心，所以人性平等、政治平等，所以禮樂是屬於每一個人的。就周公來說的話，禮樂是屬於貴族的生活形式，政刑則是用來統治人民的工具，這叫「道之以政，齊之以刑」。「道之以政，齊之以刑」的對象是人民，而「道之以德，齊之以禮」的對象則是貴族。孔子打破了治道的兩層區分。本來是「禮不下庶人」，禮是屬於貴族卿大夫；另外則「刑不上大夫」，因爲在他們周王朝的血緣關係裡，天下是私家的，是有親疏貴賤的不平等。庶人是沒有地位的，所以他們受制於

政刑，貴族則是禮樂教化。「道之以政，齊之以刑」，孔子反對，所以孔子主張應當「道之以德，齊之以禮」。這不僅平等，而且「有恥且格」。若「道之以政，齊之以刑」，是則「民免而無恥」。所以孔子偉大的地方，在他跳開周公王室貴族的特殊立場，從人的普遍性證顯每一個人都有仁心，所以每人皆高貴。此不僅讓禮樂有內在的根基，而且他開出中國人生而平等的價值觀，走向政治的平等。到了秦漢以後，中國沒有階級的畫分，我認為重要的轉變是從孔子來。

㈡宋明新儒家

再看宋明新儒家。先秦儒家分做孟、荀兩派。兩漢把心性哲學落實在政治社會的制度，即所謂的復古更化、所謂的明經致用。漢儒把先秦儒家的精神落在政治社會的結構中，此難免會有了權力的污染，與名利的扭曲。因此儒家的本來精神不能夠彰顯，董仲舒為了向帝王說教，遂加入了陰陽五行天人感應的說法，所以純正的儒家精神不顯。通過兩漢到魏晉是所謂「新道家」的時代，知識分子從政治脫離，回歸山水田園，清談玄理《老子》、《莊子》跟《易經》。因此魏晉的玄學開展，間接的把佛學引進中國。此後的南北朝到隋唐，思想界屬於佛學的天下。佛學到了唐末大盛，到了唐末是禪宗大盛，天下卻大亂。兩漢以來以儒家為主流的文化開始失落，中國之所以為中國的文化特質不見了，而人之所以為人的人性尊嚴也不顯，由是可知佛學、佛教根本不能治國平天下，也不能講文化傳統。今天我希望每一個人拋開自己宗教信仰的立場，不要因為你是中道學社的一員，聽了我對佛學的評論就不高興，希望你能

拋開自己的信仰，站在文化傳統的立場來看當代中國宗教信仰是個人的事情，無關家國天下與歷史文化的未來發展，我們今天超越一切宗教的派別，就傳統中國來看當代中國。我有我自己的觀點，但我不喜歡引起情緒的反應，我絕對尊重每一個人的宗教信仰。今天我講中國文化，中國文化包括政治社會的建構開展。到了唐末天下大亂，而禪宗救不了。我澄清一下意思，我不是以禪宗大盛做為唐末天下大亂的原因，僅僅是說禪宗、佛教無力救唐末五代的天下大亂。此暴露出佛教、佛學對文化整體而言，畢竟是有所欠缺不足，不能一如儒家立人文之大本，開人文之全局。也就是說當時中國整個亂了、人倫垮掉了，是人文最沒落、人格尊嚴普徧流失的時代，而禪宗救不了五代十國的這種混亂局面。是啊！佛學講出世、講普渡眾生，但你要渡到什麼地方？我請問你，還不是登到涅槃彼岸。你登到彼岸，但不能救此岸的國家天下，這不是個很清楚的問題麼？你的救世精神是一回事，但你把人救到什麼地方去是另外一回事。儒家則是把人救到這個政治社會上來，不是救到另一個彼岸。所以從這意義上來說，佛學是不能處理政治社會問題。它的價值在可以化解生命苦痛的問題、處理死生及人的存在的問題，但不能處理家國天下的問題、不能處理文化傳統的問題，因為文化傳統的主流是儒家，不是印度佛學。

五代十國天下最亂的時候，而中國禪宗大盛，可見禪宗救不了五代十國的混亂局面，所以宋明儒家面對兩個問題：第一個是文化問題，整個南北朝到隋唐都是佛教的天下，請問中國的世界呢？中國之所以為中國在什麼地方？第二個問題是人之所以為人在什麼地方？人總是要有道德意識、道德感情啊！總是要頂天立地在人間做

一個很莊嚴的人！所以不管是從人之所以為人的觀點或從中國之所以為中國的觀點，宋明儒家要把中國文化帶回到先秦儒家的本有精神上去。唐朝韓愈開始排佛運動，這是中國人民族文化自覺的先聲，因為從東漢以下至魏晉南北朝的長期戰亂，中國人只曉得人生是苦的，處理的是人存在困境的問題。人存在困境的問題，宗教可以消解，但是當我們面對家國天下與文化傳統的問題時，我們才發覺宗教不能解決。因為我們不是光有苦難要解脫，而是中國文化要找到一個方向。因此這個時候宋明儒家站出來了，他們要回到先秦原始儒家，他們整個的哲學都通過《中庸》、《易傳》、《大學》，然後回到《論》、《孟》，再透過《論》、《孟》來界定《大學》、《中庸》、《易傳》的性格。講《大學》、《中庸》、《易傳》是為了對抗佛老，佛老不僅明心見性，且對世界的緣起有一根源的解釋，而《中庸》、《易傳》的宇宙論與心性論，是比較深入開闊，因此開始通過《易傳》、《中庸》，後來在《大學》，然後直追《論》、《孟》來對抗佛老，這是宋明新儒家，他們的根本立場在貞定人之所以為人的人性尊嚴，並維護中國之所以為中國的文化特質。

(三)當代新儒家──中國現代化過程的反省

我們再看當代新儒家的處境。就文化而言，可以通過三個層次來探討：第一個是科技器物的層次，第二個是政經制度的層次，第三個是精神理念的層次。這三個本屬一體，在精神理念下發為政經制度，再往下成立科技器物的建構。然而在文化的交流中，我們首先接觸到對方的科技器物，再考察他們的政經制度，最後才能夠深

入體會他們的精神理念。所謂當代,是從鴉片戰爭西潮東漸開始,
所以我們就從鴉片戰爭以來的情勢發展,來看當代中國人的處境、
看當代新儒家的處境。我們知道西方文化進入中國,跟印度文化進
入中國的情勢,是大有不同的。印度的佛門高僧到中國來主持譯經
的工作,中國的佛門高僧也到印度去取經研究,且中國是以本土的
道家與儒家的心靈智慧,跟印度佛學照面接觸,所以很快激發出智
慧的火花。文化的交流是在高階層進行,儘管印度佛學只在宗教
上、精神理念的層次影響中國。西方文化卻通過資本主義跟帝國主
義而打進中國。遠在明朝萬曆年間,利瑪竇等人東來和朝廷大臣徐
光啓、李之藻等交遊,他們是比較高層次的會面。後來清軍入關,
此一管道漸漸斷了,從康熙、雍正到乾隆皇帝,都有西方的傳教士
到中國來。但是雍正皇帝時,羅馬教廷下令中國信徒不能祭拜祖
先,滿州人雖非漢人,但他們認同中國文化的傳統,且具有使命
感,看到西方宗教蔑視了中國本土文化、否定中國倫理,立即關閉
教堂,驅逐傳教士,中西文化的交流就此中斷。我們對西方的宗
教,感到很不愉快,中西文化的機緣也被斬斷,這個斬斷對中國很
不利,阻礙了中國吸收西方的新知技術。不管是戰爭或是通商,西
方文化進入中國一開始是通過科技器物,所以中國知識分子首先看
到西方科技器物的優越。曾、左、李、胡開展的洋務運動,就是學
他們的科技,像造船廠、織布局這方面的設置。又當時中國的海軍
噸位號稱世界第八位,但是中日甲午戰爭,一戰就垮了。康、梁發
現小日本擊敗大中華,這是很大的震撼。日本也算是夷狄之邦,但
夷狄打敗了天朝上國,讓我們很受不了。因爲我們自古講的是夷夏
之防,中國是天朝,結果被四夷之邦擊敗,當然視爲奇恥大辱。所

以我們才開始了解西方文化不只科技器物，更重要的是他們的政經
制度，日本的明治維新就是學西方的政經制度。所以康、梁的維新
就是學西方的政經制度。這兩個運動一個在科技器物，一個在政經
制度。事實上，從明末清初，中國已經發展出像王船山、黃宗羲、
顧炎武等新的儒家的轉型。這三位明末清初的中國儒者，他們覺得
宋明理學最盛，但宋明兩度亡於異族，宋亡於元，明亡於清，他們
發現宋明儒家太偏重內聖的修養工夫，而忽略了外王的事功創建；
所以他們要把儒學從內聖轉向外王去開展。但是這條路並沒有走出
來，因為到了清代，乾嘉走上考據之路，義理之路就不通了。所以
這條儒學自我調適以求轉向外王的路斷了。不管是洋務或是維新運
動，都不能通向這個大流。從外王來說他們是接上去了。他們發覺
中國問題是外王的問題。但是顧、黃、王等大儒的哲學，他們開出
外王，是從中國本土的傳統開，而曾、左、李、胡的洋務及康、梁
的維新，卻是通過西學開，與顧、黃、王的民族文化的大流，也就
是中國之所以為中國的大流連接不起來，所以他們的運動是少數人
的運動，而不能說是中國的民族生命的運動。我們要注意這一點，
因為洪秀全當初也高舉民族主義的大旗，後來孫中山先生很同情推
重他，但是洪秀全另一方面卻倡言基督教義，他用基督教義來燒毀
孔廟，引起曾國藩的文化主義的對抗，曾國藩號召天下才士起來維
護中國文化，導至中國民族生命跟文化生命的破裂，這是中國的悲
劇。一個講民族主義，但是他的思想從基督教義而來，要打倒孔
廟，而曾國藩是漢人，他號召天下才智之士站在文化主義的立場，
對抗民族主義，結果曾國藩獲勝，洪秀全失敗了。我們看中山先生
的救國運動，他的三民主義，老實說泰半來自西方，中山先生受中

國傳統文化的影響很有限,他的哲學、他的心靈主要來自英倫經驗主義的觀點,他的人性論深受達爾文進化論的影響,他的進化人性觀的基礎來自西方的自然科學,而不是中國儒學的傳統。所以他一直不了解王陽明,他對王陽明的批評是不相應的。因為一個不在中國傳統社會長成的學者,他沒有長期在中國文化的薰陶教養中。他留學西洋,學到的西方科技器物與政經制度,如是遂以此來救中國。但是他很聰明,他沒有因為本身是一個基督徒,就試圖通過基督教義來改造中國。我們的先總統蔣公也從來沒有強調自己是基督徒。他們兩位是以中國人的立場來領導中國,宗教信仰是個別的。所以許多基督、天主教徒宣揚兩位中國領導者的信仰,是沒有什麼大道理可說的。我們崇仰尊敬他們,是因為他們兩位是中國文化的繼承者,而不是因為他們是基督徒,這一點很重要。所以中山先生的成功,在他雖是基督教徒,卻不把基督教義放在前頭,他以中國文化為先,民族主義講中國傳統的道德、固有的智能,以及修齊治平的政治哲學與世界大同的理想,這些皆從傳統儒學來;民生主義、民權主義就要學西洋,所以中山先生的成功,就在他的感情和理性得到均衡和諧,他的感情要救中國而理性要求學西洋,在當代中國知識分子的救國運動中,中山先生的三民主義是最為穩健的,沒有走向激情極端的僻路。民國成立後,有洪憲帝制、張勳復辟,知識分子有保皇黨、保教派、國粹派,這些人是當代中國最有頭腦的人,像康有為、嚴幾道、劉師培、章太炎等人。章太炎參加革命,但他是國粹派,可見理性和感情有很大的破裂,一方面要革命,另一方面又要保護中國,梁任公也從西化派轉向傳統派。民國成立後,為什麼還有人要支持帝制,還有人要復辟?還有人要保教

或保國粹呢？而他們都是當代中國知識分子的精英，為什麼？主要的是感情。中國人對中國文化傳統，懷抱著生命根處的深情。民主憲政不是中國的，整個政經制度，科技器物都不是中國的，中國文化最後的象徵是帝制，所以他們要支持維護。不僅是政經制度、科技器物是西方的，還有文化理念層次的西方宗教也傳來了，引起當代中國人的反抗，所以有了儒教運動。陳漢章組織全球性的組織，以康有為為會長，國會通過立孔教為國教，以對抗西方的宗教。用傳統帝制對抗西方的民主，而感情是對中國傳統的感情。所以在中國現代化過程中，不要忽略了我們對中國文化傳統感情的成分。可是他們這種作法引起新派人物的反感，故五四階段要打倒孔家店，要全盤西化，來對抗傳統派的保皇、保教，這是中國人感情的糾結，所以有人說五四是理性的，我告訴各位五四完全是感情的，而且是激情的把民主科學當做是信仰，以浪漫激情，燃燒生命，去對抗傳統派，這是當代中國的悲劇。保皇、保教、國粹是感情的，五四浪漫是激情狂熱的，所以中國變成火鳳凰般的燃燒自己，打倒孔家店就等於打倒自己的世界，中國人就沒有自己的心靈世界與精神宇宙了。我認為保皇、保教、國粹代表中國知識分子對西方文化最後的反抗，但很蒼涼的潰敗下來，因為他們與整個時代脫節，只是象徵性的憑弔懷古，不能有效地回應當代中國面對的挑戰，所以是失敗了。

近代中國開始學西方，是從林則徐開始，叫以夷制夷，就是說理性上我們要學習西方，但感情上我們要反抗西方，在理性上我們知道傳統打不過西方，所以我們被迫要學習西方，我們忍受屈辱去學西方，是為了將來我們要打擊西方。這個叫以夷制夷。張之洞則

說「中學爲體，西學爲用」，也是同樣的心情。其中義和團不願意
學夷狄，也要打夷狄，就是感情上要對抗西方人，而理性上也不願
學習西方。不願學習夷狄以抗夷狄，以血肉形軀對抗船堅礮利，那
當然是很悲壯的。在近代史上他們被稱爲亂民、拳匪，但在民族主
義的立場上，義和團是中國民間對西方文化的最後反抗。它不像知
識分子通過理性去學西方，而直接通過感情，以生命來擔待，直接
對抗西方文化的入侵。此後中國開始西化、崇洋，因爲尊嚴已經垮
了。知識分子因爲保皇、保敎失敗，民間義和團又失敗，一直到今
日，老在俄化、日化、美化、英化的路上打轉。所以五四的新文化
運動，是以夷制華，本來林則徐以來的洋務維新是以夷制夷，義和
團是不以夷也要制夷。但五四是反過頭來以西方打中國，這大大地
傷害了中國的感情。因爲五四以西方文化，打自己的傳統，讓中國
人的生命受到很大的損傷，這不是中國人的感情所能承受的，因此
我們逐步地迫自己轉向另一條路，我們要找到一條「旣能滿足我們
感情上反西方，又要呼應我們理性上學西方」的路。可以滿足這要
求的就是風靡一時的馬列主義，馬克思思想本質上是反西方當代文
化的，反西方的資本主義，但馬克思主義本身又是西方的思想，正
能滿足我們理性上學西方，感情上反西方的心理要求，所以我們開
始接受反西方的西方。學西方是出乎理性的判斷，但感情上我們要
反西方，因此我們被迫的學反西方的西方，馬克思思想就這樣入主
中國數十年。中共昔日土法煉鋼，就是不以夷制夷的心理反映。他
們爲了反抗西方，忽略民生經濟，導至中國長期的不進步。其實我
們實在不必如此自苦的反西方，在理性上拒絕西方是愚蠢的。更不
能如此走邪地學西方，以馬列爲敎是非理性的。學反西方的西方是

情感與理性皆扭曲。中山先生在感情上當然爲中國，而理性上他選擇學西方的道路，很幸運的，感情與理性沒有破裂，是在各派壁壘紛爭中，能保持超然立場的思想家。這一點很重要，感情與理性的均衡和諧，是中山先生革命成功的原因所在。

五、當代新儒家的精神開展

　　當代新儒家就在這樣的格局下，面對中國現代化的問題。民主科學要在中國生根落實，這是不可抗拒的世界潮流。基於人道主義，科學讓每一個人減少勞力、免除病痛、活得更有莊嚴。科學有助於民主，因科學尊重證據、維護眞理。科學讓每一個人講詰，科學的實驗與科學的心態，有助於民主心態的培養，民主就是讓每一個人講詰，尊重每一個人的意見，看大多數的票決。一個學者的良知，就是民主的風度，讓每一個人講詰，尊重事實眞理，而不是訴諸權威教條，所以基於道德意識，我們知道科學的研究有助於民主心態的養成，而民主的制度有助於道德理想的實現。中國儒家傳統講道德，在道德之下要求民主跟科技，與儒家的精神是一貫的，因爲儒家講「正德、利用、厚生」，所以新儒家自覺民主與科學是不可抗拒的時代潮流，問題是在如何讓它生根成長，這是第一個問題。第二個問題是民主與科學在中國生根，如何才能不引起中國人在理性與感情上的對抗或破裂？那只有一條路，就是通過中國文化傳統，去開出當代的民主科學。中山先生沒有做到這一點，他救中國的革命事業，是極爲迫切的，他沒有時間一如當代新儒家那樣完全以學術的觀點、以文化傳統的觀點來吸納西學，建立當代民主，

開發當代科學，所以我們認爲新儒家返本開新的學術文化立場對中山先生的革命建國事業有直接輔助的功能。新儒家力主現代化，不必通過西方宗教的文化理念，而是通過中國文化傳統的精神理性來開出，這樣，就可以避開感情與理性在當代的糾結破裂。到今天爲止，中共還在感情跟理性的破裂中。今日我們台灣走美國化的路子，走民主憲政與自由經濟的道路，但這與百年來中國反西方的感情有隔。所以我們要強調文化的民族主義，我們講民族主義要通過文化講，通過文化講即通過儒家講。我們的情勢不能依軍事武力講民族主義，我們不能跟美國決裂，也不能跟歐洲決裂；中共可以，中共幾十年賴以不倒的，就是一百多年來中國人反西方的民族主義的感情。

當代新儒家面對的問題：第一個是民主科學如何在中國傳統文化的土地上生根成長。第二個是如何通過中國文化傳統的精神理念開民主科學，以免造成感情與理性的破裂之局。今天我們通過《莊子・天下》篇來討論這個問題。「天下之治方術者多矣，皆以其有爲不可加矣。」講哲學有上下、內外之分，上下是天人之際，也就是形上學問題，即指精神的宇宙、文化的天地、心靈的世界，我們不光是生活於一個物質機械的世界，我們有我們傳統的心靈世界、精神宇宙、與文化天地，我們必得將傳統中國引進當代中國，立身於其中，才不會有缺憾感。「神何由降，明何由出」，「聖有所生，王有所成」這是〈天下〉篇的主導觀念，可用來反省當代中國的現代問題。上下之分爲天人，中國講天道，西方講上帝，另外有內外問題，是如何以內聖的修養，去開創外王的事業。一個有良知的人，要以他的良知去吸取新知、建構制度來救中國，一個人可能

很有理想性與使命感，但總得把他的生命力、他的理想抱負，化爲知識、化爲制度，才能救中國，這叫「聖有所生、王有所成」。聖是聖人的修養，王是王者的事業，內聖外王是通過《莊子·天下》篇來說的。「天下之治方術者多矣」，術就是方法，就是一個制度，所以不管我們說神聖明王或神明聖王，就上下兩層的區分看，神明屬形上價值而言，下落人間則是聖王；就內外兩層的區分看，神聖是內，明王是外。就形上言，神是會發光的叫神明，神是內，神所發的光芒是明，是外。此內的神下降而爲內的聖，外的明下照即爲外的王，這是就人間而言。人間形而下的聖王，來自天上形而上的神明，講人的生命要講天人，講人就要講天。西方近代的人文主義要打掉天（反抗神本）。當人把天打掉時，人變爲物。因爲肯定天道，人的生命中就有天，「唯天爲大，唯堯則之」。當不講天道時，人的生命失落了天，人下降爲物，因人有物欲。所以人的生命要能頂天立地，要有天地，那麼人才是一立體生命，一有價值的生命。生命是多層次的，有感情、有理性、有宗教、有哲學各方面的價值。假如否定精神的天地，則人的生命變爲平面。人不光是形，還有形而上的部分叫神明，從形而上來講是神明，從人間來講是聖王。

當代新儒家認爲五四的偏差錯亂，這個意思我想透過《莊子》來解釋。五四講科學、講民主，然拒絕西方的宗教，又打倒孔家店，失落了文化最高的精神理念層，只有科學一層，民主變成空頭。當代知識光講內外，心研究自然物叫自然科學，研究社會物叫社會科學，自然與社會變成吾心認知的客觀對象，心物的關係成爲平面對列的關係，要控制、征服自然，生命變成平面的。人與自然

或社會對抗，則心是平面的，但中國哲人過去並不如此說。我們說的自然是形而上的，人可像天一樣的崇高、像地一樣的開闊，而不是征服天地，天地是人格的典範，是生命歸屬的精神天地。當代科學的發展純爲理智，一往直前的作用。好像理智就是生命的全部，通過人的知識可開出一切，但知識的關係是平面的關係，心與物的關係，是對列的，把物化爲客觀的對象，來組織控制它，甚至心本身也被化爲客觀研究的對象，是則生命變爲平面，所以科學方法只能研究物。用於孔子，則孔子不過是歷史人物；用於歷史文化，則歷史文化變成歷史文物，這叫科學一層論，生命變成只有一層，只有科學，其他都沒有，沒有宗敎、藝術、文學、哲學，宗敎信仰使人的生命往上成爲神，科學研究則使人往下降爲物，所以科學並不能解決一切問題。民國十一、十二年有科玄之爭、科玄的論戰，丁文江講科學的人生觀，新儒家張君勱先生站出來反對，梁任公支持張君勱，胡適之支持丁文江，這是人生觀的論戰。科學的人生觀，人生一如世界，像機械般的運轉，把人的精神完全抹殺，無形的天地、心靈的世界沒有了，沒有形而上的精神天地，光講下層的科學民主叫做「方術」，道術則是從形而上通貫下來，沒有精神而把人的生命等同於物，把生命當做一層，不再是多重的人生，不再有美感、道德、知識的多元價值。另外所謂空頭的民主，今日稱之爲自由主義，以宗敎的狂熱來歌頌民主的自由，把民主的自由絕對化，以爲有了民主，就有了一切。實則什麼叫自由？自由是由自己決定，但五四階段的自由主義變爲放任，打倒傳統叫自由，否定別人叫自由，事實上自由是自己決定方向，是對自己負責，所以民主的精神在法治，法治的基礎在民主，民主與法治是不可分的，民主須

通過法治一客觀的規範軌道來運行。五四階段講科學，但一切變為物，講民主，變為放誕的民狂，而不是在一莊嚴客觀法治軌道中運轉，所以牟宗三先生判定五四為淺薄的理智主義，以其失落道德精神與文化理想之故。

第二個，面對西方宗教精神而言，五四的大問題是它的民主科學在宗教之外，而西方的民主科學是在宗教的基礎上，西方文化是由希臘的理性、希伯來的宗教與羅馬的政治法律三方面組合而成，它代表理性的思想、宗教的信仰、與政治社會的建構，這是西方文化的三大枝柱。但中國的五四講民主科學，有理性認知、有政治建構，卻遺落了西方的宗教，所以那時喊的是民主的德先生與科學的賽先生，吳稚暉先生日後再補提莫姑娘（moral），就是道德。道德在西方為宗教，在中國為儒家，而五四要打倒孔家店，要全盤西化，但卻不要宗教，科學民主僅僅是一個方法、制度，人的生命不能僅依靠那個方法、制度而安立，所以一定要有宗教，五四不要宗教，只有低層次的西化，最高的精神理念層次它拒絕了。科學民主僅是一個方法、制度，不是安身立命之處。中國人的生命要有自己精神的天地、心靈的世界，有傳統的禮俗，有儒家的理想，精神才有歸屬，才有可以依靠、可以安身立命的地方。所以引進民主科學而拒絕宗教，馬克思便以宗教教主的姿態進入中國。宗教沒有國界，沒有祖國，馬列主義也是沒有國界，工人沒有祖國，人對上帝懺悔要坦白，所以無產階級專政的社會要清算鬥爭、也要坦白，馬列便以教主的姿態出現，他是工人、佃農的教主，是亞非殖民地國家的教主，他來救他們，來打倒資本家，打倒地主，打倒歐美帝國主義國家，馬列主義就以宗教救主的姿態，風行全世界。當代新儒

家正視西方宗教精神，認為中國現代化過程中的挫敗，洋務只看到器物，維新只看到制度，未觸及精神理念的層次，而五四不要中國的精神理念，也不要西方的精神理念。文化的精神理念在西方是基督宗教，在中國是儒學儒教，五四運動視科技器物與民主制度為宗教，卒遺落了文化最高的精神理念層次，所以由西化而俄化。新儒家認為西方之所以為西方，不在民主科學而在其宗教。民主科學要能定得住，須通過宗教，在中國，要通過儒家傳統文化而來。若光講科學民主，就是只有「下」，而沒有「上」，只有「外」，而沒有「內」，只有「術」，而沒有「道」，若迎進了西方的基督宗教，而不知歸本於自家文化傳統的話，雖有「道」實亦無「道」，因為文化的「道」，只能從自家開發，不能由外移植，所以新儒家要正視西方的宗教精神，而中國之所以為中國的「道」，舍儒家之外別無可求，儒家是當前我們能維護中國文化精神，並繼續開發下去的唯一支柱。因此我們要有精神理念的主導，但不必從西方來，而當從中國傳統來，當代新儒家最重要的文化奮鬥就在此。

科學民主為世界之共法，而在西方民主的精神依據在宗教。科學民主是「術」，宗教精神是「道」，外王是「術」，內聖是「道」。而我們的內聖、我們的神明就在儒家，所以當代新儒家認為要通過儒家來開出民主科學，就是通過「道」來開出「術」，來定住「術」，否則只有「術」而無「道」，一定會錯亂。當代新儒家面對的問題就是民主科學如何透過中國傳統去生根、去成長，如何由透過內聖而開出外王，此內聖要在儒家。另外，當代新儒家批評五四沒有形而上的精神，把人、社會當做物，把多層的人生、多重的價值否定掉，沒有宗教精神，科學變為科學主義的一層，民主

變爲自由主義的空頭，這是有「術」而無「道」的顛倒。當前中共
講四個現代化，四個現代化是科學，但現代化決定性的因素在於民
主而不在於科學，科學是沒有方向的，所以進入現代化，要從民主
來定住科學。民生主義的本質是科學，民權主義的本質是民主，所
以要由民權來定住民生，有政治的平等、經濟的平等才能成立。所
以中共現在光講科學不夠，因爲它不能講民主，不能講民主，跟現
代化就有很大的距離。所以我們要貞定現代化是通過民主來定住科
學，中國的現代化要透過中國的文化理念來貞定民主與科學。在民
主制度下人權才有保障，有免於恐懼的自由，而民生均富是免於匱
乏的自由，民族主義的本質是倫理，正是在文化的精神理念的層
次，是爲中國儒家的思想，用儒家的精神理念來貞定民主與科學。
五四時只講科學是淺薄的理智主義，把民主科學當宗教，用激情狂
熱來推動它，而不曉得民主科學都要定於文化精神。但精神理念是
要由中國的本土文化，不能從西洋的宗敎來。

　　第三個、在現代文化裡面，以民主貞定科學，文化貞定民主科
學，剛好是由文化傳統來。當代新儒家的精神即在精神理念層次的
發揚，洋務在科技器物，維新運動與中山先生的革命都在政經制
度。五四表面是進展到文化理念層次，實則沒有，因爲它要打倒孔
家店，它基本上純粹是感情，把科技民主視同宗敎般，經由狂熱激
情推出來，看起來好像是理性的文化運動，實際上是感情的對抗。
所以新文化運動等於是沒有文化，文化應是在最高層次的，新儒家
則是把五四的西化運動轉爲自家的文化運動，文化運動要推展到最
高的精神理念層次，才能帶動政經制度的改革，才能推出科技器物
的創作。整個新儒家落在當前中國面對西潮東漸後，政治社會的急

速轉型，與整個價值觀、世界觀的崩潰，在當代中國人失落他的世界時，新儒家為我們找到這一久已失落的世界，我們要把自己放進這個中國人的世界，才能安身立命，因為世界觀開出價值觀，價值觀再決定政治跟人生的方向，所以新儒家的奮鬥代表整個中國文化發展的方向，而不是一個派別，也不涉及宗教的排外，對於任何宗教的信徒，我們都會有道德的敬重與生命的感動。但是中國之所以為中國要維護，正是來自於孔子所說的文化傳統。「周因於殷禮，殷因於夏禮」，「其或繼周者，雖百世可知也」，為什麼？因為這是由文化傳統傳承下來的。所以新儒家的奮鬥，不僅僅是科技器物的奮鬥或政經制度的奮鬥，而是精神文化理念的奮鬥。我們畢竟不光是要有一個政經制度健全的社會，我們還要有文化理想；我們不光是要做一個抽象地普徧的人，我們是要做一個特殊的中國人，所以新儒家是肯定科技器物與政經制度，但要通過文化理念層次來引導開展。

六、結論

總而言之，當代新儒家是在中國現代化過程中求返本開新的文化運動。我們不要忽略了當代中國人的感受，這種感受決定當代中國人的發展，中國的現代化要避開感情的糾結，透顯理性的清明，不能光靠生命的熱血。感情會扭曲理性，中共就是落在這個感情扭曲理性的套子裡面，我們希望中國文化在理性與感情上能得到和諧，不要破裂。倘若感情扭曲了理性，就會形成理性的盲點，這樣會讓中國現代化的行程仍停滯不進，不能走上堂皇大道。

附　註：

「中學為體，西學為用」的觀念，一直被誤解，以至於因語意不明而引發一場不明不白的文化論戰。所謂語意不明，實則是層次不清。西化派學者，反對中學為體的理由，在西學器用自有其內在之體，此即是西方科學的學統，若無西學內在之體，吾人引進其器物利用的現代化運動，必因無本而落空。以是之故，為了有效的成就西學器用，必得「打倒孔家店」，否定中學本土之體，而「全盤西化」，就是直以西學為體，取代「中學為體」的地位。

西化派學者最大的誤謬，在不知「體」有內在之體與超越之體的兩層區分。內在之體是知識制度層，超越之體是精神理念層。洋務、維新運動以中學的超越之體，求以引進西學之用，固屬不相應，因二者本不在同一層次之故。五四新文化運動，否定中學的超越之體，也拒斥西學的超越之體，等於取消了文化的精神理念層，又未在知識制度層深植西學之體的內在之根，反而把科技政制當作信仰崇拜的對象，形成虛妄的精神理念，由是導致現代化觀念的大錯亂。此無形中以科技政制為宗教，適為馬列主義以教主的姿態入主中國鋪路。

實則，現代化成敗的關鍵在：先得消化西學內在之體，始能引進西學器物之用，未料五四運動因認識不明，層次不清，不僅未盡其吸納西學內在之體的時代使命，反而無端的動搖了中學本土的超越之體，造成中國傳統世界觀的崩潰，與價值觀的混亂，由是政治與人生的迷失困頓，遂成為當代中國人無可逃離的命運。

觀念的災害

一

　　今天新亞月會，約我來講幾句話，事前對於要講什麼題目，一直沒有想好，前天程兆熊先生問我可否就目前難胞湧入香港的情形講講，我想這也許是一個值得令人想想的問題。如是，我就由難民逃荒的情形，想到所以形成難民的原因，簡單地說，這是「觀念」造成的災害，故曰「觀念的災害」。這是什麼意思呢？觀念、理想，本來是好的。因人在現實生活中，不能沒有觀念（idea）進而不能沒有理想（ideal）。觀念、理想，足以提撕現實、指導現實，使人不至完全沉淪於現實中而日就枯萎。這也表示觀念、理想足以活轉吾人的生命。這樣說，觀念、理想是有好處的。然則何以又說「觀念的災害」呢？說「觀念」，是一個簡單的表示。其實是ideology的災害。觀念與理想本身不會發生問題，但當由觀念與理想轉為ideology時，便有問題產生。現在的人是很不喜歡ideology這個字的，就因為注意到了它的災害性。但觀念或理想在何種情形下始轉成ideology呢？ideology這個字很難翻譯。以前左派的人喜

用這個字，並音譯為依特沃洛幾，這大概是由日本來的。共產黨喜用這個字眼罵自由世界與資產階級，說某某是資產階級的「意識形態」，那麼這個字也就是「意識形態」的意思了。現在我就它的災害性，把它譯為「意底牢結」，這是音意兼收的譯法。照這個譯名的意思說，自由世界不能說沒有觀念與理想，但是否有「意底牢結」則很有問題，即或有，靠自由的精神與力量亦可以把它衝破，決不令它造成災害。很難打開這個死結的乃是共產主義者的「意底牢結」。共產黨最足以代表這種頑固的「意底牢結」，而由此頑強的特性所造成的災害就表現在眼前，那就是大量的逃荒的飢民擠入香港。此事實或現象之根源何在？是否是普通所說的天災人禍呢？絕對不是。若是普通所說的天災，則在今日的時代是容易解決的。若是普通所說的人禍，亦容易解決。普通的天災人禍是歡迎旁人來救濟的，人人也當該有去救濟的人道精神。但是中共的統治，則不但不歡迎旁人去救濟，他自己也不救濟。他卻把糧米食品大量往外運，去套取外匯，還要打腫臉充胖子，去援助阿爾巴尼亞、古巴、北越，還要生事於寮國、逞雄於印度。所以這種災難是他的意底牢結所故意造成的，是徹底的人為的結果。過去所謂人禍，不過是貪官污吏造成政治腐敗，以致民不聊生，或人民起而革命。現在實已至「民不聊生」的地步；但由於他們的意底牢結，把人民牢結得一草一木都沒有了，連「揭竿而起」都不可能。可見這關鍵乃在於意底牢結。若言是貪污或腐敗，皆不中肯。大陸是否腐敗，腐敗到什麼程度，我們不得而知，但無論如何，這個災害說是由意底牢結造成的，我想是很中肯的說法。不然，試試看，試取銷馬列主義，取銷人民公社，揭開竹幕，則人民馬上有飯吃，生活馬上得安定。中

共能嗎？他們硬不看人民，卻死抱著他們的意底牢結。這是二十世紀所產生的最大的人禍。

二

　　觀念與理想在何種情形下始轉為意底牢結，而成為人禍呢？共產黨的馬列主義，其內容是唯物論、唯物史觀、唯物辯證法、階級鬥爭等。他們由這些理論幻結成一個最大的意底牢結。我現在不去從內部講他們這些理論，我只想跳出來去反省一下，從原則上看看在什麼情形下，觀念、理想始轉為鬧災害的意底牢結。要解答這個問題，我們先要了解表現觀念與理想的方向。表現觀念與理想的方向，可分為二方面：

　　㈠向客觀的特殊問題或技術問題方面表現：如經濟問題、社會問題、生理衛生問題等。

　　㈡向人生基本態度問題方面表現：如道德、宗教。

　　由這兩方面，皆可表現我們的觀念與理想。可是觀念與理想若在客觀的特殊性技術性的問題方面，表現的態度不正確時，就轉為意底牢結，由此而造成了災害與人禍。以前王船山曾說：「有即事以窮理，無立理以限事。」意即「只有就客觀事實以窮理的，決沒有憑空立一個理以限制事實的」。而若觀念或理想，在客觀的特殊問題或技術性問題上，成了意底牢結時，那必是由於人們的「立理以限事」。共產黨正是在一切經濟、社會問題上「立理以限事」。因此在政治上造成極權專制，在社會上造成拘禁與封閉。凡是不合他們所憑空預定的「理」的，都在排禁剷除之列。他們所憑空立的

理成了一個括弧、一個圈套。不合他這個括弧的,雖是生命,也要殺掉,雖是事實,也要抹掉。他們閉著眼不看人,也不認事實。只牢固地結縛在他們的意底牢結上。他們決不「即事以窮理」,卻是「立理以限事」。因此他們的觀念與理想遂成了專造災害的「意底牢結」了。客觀性或技術性的問題是只能「即事以窮理」的,只能順,不能逆。所謂「順」,是說只能順著客觀的事而調節而完成,故順著即「順成」。所謂「逆」,是說逆著客觀的事,而把它吊掛起來,讓它服從所預定的意底牢結之理。故逆著即「逆掛」。逆掛者即以先天預斷的態度立一些虛妄的理以抹殺客觀的事。人的存在,人的生存,就是客觀的事。人的存在與生存,在社會關係中所呈現的種種複雜關係,也是客觀的事,這裡要是生問題,那就是所謂客觀性的問題或技術性的問題。在這裡要提出觀念或理想來解決問題,便只能「即事窮理」,決不能「立理限事」。這裡只能是經驗主義的、實在論的。這裡若不服從經驗主義的態度、實在論的態度,其所立的理未有不虛妄者。人的存在與生存是實體,他的種種關係是個大海。這裡只能順,不能逆。若必逆著而懸掛,使人人兩腳不落地,都吊掛在他的括弧上,那未有不翻江倒海,而造成災害的。現在逃荒的情形,就是這種「逆掛」所造成的災害。

人的存在是神性的。他的存在是天造地設的。他有權利要求生存下去。就是上帝,在這裡也只能順,不能逆。不能叫他倒掛起來依從我的主義。故目前逃荒的情形,不是普通所說的天災人禍,乃是倒掛起來使人無法生活下去。共產黨全部用逆的手段,不順著生活發展的自然規律走,他要把人民圈起來,服從他的虛妄的意底牢結。於是翻江倒海,民不聊生。以前黃梨洲說:「三代以下藏天下

於篋笥。」今之共黨、極權專制者，是倒掛天下於意底牢結。藏於篋笥，雖是私，究竟還是藏，人民尚可活。現在是倒掛，則人民不得活矣。他們抹殺生活、抹殺生命、抹殺客觀的事實，使社會成為封閉的社會（closed society）。不但是封閉，而且是倒掛。現在英人 Popper 曾著一書名曰《敞開的社會及其敵人》（*Open Society and Its Enemy*），便是極力揭穿這種由虛妄的意底牢結所造成的拘禁。去掉這種意底牢結所成的拘禁與封閉，便是敞開的社會。敞開的社會就是自由的社會。我們以為在人的存在與生存的實體前，在生活的大海前，一切虛妄的意底牢結，一切不順成的觀念或理想，都要被拆穿。人是生活在生活裡，不是生活在虛妄的意底牢結裡。中國人以前是很有這種生活的智慧的。中國的傳統文化生命是很懂得這種生活的道理的。道家懂得，所以講無為而治。儒家也懂得，所以講王道：「民之所好好之，民之所惡惡之。」但不知如何這五十年來，中國的知識分子，竟中了西方的甚麼某某主義之毒，完全喪失了這種智慧，完全不懂得這種道理，而卻極力向意底牢結的愚蠢的路上走。

中國歷史上亦曾有過這種意底牢結的災害，其騷擾、干涉、封閉、拘禁人民的生活，與今日的情形極相似，那就是王莽。他以虛偽竊國，掌權十五年，以他的迂固頑梗的《周官》的知識造成他的意底牢結，來拘禁人民，封閉社會，終至人民不能忍受，土崩瓦解，天下大亂。最滑稽的一幕，便是王莽眼看不得了了，結果只有帶著文武百官到南郊去哭皇天，看誰哭的好，誰就有賞。至死還是虛偽，出花樣。年前聽說大陸正在發動憶苦運動，要幹部們回憶當年二萬五千里長征及延安時代的痛苦，希望以憶苦來克服當前的困

難，其情形正與王莽的哭皇天同樣滑稽。雖則我們有時說，共產黨是近代化的秦與法家，但從意底牢結的災害方面說，我們覺得它與王莽更爲相像。故毛澤東可說是王莽與秦始皇合而爲一的怪物。

三

以上是從客觀的特殊問題或技術問題方面說，現在再進而就人生的基本態度方面，即道德宗敎方面說。在客觀的特殊問題或技術問題方面，若我們的觀念與理想不是「即事以窮理」，而是「立理以限事」，則即有意底牢結的災害發生。但在道德宗敎方面表現我們的觀念與理想，則在本質上是不發生這種問題的。因爲在這方面根本是無所謂「即事以窮理」的，當然也無所謂「立理以限事」。因爲這方面的觀念與理想根本不是屬於客觀之事的。

就道德說，我們的觀念與理想根本是在經由道德的自覺以表現我們的道德理性、道德的良心或良知，以清澈我們自己個人的生命。這完全是屬於個人自己生命的徹底清澈的事，根本不涉及客觀的特殊問題或技術問題。這裡的觀念與理想根本不屬於事，所以也不能求之於事。當然無所謂「即事以窮理」。這只是個人正心誠意的事，愼獨、明明德的事。這裡的觀念與理想所代表的理，也無所謂憑空地立一個理。這裡的理只是我們自己經由道德自覺所呈現的人人本有的道德的理性、良心、或良知。這種理性、良心、良知，也有一種限制的作用，但是它的限制只是限制我們自己生命中「非理性」的成份，並不限制客觀的事——特殊問題性的事，或技術問題性的事。這只是我們古人所說的「克己」，自己限制自己以成全

自己，成全自己的道德人格。克己正所以容他，正是要對外敞開的，故無所謂立理以限事。克己的理，不在外面、不在客觀的事上，故這種理的呈現不能採取經驗主義的態度，或實在論的態度，而只在一念自反中、在道德自覺中。它的呈現的作用也只在成全我們的道德人格，而不在解決客觀的問題。

就宗教說，我們的觀念與理想根本是寄託在對於「超越者」的信仰，藉以清澄我們自己的生命或寧靜我們的靈魂。這根本是個人自己性靈生活的事，不是客觀問題的事。這裡的理，即所信仰的超越者，也不是就客觀的事所能窮得來的。無人能就客觀的事窮得出個上帝來，亦無人能就客觀的事窮得出個佛性法身來。法國存在主義者馬賽爾說有屬於問題世界，有屬於神秘世界。問題世界訴諸科學、訴諸技術；神秘世界訴諸信仰。英人約德（Joad）說：「自然只能被觀察，不能被信仰」正是這個道理。所信仰的，雖是超越而客觀的，然「信仰」這會事卻純是主觀的、個人的。這祇是了當個人自己生命的事，是純屬於「獨」者也。個人之起信不起信，或信什麼不信什麼，絕對是自己決斷，任何人不能代決。信仰方面的觀念與理想，即這方面的「理」，只在自己決斷中呈現，無所謂即事以窮理。當然也無所謂立理以限事。傳教也只是喚起個人讓他自己決斷，仍是各歸於自己。

但宗教信仰歷來是絕對的，即信這個就是信這個了，不能既信這個又信那個，是以凡在誠信中都是絕對的，因而亦常是排他的。在人類歷史中，因宗教信仰的排他性而鬧的慘劇是屢見不鮮的，這在西方的宗教尤其劇烈。若只是內在地單看信仰本身，單看這單純的誠信本身，也無所謂排他，各人信各人的就是了。但宗教信仰常

不只是這單純的信，還有一套觀念，一套因制度而產生的特殊教條，這些合在一起也成了一套意底牢結。這就顯出排他的姿態了。再和那誠信中的絕對性合在一起，到狂熱的程度，便產生那宗教方面意底牢結的災害。此如西方中世紀教會之所表現，不但干涉了旁人的信仰問題，也干涉到了哥伯尼等的科學知識的問題。這也可說是到了「立理以限事」的程度了，這是宗教中很不幸的事情。人權運動中爭信仰自由實在是有其真切之感的。

自從信仰自由成立以來，宗教信仰方面的災害可以說已經解決了。信仰自由、人權運動，這其中的寬容精神把宗教信仰方面的意底牢結之拘禁性、封閉性、排他性、干涉騷擾性給拆掉，把它們堵回去，使宗教信仰各歸於誠信者之本身，使吾人各歸於宗教之本身而了解宗教，使吾人更能解放宗教之本質，且更能了解宗教之本質。但我發覺西方人對於宗教信仰，實比較更具僻執性與頑固性。例如他們雖說客觀地研究東方宗教，並尊重東方人的宗教信仰，但他們卻又是以基督教信仰為中心，以「神信仰」為中心，來判斷這些東方宗教；不是以協調的態度、互相觀摩的態度，以成全自己並成全他人，純化自己並純化他人，重新隨時調整消融自己並隨時消融調整他人的態度來研究東方宗教。即，他們並不想在研究東方宗教中得到一點什麼智慧或生命的道理，而只是想來審判、來征服、來改變、來賜予。這實在是一種僻執頑固的帝國主義的態度，是很不虛心、很不謙卑的。如果像他們那種口調，不但基督教信仰者可以這樣說，儒教信仰者、佛教信仰者，皆可這樣說。因為每一大教皆是一絕對的圓滿，皆是充其極的。佛教徒為什麼不可以說我以「佛信仰」為中心來審判你的「神信仰」呢？儒教徒為什麼不可以

說我以「聖教」為中心來審判你的「神信仰」呢？其實都可審判，都不可審判，還是各歸自己，取「自成成他」的態度為最和善。基督徒總不了解「條條大路通羅馬」的真理，總不了解「道並行而不相悖，萬物並育而不相害」的通達智慧，這就未免小氣。莊子說「道隱于小成」，正此之謂也。

前在東海大學，曾和一位美國的同事，教生物學的先生，名叫亞里山大者談。他是因讀契爾克伽德（Kierkegaard）的書，始對於宗教信仰有點真切之感的。我們談的很高興。他當然是以基督教為根據。我和他談到儒教怎麼樣、佛教怎麼樣。我表示宗教真理不必一定是基督教的說法。他覺得很有興趣，但總不能親切了解（這當然不容易）。他總以為信仰當該是一條路。最後他說，政治、社會生活，當該是民主的，至於宗教信仰則當該是獨斷的。我告訴他說：獨斷是獨斷自己，不是獨斷旁人。你是把信仰者的自己決斷弄錯了。若獨斷是信仰者的自己決斷，任何他人不能代決，則每一宗教裡，每一個宗教信仰者皆是如此。有那一個宗教信仰能獨斷了別的信仰呢？這就是人權運動中所爭來的信仰自由。

我舉以上兩例，即在表明西方人雖在信仰自由下，卻總想壟斷宗教信仰，尤其面對東方的宗教信仰時，更顯出他們的僻執與頑固。在現在這個時代的特殊情況下，要想叫西方人能平視一切宗教信仰，那當然不容易。但在信仰自由所產生的沖淡力量之下，由寬容而至了解，進而各歸自己，復以見宗教信仰之本質，那當是容易作到的。這裡恐怕不會再產生災害了。

說到寬容與了解，中國的儒家傳統是最具備這種通達的智慧與雅量的。所以我常說自由主義精神的老祖宗當該是孔子，真正能表

現寬容精神的，最早的也當該是孔子，是儒家傳統。我們當然不能說孔子或儒家是現在的所謂「自由主義」，但他的確能表現自由主義的寬容的精神。自由主義只是一種態度，它本身無內容。來自西方近代的這個特定的自由主義，其提出是有它的特定背景的。它是在人權運動下產生下。它是對宗教信仰上的迫害而產生，對階級制度而產生，對專制暴君而產生。儒家傳統所表現的寬容精神不是這樣產生的，所以在中國以前也無「自由主義」這一個名稱。儒家所表現的寬容精神是根據克己、慎獨、明明德而來的，是他們的道德修養所達到的一種通達的智慧與雅量或德量。不是從社會上對某一客觀問題，如宗教、如階級、如專制、而發的一種運動。此其與西方近代所出現的自由主義不同之處。它是由克己慎獨的聖教所透射出的一種寬容的精神或敞開的精神。這是由克己慎獨而來的智慧與德量，但卻與從社會上對客觀問題而發出的自由主義相契合，而且可以說這是更根本的、更真實的，比特定的自由主義更高一層。它可以使那從社會上而發出的自由主義更真實化、更充實化、更能提得住而站得住。

四

現在再乘機說說最近幾年在自由中國所表現的「自由主義」（liberalism）。遺憾得很，這「自由主義」到中國來也變質了。它成為它自身的否定，它也成了一種「立理以限事」的意底牢結。

我剛才說，「自由主義」在西方之產生是從社會上對宗教信仰而發、對階級而發、對專制暴君而發，總之，是在人權運動下而產

生。它是從社會上對那些拘禁、限制、不合理的既成勢力而逼出的一種寬容、開明的態度，它本身並無特定的內容，它不是一個思想系統。從正面說，它是在一切基層學問或思想系統之上的一種超然的態度或寬容、開明的精神。從反面說，它反對並拆穿一切政治的、思想的、或宗教的「立理以限事」的意底牢結之拘禁與封閉。照此正反兩面所表現的寬容與開明的態度說，自由主義這個超然的態度也可以有其態度上的一定內容或特性，那就是：一、尊重個性；二、尊重人格價值；三、寬容；四、理性。一個具有這四點內容的健康的自由主義者，他可以相信某種宗教，但不反對旁人相信另一種宗教，卻必反對以某一宗教拘禁或封閉人民的信仰。他也可以不相信任何宗教，但不反對旁人相信，也不抹殺宗教本身的價值。他可以相信某種哲學系統，但必寬容其他系統的存在與價值，但卻不能寬容成為意底牢結的某種系統以封閉社會。他可以研究某種學問，但不抹殺旁人所研究的學問。他可以肯定科學，但不是獨斷的科學主義。他當然要肯定自由民主，但不因而抹殺一個國家的歷史文化與道德宗教。他願使一切基層的學問，如科學、藝術、道德、宗教皆各歸於其自己而並存；他願使一切思想系統，如哲學上的各種立場，皆有其存在的價值。它唯一反對的就是拘禁與封閉：政治的、思想的、或宗教的。

但在自由中國所表現的自由主義卻正與此相反。它的表現是虛偽的自由主義，其實是庸俗而淺薄的虛無主義，買辦而洋奴的勢利主義。它的表現既不了解個性，亦不了解人格價值，既不寬容，亦不理性。它成為其自身的否定。自由主義的態度上的四點內容，並無科學，但他們卻假借科學來抹殺其他。他們從自由主義轉滑到

「獨斷的科學主義」。即以「獨斷的科學主義」使自由主義成為一種虛偽的自由主義，成為一種立理限事的「意底牢結」，因而遂成為自由主義的否定。他們假借科學來抹殺一切道德宗教的學問（但有一點：不敢罵基督教），尤其抹殺中國文化的價值、抹殺東方道德宗教方面的觀念與理想。他們對於共產黨的意底牢結所造成的災害、人民的苦難，熟視無睹，卻來拼命罵東方的道德宗教，抹殺中國文化的精神價值，對於中國文化之肯定人道、尊重人格價值之足以抵禦共黨之魔道完全麻木無覺，成為白痴。自由主義正面的寬容精神，他們一點沒有；反面的對於共黨之極權專制封閉拘禁亦無一點痛切的感受，卻只會回過頭來假借科學挖自己的文化生命之根。他們虛偽地崇拜科學，但他們的言論行動卻無一是科學的，他們也無一肯讀科學。這完全是庸俗而淺薄的虛無主義、買辦而洋奴的勢利主義，已經到了完全不講理的境地，自由主義中理性的成分完全喪失了，還侈談甚麼西化、近代化？居今日而宣傳科學，自炫為進步，這根本不成為一個思想。這些人根本無思想。說他們是唯科學主義，已是客氣。他們的「唯」只是勢利，並不是一種思想。這算得是甚麼進步？由這些已經喪失了理性的人能鬧出甚麼近代化來！

他們不知道健康的自由主義足以反共，而獨斷的科學主義、科學教，並不足以反共。庸俗而淺薄的虛無主義、買辦而洋奴的勢利主義更不足以反共，且足以抵銷反共的力量，益增共黨進攻的氣燄，加甚有志氣有性情有理想的青年對於自由中國自由世界的反感。

甚麼是近代化？真正能實踐健康的自由主義的精神才是近代化。科學歸科學、宗教歸宗教、政治歸政治，去掉一切意底牢結的

拘禁與封閉而向敞開的路上走，才是眞正的近代化。左傾的意底牢
結的災害已經全部暴露於大陸，而右傾的庸俗而淺薄的唯科學主
義、虛無主義，則只有加深社會的墮落。我敢說眞正而健康的自由
主義決不在這些唯科學主義、虛無主義的人身上。中國的知識份
子，在表現觀念與理想上，若再不歸於平正與平實，則中國不是亡
國，而是眞地要亡種。（中共的意底牢結所造成的災害正是向亡種
的路上走。）

　　附識：liberalism 譯爲「自由主義」是不甚恰當的。到中國
來，譯成這四個中國字，很易令人望文生義，而喪失其原來的應有
之意。所以「自由主義」一詞在中國生出許多誤會與流弊。（以在
中國無發生此詞的社會背景之故。）以自由主義自居或藉口自由主
義說話的人無一能表現出這詞的應有的原義，亦無一能有 liberal
的精神。西方人使用此詞的主要函義是寬容。爲甚麼以寬容爲其主
要的特徵？正是因爲有宗教信仰上的不寬容，干涉人的信仰、干涉
人的學術思想；有階級制度的不平等、有特權；有專制暴君的侵害
與壓迫。到處是拘禁、是封閉，所以才有人權運動、才有民主政
治、才有個體主義，亦因而有 liberalism 一詞之出現，這都是相連
而生的。就 liberalism 一詞說，首先當看其所反對的是甚麼。這也
是遮顯。由其所遮，看其所顯。它所遮的是不寬容，它所顯的就是
要求寬容；它所遮的是封閉拘禁，它所顯的就是敞開，一無禁忌。
所以這詞的表意首先就是寬簡、解放、敞開、不專斷、尊重對方、
體任自然。但是這些表意，在此詞，都是自社會上對客觀問題而
發，不是自德性的修養上而顯，如中國儒家傳統之所至。所以此詞
的那些表意是外在形態，而德性修養之所顯則是內在形態。一個人

在內在德性上很可以達不到這種境界，但在 liberalism 一詞之下，很可以想到在以前不寬容的災害，我既要求寬容，所以我現在也應當表現一點寬容精神。所以在此詞之下，和一個人爭講寬容，你不能和他講「明明德」那一套，你只能和他對證人權運動那一套。這就是此詞的那些表意之所以為外在形態之故。譬如「寬簡」一詞就很好。寬者寬容，簡者簡易。但中國說這些字時，則不說寬容，容忍（這是西來意語），而說寬和、寬弘、寬平、寬恕、寬簡有度。容則說「休休然若有容」、「容乃公」。「簡易」對苛煩支離而言。這些都是德性字眼，直承德性而發，並不是自社會上對客觀問題而發。「體任自然」尤好，是對矜持拘謹而言。當年郭嘉說曹操「體任自然」，這也是德性字眼。但在西方 liberalism 一詞之下，敞開是對外在的封閉、拘禁（不是拘謹）而言。若由一個人的不專斷、無禁忌，而想到「體任自然」，說這人是 liberal，則必須就人權運動那一套想其外在的意義。（在此，「體任自然」太中國式，不易用得上。）說到寬簡時亦如此。（其實寬簡、寬簡有度，亦太中國式，亦不易用得上。）比較還是寬容、容忍、忍任，能合原義。所以此詞譯為「寬容主義」、「寬任主義」或「寬忍主義」，也許比譯為「自由主義」較妥。至於中國那些德性字眼，則根本屬於另一套。西方人權運動下的「寬容主義」比較是外在的、形式的、社會的，而中國儒家傳統中那些德性字眼、則是內在的、真實、實體性的，個人德性的，是更高一層的。

（51年6月講於新亞書院，蘭文彬筆記）

原載《人生雜誌》第24卷第3期　　1962年6月16日

有關「美國與中共拉邦交」之談話

一、美國爲鄧小平的實用主義所迷惑

(一)美國對中國問題的態度

從抗戰時期開始，共產黨的統戰工作，就發生很大的影響，使得社會人心與一般輿論傾向於它。而美國國務院也爲它所迷惑，以爲中共不是馬列主義，而只是土地改革者。殊不知這只是共產黨的一種姿態，是統戰中的一種掩護。美國國務院像拉鐵摩爾一夥人既爲它所欺，乃影響到美國的對華政策。自此以後，美國對華外交政策乃寄希望於共產黨，希望它成爲南斯拉夫。順著此一演變，也逐開始誣蔑國民黨，而使得社會一般知識分子對國民黨沒有好感，而且這個風氣幾乎達到相當的普遍性。直到最近幾年，由於台灣建設進步，經濟繁榮，海外的知識分子，才敢抬起頭來，爲國民黨說幾句公道話。所以毀謗一個人很容易，而要挽回聲譽則很困難。個人如此，團體亦然。我們鄉間有一句話：「一錘打響，滿錘是鋼。」反之，第一錘打不響，你叮叮噹噹打下去，別人總當你是塊鐵，想叫人回頭看清而承認你是一塊鋼，是相當困難的。因此，國民黨近

幾年的表現，是個很好的朕兆。就我個人的經歷而言，國民黨17年北伐，我在北平，37年共黨打到南京，我正在南京，國民黨的成敗，以及共產黨的起家，這一段歷史，一直演變到今天，都在我腦子裡面，清清楚楚，如在眼前。直到這幾年才恢復聲譽，而現在又受到美國的打擊。這個打擊對你的聲譽是沒有關係的。只是給了你一個難題、一個麻煩，使你遭遇了一個大的挫折。

美國對中國的外交政策，從抗戰時期開始，便一心寄望於共產黨。但美國寄望於共產黨，並不是要轉化它，而只是希望它成為南斯拉夫，美國一直是向這個方向走。與共黨拉關係，本也不止一種方式。把它拉攏過來轉化它，是積極的方式，但美國不是這個背景。開始杜勒斯是圍堵，圍堵無效，便轉為季辛吉、尼克森之拉攏，這都不是要轉化它。如果拉攏共黨是要轉化它，便是積極的方式。硬性地消滅它，固然是積極的方式，就是軟性地轉化它，以自由世界的真理標準轉化它，使它變質，也同樣是消解它。須知自由世界的真理價值與共產世界不一樣，兩者不能並存。現實上並存，只是一時無可奈何，本質上一定相敵對，你不敵對它，它要來敵對你。在這個地方，不要一廂情願，自我多情。自我多情是要吃虧的。共黨的目標是世界革命，在革命過程中有進有退，是彎彎曲曲的。每一個共產黨都是這樣，沒有不同，無論史達林、狄托、毛澤東，都是如此。所以你去拉攏它，首先要看你的想法是什麼。我們看美國去拉攏它，其方案決策，在第一義上是有錯誤的。從第二義上說，現實的外交運用自不免有些權變，但你要知道，共黨在這個地方的決策，卻把得很緊，它進一步或退一步，都是根據它背後的基本原則來決定。它很清楚，把得很緊，而自由世界卻不清楚，對

自己的原則把不緊，所以吃虧。美國拉攏中共，希望它做狄托，這種想法和說法，正好是替共黨做宣傳。美國的外交政策正是向這個方向走。他們原初希望一中一台，一中一台做不到，便順季辛吉、尼克森的路走下來，結果便是犧牲台灣。所以美國拉中共，並不是想要轉化它，也不是想要克服它的馬列主義，結果便落在第二義上。

㈡美國對周、鄧的幻想

美國為什麼如此急於拉中共？就是他們一直以為周恩來是溫和主義，比較講理一點，再下來便視之為實用主義。事實上，美國人根本不了解共產黨，不了解周恩來。周恩來這個人，一直是辦事務，在共產黨裡面並不能擔綱。毛澤東、劉少奇可以擔綱，周恩來永遠不能擔綱。這個人能做社交，也可以擔行政，但他不能決定原則方向。原則方向是毛澤東決定，劉少奇決定、抗戰時期，中共把周恩來擺在重慶，做社交、搞統戰，這對他最合適。這叫做外放，不叫他在廟堂之上參與決策，他只是根據決策來執行。周恩來就是這樣一個角色。這個人會演戲，中學時代便演話劇、做女角，專門做花旦，到時候他會痛哭流涕，是很會做假的一個人。共產黨得到政權以後，他擔任國務總理，上面變來變去，而他始終不倒。這一方面是他在黨內資格老，坐國務總理的位置坐得很恰當。另一方面他有一套權術，就是：不坐第一把交椅，不為天下先。不坐第一把交椅，表示他不宜於辦黨；不為天下先，便是黃老之術。道家在這個地方實在很深刻。但我們講道家不取這一面，而是注重它的智

慧，講它的玄理。但道家也可轉到政治上來應用，一是和法家合在一起，另一是成為黃老之術。周恩來不坐第一把交椅，不為天下先，就是黃老之術。而且他心目中沒有是非，只有利害。人家把他當工具，他也把別人看做工具。在他那裡，只有現實上的利害，他只講利用，只講現實。像這種實用主義是什麼樣的實用主義呢？他不是泛泛的實用主義，他背後還有一個基本原則，他仍然是馬列主義、共產主義，這是他們絕對遵守的。自從周恩來死後，到天安門事件發生，海外的人，和一般知識分子，還有美國人，都瞎捧周恩來。這表示不但美國人不了解周恩來，就是中國人也不了解。香港的某些報紙，那一陣子天天恭維周恩來。對這麼一個壞人，為什麼要如此客氣呢？站在共黨的立場，周恩來能使它穩定，自有可取。但站在非共、反共的立場，為什麼要對他客氣，這不是自作多情嗎？我對這些人都討厭，有時在香港聽見一些人說什麼毛澤東先生、周恩來先生，真叫人肉麻，我連聽都懶得聽它。而那些中共專家卻專門喜歡談，談得好像津津有味，如數家珍。

周恩來是如此，現在鄧小平更實用，更實際，於是他們又一窩蜂瞎捧鄧小平。鄧小平這個人，年輕時代在巴黎讀書就參加共產黨，其人詭計多端，善於組織，和周恩來一樣是個不談理論的人。這兩個人形態雖有些不同，但路線是一樣的。他感到毛澤東的做法對共黨之統治不利，共黨內部稍為理性一點的，也都不贊成毛澤東的一套。但毛澤東在共黨的權威性太大，當權數十年，鬥爭的本事又特別大，中共那些人沒有一個鬥得過他。像文化大革命這種事，除了毛澤東，沒有人能發動得起來。那時，黨政軍都控制在劉少奇、鄧小平手裡，他退到第二線，跑到杭州養病。說什麼我快完

了，只想活到七十，也不想多活了，裝出一副死樣子。事實上他一點也不想死，他完全學司馬懿，最後終於弄出文化大革命來。大家都討厭他，但拿他沒辦法。等他一死，自然要鞭屍，要改變路線。鄧小平就代表這個路線。簡單地說，就是所謂「只講專，不講紅」。但要知道，這句話是有所對而發，是針對毛澤東的「只講紅，不講專」而說。毛江四人幫這些人只講紅，結果成為無知，一切事都無法進行。因為做一件事，要照事情本身的軌道來辦理。而「專」就是指知識科技，所以鄧小平反過來要重視專，來正視專門知識的效用。但鄧小平是在他那「紅」的背景下來重視「專」，他對於他那個紅的背景並不搖動。這一點必須認識清楚。美國人不懂這一點，便以為鄧小平既重視「專」，就可以合作了。鄧小平有一句話：不管你是黑貓、白貓，只要會抓老鼠，就是好貓。美國人一聽，以為和美國的實用主義相合。他們不知道鄧小平說這句話是在那個紅的大前提之下而說的。這句話出之於鄧小平之口，和出之於美國杜威之口不同，和出之於胡適之先生之口也不一樣。這句話本身雖表示唯用論的意思，但說話的背景不相同。在此，諸位對近代當代的西方哲學，如美國的實用主義，英國的實在論、經驗主義，一定要懂得。對這套思想興起的背景，不可忽視。

(三)實用主義的簡別

照實用主義說，一個觀念，沒有先天的、一定的真理性，沒有一定對，也沒有一定不對。實用主義的思想正是對哲學中「什麼是真理」的問題而發。另有實在論的講法，他們認為，這個觀念和對

象相合，就是眞；和對象不相合，就是假。這叫做相合說、符合說。還有一個講法，是黑格爾的講法，那是所謂理想主義、唯心論的講法。認爲一個觀念眞不眞，是就它和其他觀念的關聯性來說。這個觀念和其他觀念能套在一起而不衝突，這個觀念的眞理性就大，套得越大，眞理性就越大越強，這叫做眞理的一貫說。到杜威出來，對符合說、一貫說都不贊成，而認爲一個觀念之眞不眞，就看它有沒有工作性，可行不可行、可工作不可工作。如果一個觀念不能表現用、不能工作，這個觀念就是假的。這個思想和荀子批評孟子的性善，說它沒有「辨合符驗」，只能「坐而言之」，「起而不可設，張而不可施行」，有點相似。荀子對孟子的批評對不對，是另一回事。但所謂唯用論、實用主義，就是拿這個工作性，來規定觀念的眞與不眞。所以他們反對傳統哲學所謂絕對的眞理、先天的眞理、現成的原則等等的說法。他們不認爲有絕對的眞理和現成的原則。這還是經驗主義的背景。避免講絕對，不要講一個大原則，大原則也要靠在這個「張設施行」的過程裡而漸漸呈現。這是自由主義的思想，是在自由民主的文化背景下出現的觀念，再配合近代的工業文明，才有這種思想。胡適之先生最欣賞這套思想，所以他說我們不要談主義，因爲主義都是大原則，一切都定在這裡不能動，都有絕對的肯定性，所以都成獨斷，不合乎科學。這種道理，中國以前的人也懂。王船山就說過一句話：「有即事以窮理，無立理以限事。」即事以窮理是科學的態度，立理以限事，就是肯定一個主義，獨斷地肯定下來，強迫天下人遵從。馬列主義就是這樣，共產黨表現得最爲極端顯明。它完全是立理以限事。它立下一個理來限定現實的一切事情。但一般青年爲什麼還會爲它所吸引

呢？因爲它也代表一個似是而非的理想性。你只講實用，沒有理想，天天只把心思落在抓老鼠這個地方，當然不行，不足以滿足青年人對於理想的追求。

但諸位也要了解實用主義這套思想的背景，它是自由主義，是從美國那套文化而發出來的，和他們的社會很相配合。胡適之先生說，我們只談問題不談主義。他說這話是爲了對付陳獨秀。因爲當初《新青年》雜誌是陳獨秀所發起，胡先生是後來參加。但二人心態不同，陳獨秀好談主義、談理想、談改造社會這一套，胡先生沒有這方面的興趣，所以他說少談主義多談問題。問題是特殊的、具體的、一個一個的，我們面對問題一個一個來解決。所以胡先生是改良主義、是自由主義，而陳獨秀是理想主義、是革命主義。兩個不同路，所以胡先生終於從《新青年》撤退出來。而胡先生對知識青年的吸引性和影響力，也因此而大爲減殺。胡先生在五四時代，以白話文運動《中國哲學史大綱》成了大名，據說《中國哲學史大綱》在數月之間印了二十版，眞是人手一冊，風行一時。但我沒有看那本書，因爲我沒有趕上那個時代。我在北平讀大學是北伐時期，那時候，胡先生的書已經沒有人注意了，而胡先生對青年也完全失去影響力。他那時已轉向考據，考據一點《紅樓夢》、《醒世姻緣》之類。這當然不能滿足青年人對理想的追求。青年人要追求理想，不是要追求考據。考據只是個人的興趣，不能代表共同的理想。你要多談問題，那是什麼問題呢？是《紅樓夢》問題、《醒世姻緣》問題，他把杜威的實驗法——所謂科學方法用到這個地方來，所以終於與青年脫了節，完全不行了。而追求理想的青年一下子轉向共產黨，當時的趨勢就是如此。北伐以後，共黨政治鬥爭失

敗，所以轉入地下，從宣傳上思想上爭取知識分子。它以後成功的
基礎就在這裡。

所以實用主義在美國是好的，因為它相應、相配合。但傳到中
國來就不行了。胡適之先生最欣賞杜威，但在中國不起作用。現在
鄧小平說會抓老鼠的就是好貓，這是說一個觀念的出現，看你能不
能工作，有工作性就是好觀念。若把這句話當一個原則看，不是和
杜威的唯用論一樣嗎？表面上不是和實用主義一樣嗎？而他現實上
也是向這個方向走，講科技化，要向「專」這個路上走。但我問問
大家，鄧小平這句話能不能當作一個原則看呢？如果他真相信這是
個一貫的原則，那麼鄧小平就必須放棄馬列主義，而相信杜威。他
如真相信杜威，我也可以表示歡迎，我雖不贊成杜威哲學，但站在
反共的立場，站在自由、文化的立場，我可以歡迎。但剛才說過，
他這句話是針對毛澤東過分重視紅而發，他並不把這句話當作原
則，他只是一個策略。所以，對於一句話，要看他是套在一個什麼
背景、什麼原則上說的，不可只是孤離地看。光是孤離地看，它就
是杜威的實用主義。如果他真相信杜威，則天安門馬、恩、列、史
的畫像都應該拆掉，也就是說他要變成反共的立場，要把馬、恩、
列、史的像拿下來，換上皮爾士、詹姆士、杜威、還有胡適之。換
上這四個人的像，共產黨就等於否定自己了。（皮爾士是實用主義
第一代的宗師，下來就是詹姆士，再下來就是杜威，這是在美國
的。英國方面還有一個席勒，他是實用主義的右派，杜威是左派，
這在當時是很風行的。流行到中國，就是胡適之先生。其實，嚴格
地說，胡先生還不太算得上。胡先生只懂杜威的《思維術》，他只
讀這本書。以後杜威還寫了好多哲學書，他都沒有興趣。所以把杜

威這一套當哲學看，胡先生的了解也是很少的。他只採取杜威的
《思維術》，那是杜威早年寫的，並沒有多大價值。）說到這裡，
我們可以看出，鄧小平並不能放棄馬列主義而改信杜威。儘管「抓
老鼠」這句話合乎實用主義，但他不能以實用主義做他的最高原
則。可是一般人看不透這一點，美國人也不懂，所以聽到這句話，
便以為是實用主義，因而為鄧小平所迷惑。

㈣共黨之科技是政治運動下的科技，只是一個策略

你美國一定要和中共拉關係也未嘗不可，但你要轉化它才
行。可是美國並沒有這個意思，而只是一個現實的態度，只想拉中
共制衡蘇俄。再就是想做生意，因為中共要科技化，美國可以提供
技術和產品。假使它真是實用主義而能把馬列原則放棄，這當然很
好。它要科技化，就必須全部敞開。那就是說，它要科技是以科技
的態度來施行科技，也就是科技地來科技。但共產黨並非如此。這
一點諸位也要弄清楚。科技地來科技，是英美這一套，這也是好
的。因為科技本身有一些條件，它後面有個基本原則：這個社會必
須是開放的，是自由主義，而且要有教育學術的獨立，要尊重學術
的獨立價值。但共產黨向來沒有這一套。所以它要科技，是當做一
個政治運動來科技。這一點一開始我就看出來。在香港有些人一聽
到中共要科技，就跟著嚷嚷要科技，那些左派報紙沒有一個敢說不
科技。科技當然也很重要，但科技不等於一切，我們是不是可以在
科技以外也講一點非科技的東西呢？是不是可以給科技一個限制
呢？應該是可以的。但在共產黨則不行。它說要科技，科技就成為

絕對的。譬如當初江青那一套盛行,那一套就是絕對的,一切美麗的字眼都用上了。凡是和那一套不同的,就是反革命的,所有最壞的字眼都加上去。現在鄧小平變換一套,情形又倒過來。當初用在江青那一套上的絕對字眼,又用到科技這邊來了。而江青那一套則被加上所有的壞字眼。像這麼一套東西要來要去,你的是非標準到底在那裡呢?這種政治運動下的科技,如從遠處說,它既不是以科技的態度來施行科技,它就一定做不成功。但這話有問題。站在書生當教授的立場,可以這樣說,認為教育是百年大計,沒有教育的獨立就沒有科學,沒有科學又那能有科技?但這是書生之見,在共產黨不是這樣。它不在乎沒有教育獨立,不在乎沒有牛頓、愛因斯坦,甚至也不在乎落後,它只單單要實用的科技。你造原子彈,我也能造原子彈,它就是要這樣的科技。在此,你可以看出它的科技一定有個限制,它背後還有一個馬列主義來限制它,它絕不會用杜威的實用主義做它的原則。這個地方一定要弄清楚。

所以,你不要只以書生當教授的立場說那些迂闊之言,說沒有什麼什麼,它就不能有科技。它也可以有科技。你看蘇俄,它就有科技。蘇俄對牛頓、愛因斯坦沒有興趣,它而且認為量子論等物理學是唯心論的物理學,是資產階級的物理學。物理學那有什麼唯心論、唯物論,那有什麼資產階級、無產階級的分別呢?這種話叫人聽了就討厭,但他們就是這樣說。這表示他們對這些沒有興趣,它只要你的應用科學。儘管你先發明出來,也不過先走一步,它第二步就跟上來,天下的科學家都可以拉來應用。為蘇俄造原子彈的,便是德國的科學家,是二次大戰俘虜來的。它把你養在那裡,給你好待遇,替它造原子彈。現在它的勢力竟駕凌美國而上之。蘇俄如

此，中共為何不可如此？所以你不要以為中共科技化了，就來和它拉邦交，以為美國社會的一套可以隨著科技輸送進去，事實上進不去的，進去一些也很有限。它只要你的軍火，買你的機器，而它社會還是封閉的。像蘇俄便是如此。你如果說它的社會不自由，生活不好，這樣是不夠的。它可以說，不夠就不夠，我把褲帶拉緊一點就是了。共產黨的政策本來就是如此。它不讓老百姓吃得太飽，吃飽了的貓咪就不想抓老鼠了。但也不能餓著他，餓著他就會造反。它把全部糧食控制在共黨幹部之手，它可以緊，也可以鬆一點，都由它控制。在這種情形之下，你不要幻想以為和它拉邦交，就可以把自由社會的一套輸進去。如果真能如此，我也高興。因為這樣就可以把它衝垮。但天下事不可如此樂觀幻想，尤其不可順此幻想而放棄自己的原則。

須知共產黨的科技化，主要就是要你的軍火，充實國防。它是純軍事的觀點，至於人民生活的福利，它不會注意的。所以自由主義社會的組織制度還是打不進去。既然進不去，你美國的外交策略就應仔細考慮。現在你想聯中共制衡俄共，結果是完全落在軍事國防上，想借用大陸對抗蘇俄。而直接的影響，就是對台灣形成一個大的打擊，而助長了共黨統戰的氣燄。在美國，他可以說這是外交政策的轉變。但在共黨的立場，卻全部看做是統戰工作。在軍事國防上拉美國，就是要孤立台灣。第一步是政治外交的孤立，進一步是經濟上的孤立，再下來就是拿科技來吸引知識分子，這一步是走向思想孤立，最後的問題就是落在文化思想上。共黨可以用科技吸引知識分子，同樣也可用科技實用主義拉美國。但美國真能利用中共對抗蘇俄嗎？如果第三次大戰打起來，你能擔保中共一定幫美國

嗎？它和蘇俄同一個主義，他們是共產極權主義，你美國是自由主義、資本主義，它為什麼一定要幫你美國呢？有人說，第三次大戰不會打起來，現在的做法是求均衡，求均衡就是互相制衡。在此情形下，一切的發展都是曲曲折折、變化多端。那麼，在此曲折變化中就不可以不謹慎。你美國為什麼要遷就共產黨而自亂陣腳呢？

(五)中華民族要出海，但不能讓共產黨出海

研究外交的人說，美國有一個想法。以前他們沒摸清中共的底牌，有點怕它。這幾年他們知道中共很落後，只會說大話，不怕它了。以為只要幫助它就可控制它。美國這個想法是大有問題的。你為了這個想法，就犧牲臺灣，去拉一隻老虎來犧牲朋友，這是很愚蠢、很不智的，也是非常不道德的。這且不說。中共現在落伍，你裝備它，這好比錢一樣。人沒有一個錢，他沒有辦法，等有了錢，錢本身就會生錢，越生越多。所以有句戲詞說，越窮越沒有，越有越方便。有了錢，它越生越多，人就勢利了。你現在裝備它，到了相當程度，有了科技，慢慢它就可以自己生產。它如漸漸強大起來，你美國能控制得住嗎？對美國來說，這不是養虎貽患嗎？但如果就中國來說，我強大了，就必須出海，要出海，就要拿臺灣，那時候，你美國擋得住嗎？美國人說他們了解中國只有一個，臺灣是中國的一部分。這句話本身沒有錯，大陸和臺灣也都這麼說。但美國明明知道退守臺灣的中華民國政府不能和共產黨和談，卻還要說，你們自己去和談，和平解決。這話就不對了，是不負責任的說法。沒有人能和共產黨和談。你美國可以和蘇俄和談，但越南能和

北越和談嗎？越南和談的結果就是投降、滅亡。美國與蘇俄談，是談的限武之類的協定，是談技術層的問題，不是談談兩國最高原則的問題，這當然可以談。但臺灣與中共和談不是談技術層的問題，而是原則問題，說穿了，就是要你服從共產黨的原則，這怎麼可以和談呢？和談就是投降，這當然不能談。所以美國說這話，是打官腔，對得起朋友嗎？你叫共黨提出保證，有用嗎？今天簽了字，明天它可以說我要撤回昨天的簽字，那時你怎麼辦呢？你罵它混蛋，他就承認自己混蛋，又將如何呢？所以美國這個態度是不對的。剛才提到，站在中華民族的立場，不但要統一，而且要出海。北從海參威，南至海南島以南，這一大片太平洋海面，都是中國的。中國必須出海，才能真正強大，才能恢復漢朝、唐朝、明朝那樣的聲威。但現在我們的立場，就是不能讓共產黨出海。它若出海就要拿臺灣，臺灣沒有了，韓國、日本、菲律賓都成問題了，所以日本最怕這一手。這是一個重要的關鍵。站在中國人的立場，要出海，但中共奉行馬列主義，它不是中國人，不能讓它出海。如果站在孔子的立場，我當然要出海。如今你是馬列主義的立場，我沒有祖國了，你要我認同祖國，你的祖國在那裡？認同祖國必須要有祖宗，沒有祖宗那有祖國？你的祖宗是誰呢？你的祖宗是馬、恩、列、史，你根本欺宗滅祖，罪大惡極！所以海外的知識分子說什麼回歸啦、認同啦，實在愚蠢得很，根本一點知識都沒有。你的知識，知到那裡去了，識到那裡去了？你只有一點專家知識、科技的知識，而科技的知識不能解答這個問題。在這裡必須有教養。你沒有教養，所以糊塗了。須知中國這個國家，和共產黨的政權，是兩回事。你把祖宗弄沒有了，我到那裡去認同？我一生下來就是中國人

了，我早已認同了，回歸了。你如果把馬、恩、列、史拿掉，我早回去了。不要說換上孔子，你就換上皮爾士、詹姆士、杜威、胡適之，我也可以回去。因為他們主張自由民主，不會否定我們的祖宗。

所以在這個立場上，臺灣不能讓共產黨出海。但你美國幫助它、裝備它，有一天它就會要出海，出海就要拿臺灣，你美國一時能控制它，能永遠控制它嗎？除非你眞把臺灣出賣，像越南一樣。否則，就要打仗，這不是自種禍根嗎？你所謂和平解決，根本是掩耳盜鈴，飲酖止渴！所以卡特是個很壞的人，很要不得的一個人。季辛吉更是一個壞東西。他縱橫捭闔，學縱橫派，學戰國策。這個時代學戰國策是沒有用的。戰國時代蘇秦張儀縱橫捭闔的結果，是秦始皇統一。這個地方怎能不加警覺？

㈥關於「索忍尼辛批評美國」之平議

以上是指出美國為鄧小平的實用主義所迷惑。說到這裡，我想起索忍尼辛批評美國的問題。他說美國喪失道德的勇氣，不負責任。他是從另一開端說起。那篇講詞有些地方也說得並不十分恰當，美國人也不一定心服。但如知道他說的是文化問題，則美國人是無法答辯的。他那個立場和史賓格勒、史懷哲、索羅金那些人差不多，還有存在主義，他們都是對西方文化從十九世紀以後到二十世紀所發生的問題，加以反省。這一方面歐洲大陸比較注意，而美國方面便注意的少。這種反省是很有意義的。他說美國喪失道德的勇氣，不負責任。他說這話是直接對越南的問題而發。如今對臺

灣，美國又犯了同樣的毛病。這種現象，照索忍尼辛看，就是喪失道德的勇氣，就是不負責任。這是文化問題，若是站在政治立場，這是你美國的外交政策，外人管不著。就說是出賣吧，也只怪我們自己愚蠢，不該交這個朋友。但當一個文化問題看，你美國就是沒有道德的勇氣，而且不負責任。當然該罵。

美國人挨罵之後，自然也有反應。有一個人他不承認美國喪失道德的勇氣，也不承認他們不負責任。他說：我們在越南打了十幾年仗，死了十幾萬美國人，現在我們下決心馬上停止，這不是負責任嗎？要不然，還要殺下去，不知道還要死多少人，我們決心停止它，不是道德的勇氣嗎？這種話簡直哄小孩。道德、責任，是這樣講的嗎？這種話當然毫無價值，不值一提。還有一個莫克里希，據說是桂冠詩人。他批評索忍尼辛，說你不了解美國的社會。美國是自由社會。自由社會以自由為第一，責任問題是第二。他的意思是說，自由社會以自由作大前提，在自由之下，責任是我們自己決定。必須肯定自由，才能自己決定責任。我們的責任，不是由國家警察替我們決定，也不是由國家教堂來決定，是我們自己決定的。我們沒有放棄責任，也沒有喪失道德的勇氣。當然，我們也知道作某些決定會感到很痛苦，但我們一步一步都做出來了。對於這個問題，他說得好像很漂亮。責任當然是自己決定。由自己決定責任，反過來就表示自由。如果國家警察或者教堂替我們決定責任，這就沒有自由了。他這個話是對著共產極權講的，對蘇俄講的。大陸上也是如此。在那裡你能決定自己的責任嗎？還不是由幹部替你決定！天安門貼大字報也不是無限制開放的，它開放讓你貼，讓你罵毛澤東打擊華國鋒，但看看要出問題了，就馬上收回停止。可見一

切都控制在幹部手裡。我們自由社會不是如此，一切都由自己的意志來決定。所以這個話當然說得很漂亮。索忍尼辛說，我看你們美國這一套，實在令人失望。我固然不願意你美國學蘇俄那一套，我也不願意把你們這一套介紹到我俄羅斯的祖國。莫克里希就是針對他這個話而講。表示你到我們這裡來，始終還沒有了解自由主義的本質，沒有了解開放社會的本質。但他的話漂亮是漂亮，而問題也就在這裡。

問題在那裡呢？就是你有自由了，你就真能知道責任嗎？你知道什麼是責任呢？這是光從自由裡面分析不出來的，這不是一個分析命題。你就是知道責任了，你能決定得起你的責任嗎？譬如越南本是法國人的事，你美國以自由世界領導者的地位把事情攬到自己身上，要負起這個責任，表示你知道自己的責任了，這當然很好。可是打了十幾年，還是悲劇收場。這就表示：你知道自己的責任了，你能決定得起自己的責任嗎？今天決定得起了，明天又放棄了，你能決定得住嗎？結果是決定不住。再如現在與中共拉邦交，美國以為這是他的責任，而這個責任就很有問題。你知道這個責任真是一個責任嗎？就算知道它是一個責任，你真能決定得起、決定得住嗎？如果說，一知道就能決定得起，就能決定得住，天地間也就不該有墮落的人了。所以，從自由到決定責任，是有距離的。用康德的名詞說，兩者是綜和關係，不是分析關係。給你自由了，你要對自己的行為負責任，你那些行為真能合乎道德嗎？如果都能合乎道德，天地間不是沒有墮落的人了嗎？個人如此，一個國家也是如此。國家有了自由，就能決定得起、決定得住它的責任嗎？若能決定得住，天下也就沒有亡國之事了。但世上就有亡國之事。

　　由此可知，這顯然是個文化問題，不是自由民主的問題。自由民主負不了這個責任。自由民主只是給你一個權利，如何去運用這個權利，是你個人的事，自由民主管不到。自由民主管不到就表示這不是政治問題。政治自有它的限制性，它不能無所不管。這裡一定要分清楚。而在此也顯出民主政治的可貴，這是近代文明可貴的地方。民主政治這個體制，就是要盡量限制政府的權力，不使它無所不管。假如你把一切事情一切責任都推給政府，就表示你的頭腦是一個沒有近代化的頭腦。須知政府只是保障你的權利，如何運用權利是各人自己的事情。不是給了你自由，你馬上就能付之於恰當的運用。這不是政治的問題。是什麼問題呢？這裡是文化的問題。說得具體一點，就是教育問題，是教育、學術、文化的問題。這是政治管不著的。索忍尼辛表面上是批評自由民主，但他真正的意思我看出來了，他是著眼於文化問題。但他的講詞分別得不清楚。其實，應該要分別清楚。否則，你說自由民主這一套你不要，你又不贊成俄共的極權，你到底要那一套呢？須知在這個地方就只有兩套，除了極權專制，就是自由民主，沒有第三套。他把文化問題和民主政治攪和在一起，沒有分辨開。文化問題和自由民主雖有連帶性，美國那些毛病也和自由民主有關連，但有一些事情並不是民主政治的體制問題，而是文化教養問題。這樣一分開就好了。分開來說，美國人就沒有話講。因為它雖有自由民主，卻缺乏文化教養──富而無教。所以才不明責任，決定不起、決定不住自己的責任，而喪失了道德的勇氣。但索忍尼辛攪和在一起，美國人像莫克里希就可以反唇相譏，說：我們是自由人呀，責任是由我們自己決定呀，我們也知道什麼是我們的責任，我們決定得很好，你怎麼說

我們不負責任，說我們喪失道德的勇氣呢？其實，莫克里希的話是
有問題的。照中國人講，我有了自由，我要實現這個自由，能知道
什麼是責任，知道以後，還要能決定這個責任。在這裡，就要有很
大的修養工夫。人的生命墮落不墮落，就在這個地方看。不管你做
的是儒家的修養，或是道家的修養，或佛教的修養，就在這個地方
講工夫。那有你莫克里希說的那麼容易？你那樣答辯，索忍尼辛不
會心服，他還是瞧不起你。因為你的答覆不相干、不中肯。

　　　　　　※　　　　　　※　　　　　　※

　　以上第一點，是由說美國為鄧小平的實用主義所迷惑、而牽連
出的問題。表面上看都是實用主義、都是科技，但事實上有不同。
杜威的實用主義是和美國文化合在一起，和自由主義合在一起，是
和美國社會那一套文化相順的、相協調的。而鄧小平的實用主義是
拿馬、恩、列、史做他的原則，他的科技是政治運動下的科技，它
是一個策略，不是科技地來科技。我們必須把它分別開，才不會為
它所迷惑。否則，以為它也是實用主義，便存幻想，要和共黨拉關
係，一心以為有鴻鵠將至，這只是一廂情願，結果必然吃虧。順此
下來，便有所謂不負責任，喪失道德的勇氣，索忍尼辛就是在這個
立場說的。現在，我們還是可以對美國說這個話。而你的答辯是沒
有用的。你說得雖漂亮，也只是幾句原則性的話，要實現出來不是
容易的。

二、說一般知識分子也爲鄧小平的實用主義所迷惑，並說明如何對付共黨的統戰

㈠一般知識份子的傾向

現在進一步，再說一般知識分子也爲鄧小平的實用主義所迷惑，這就更壞了。近幾年來，我特別討厭這些知識分子，就是這個道理。一個國家的教育學術文化，光講科技是不行的。光講科技，沒有文化意識，沒有道德意識，沒有價值意識。他除了所學的專門知識以外，一無所知，只是一個白癡。這就是現在學術的風氣。自由世界全都犯這個毛病。我們不要說人家，我們自己的大學教育就是這樣。他是專家、他是博士，他得諾貝爾獎金，他在社會上有很高的地位。但他只知道專門知識，小昆蟲他知道，原子電子他知道，演算數學他知道，而到了人與人之間的關係，屬於人事的問題，就一無所知。只知道一個自由民主，或者科學，只會借用自由民主，胡說八道，完全不負責任。這就是現在的學術問題。一般知識分子就在這個地方顯出毛病來。沒有通識，沒有見識。更明確地說是缺乏智慧。「智慧」是要靠平常的教育慢慢陶養的。在你所學的專家知識裡根本沒有這一套。這個風氣在二次大戰以後特別顯明。本來中國的問題，從五四運動以來，就犯了這個毛病，這個徵象早就表現出來。所以共產黨能征服大陸。三十八年撤退出來，我們重新反省中國文化，就是對這個問題說話。唐君毅先生在香港參加辦新亞書院，我在台灣教書，異地同心，反省這個問題，一直說

了十年。後來我轉到香港，不再寫這類文章。現在時隔二十年，還是這個問題，而且表現得更厲害、更嚴重了。而大家還是不覺悟，一點都不覺悟。

所以這一代的青年知識分子，這一代的洋博士，表現的心向非常壞。在這裡，我借用一個人說的一段聰明話，他說二次大戰的時候，希特勒、史達林、邱吉爾、羅斯福、麥克阿瑟，以及我們的蔣委員長，那個時代的人，雖有正邪之不同，但個個都成個格調，都是以英雄的姿態出現。到二次大戰以後，赫魯雪夫、甘乃迪這一代出來，便都成了狐狸、狗熊、狡猾奸詐，完全講現實，不成個格。當時他說這段話說得很聰明，我覺得很可欣賞。其實，又何止是赫魯雪夫、甘乃迪這些人狡猾奸詐，只講現實？我看現在四十幾歲的這些洋博士也多半如此，很少例外。我們和唐先生講了二十多年，也培養一些人出頭，但又有什麼用，他們一點也不能接受，對這個時代沒有感受。所以他們的心思統統落下來，落在現實上，至於理想性、原則性、是非，這些在他那博士論文以外的觀念，他們完全不能有。我們那麼樣的講，天天講，講了那麼多，都沒有用。他們完全落在現實的層面上。在美國受教育，讀博士，都是聰明人，英文也很好，在學校當教授，上堂教課都不錯，文章也會寫，但到緊要關頭全沒有用。他們就是這麼一個形態，大體的傾向就是如此。

(二)留洋生之所見及其限制

他們在美國也學了一些，對近代文明的精神也有一些體會，亦能反照中國老讀書人的一些毛病。但他們的毛病比老讀書人的毛病

更可怕，他們的毛病正好就是索忍尼辛所指摘的美國社會的「泛法律主義」。他指摘的話，當然亦有不恰當處，如前所說。那裡雖含有他所說的毛病，但本質上亦有它的價值，這是近代化的一個要點。做事要有客觀的程序，要守法律規程，這個分際不能亂。主觀的是主觀的，客觀的是客觀的，個人的是個人的，公家的是公家的，分得清清楚楚。

這是近代英美所表現的，是好的。這是從它本質看，不從它的流弊方面看。這些留洋生到美國去，這方面有點了解，不能說他們完全沒有感受。但這種了解是平面的，是現實這一層面的東西。至於這一層面所以出現的文化背景、社會形態、以及個體自由、權利義務等的近代化之觀念，卻不知加以注意。在英美，它有歷史文化之背景，它是立體的。中國知識分子只學了它一套表面的東西，只是憑空拉過來，成為橫剖面的。毛病就出在這個地方。在英美，可以和它的文化諧和為一，儘管有流弊，但社會不出問題，它構成組織這個社會的基本法則。而中國的留洋生卻單單取它表面這一面，學來了也只成為在利害上耍權術的工具。對民主政治方面，也只學會競選、投票、服從多數，這些都是浮在表面上的東西。耍得好，毛病少一點，大家忍耐一下，就過去了。耍得不好。大家忍不下去，就會出問題。英美耍得好一點，不影響社會。尼克森耍壞了就得下台。能使一個總統中途下台，也是很不容易的。這代表美國的精神，是近代的精神，是好的一面。而且據徐復觀先生從美國回來說，美國鄉村社會有很多歷史紀念館，每天參觀的人多得很。他們歷史雖短，但歷史意識很強。中國有幾千年歷史，但現在的中國人卻最沒有歷史意識，沒有歷史意識就沒有文化意識。這個地方為什

麼不注意一下呢？這表示他美國立國有本，還有所以立的基礎。而
這些留洋生完全不加注意，沒有學來。所以一回國就只會幫閒。早
一點的像錢學森，回大陸幫共黨造原子彈，就是把自己當作一個工
具，去做幫閒、做幫兇。現在鄧小平又嚷出科技化，學科技的人又
一心以為有鴻鵠將至，而紛紛攘攘地投過去、做啦啦隊去了。

(三)浮在社會上層的知識分子之可恥

這些知識分子所表現的言行，大抵是浮淺可恥的。就如今年夏
天，這裡中央研究院開院士會議，那些海外的院士都回來了。反正
天下便宜他都佔，凡是那裡有好處，能增加名譽、地位、聲勢的，
他都佔。但你既瞧不起台灣，要這個院士名義有什麼用呢？不，院
士既代表名位，我就要，所以都回來了。等開完了會，馬上就帶隊
去大陸。香港《大公報》登出來，說某某院士帶隊回大陸。你既帶
隊去，當考察團團長，就要接受招待，要敷衍、要說話，這怎麼行
呢？這根本是不對的。他以為反正我院士也有了，大陸也去了，天
下便宜都佔了，自以為得計。這種情形，就是知識分子的可恥！

有人說，這是台灣本身不行。我說：台灣行不行，是一回事，
你應該不應該這樣做，又是一回事；這是兩個問題。你馬上來開
會，又馬上帶隊去大陸，從大陸出來以後，又在香港發言，說什麼
反共的人要消滅共產黨，是不對的。這種話就說出來了，中央研究
院在台灣，台灣是反共的，反共當然要消滅共產黨。暫時能不能消
滅它是另一回事，但若說要消滅共黨就不對，那還反共幹什麼呢？
難道不應該消滅嗎？馬、恩、列、史不應該拿掉嗎？馬、恩、列、

史能代表真理嗎？如果它是真理，自然不該消滅，儘管它現實上做得不好，而你可以說他的那個原則還是對的。但我們反共，並不是看你現實上那一點好，那一點不好，而是你那個原則根本不對。反共，就是要把你那個原則拿掉。所謂消滅，也正是要消滅你那個原則。並不是要把所有的共產黨員殺掉。那個原則拿掉了，大家都是中國人，為什麼要統統殺掉呢？我只是要拿掉你那個原則，使你封閉的社會成為開放的社會，讓大家可以過一個自由的生活。然則，你為什麼說消滅共產黨是不對的呢？為什麼不對？你自己的話才是不對的。

但這些浮在社會上層的知識分子為什麼要說那種話呢？他就是「順」，順著現實上可能不可能說話。但事實上可能不可能，和道理上應該不應該，必須分清楚。你不加分別，而直接說不應該消滅共產黨，這就是很可惡的一種態度。現在這些四十歲得到洋博士的知識分子，當然不是個個如此，只是那些聰明人，在社會上比較活動、佔地位的，則多半如此。這些人完全落在現實的層面上，只是耍利害，一點是非、原則也沒有。有一次，一個學生對我講，說老師這一代反共，是宗教性的態度；年輕一代的反共，是實用主義的態度，是從現實的立場。他這話說得很老實。但反共不能只是站在現實、實用的立場上，這裏是一個價值標準的問題。你共產黨那個原則必須拉掉。拉掉以後，只要能過一個自由人的生活就可以了。

(四)「順而順」與「順而逆」

在「順」之下，可有兩種態度。一種是「順而順」，順著它的

口號下去,去做幫閒、做啦啦隊。這樣只有助長它的罪惡,就是所謂「助紂爲虐」。唸科學的替它造原子彈,就是造孽,使它穩定。美國和它拉邦交,也是去穩定它。它穩定了,就使大陸人民在苦難中祈求自由的希望,完全抹掉了。在這個地方,你不可以發生錯覺,以爲它這樣鬧,那樣鬧,還是穩定下來了,便以爲它已得到人民的支持,得到人民的歡心。這完全是自由世界不通的人的想法,是一個大錯覺。你不知道在那種嚴厲的統治之下,一切都控制在幹部手裏,它控制了你的肚皮,你如何反得出來?你連呼聲也發不出來。自由世界的人以自己的社會情況去想,以爲它二三十年不倒就是得到大陸人民的支持,你不知道他們正如啞巴吃黃連,有苦說不出,天天在那裏受苦流淚,你怎麼忍心說他們支持共產黨呢?共黨最會欺騙人,所謂玩人喪德,以人民爲芻狗。它最會耍、最會造欺騙。他的欺騙不是用說服,它是利用羣衆,造成一種勢。你雖滿心不願意,也沒有辦法。譬如說參軍這件事。當年徐州會戰,幫它打仗的,全是我們山東的傻小子。他們誰願參軍?都是共產黨用鬥爭的方法「逼上梁山」的。它開會發動參軍,下面沒有人響應,於是他們預先佈置的人就來起帶頭作用。這邊一個舉手,那邊又一個舉手,大聲嚷著他要參軍,幹部也接口誇讚,那幾個人又順勢拉旁邊的人,說我都參軍了,你也該參軍,不參軍就不夠朋友,就是孬種。你一句,我一句,情緒就激動起來了。這些傻小子受不住,他們誰肯做孬種呢?於是迷迷糊糊就鬧起來了。這時那幾個人乘機溜走,眞正的人民卻上了圈套,都參軍了。於是它給你披紅、鑼鼓喧天地遊行,這時傻小子們清醒了,有的後悔流淚,但已逼上梁山,太遲了。這就叫做「玩人喪德」,它就是這樣控制人民的。所以諸

位不能爲這些錯覺所迷惑。現在知識分子聽到它要科技化，便順下去贊成，這就是沒有見識，受它迷惑。

除了「順而順」，只有一個應取的態度，就是「順而逆」。知識分子在這個地方，眼目要抬高一點，要有一點見識，不可採幫閒的「順而順」的態度。「順而順」你就不能動它那背後的原則，甚至也沒有想到要去動它，這就是承認它的大前提了。既承認它的大前提，那它所說的科技，就是外部第二義第三義上的策略上的話，你也只能隨著它的策略去順它、跟著它走，這不就是幫閒、做它的啦啦隊嗎？這就是「順而順」，一般秀才知識分子最容易落在這個層次上。這就叫做沒有出息。在這裡可以舉個史例。張獻忠打入四川，做了大順皇帝，要開科取士。當時的秀才聽說大順皇帝開科取士，高興得很，以爲有出路了。於是帶了文房四寶，紛紛擁進考場。等你進了考場，他把大門一關，統統殺了。張獻忠這個態度眞痛快！因爲你們心目中只有功名利祿，一聽到我大順皇帝開科取士，就馬上把大明朝忘得一乾二淨，這種人張獻忠要你幹什麼？所以集體消滅。成都有一個筆硯塚，就是埋的這些秀才的文房四寶。當然共產黨不是這個做法，但本質上是一樣的。現在這些知識分子和那些秀才也沒有多大差別，都是落在現實的層面上。既然落在現實的層次，你如何能反共？反共而不反它的原則，難道你還反它的實用主義不成？可見反共絕不能落在現實的實用主義上去順而順，這是很清楚的。

所以，必須「順而逆」。你要科技化，好，我就順著科技來，但必須順而「逆」才行。逆，就是要點醒它，要動它不可動的地方，揭開它那個烏龜殼，就是去掉它後面那個括弧、原則。讓它知

道,要想施行科技,非得開放不可。一定要採取自由主義,一定要
教育學術獨立。只要指出幾點就可以了。基本人權沒有好多,它是
相連而生的。這樣一來,你才能講科技,這就叫做「順而逆」。順
而逆可以對它有點醒作用,讓它在這個地方仔細考慮一下。所謂點
醒作用,就是把它那個硬殼揭開。但現在海外的人不能接觸這個問
題。去大陸的人,也根本不敢和它談這個問題。你不能和它談這個
問題,就不能揭開它的烏龜殼。在這種情形之下,你就不必去順它
了。在這個地方必須表示一個態度。如果你這個地方能清楚,它的
統戰工作就做不成。但現在一般知識分子就是在這個地方有迷惑。
他們只有「順而順」,沒有「順而逆」,所以不行。

　　這種情形,在中國歷史上也一樣存在。大皇帝打來天下,馬上
得之,不能馬上治之。所以要找人幫他治天下。但你只能幫他穩定
天下,而不能過問他天下怎麼來的,那個地方你不能動。但那個地
方一不合理,就會成為一切罪惡的根源。所以從孔、孟、荀以後,
真正的儒者都不滿意君主專制。西漢時期君主專制還沒有成定型,
到東漢光武帝就定型了。後來到了宋明理學家,沒有一個人是贊成
家天下的。但也只有理學家這些大思想家還能表示一個態度,一般
的讀書人就漸漸淡忘這件事了。就是理學家出來做官,和皇帝一見
面,這個問題還是不能談,不能接觸這個問題。在這裡,我們可以
用印度四階級以外的賤民階級,所謂不可觸階級的「不可觸」來
說。這個階級是不可接觸的。但甘地就是要解放這個東西,他就要
接觸這不可觸的階級,解放他們。所以甘地是聖人、聖雄。釋迦牟
尼佛也是要解放這個階級,因為眾生可以成佛,為什麼單單這個階
級的人不能?所以他要去接觸。中國大皇帝用武力把天下打來,不

准你過問，就表示不可觸。共產黨也是如此。天下是它革命革來
的，你不能過問。但你革命得來是得來了，可是你那個原則不對，
應該去掉。它說我本來就靠這個原則革命成功的，我不能放棄，所
以你不能過問。這就成爲烏龜殼而不可觸了。大陸上的人民沒有辦
法動它，是勢有所不能。但海外的知識分子，你不住在大陸，怕什
麼呢？尤其住在美國那自由社會的，你怕什麼呢？你們紛紛攘攘到
大陸上去，竟沒有人在這個地方敢說一句話。你們面對天安門馬、
恩、列、史的畫像，竟然一點感觸都沒有，你忘了你是站在中華民
族的國土上嗎？你爲什麼不說一句話呢？你說出來點醒它，它如不
同意，你照樣離開大陸回美國，你怕什麼呢？針對它的科技化，正
好說這個話點醒它，這就是「順而逆」。能夠順而逆，對自由世界
有好處，對中華民族也有好處。做不到順而逆，就統統是幫閒，幫
閒就是幫兇，助紂爲虐。這是很清楚的。可是他們就偏偏不清楚。
所以我常常慨歎，這個時代是個「大無明」的時代。所謂「陽燄迷
鹿，燈蛾撲火」，知識分子走向「集體自殺」。假若大家在這個地
方弄清楚了，共黨的聲勢就發動不出來。反之，你在此挺不住，它
一嚷嚷，就造成一種氣氛，使人迷惑。海外如此，台灣的知識分子
也不見得清楚，到美國留學的都是台灣培養出來的，這還不值得警
惕深思嗎？

(五)對付統戰：將共產黨的軍

　　如果懂得「順而逆」，就不會被牽著鼻子走。你共產黨向我做
統戰工作，我也照樣可以反過來統戰你。就像下象棋一樣，可以將

它一軍，爭取主動。譬如它向台灣做統戰，邀你和談。這裡當然不同他和談。和談就是投降，這是事實。但光拒絕和談是不夠的，聲勢顯得弱了。在這個地方，仍然可以「順而逆」。你要和談，好，你先照我的條件做。你能滿足我的先決條件，當然可以談。因為中國要統一。而中國之所以不能統一，是因為你共產黨背叛祖國，背叛自己的國家，背叛自己的歷史文化，罪惡是在你那裡，你才是中國和平統一的障礙。你佔領大陸，把大陸同胞分成「紅五類」、「黑五類」，你剝奪了人民的人權，而且把所謂「黑五類」的家庭及其子孫，定為永世不得翻身的階級。誰給你這個權力？我們的老祖宗黃帝也沒有這個權力，上帝也沒有這個權力，是誰給你們權力作這種「虛妄分別」？現在你要和談，就得先把這「虛妄分別」去掉，把大陸同胞從「人民公社」解放出來，把天安門馬、恩、列、史的像拉掉！你能不能做得到呢？做到了我就和你談。這樣一反問，它的聲勢就沒有了。它如做得到，就是放棄它那個原則，向台灣投降，中國不就統一了嗎？這就是將軍，就是反將它一軍。這個是需要的，可以把台灣的氣勢提高。

凡說話，必須理直氣壯。你不要光看現實上誰有多大力量，多少軍隊，那只是量的問題。數量雖也有決定的作用，但天下事不全決定於量。氣勢非常重要。所以殷海光先生是不通的。他當年用概算決定的觀念，說反攻大陸沒有希望，說反攻的概算、概然率不可能。你不知道反攻行動並不是科學知識的問題，那有什麼可能不可能？什麼是可能，什麼是不可能，這不是概算所能決定的。這個地方是意志決定。你怎能根據一點邏輯知識用來談政治呢？這完全是兩種學問，是兩層思想的問題。譬如抗戰時期有兩句話：「抗戰必

勝，建國必成」，以邏輯上說，那有「必勝」、「必成」呢？除了
「套套邏輯」，那有必然性？但你必須知道「抗戰必勝、建國必
成」不是邏輯推理中的語句，而是屬於意志的表現、是信念的問
題。一個人唸哲學唸不通，還要發言，你發什麼議論呢？發議論必
須通，不通就老老實實做個專家算了。你發出議論來，青年人弄不
明白，還以為你說得有道理，豈不糟糕？所以，現實的行動原則，
和邏輯、科學知識，並不是一回事。我再舉個大家都知道的事例，
當年黃埔軍校從廣州開始北伐的時候，力量小得很，而孫傳芳、吳
佩孚的軍隊勢力很大，但北伐軍還不是照樣打出來。什麼叫做可
能，什麼叫做不可能，那有一定的呢？還有戰國時代，藺相如參加
澠池之會，那就是氣勢。趙國沒有秦國強，秦國明明是欺騙，但藺
相如那一手就把秦王制服了，而能「完璧歸趙」。所以氣勢很重
要，氣衰是不行的。你衰一步他就盛一步，你盛一步他就衰一步，
最後是決定於意志。索忍尼辛罵美國喪失道德的勇氣，就是表示這
個時候，你美國的氣不行了，你的意志力是衰了，光想自保自守，
你這樣能行嗎？你喪失了道義精神，出賣朋友，你能自保嗎？你能
對抗共產黨嗎？所以我希望知識分子要明白，你要抵抗它的統戰，
只有把這個觀念弄清楚，就是不可「順而順」，而要「順而逆」。
這樣，才能不受搖動，才能把共黨的統戰打回去。

　　以前，是由於知識分子迷惑，幫共黨統戰成功。現在「解鈴還
須繫鈴人」。只要知識分子自己有出息，不做共產黨的啦啦隊，它
的統戰工作馬上就垮台。

三、台灣的自立之道：增加自己存在的價值

㈠要「立於禮」——客觀地站起來，成爲眞實的存在

就外部講，是對付統戰，將共產黨的軍，把它擋回去。就內部講，就是自立。先要兩腿不搖動、不發抖，要自己站得住。在這個地方，不能靠別人。求之於外，正是孟子所謂「求無益於得者也」。所以一切靠自己，要堅強地站起來。用孔子的話，就是「立於禮」。只有在「禮」中才能站起來。我們把這個原則應用到自己內部，就是要各部門都能夠客觀地、依照它的自性、依照自己的規模站起來。這是一個鋼骨水泥，每一個部門依照它工作的自性、本性，依本性所決定的規模，而客觀地站起來。「立於禮」就是客觀地站起來。所謂客觀地站起來，也就是增加你存在的價值。要不然，你浪生浪死，人家隨便就把你犧牲掉了。我說增加存在的價值，並不是一句空話。台灣近幾年雖做得不錯，外面的聲譽也漸漸挽回來，但各部門內部的毛病還是很多，並沒有達到依其自性規模而客觀地站起來的境地。也就是說還沒有眞正「立於禮」。

孔子「立於禮」這句話非常重要。個人如此，國家亦然，都要立於禮。孔子說「興於詩，立於禮，成於樂」，我們是取「立於禮」這一句來表示這個意思。什麼叫做各部門依其自性規模而客觀地站起來呢？就是要增加自己存在的價值。你客觀地站起來了，用

黑格爾的哲學名詞說，你就是一個「必然的存有」，也就是說你存在有必然性。你所以有必然性，是因為你把你的本質實現出來了。本質不實現出來就不算一個「真實的存有」，而只是一個在時間空間中的「偶然的存在」。黑格爾的說法，很有意義，這是一個很好的觀念。用中國的老話說，所謂「草木之人，浪生浪死」。浪生浪死，就只是時間空間中的一個偶然的存在，不是真實的存有。要成為真實的存有，就必須把你的本質充分地實現出來。這是從原則上說。

(二)教育學術的問題

我說這話，是因為現實上台灣各方面還沒有真實做到這一步。我們也不要說旁的，就看教育學術吧！今天教育學術界所負的責任當然非常重大。但辦教育的人如何呢？在中等教育方面聽說有要錢的風氣。當然你可以說只是少數的敗類，但你對少數敗類清除了沒有？難道能沒有一個交代嗎？一個青年人大學畢了業，要去中學教書，就有人向他要紅包，這對一個純潔的青年刺激太大了。本來，古今中外都有貪污，大陸共黨幹部貪得更凶，美國也貪污，一般官吏和商人串通貪污，只要有辦法對付他，隨時整頓，也不至於形成什麼了不得的問題。但在教育界絕對不可以。尤其中小學，那是保持和培養純潔心靈的地方。這個地方壞了，就會從根爛起，這是很可怕的。那些帶壞風氣的人，實在應該嚴正典刑。

再如大學教育，這是講學術的。現在有那一個大學真正能夠依照它學術的本性規模，而客觀地站起來呢？教書的不能把這門學術

的本性規模老老實實地講出來，如何對得起青年？豈不是誤人子弟？大家豈能不在這個地方痛切反省？旁的院系我們不懂，文學院最成問題。文學院的人自己不懂，講不出道理，這就表示你沒有依照學問的本性規模而客觀地站起來，所以沒有學術的價值。人家說你是文化沙漠，正是針對這文化學術的問題而說。為什麼大家不警惕、不反省呢？現在文化復興運動，首先就該在這個地方著眼，把大學教育徹底檢討一下，隨時反省。而師範大學控制中等教育，它的地位尤其特殊而重要，應該好好檢討一下。誰來檢討，誰能檢討呢？一般教書的先生在裡面住久了，那些不合理的現象多得很，自己應該明白。但如隨時警惕，戒慎恐懼，自己發憤改進，總應該可以做得好，這就是所謂「盡其在我」。你已經在大學教書了，要你「盡其在我」都做不到嗎？

(三)要使自己成為一個客觀的範例

「盡其在我」，才能自己站起來，才能定得住。每一個部門客觀地站起來，才能成為一個「範例」。這就是增加你存在的價值。這時沒有人能搖動你。現在這個時代和古代不同。以前有亡人之國的，現在這個世界沒有人能亡人之國。但如果你自亡，就沒有辦法。自己首先搖動，自己不能成為一個客觀的範例，不能增加自己存在的價值，當然就會有「自亡」，所謂「魚爛而亡」的危險。反之，自己站得住，誰能亡你？所以，講文化復興，首先必須在這個地方加以檢討。而現在的做法不免落於形式、表面。他們做的事也不是說沒有價值，但價值性不大，沒有抓住要點，不明白問題的本

質。人必須知道如何用心。否則，就不免枝枝節節，捨本逐末。

我今天向諸位表示這些意思，都是我自己真切感受到的。我們不要怨天，不要尤人，你怪旁人也沒有用。首先要抵抗得住共黨的統戰，先將它的軍，把它打回去。進而要自己站起來，各部門都如其本性、依照自己固有的規模而成為一個範例。政治如此，軍事、經濟、社會、教育，各方面都是如此。在這個地方，我們很顯然還沒有做成功一個範例。譬如說，現在各大學正在評鑑。前幾年評鑑理工學院，今年評鑑文學院。評鑑是需要的，是要大家檢討，彼此觀摩求進步。毛病擺在這裡，互相檢討一下總可以，為什麼一定要互相恭維呢？各校派代表參加評鑑，彼此恭維一番，評鑑的意義就沒有了。互相檢討一下，也不是不讓你通過。檢討以後，照樣通過，怕什麼呢？檢討是需要的。教育部當初提出評鑑，也並不錯。但提出一個觀念，如果不能做到，便不如不提。否則，一切變質，失去它本身的意義。

（67年12月18日講於台大哲學系，蔡仁厚記錄）
原載《鵝湖月刊》第4卷第7期　　1979年1月

「平反」與「平正」

—— 香港新亞研究所文化講座第一次講演會講詞

現在新亞研究所重新想到舉辦中國文化講座，剛才孫國棟所長已經把意思講了，我現在想再把這意思稍為補充一點。我自己主觀的一個感受，我常常感到現在再辦這種文化講座，討論中國文化問題，在香港這個地方，好像不大行。當初，新亞書院在桂林街的時候，舉行這種文化講座，可以行，並且是很有意義的。因為那個時候，中共剛開始占據大陸，桂林街新亞書院的那些先生、學生，都是從大陸逃亡出來的，流亡到香港這個地方來，白手起家，租一間房子、兩間房子，大家教書也在這兒、住宿也在這兒、辦公也在這兒，都在一起。那時為什麼能這樣呢？是因為眼前一個問題擺在那地方——教書的先生、青年的學生為什麼流亡到香港來？前途茫茫，沒有生存的憑藉，到底為何要流亡？共產黨為甚麼能拿馬克思主義、共產主義來征服大陸？中國文化幾千年的演變為甚麼演變到今天這個局勢呢？這個橫在面前的問題很容易引起大家的思考和反省。所以當時逃到香港來的不管現實上我們有沒有職業、有沒有生活的憑藉，這個問題迫使大家徹底反省去弄明白。所以當時講，可

以有一股朝氣，這種氣勢是向上的。儘管我們的國家大部份地方為馬克思主義所征服，但流亡出來的知識份子，有一種向上的氣勢在那地方，不被征服。這股氣勢是如何發出來的呢？或說它發生的背景是什麼呢？正是馬克思主義征服大陸。當時的新亞文化講座，它的動機、它的引子，以及它的背景，正是馬克思主義征服大陸。照中國歷史講，這是天翻地覆的巨變，所以身為知識份子，不可以不留意這個問題。當時是如此，現在呢？由那時候到現在已經有三十年了，馬克思主義征服大陸已經有三十年了，而香港這種地方、這種局勢，講文化問題是沒有甚麼反應的。局勢是這麼一種局勢，我們現在在這種情況下，再講文化問題，似乎便沒有一種鼓舞性，那股朝氣也恐怕沒有當年那樣大。因那時候大陸上是新變動，而現在呢，馬克思主義征服大陸已經三十年了，大家的頭腦已經疲了，司空見慣，已經疲了，沒有什麼感覺，感覺漸漸淡了，刺激也淡了、忘了。所以現在重新來講，我想難以有當年的效果。不過，現在既然發動要講，當然也可以講，只能往前做，也不能因為香港這個社會是如此、一般人對這個問題疲倦，不能因為客觀環境如此我們就放棄我們自己的工作、放棄我們自己對於國家、對於文化，心中所懷有的關注。問題還是沒有完，儘管馬列主義占領大陸這麼多年，問題還是沒有完，不要以為這樣就可以拖下去。一般人疲倦、司空見慣，採取拖下去的態度，這種態度是錯誤的，不管客觀現實能不能拖下去。而且，客觀現實能不能這樣拖下去也有問題，不能說已是定局。我們不管這一方面，這是客觀方面。我們主觀方面的本分，不能就此完結，因為問題未了，沒有解決。在這個意思上講，新亞研究所現在開辦文化講座，不是沒有意義。我也贊同，儘管我

自己氣力不夠，不能夠多講。

　　無論在客觀方面、在主觀方面，問題都沒有解決、沒有完，所以我們的使命，我們自己的本分就不能放棄。

　　上面我們講到當年新亞書院舉辦文化講座的背景，是馬克思主義忽然征服大陸，在中國歷史上，是自黃帝以來一大變局，知識分子要面對這個變局作出反省。三十年後今天我們舉辦文化講座的背景，是不是一樣呢？不是一樣，今天我們開辦文化講座的背景是馬列主義已經征服大陸三十年了，三十年間翻來覆去，覆去翻來，翻覆到現在，是鄧小平的「平反」的一個局面，是這麼一個「平反」的局面，不是三十年前馬克思主義忽然間征服大陸那種局面。既然背景有不同，故今天我們說話的重點和方向也稍微不同。所以我今天這個題目，定為「平反與平正」。

「順而順」與「順而逆」

　　大陸現實上的局面是平反，但是我們講話的方向就要順著它的平反來加以用心，來有所表示。我的意思就是，我們不能夠像一般人所表現的那個樣子，像美國啦，和在美國的那些知識分子、以及在香港的一些知識分子、一般的知識分子所表現的那個樣子，就是完全恭維鄧小平的平反措施，這是不對的。一般人完全恭維鄧小平的平反措施，心理背景很複雜，我這裡簡單說兩種。一種的想法是馬克思主義既然征服大陸三十年沒有垮，沒有辦法了，大陸的局面看來只有這樣拖下去，維持下去，我們不要再在這方面想了，不要再想中國如何擺脫馬克思主義了，認為這是癡心妄想。他們能平反

以往所造成的冤枉，向四個現代化走，這已是很好的了。好多人心裡是這樣，這一種心理，是很要不得的。很多人是這種態度，我也不必一一指明。美國的卡特是這種態度，從季辛吉開始，一直到現在卡特左右的那些謀士，都是這種態度。美國的態度如此，在美國的那些中國知識分子，香港去的、台灣去的，大體也是如此。很少能在這個地方把問題「逆」回來想一想，總是「順」下去。這是一種心理。還有另一種心理就是所謂罪惡感，認為所謂「回歸」是海外知識分子自己感到有一種「罪惡感」──自慚形穢的感覺。什麼叫做「罪惡感」？什麼叫做自慚形穢？罪惡感只能在上帝面前說，只能對上帝懺悔罪惡，怎能對共產黨而有罪惡感，對毛澤東而有罪惡感！我們在這兒有什麼罪惡感可言呢？要說罪惡，是共產黨罪惡，共產黨罪惡重大，若要說大家都要向上帝懺悔，則共產黨第一個要向上帝懺悔，要向人民懺悔。所以這個觀念是要不得的。諸位大家逃到海外，拚命地游水逃出來，逃到香港、逃到美國，有福不知福，還反過來有罪惡之感，這簡直不可思議！

在以上兩種心理背景下，一般人對於大陸上當前平反措施完全予以恭維，好像碰見天子聖明似的，就是把眼前那個現象認定了，這種態度叫做「順而順」。這個態度最要不得。這就是所謂現實主義的態度。這個「順而順」的態度是孟子所說的妾婦之道。我們的態度，我們今天開辦文化講座，因其背景是大陸上的平反，我們順著平反這個局勢講話，是「順」，但我們必須在這個地方有一個點醒，不能「順而順」，而是「順而逆」。「順而順」的態度不要說對中華民族中國文化沒有好處，即對共產黨也沒有好處，對世界也沒有好處，統統沒有好處。壞就壞在這「順而順」的態度上，這種

妾婦之道。像郭沫若這種人就是妾婦之道，沒有郭沫若這種人，毛澤東也不一定那末壞。毛澤東也不一定叫郭沫若那樣的拍馬屁，你不那樣拍他也不一定要殺你。但是就是這些知識分子沒有出息，專門去「順」。人都是這樣，你越捧我越舒服，你越捧我就覺得我越對。像郭沫若這樣是不行的，這樣於毛澤東也沒有好處。所以一定要「順而逆」。「順而逆」是什麼意思呢？就是「順」著眼前的事實，而給它一個點醒，把它「逆」回來。叫它自己去「逆」不行；它能不能覺悟是一回事，但是你應當叫它覺悟。這裡就涵著你要叫人家覺悟，你自己首先得覺悟。假如說海外的中國人——大陸上被統治的老百姓不用說了，他們是有話不能說——都能「順而逆」，則共產黨不能征服大陸，就是要走社會主義這條路也不至像現在這樣造成這樣大的罪惡。所以這個「順而順」，是造成共產黨的罪惡中的一個最大外緣。共黨本身固然有罪惡性，而主要地形成共產黨罪惡的最大外緣，就是這順而順。這樣，你自己就要負責任。中華民族的老百姓為什麼受這個苦？你既然已經逃亡出來得到自由了，你還要去助長這個罪惡，這是最不應該的，這是罪惡的最大外緣。共產黨當年為什麼得勢呢？它所以能得勢，固然它本身也有一些辦法、有一些力量，而更重要的，是那些「同情它而使它發作出來，可以在社會上氾濫」的知識分子啦啦隊。這個知識分子啦啦隊是非常令人討厭的。你叫他做共產黨，他不敢做，他沒有這個勇氣，他就是到處佔便宜、作啦啦隊。但是這樣一來就可以使共產黨本身的罪惡發散出來，可以廣被到社會上去，可以在社會上顯出有效性。當初的啦啦隊，現在的「順而順」，同是一個態度。我們絕不能採這個態度。救自己的國家、救自己的民族、救自己的文化、救大陸

上被壓迫的老百姓，同時也救自己、救自己的自由，都應當採取「順而逆」的態度。

如何能平反得住

大陸現在搞「平反」，這是好的。但是不是平反了，鄧小平的名譽恢復了，劉少奇的名譽恢復了，就完了，就交代了！你鄧小平本人在內，當年受毛澤東「四人幫」糟蹋，那種手段，不是一般人能夠受的，你自己應當有一個覺悟，從頭反省一下，何以會如此？不是一個平反就可以把問題交代了。想一想以前的罪惡何以會出現？歷次的鬥爭何以會出現？這個地方應當想一想，這些人都應當從頭想一想，想一想自己以前那一套主張、那一套意識型態、那一套思想，是不是一套「平正」的思想？只有把以前那一套拋掉，把思想歸於「平正」，你這個平反才有意義，才能平反得住。假若你不在這地方想一想，從頭到尾把思想條理一下、徹底條理一番以歸於「平正」，那末你這個平反就沒有意義，你這個平反就平反不住。什麼叫做平反不住呢？這就是你這個平反祇是一個作用、一種權術、一個對付「四人幫」的手段，你照樣可以用以前的老辦法壓迫老百姓，禁制人的基本自由。而且你連「四人幫」也不一定能壓下去。「四人幫」那一夥不止四個人呀，那多得很呀！那些人說不定什麼時候出來了，他們可以照樣的用那一套老辦法反過來對付你們現在這些「走資派」。這就叫做平反沒有平反得住，平反祇是一個作用、一個權術。

我們做一件事情要有意義。鄧小平搞平反是好的，這是不錯，

值得稱贊，但是你稱贊他同時要點醒他，不能就這樣完全肯定他都
對了，要他再這一步。爲什麼要這樣呢？這樣才能使他的平反這個
舉動有意義，而且可以平反得住。不然他平反不住。所以需要從平
反到平正。

馬克思主義「激情的反動」

何以要從頭到尾想一想，把思想歸於平正呢？因爲馬克思主義
這一套壓根兒從頭開始就不平正！不平，就是偏頗；不正，就是邪
惡。它壓根兒就是不平正！根本是一種「激情的反動」！就是我們
平常所說的鬧情緒。我們說某某小孩鬧情緒，這種鬧情緒每個人在
社會上都有一點，那祇是個人鬧情緒、個人反動。小孩可以鬧情
緒，老頭子也可以鬧情緒，兩個好朋友之間也可以鬧鬧情緒，那個
影響有限，只關係到你個人，至多影響到你的朋友，小孩鬧情緒至
多影響他的父母，共產黨這個鬧情緒可不同，這個地方需要大家仔
細考慮。不同在什麼地方呢？它是政治的鬧情緒，不正常，這就影
響大了！大家不要以爲它正常，以爲眞理在此、理想在此，這完全
是胡說八道，它實在是最不正常、最反動、最落伍、最殘酷、最慘
無人道，是「激情的反動」（emotional reaction）。因爲它的出發
點、它的意識型態、它的立場就是不平正，就是偏、邪。毛澤東一
生不信邪，因爲他是邪之集大成者，所以他不信邪。它一開始即如
此，不是文化大革命才開始鬥爭。「四人幫」所鬥爭的是黨內的劉
少奇、鄧小平、彭眞這些人，是共產黨內部自己鬥爭；幾十年鬥
爭，鬥爭到自己身上來。以前他們鬥爭老百姓，情形不是還更要慘

痛！當年他們鬥爭老百姓，不是毛澤東一個人的事情，更不是「四人幫」，是劉少奇、鄧小平、周恩來這些人一個個都在內，鬥爭鄉村的農民呀！這些事情現在說出來你們也不相信，因為你們沒有感受到。當年我們山東的難民每天往南跑，南邊的人始終不信，到了江北被共產黨佔領，難民跑到江南，江南的人仍不相信，只是一江之隔。共產黨那種殘忍、詭詐、虛偽的花樣，你怎樣也想不到的，永遠想不到的，所以有人說出來也沒有人相信，除非你眼見了。共產黨在這方面是十分「現代化」。有一個美國青年說大陸上政治已經超出「現代化」了，還要現代化作什麼用？這個青年說的「政治現代化」，是指共產黨「統治人的技術的現代化」，統治的技術它早就現代化了，希特勒的現代化還比不過它。我們說的政治現代化，大陸老百姓和青年，如魏京生所要求的「第五個現代化」並不是要那個統治技術的現代化。共產黨統治技術的「進步」、狡猾、詭詐，一般人難以想像。一般人也很少在這方面用筆墨，免得觸動痛苦，往往一句話便算了，結果對於青年一代沒有留下影響、留下教訓。當年征服農村，鬥爭老百姓、鬥爭農民，死多少人，死得多慘呀！那一套老辦法是有名的啦！後來的「反右」，借了大鳴大放來「反右」，說是「陽謀」，這個「陽謀」不是毛澤東一個人採用，周恩來、劉少奇、鄧小平你們都採用，那時候你們都當權。現在平反，不是也平反當年的「反右」嗎？「反右」的反是誰造成的？自然輪不到「四人幫」，是你們一伙造成的。劃分「紅五類」、「黑五類」的「反」也不是「四人幫」造成的，是你們一伙造成的，在農村鬥爭農民的時候就劃分了。到了文化大革命，當年鬥爭農民的殘酷重新來了。當年鬥爭農民，是鬥爭共產黨以外的，

文化大革命鬥的是他們黨內的，最高目標是劉少奇。你說這是不是不正常？是不是無道理？是不是反動？是不是不平正？

文革大黑暗並非偶然

文化大革命固然鬥的是他們黨內的人，好像劉少奇這些人，大家注目，事實上除了鬥他們黨內的人，全社會都在被鬥爭，不然的話就不叫「文化大革命」了，叫「文化大革命」就是革命無特定的政治對象，乃是革人的生命、生活。全部社會的正面生活，每個人統統在內，都被鬥爭。文化大革命的本質就是這樣。我這裡點一點大家馬上都會知道，報紙上每天都有報導的啦！他們黨內自己鬥爭，是歷來如此，所以當時我也不在意，覺得他們互相鬥爭，替老百姓和鄉下的農民出口氣也好。老百姓當年死了那麼多，二十年受的苦，這個冤枉上哪裡去訴呢？沒有人可以替他們報仇，只有毛澤東這個文化大革命可以替他們報仇。這是就共產黨內部鬥爭說，事實上他們一發生黨內鬥爭，即把社會上各階層、各行各業、各方面生活統統拿來作犧牲、作鬥爭的對象。最近報紙上不是天天說平反嗎？平反些什麼大家可以看出來，不僅僅在政治上，是各階層的人、各方面的生活，是全社會。先就知識分子說，開頭是鬥「三家村」的鄧拓、吳晗、廖沫沙，這是共產黨內部的知識分子，這些人是當該被鬥的，是自作孽的報應，鬥他們也可以為老百姓出口氣。他們若因此覺悟了，他們值得敬佩。若至死不悔，還堅持他那套馬克思主義，則不值得同情。但黨外的知識分子，即普通學術界文化界的人，不是共產黨，通通都被鬥。老舍是作家，不是共產黨，還

有唱戲的荀慧生、還有唱大花臉的侯喜瑞，這三個人綁在一起被鬥、被打。史學家陳寅恪是被打死的。陳寅恪雙眼瞎了，年齡那麼大，兩眼抗戰時在成都的時候就瞎了的，共產黨來了後他住在嶺南大學（後改名中山大學），文革一來他就被打。陳寅恪這種老先生，八十多歲，雙眼瞎了，你打他幹什麼呢？再說我們老師熊十力先生，熊先生活八十多歲，死的時候我們在這邊開追悼會，當時沒有人想到他也是被打的。現在他們爲熊先生平反，今年春天在上海替熊先生平反，開追悼會。既然是平反，可見熊先生這老頭子，八十多歲，平常與政治沒有關係的這種人，在當年也被糟蹋過，現在拿出來平反。你鄧小平現在搞平反，如果你有點良心，你想一想，熊先生這種人你平反不平反沒有多大關係，他用不著你來平反，你要爲他平反，你要想一想有何意義。陳寅恪、熊先生是老讀書人，與政治沒有關係，在社會上也沒有多大影響，有幾個人看熊先生的書？就是這般遭遇！像四川的蒙文通最近也平反了，蒙文通唸歷史。蒙文通一平反，我才知道他也是當年被糟蹋的，不平反我還不知道。蒙文通先生一個學生叫李源澄，他和我同歲，今年若在也是七十二歲。他是自殺的。李源澄是個老式的讀書人，平常和政治一點關係都沒有，也弄得他要自殺。這些事都在報紙上登出來，真是無窮無盡，都出乎我們所想像之外。我一個學生，中央大學時候一個老學生，在郭沫若手下做事情，安徽人、老好人，開始是中文系學生，後來才轉哲學系，我在中央大學教書，他跟我唸哲學，後來在郭沫若那個科學院當小職員。他也是自殺的。這種年輕人也逼得他自殺。你們黨內鬥爭，那無所謂，你鬥爭熊先生、陳寅恪，也無所謂，因爲他們有學問，他們在社會上有崇高地位，共產黨歷來認

爲除了自己以外誰也不能有崇高地位，所以要鬥他們。像以前鬥爭鄉間，你是壞人要被鬥，你是好人也一樣被鬥，壞人叫「惡霸」，好人叫「善霸」，像陳寅恪、熊先生這種人在共產黨看來就是學術界的「善霸」，他不能讓你在那兒，要打倒你。這都無所謂啦！最使我觸目驚心不能了解的，或者說，最可以令鄧小平他們重新覺悟的，就是文化大革命時鬥爭那些唱戲的。這些唱戲的既不是陳寅恪、不是熊先生，也不是劉少奇，他只是個唱戲的而已，他既與政治無涉，又不妨礙你的政權。何以連這些善良藝人也不放過，一個個被鬥，一個個被打？這個我實在不能了解。京劇界裡，梅蘭芳、程硯秋兩個早死不算，其餘沒有一個倖免。李少春、葉盛章、葉盛蘭、馬連良、周信芳、蓋叫天、俞振飛、言慧珠、尚小雲統統被打鬥以至於死。《林沖夜奔》裡，反角是陸謙，扮陸謙的人卻鬥打那扮林沖的李少春，他們是一個戲班子呀！難道說李少春是反動派，那個扮陸謙的是什麼派，兩個唱戲的，在一個班子裡，難道是兩個階級不成？真是不可思議。而且鬥爭得非常普遍。蕭長華，一個最有名的丑腳，年齡最大，八十多歲，是他們拿開水燙死的。這叫做「文化大革命」，不只是鬥爭劉少奇他們，黨內黨外，社會各階層、各方面、過去、現在、未來，一切「了決」，就是把我們生活的全體全部來加以「了決」，這就叫「純否定」。這個算是什麼革命？這是偶然的嗎？這絕不是偶然的，現在越南不也是如此？柬埔寨不正是這樣？全部都如此。在共產黨看來，這一代人都要「了決」，要重新來，另造一代人。上帝不再造人類了，共產黨要另造人類。他們就是這樣。這就是對生命生活的全體加以否決、加以滅絕，這不是偶然。

「平正」之道

在這個地方，鄧小平應該想一想，那些順著大陸上的平反而完全恭維鄧小平的人應該想一想。不能夠完全「順而順」，要「順而逆」，切實的點醒他們，使他們把思想歸於平正，那麼這些現象自然沒有了。這樣平反才有意義，平反才能平反得住。平反固然不錯，表示你鄧小平也有點覺悟，接受慘痛經驗教訓，雖然只是一點，也是好的，在這兒我也願意恭維鄧小平幾句話，但是必須點醒他，如何在這些慘痛經驗中把思想條理一下，歸於平正。但是他們始終不做這件工作，永遠堅持「四個原則」，堅持共產黨那「四個原則」，馬列主義不能放棄，黨獨裁不能放棄，毛思想不能放棄，還有專政不能放棄。當初受那樣的罪，到現在還要這樣，這就叫奴性，老話就是「賤」。所以一個人，頭腦陷到一個圈套裡面去，要拔出來，跳出來，是難上又難。這個真是釋迦牟尼佛說的「大無明」。他們是靠這個起家，一放棄了就沒有依靠了，什麼憑藉都沒有了，如喪家之犬。其實他若能放棄馬克思主義，於他自己並不見得會更壞，反而是好的。但他不這樣想，他怕、他顧忌。

我還要解釋一下什麼叫做「平正」、「平正」之道，為什麼共產黨那套不是「平正」之道？這個「平正」，從古以來，不管是中國、西方、任何一個國家，都是就著我們每一個人的正常生活、正常生活的全部、生命的全部、也可以說是人性的全部，來講正面的道理以糾正反面的毛病；人性有陰闇面，但是不管是做學問的、弄政治的，對正常、平正的道理總是首先肯定，就著我們每一個人的

正常生活，表現爲正面那一面，拿著正面的道理來糾正、轉化、修改那些反面的毛病，都是如此，古今中外，人都是這樣。哪一個人沒有毛病呢？但是要化掉那些毛病必須有正面的道理，纔能化、纔能糾正。而且在這種地方不能夠要求絕對，這種地方是找不到絕對的，人間就是如此。所以中國的聖人歷來都講忠恕之道，盡己之謂忠，從自己這方面做起，要盡心盡意的做，做聖人要自己做，不能夠要求天下人做聖人，這樣不行。在政治方面講則要王道，使大家都有飯吃，內無怨女、外無曠夫，都有家庭的溫暖、都有飯吃。小毛病任何人不能免，要寬容，待人要寬，要講恕道。所以子夏講：「大德不踰閑，小德出入可也。」只要大地方不要跨過界線，犯了規矩，小地方馬馬虎虎，做得差一點不要緊，這就是就著每一個人正常的生活來講道理，講正面的道理，根據正面的道理來糾正反面的毛病。

　　平常我們講道德宗教，首先便是從這地方講。每一個民族都首先確立自己的道德宗教，推崇自己的聖人，西方民族有耶穌、中國民族有孔夫子、印度有釋迦牟尼佛。聖人不能夠隨便糟踢。一個民族先得確立道德宗教，把正面道理的根本地方講出來，此亦是把每一個人正常生活中最根本處講出來。道德宗教落實，落到下面可以開出民主政治，維護基本人權，肯定教育學術的獨立。民主政治的第一原則就是寬容，不能夠劃一個括弧把全社會圈起來，封閉起來，這是不可以的。這就是肯定生活。所謂平正的道理，也就在此：抓住這三端──道德宗教、民主政治，教育學術獨立，其它都次要。這就是平正。不能夠隨便歪曲，你鬧情緒發脾氣，不能夠影響到這三端。任何人都可以鬧情緒，但無論你怎樣鬧，都不能夠鬧

到在政治上以政治的權力破壞道德宗敎，誹謗聖人，毀棄民主自由，抹殺敎育學術的獨立。這些道理都是家常便飯，正因為是家常便飯所以重要，你不可輕視它，因它正是平正之道。

否定人性是罪惡的根源

　　毛澤東這套思想——其實從馬克思本人開始就不正常，從最根本的地方就不平正，就是不能就著每一個人的正常生活，也就是人性的全部，來肯定正面的道理，肯定道德宗敎，肯定基本人權，敎育學術的獨立。馬克思主義一個基本錯誤，就是不承認有普遍的人性，這個是最壞的思想、最反動的思想。所以說共產黨這一套並不是偶然。講道德宗敎先得肯定有普遍的人性。馬克思不承認有普遍的人性，馬克思說什麼是人性，人性就是階級性。千般罪惡，萬般罪惡都是從這句話出來。所謂人性，就是不論古人、今人、中國人、外國人，均皆如此。黑格爾說：「勇敢」是就所有人說的，所有人都應當「勇敢」，這個「勇敢」不是屬於某一個階級的。孔夫子講仁義禮智，仁義禮智難道屬於某一個階級？所以，若不首先肯定有普遍的人性，一切正面道理無從說起，要說正面的道理，先得肯定有普遍的人性。但馬克思說肯定普遍人性是「小資產階級空想」，他認為只有階級性，是某一階級便作某一階級的思想。耶穌是木匠的兒子，屬於工人階級，工人階級當該革命啦，但耶穌竟不革命！孔夫子為何有那套思想呢？因為孔夫子是個「士」，士大夫的士，小資產階級，所以喜歡講中庸之道；釋迦牟尼佛為何喜歡講那一套玄妙的東西呢？因為他是個貴族，貴為太子。馬克思就是這

樣胡說八道。馬克思這一套我在大學讀書的時候就非常厭惡它，但是一般的知識分子就欣賞這套東西，因為它「新奇」，平正的正常的東西不新奇，這種怪邪的東西新奇。這就造成我們今天這種局面。馬克思還依他的階級論說「工人無祖國」，若果不能從國家得到好處，就國家也不承認。說工人不愛國，這是侮辱工人呀，但他就是這一套。這一套是不通的，但就是這種不通的道理支配我們這個時代知識分子的頭腦，你看悲劇不悲劇，從馬克思開始就如此，到毛澤東出來搞那一套，實在說距離馬克思那一套還很遠哪！

「窮」不能作價值標準

所以，不能肯定我們每一個人的正常生活，不能在正常面上建立道德宗教、開出民主政治、尊重教育學術的獨立，則只有流於邪僻。但為什麼馬克思這套邪僻能吸引人呢？那是共產黨宣傳有效，這個很怪，問題就在這地方。馬克思主義既不能承認人類正常生活，不能承認道德宗教、民主政權、教育學術的獨立這三端，那末它的原則、它那套意識型態在什麼基礎上構想出來的呢？你把它這最根本處找到了，就可以點醒他們，叫他們重新想一想。他們以什麼基礎來建立他們的原則呢？以窮，以窮為基礎，窮代表最高的價值。窮本來不是個好現象，我們沒有一個人喜歡窮，也沒有一個政治家喜歡窮，沒有一個聖人願意窮，都希望大家有飯吃。窮不是可歌頌可讚美的東西呀，不是個價值標準呀！而是我們要改革的對象呀！毛澤東中國共產黨的價值標準卻定在「窮」上，窮代表最高的身份，代表最高的覺悟，代表最高的價值，這就成為顛倒。本來窮

不是好的事情，價值標準更不能定在這個地方。毛澤東他們卻從利用這個窮，利用窮打倒富，轉到以窮為最高價值，這就是「紅五類」、「黑五類」劃分的根據，最窮代表最好。共產黨自己成了特權階級，他們並不窮，他們也不是貧雇農，但他們就耍這「窮」的魔術，以愚弄人民。你要他們放棄這個標準，他們不幹。既然以窮為價值標準，鄧小平現在搞「四個現代化」自然是「走資派」，搞資產階級，這樣「四個現代化」不知如何能搞下去？以窮為好、以窮為光榮，還要「四個現代化」幹什麼？這個以窮為價值標準就是上面說的「激情的反動」。馬克思主義者用一個括弧把正常生活的全部中的一部分單單孤立出來、勾出來、懸掛起來，這一部分就是「窮」，在這個窮上定標準，建立絕對；前進與反動、善與惡、革命反革命的標準都在這上頭訂定。這顯然不是正常的心理。這樣一來，其它生命面通通被割掉、被抹殺，文化大革命就是要割掉那一切，把生活的全體割掉，只剩下那一點。現實生活的各方面，有些是這樣子的、有些是那樣子的，為什麼單單在麵包上建立絕對呢？許多方面、許多途徑、許多頭緒、許多姿態、多姿多彩，這才是生活的全部，他把那些姿態、各方面通通抹掉，把生活凍結，在麵包上訂絕對的標準。稍有頭腦的人，特別是那些所謂知識分子都該知道：絕對不能訂在現實生活的某一面。假如說把絕對標準訂在「讀書」，我不能讀書豈不是完了？我不能讀書可以幹別的嘛！絕對哪能訂在這上面！西方宗教的絕對是訂在上帝那兒，照儒家是訂在良知上、道德理性上。「絕對」是屬於超越域，不是現實生活的某一面。政治就是人民的現實生活，有所措施，只能夠採取經驗主義的立場、實在論的立場，某某主義、某某政策只能是經驗的。把絕對

訂在經驗的現實的東西上根本就是自相矛盾、不通的。但是共產黨就是要這個不通，非這樣硬來不可，所以是一激情的反動，不正常。這個不正常卻正可以吸引心理不正常的人，那些左傾的知識分子正是如此，心理有毛病，腦袋不正常。誰不同情勞苦大眾？誰都希望消除窮富懸殊的現象，但因此而相信馬克思那一套，必是心理不正常。從同情勞苦大眾，消除窮貧，決得不出這套荒謬原則，這套荒謬原則源自不正常的心理，源自思想不平正。

結語

現在，大陸上搞平反了，我希望大家，不論在國內、在海外，都應當在根本處督促共產黨徹底想一想。共產黨那些藉口沒有一個是能夠成立的，都是說不過去的，沒有一個理由逼得你非堅持那套荒謬原則不可！沒有任何其他罪惡比你堅持那套原則的罪惡更大！你說資本主義社會怎麼壞、怎麼壞，事實上資本主義社會那些壞、壞、壞，沒有一個壞能夠超過你採取那些原則那樣壞，你能舉出一個壞能壞過你那些原則，我便可以同情贊成你。但你是舉不出的，你那些辯說都是站不住的，只能滿足人的激情的反動心理。你列舉資本主義社會一些罪惡，然後就殺人，把人間變成地獄，宣稱這是值得的，你這一套只能發洩那些心理不正常的人的怨氣，是不能解決任何問題的。共產黨原就是這些心理不正常的知識分子弄起來的。共產黨人應好好反省，那些左傾知識分子應好好反省，把那「激情的反動」去掉，讓思想歸於平正。政治不是鬧情緒的事，不是不正常心理所能勝任的。你可以鬧得天翻地覆，但這並不是政

治。

（68年9月講於新亞研究所，吳明記錄）

原載《鵝湖月刊》第5卷第7期　　1980年1月

三十年來大陸上的知識份子想些什麼？

去年，香港新亞研究所恢復了已經停止了二十餘年的文化講座，找我去作拋磚引玉的首次演講。我當時講的是什麼題目呢？在當時的報紙上，每天都載有大陸上平反的消息，今天平反這個，明天平反那個，各階層、各方面都有平反。這些都是我們平常所不知道的。因為那次文化講座是在大陸上鄧小平出來反對四人幫這一機緣之下發動的，我就對此機緣給他們講「平反與平正」這個題目。這機緣和民國三十八年撤退下來到香港創辦新亞書院的那一些先生發動文化講座之機緣完全不同，隔了差不多三十年，現在在香港再來講這個文化問題，看來已經不行，我們必會覺得決不會有什麼反應，也不會有什麼效果。

大家以為天下事已定，沒有辦法了。所以再發動這個文化講座，話就不好講。但正好在那個時候，每天有大陸上平反的消息，大家看著都很高興。卻始終不能再往裡想進一步。平反究竟有多大的意義呢？這個平反有沒有意義？而且這個平反能不能夠平反得住？我們做一件事情總要有意義。有意義，這件事就有效。假如做一件事只是一陣風，今天平過來，明天反過去，這樣是沒有意義的。這樣的平反就是平反不住。所以我就想到，一般人的光只是高興還是不行。所以我就講「平反與平正」這個題目，把這個問題的

意義和分際弄明白，藉以提醒大家不要看見平反就高興，順著他們的舉動滾下去。

講問題總要對「機」，講個固定的大題目，或說些空話，都沒多大意思。憑空講文化，文化那麼大，講那一方面呢？從文化裡面分出來講專門學術，這對一般人也不相宜。正好我最近有一個感想，前幾天離開香港的時候就有此感想。以前，我們平常也有這個意思，只是這個意思不就是我眼前這個感想。以前，共產黨剛竊據大陸，我們反共，我們逃出來，我們和留在大陸上的知識分子不同。他們也和我們不同。這樣說不同顯然是很籠統的。客觀地說，當然不同。現在我在主觀方面有一個感想。機緣在什麼地方呢？最近回大陸的人很多，常有很多人到北平去，也帶回來一些消息。以前大陸是封閉的，我們不知道裡面發生些什麼事情。毛澤東攪文化大革命，四人幫胡鬧，外面的人也不知道他們在裡面鬧些什麼事情。他們所鬧的那些烏煙瘴氣是他們現在自己暴露出來的。這還是指他們自己黨裡面的情形。至於社會上的情形，我們更不知道。關於一般的知識分子，我們也不知道。在大陸上，一般的知識分子沒有人能講話。他們心目中想些什麼東西，我們完全不知道。二、三十年來，他們究竟在做些什麼事情，我們不知道。但最近漸漸有些消息，可以使我們知道。藉這些具體的消息，可以使我們有一個具體的聯想，而我最近所看到的一些資料，是一些留在大陸上的先生和朋友，他們和熊十力先生的來往信札。這些信札大體是在文化大革命以前十多年間所來往的。熊先生是我的老師，我比較熟，所以我就仔細看看，看看他們在這些年間究竟在想些什麼問題。

民國三十八年的時候，我們逃到海外。正從三十八年起，大陸

全在共產黨之籠罩下。我們出來的有一大震動，或在香港，或在台灣，都可以重新反省我們的問題。那末，那些留在大陸上的知識分子在共產黨取得政權後究竟想些什麼？我們和他們各自的處境顯然不同。大家都知道的是，今天台灣的進步要比大陸早二十年，也就是大陸要落後二十年。經濟發展上是如此。而從大陸上那些知識分子的想法來看，我馬上有一種聯想，即大陸上的知識分子也落後了。就思想這件事情來說，他們不管對外，或在自己家裡，都沒有了，都落後了，落後二、三十年。「落後」還是一個很客氣的說法。事實上，說到最後，三十年來大陸上的知識分子沒有想；不能想，也不敢想。就連關起門來想都做不到。這做不到不僅是被壓迫得不敢去想，而更是知識分子本人不能想，當然他們私下竊竊私語也不會完全贊同共產黨，但是這點距離不能證明知識分子本人能想。這不能想是怎樣一種狀況？是什麼原因所造成的？這可怕得很！所以我以前也常有這個感想，即他們都成了白癡。本來都是聰明才智之士，為什麼卻變成白癡？原因他們根本不敢用腦，到弄久了，根本就不能思想。他們這些年來的心思和我們出來——逃出來——生命上有一個震動所開創的想法完全不同。就是我們最好的朋友，最好的師友也和我們不一樣。

　　熊十力先生在最初階段，就是寫《原儒》那部書的時候，他心中有個激盪。那部書也不是在平常時候的一個心境下寫的，裡面表示了一個相當的激盪。中國的文化、政治、國家既遭受曠古以來的一個大變，這震動性當然很大。那時候熊先生已經七十多歲。一個七十多歲的老先生，一個思想家，怎會不受震動呢！這和一般人究竟不同。既受震動，對某些方面的問題也就可能採取一個和平常想

法稍爲不同的態度。這種態度在那部書印出來並傳到海外,而我在香港看到之後,就馬上感覺出來。熊先生在這裡有一個很悲痛的大悲心。在一個大悲心之下,他表現了一個稍爲不同的講法。這裡面有些話是老先生平常不大講的。於是,有些人站在平常的觀點便不贊成他這部書的講法。比方說,尊重孔夫子、尊重聖人,都沒問題。但聖人以下,都有褒貶。對子思、曾子、孟子有批評;下及宋明儒,都有批評。我當時就有這麼一個感想,即他是在最悲痛的心境下「獨尊聖人,歷貶群儒。」只要把聖人保住就行了。否則連聖人也保不住。熊先生平常是不如此的。這只是一時的權法。試看他到講內聖之學的時候,還是不批評。他是從政治上批評曾子、孟子所謂的「孝治派」,即反對把儒家的倫理跟政治拉在一起。這可看出來他老先生之用心不同。獨尊聖人可以,歷貶群儒也未嘗不可。聖人以下誰能說沒有毛病,褒貶一下未嘗不可。而且一定要把宗法倫常孝悌這些觀念跟政治拉在一起,這熊先生是不高興的。所以,將這個拉開也很好,不能說一定沒有道理。但是我們的一些朋友用平常的心境來看《原儒》這部書,就說它不好、要不得。當然,站在學術立場上都可以討論,可以批評。但這裡不是一個純粹學術的問題,這裡有一激盪。

再說,革命可以,但贊同革命不必贊同共產黨式的革命。辯證法可以講,因爲這是公器,大家都可以講。但唯物論不能講。這不就行了嗎?不就很夠勁了嗎?革命當然可以講。社會上有不平的現象,當然要改革。但以什麼方式進行改革,那是另一個問題。這在邏輯上很說得通。辯證法可以講,但唯物論不能講;這個沒客氣,一定要堅持。在大陸上,那一個人敢反對唯物論?熊先生敢!這

樣，你還對他批評個什麼！熊先生有一種震盪，因爲他在裡面，沒
逃出來。在裡面不能沒有相當的委屈。但是和熊先生相來往的那些
師友都不了解，在大陸內部平常和熊先生來往的那些學生也不了
解。不贊成《原儒》的就批評他說：怎麼能批評孟子呢？這對熊先
生的批評是平常的想法。孟子是不是孝治派？這名詞下的不一定恰
當，可以討論。曾子是講孝道的。反對把孝道和政治、和大皇帝拉
在一起，這說出來警覺一下也未嘗不可。這在平常的頭腦、平常的
心境是不能了解的。熊先生到了老年，生命還是旺盛，仍舊表現一
種剛健的精神。這是熊先生老年的境界。他的那些學生的生命沒有
震動，不能和老師的生命相呼應。熊先生不逃避，到老還是家國天
下，文化意識那麼強，族類之感那麼強，一生不放棄。所以熊先生
可以有震動，而這些人沒震動。

　　三十八年是一分水嶺。留在大陸上的知識分子，無論是投共
的、非共的(他們不一定都贊成共產黨)，都不行，都鬆下來、垮下
來。唯有逃出來的方有震動。有震動就可以發出來。大陸上最近派
出一些人到美國，其中有人謂沒想到某某(指我和唐君毅先生說)會
寫出這麼多的書。這些年來我和唐先生所以寫那麼多的書，都是由
這震動發出來的對問題的深切的反省。這可看出來我們和大陸知識
分子的不同在那裡。這是個值得考慮的問題。假如諸位處身大陸那
種環境下，你們將怎樣？現在你們在魔掌以外，你們將怎樣？

　　三十八年後留在大陸上的知識分子和逃了出來的知識分子有什
麼不同？剛才說，我們逃出來的有這個震動，有這個激盪，可以自
由思想和重新考慮問題。這在啓發思想上是一個很大的突進，是平
常年間所不容易有的。三十八年以後留在大陸上的知識分子也不是

和平常一樣，就是說：也不平常。但這個不平常和我們逃出來的那個不平常完全不同。我們逃出來的震動是我們自己震動，可以自由思想。他們的不平常是順著三十八年以前，抗戰時期、民國初年五四運動時候的流風餘韵毫不覺悟，而更被一個括弧把他們箍住，因而遂把他們禁住。就像唐三藏唸金箍咒把孫悟空給箍起來一樣，共產黨也給知識分子上了金箍。這時候的知識分子全在金箍咒之拘束、箍緊之下生存，這是他們的不平常。在這情形下，他們能想出些什麼問題來！那末，他們這時候又能做些什麼工作？他們沒有工作。這時候他們的頭腦是個什麼頭腦？這可想而知。平常我們只籠統的知道一些，現在一個個都解開了。解開之後，大家都知道他們是落後了，各方面落後，落後三十年。在這裡我想總起來看看時代的發展和我們生命有關連的時代問題。這可從五四運動時期說起。

在民國三十八年撤退以前，就是在共產黨還未統治大陸、大陸上的知識分子還未上金箍咒的時候，他們的頭腦是怎樣的頭腦？我們可以這樣看，就是從五四運動下來的知識分子——包括各方面的——大體可分三方面。最明顯的，浮露在社會上面的，胡適代表一條路，陳獨秀代表另一條路（代表共產主義）。還有一些不浮露在社會上面的，是老知識分子，像熊十力先生、梁漱溟先生。這許多方面的知識分子從五四以來想些什麼問題？中國的狀況為何那麼困難，困難到整個大陸為馬克思主義所統治？這按常理是不可能的。按常理講，中華民族歷史如此之長，中國文化程度如此之深，為什麼竟然能接受馬克思主義？這看起來好像是不可思議的。照洋人看、照美國人看，這神秘的中國是不可思議的。事實上並不是不可思議。這需要大家仔細了解一下，好好考慮、用用心。我們中國為

什麼受此苦難？

　　首先，從五四以來，胡適所代表的所謂自由主義這條路，把自由和民主連在一起。嚴格講來，這條路實應當充分地被了解，並且它能夠代表西方文藝復興以後十七、十八、十九這三個世紀西方的文化發展。這就是我們所謂的「近代化（現代化）」。我們所要求的近代化，是近世三百年西方文化的發展。「近世」不是時間上的觀念，它是有文化價值的內容的。近世是對中世講的，在文化價值上有特殊的內容。我們現在都要求近代化，台灣如此，大陸也如此。大陸上所講的是所謂的四個（即農業、工業、國防、科技）現代化，而魏京生更要求第五個（即政治）現代化。這第五個現代化才是真正的近代化，是近代化的本質，也可以說是近代化底形式條件（formal condition）。所謂的四個現代化是近代化的物質方面，不算什麼，不能決定什麼。在共產黨，這四個現代化可以講，但要講第五個現代化就不行。所以魏京生因一篇要求第五個現代化的文章而被判十五年徒刑。光是物質、科技方面的現代化是不夠的，照樣可以極權專制，照樣讓馬克思主義來統治。按理講，胡適之先生所代表的該當是近代化這條路。他當年如果真要盡他的責任，就應當好好把這方面的問題多講一講。但事實上他對中國之近代化這觀念，一方面他本人沒有好的表現，一方面也沒有好的、思想上的解釋。思想上，胡先生不在這問題上用功，所以表現得不夠。行動上，他不是一個政治家，所以表現也不好。他所留下的，佔據一大部分知識分子的腦子。中國知識分子誰不知道胡適之先生，誰不知道新文化和白話文運動，這在知識分子之影響該有多大！但是，考據《紅樓夢》和泛自由主義都與近代化沒有什麼關係，不能使我們

真正瞭解近代化的意義。

中國人對近代化一直沒有什麼觀念，也始終不懂。在共產黨統治大陸以前，自由本不成問題。孫中山先生也說中國人的自由太多了，遂流於散漫，問題是在如何能團結起來。清末民初以來的問題是如何團結、如何富（國）強（兵）。但只有近代化，才真能富、真能強。但真正的近代化卻不僅是富國強兵。今日大陸上的現代化還是老觀念、舊頭腦，同樣把近代化的真正意義忘掉。這樣看來，代表近代化的這方面之不行、站不起來、沒有使中國人了解，這也不一定完全是胡適之先生表現得不好，也因為中國文化之發展狀況在這個時代不覺得近代化是一個迫切的需要。所以近代化這觀念在中國知識分子裡面沒有地位。支配知識分子的腦子的卻是社會主義。

在西方，十九世紀以來是社會主義的天下，共產主義也在這個時候興起。社會主義的意識統治世界，知識分子都普遍相信、接受社會主義，也正好拿這個觀念來統治中國。所以中國大陸上的知識分子不管是青年、少年、老年，都一面倒，一窩蜂的，衝向社會主義。他們反對資本主義，說資本主義先天是罪惡，而社會主義先天是真理，沒人能懷疑。鄉下窮人更容易相信社會主義，所以共產黨的挑撥最容易成功。所以，無論窮、富、老、少，都普遍接受社會主義。這正是中國苦難所在。但社會主義之能夠普遍，也正因為中國文化中本來有這一面。

為什麼中國文化、儒家這傳統中有社會主義這一面？這是說，從「井田」開始，歷代都有土地政策問題。王莽就有一套社會主義政策。但中國歷來都沒有做到共產黨那種程度。儒家從孔、孟以

下，到理學家，都反對家天下，而要求民主政治。這是儒家在政治
上的基本理想，也是儒家政治思想的本質面。這在近代則由顧（炎
武）、黃（梨洲）、王（船山）所代表。在社會主義的土地政策方
面隨時要求改變，這儒家也贊同，但不是本質的一面。共產黨即從
社會主義這方面出來投中國人的機、投老知識分子機，使中國人、
老知識分子相信他們的土改政策。但共產黨的想法、他們的那一套
社會主義，卻是從馬列主義的背景下出來的，和我們平常講的社會
主義不同。但人們不知道這差別，亦不知道共產主義的災害。所
以，社會主義意識（共產主義）進入中國而征服了中國知識分子底
頭腦，而民國以來的近代化的意識仍然沒有在中國生根。在這方
面，梁漱溟先生完全不了解。這非他的聰明不夠，而是他認為問題
不在這裡。五四的知識分子實在是落後的。他們那樣的文明、進
步，其實都是落後，這叫趨時、紊亂、淺薄，這就是落後。不瞭解
真問題，只在那裏瞎想，這不是落後嗎？這種落後的知識分子的頭
腦如何能相應中國歷史發展到現在默默中所要求的那個現代化？當
然做不到。從辛亥革命到北伐，都默默中要求現代化，但對現代化
觀念都沒有深切的了解，知識分子都不能相配合。等共產黨一來，
事情就給卡住。結果各方面都沒用，都完了。共產主義的社會主義
意識和平常的社會主義意識不同，所以結果社會主義意識也沒有
了。

　　一般人相信社會主義，卻沒有想到有共產主義的這一套。到現
在還是如此。大陸以外的知識分子還是把共產主義的那一套社會主
義和平常的社會主義不加鑑別。這是悲劇。青年人頭腦單純，那裏
會想到共產黨的那些花樣，所以容易為那種似是而非的理想主義所

迷惑。在這方面,共產主義的宣傳力量大得很,好像天下的理想、正義都集中在他那裏。毛澤東最了解知識分子的劣根性。知識分子喜歡出風頭,他就叫他們出風頭,讓他們大鳴大放。等鳴完放盡之後,就統統給抓起來。結果知識分子都給箍住了,而五四留下的所謂文明、進步,所謂新文化運動,統統垮掉。知識分子一下子都不敢講話,都「無所用心」。但求生存,卻不知道生存的意義何在。所以,現在大陸上的老知識分子都變成白癡,一句話不能講。平反了,仍舊不敢講不能講。他們也根本不想問題,過一天算一天,總在拖。在這種情形下,怎麼能講現代化呢!

在海外,我們可以跳出來,有這個震動,都可以用心想想:中華民族何以到此地步?於是,一方面追求文化傳統,一方面也默默注意清末民初以來中國知識分子的心態。這些問題都必須用心來思考。我們跳出來的可以有震動,他們留在大陸的就沒有震動。既然沒有震動,就只能順五四以來的底子來想問題。結果問題還是沒解決,知識分子也終不能覺悟,還是為那似是而非的共產主義假理想所迷惑住。

至於逃出來的,也不是每個人都想問題;睡覺的人多得很。睡覺還算老實。有些人根本不睡覺,也不老實。這些逃出來的,既獲得了自由,也免除了金箍咒,但卻嚮往大陸。這很怪,簡直不能了解。從前的留洋生志在觀風察俗,現在的既不觀風察俗,也不想、不瞭解,更不知道時代問題所在。這就是心中沒有一個方向。結果這些知識分子紛紛自動投共。(集體自殺!)我們逃出來,有感覺,故受震動。我們所以寫那麼多的書,那麼多的文章,不是為了湊字數,而正是要把這個文化問題的意義和各層的分際說清楚,弄

個明白。說簡單點，就是做一點正名的工作。共產黨向來喜歡耍文字魔術。所以我們頭腦清楚了，共產黨就沒有了。不過，我們的想法不是每個知識分子都有的。假如都有此想法，共產黨早就完了，我們也早已回大陸去了。但現在的大部分知識分子都沒有一定的方向，不知道問題所在。他們沒有頭腦、沒有問題、沒有標準、沒有理想，他們有福不知福，享受自由享受得不耐煩，左不安、右亦不安，結果都嚮往大陸。近年來，我的幾篇講辭對知識分子責備較多，因為我深切知道問題癥結所在。現在的知識分子的表現實在是一個悲劇。這是這時代的大無明。我在這裏可以舉一個例子來說明。就是說，從邏輯上的蓋然率（probability）來說「反攻無望」，這是不通的。這樣不知分際便成了邏輯的災害，中了邏輯的毒。問題應該是：我們不是要跟共產黨比力，而是要鬥共產黨所以有力的那個「根」。把根給挖掉，共產黨不就完了？抗戰時期我們也說「抗戰必勝，建國必成。」在這句話裏面的那個「必」是什麼意義的必？這個必是從那一個層次上說的？從邏輯上當然不能說上面的話。這裏的必不是邏輯意義的必，所以不表示邏輯的必然性（logical necessity）。這必是由意志——從道德意志——上說，是意志的必。王陽明講良知良能，說「能知必能行」，此中的「必」亦是此義，是從意志上說的。

我最後所舉的這個例子，是要使大家明白一點，就是：大家頭腦一清楚了，共產黨也就沒有了。這樣才可以從根本上識破文字的魔術，而消除觀念的災害。

（69年5月22日講於東海大學，廓錦倫記錄）

原載《聯合報》　1980年6月21／22日

中國文化的斷續問題

材料性的文化無異斷滅

今天的講題是「中國文化的斷續問題」。本來如果一個民族仍然存在，那麼這個民族的文化總可以延續下去，無所謂斷不斷。但這其中也有一曲折。若一民族仍然存在，但它的文化卻不能盡其作為原則並自己決定方向的責任，則此民族的文化就不能算延續下去。不能夠作為原則，不能夠自定方向，則這文化就只是個材料，而不是形式。因此，一個文化若只有作為材料的身份而不是形式，它就不能算延續下去；若要延續下去，這文化必須能決定自己的原則和方向。原則、方向即代表一個文化作為形式的身分。大家知道形式與材料是亞里斯多德哲學中的名詞。

材料是譯自 matter，一般翻為物質，但在此處是「材料」的意思。與 matter 相對的 form 形式，簡單地說即是它自己本身是一原則、是一方向。凡是文化，必然涵著它有自己的原則與方向，否則就不能算文化。如果一個文化只賸作為材料的身分，而形式是外加的，這文化就算斷滅了。譬如做張桌子，材料是木頭，形式可以是

長方形、三角形或正方形，那是木匠加上去的。如果一個民族的文化只是材料，而形式是外加的，不是由這民族文化之根湧現出來的，這文化就算斷滅了。這是我們先從字面上來解釋「斷續」的意義。

要「紅」還是要「專」？

最近對這個問題我已經講過兩次，為什麼會想到這個問題呢？前一陣在大陸上鄧小平出來發動「平反運動」，大家覺得氣氛似乎比文化大革命、四人幫時代略鬆一點，好像開了個通孔可以透透氣，如是有些青年就問：在這種略為放鬆的情形下，中國文化是否能夠漸漸地蘇醒、恢復呢？還不僅因為現在大陸上控制得似乎鬆一些以致令人有這種疑問，還有積極的一面，那就是大陸上現在要求「四個現代化」。既然要求現代化也就比較重視知識，不像過去在毛澤東、四人幫當權的時代，不但不重視知識，還非常輕視知識，用他們的詞語說是「要紅不要專」。「專」代表知識，即專門的知識；而共產黨的目標是「紅」。紅是一種顏色，代表他們活動的方向和原則，因此說只要「紅」而不要「專」。毛澤東最瞧不起知識份子，稱知識份子為「臭老九」。為什麼叫「臭老九」呢？我當初聽到時有個想法，也許並不對。我當時想到在民國初年時，社會上有二種人令人討厭，也可說令人可怕，一種人是丘八（兵），另一種是青年學生，因此，青年學生便詼諧地被稱為「丘九」，這是民初時流行的辭語。後來有人說毛澤東口中「臭老九」是根據元朝對人的分等而說的。蒙古人統治中國時將人分為十等，蒙古人是第一

等，讀書人列於第九，還在倡優之下，所謂「七優八倡九儒十丐」。毛澤東根據這種異族統治中國的辦法來糟蹋知識份子，稱之為「臭老九」，真是可惡極了！還加上些「只要紅不要專」之類的新理論。現在鄧小平當權，重視現代化也重視知識，聯帶地對知識份子也比較客氣一點，也不再多講「紅」了。「紅」代表共產黨的理想性，所以一般人也想到大陸上的共產黨現在沒有理想性了，不再宣傳理想了。如此，一方面不再宣傳理想，二方面在現代化的要求下重視知識，三方面又出來平反，以平社會上的怨氣，在這三種情形下，不少人想到中國文化是否就可以復蘇一些了呢？是否可以趁此機會復興呢？有些人很樂觀，但我看並不如此，問題並不是這麼簡單。

共幹子弟敢「大鳴大放」

現在大陸上雖然要求四個現代化、重視知識，但他們仍然不要「第五個現代化」。那麼他們所要求的實際上是科技──科學技術──的現代化。去年魏京生提出實行四個現代化的必要條件是要實行民主政治，否則四個現代化就不能實現。魏京生是大陸上極少數覺悟的人之一，他是共黨幹部的子弟。在此我附帶提一下，將來在大陸上真正敢出來講話的就是這類年輕人，你不要期望那些老知識份子，他們根本就喪失了講話、用思的能力，早就麻木了。有希望的是共黨幹部的子弟，他們有較痛切的感受，又有所恃，所以敢講話。那些被毛澤東貶為「臭老九」的老知識份子早就被壓死了，他們不但是不敢講話，根本就不能講話了。最近不是放出一些人到美

國去嗎？像費孝通、曹禺等，這些人在抗戰時期是最進步的份子，結果還是臭老九，到了美國仍然不敢講話，費孝通甚至自稱是「費不通」。我所謂的老知識份子就是指這類當初替共產黨作啦啦隊、所謂左傾的人，這些人已經沒有希望了，有希望的是魏京生這類共黨內部的青年。但魏京生一公開要求第五個現代化，就立刻被逮捕，並且判刑十五年。鄧小平也知道判得太重，但不能不判，就冤枉一點算了。由此可見共產黨絕不容許第五個現代化。四個現代化都屬於科技的範圍，科技——所謂「專」——是中性的，沒有顏色的，蘇聯不也高度科技化、現代化，可以和美國分庭抗禮了嗎？那麼中共不也可以科技化、現代化嗎？不要以為他們能夠現代化就也可以開明一點，可以打開個通孔讓人喘喘氣。那根本是假的，是作不到的。通孔、喘氣都在第五現代化上。由此就可以知道所謂恢復中國文化並不容易。

有人心的地方就有中國文化？

有人說中國文化是人性的文化。任一國民族的文化都是本諸人性人情、自然而然地長期演進而成的，並不是某人設想一套理論或主義而訂定的，也不是某個社團寫下幾條教條（dogma）就可以決定的。教條不能構成文化系統，例如某個帶有宗教性質的秘密社團規定每一份子都必須讀幾何學，並且不能吃豆子，這是他們的教條，是沒有道理可講的，也沒有普遍性，當然也不能成一個文化系統。任何文化系統都是那個民族順著人性、人情之常而自然演變出來的，中國文化尤其表現這個特徵。中國文化不是個宗教性的文

化，而是本於人性人情之普遍性而自然演化成的。因此大家由這裏講又很樂觀，認為中國文化既是本諸人性之常，那麼不管遇到如何的政治鬥爭，廣大的群眾總是一樣的。天天在生活、交往中表現的人性人情是最普遍的，所以大家認為只要有「人心」的地方就有中國文化。籠統地這樣講也不錯，平常以此為一基本信念也是對的，這講法最能表現中國文化的普遍性、廣大性、悠久性。凡人心人性所在即有中國文化，不論毛澤東如何摧殘都不能毀掉，它總會復蘇的。這講法可以作為最初的基本信念，人人都當該有此肯定。

「心同理同」只是個理想

但只這樣講還不夠，大家都相信「凡人心所在就有中國文化」，但這只是第一步。平常大家不是都愛說「人同此心，心同此理」嗎？所謂「東海有聖人出焉，此心同也，此理同也。西海有聖人出焉，此心同也此理同也。」還不必說到聖人，只是普通人也可以「人同此心，心同此理」。但是這幾句話大家講慣了，都不注意：這句話究竟在具體生活中表現到什麼程度。假定真是如此，不就沒有衝突、歧見了嗎？因此又有一句話說「人心不同，如其面焉」。這和前一句話正好相衝突牴觸。這兩種相反的成語在中國社會中一樣地流行，以致於習而不察。如果讓一個外國人聽見，馬上會覺得「人同此心，心同此理」這句話有問題，而「人心不同，如其面焉」倒是不錯，這就立刻顯示出「人同此心，心同此理」是個理想，用康德的哲學名詞來表示，這是一個「超越的原則」（transcendental principle），因此就現實而言是有問題的。於是說

「中國文化是本諸人性人情」,「凡人心所在即有中國文化」,就需要仔細的考慮與釐定,不能隨便說過就算了。否則你說「人同此心,心同此理」,但毛澤東的想法就和你不同;毛澤東是根據馬克思的想法,你說「東海有聖人出焉,此心同也,此理同也」,正好德國出了個「聖人」馬克思,就此心不同此理不同,那怎麼辦呢?因此剛才說對中國文化當然應該有這樣的信念,但只是如此仍是不夠的。

中國文化在大陸成為被動的材料

我們再仔細看看這本諸人性人情的中國文化,在大陸上天天如何表現於具體的生活之中。三十年來大陸上農民的生活並沒有多大的改變,人人當然都被編在人民公社裡,但在家庭中,父子兄弟、夫婦妯娌之間、人與人的交往還是和從前一樣,那麼中國文化在這裡究竟有什麼樣的身份呢?我們馬上可以想到中國文化只成了材料。你知不知道本諸人性、人情、由人心深處發出來的中國文化在大陸上只有材料的身份?中國文化在大陸人民具體的生活裡,就好像「水銀瀉地,無孔不入」,到處流行,這是中國文化的遍在性,本諸人性、人情就具備了普遍性。但現在在大陸上中國文化就只是個材料,可以加上任何的形式。那麼形式在那裡呢?形式是馬克思主義啊!這是外來的,不是由中國文化中發出來的。

形式是個框框,是個圈套。把框框加到材料上去,材料就隨著形式而轉。材料是被動的而不是主動的,是被決定的而不是能決定的;主動而能決定的是馬克思主義。不僅在毛澤東時代是「只紅而

不專」，現在鄧小平還是要「又紅又專」，「紅」並未被放棄，像魏京生的講法才是要放棄「紅」。魏京生要求的第五個現代化也代表一個形式，這形式和共產黨的「紅」相衝突，如果真實行第五個現代化，那就表示共產黨要放棄馬克思主義了。你看大陸上放棄了沒有？一點也沒動啊！陳雲有次說：「我們現在面臨一個重要關頭，究竟我們還要不要社會主義？究竟這社會主義能不能貫徹？它究竟行是不行呢？」要大家作個決定。你要知道這是陳雲一時氣憤的話，他並不是真要大家平心靜氣地考慮考慮馬克思的共產主義究竟適不適合於中國，究竟是否有真實的道理。如果真是要大家考慮的話，那才是可商量的。陳雲是對下面的幹部說：大家不好好地幹，那社會主義還要不要呢？這種氣憤之話是不能當真的，高級幹部隨時可以這樣說。在這種情形下，他們不會放棄馬克思主義的。

文化的「自亡」是可恥的大惡

馬克思主義代表一種形式，這是外來的，所謂「馬恩列史」，馬克思是德國猶太人，恩格斯是德國人，列寧是俄羅斯的猶太人，史達林是俄羅斯人，四個都是洋鬼子，中國人在那裡呢？中國四千多年的文化，從黃帝起，歷堯、舜、禹、湯、文武、周公、孔子，直到現在，難道沒有一個中國人嗎？這還講什麼中國文化？中國文化不是只成了材料嗎？用亞里斯多德的名詞來說，這時的中國文化只是純粹的潛伏性（pure potentiality），而形式是外加的。這時中國文化喪失了自己的原則性，自己決定方向的特性，不能作為生活的原則；生活的原則是馬克思、共產主義所決定的，那麼中國文化

在那裏呢？這就是文化的斷滅。因此文化若要延續下去，就要念茲在茲地保存自己的原則性，決定方向性，不能隨便地放棄，因此每一個國家平常都要爭主權，不能隨便被亡掉，這是文化斷滅問題的關鍵。爭主權就是爭原則性、方向性，縱使一羣妄人有主權，而自己的文化變成材料，爲外來的形式所決定，那文化也斷滅了，那主權也是假的，那是所謂「自亡」，「自亡」是大惡。所以一個國家、一個民族不能隨便放棄自己文化決定原則、決定方向的權利，一放棄國家就亡了，文化就斷滅了。

現在有好多莫名其妙的人被共產黨宣傳的「回歸祖國」、「認同祖國」所迷惑，這些口號毫無意義，而海外的知識份子卻毫不考慮。你的祖國、你的文化在那裏呢？因此常令人懷疑這些知識份子究竟有沒有知識。說沒知識，他又有好多所謂科技的專門知識；說有知識，這麼簡單的事他竟也看不出來；這是現代知識份子可悲的地方。由此諸位可以想到毛澤東看不起知識份子，貶之爲臭老九是可理解的。毛澤東固然不對，但知識份子本身是有那種卑賤性。其實專家和知識份子是不同的，專家是 specialists，知識份子是 intellectuals，二者並不相同，專家不一定有知識份子的知識。不要一聽到「認同祖國」就嗡嗡嗡地都回去了；不要一看到鄧小平出來平反，要求四個現代化，就高興地以爲有吃飯的地方了。共產黨最喜歡專家份子的這種卑賤性，因爲他所要求於你的只是工具性，你也只是個工具、材料。他並不要求你「紅」，那方面你也無權過問。你不是有專門的科技知識嗎？共產黨最歡迎這種人，你一回去，他的統戰就成功了。他給你很高的待遇，你只要幫他造原子彈就行了；到不需要你時再一腳踢開。奇怪的是現在的專家份子就吃

這一套！在這種情形之下還講什麼中國文化？

我們說在大陸上中國文化現在是以材料的身份保存著，那麼該如何恢復它作爲形式的身份呢？第一步我們要先了解中國文化的基本性格，否則它隨時都可陷落爲材料。中國文化本諸人性、人情，由人心深處自然發出來，這仍是籠統的說法，確定的意思不易很簡單地說明，說得太抽象了也不容易了解，好在大家多少都知道一些。這個由人性、人情、人心深處發出來的、四千多年來極具根源性創造性的文化系統，它的特點在那裏呢？特點在於「重視理性」，「理性的健康性」是中華民族文化的一個主要特點。中國文化能否維持形式的身份而不只是材料，就看中國人以何種方式來表現理性。

獨裁者利用理性做極端非理性的事

照大陸上的情形來看，黃帝子孫變到出現共產黨的時候是最沒有理性、最不可理喻的，他們毀滅中國文化也是理所當然的事了。共產黨最沒有理性，最不可理喻，但諸位也要仔細想想，共產黨員雖都有不平正的反動性，但並非是神經病啊！在某方面他們的頭腦冷靜、虛偽做作，狡猾得很，這不就是理性嗎？諸位或許會這樣說。但這並不是理性，這至多只能說是「理智」。理智指一個人精於算計，不容易受騙，情感衝動的人很容易被騙，所以理智和情感衝動常是相對而顯的。理智並不是我們所謂的理性，即不是中國文化常常表現的「理性的健康性」的理性。

卡西勒講國家的神話，提到希特勒的集權專制，一方面是耍國

家的神話,宣傳日耳曼民族的優越,一方面是利用高度的科學技術。將國家的神話和高度的科學技術這二個相反的成份相結合,就成為當年希特勒的集權獨裁。國家的神話使得人人如醉如癡,你以為他們瘋了,其實不然,他們使用的策略、手段都高度的科技化。卡西勒已看出這種現代的集權專制比以往大皇帝的專制可怕多了。希特勒耍的是國家的神話,毛澤東耍的是人民的神話。大陸上科技落後,但無論發展到什麼程度的科技,都可以被共產黨利用。除了科學的技術,就是政治鬥爭的技術、狡猾、奸詐也都需要冷靜的頭腦,情感一衝動就沒有這些了,這也是高度的技術。這種高度的技術和人民的神話相結合,就成為共產黨的集權專制,這和希特勒的集權是二種不同的形態。你不要看他不是瘋子,冷靜、奸猾得很,能夠利用一切,就以為他有理性,這其實並不是理性。假定你勉強地仍要說理性,也是成了材料的理性。理性成了材料,就可以被利用來作極端非理性的事,極端殘暴、不可理喻的事,這是廿世紀中出現的古怪的情形。

正視「道德的理性」

理性也可以被利用為材料,共產黨就很明顯地利用理性來作極端非理性的事。這話矛盾嗎?並不。「運用理性」之理性其實是「理智」,是科技所代表的;「極端非理性的事」的理性才是我們所說的理性。如果都說理性,前者就是科技的理性。科技的理性沒有顏色,人人都可以運用,孔子可以用,強盜也可以用,所謂「盜亦有道」。雖也有道,但終究仍是強盜,不是聖人,此中的分別是

在聖人有理性而強盜沒有。所以「盜亦有道」的「道」所代表的就是科技的理性、理智。在此可以借用康德的兩個名詞來表示，被利用作爲材料的理性就是知解的理性 theoretical reason，淺近地說，就是科技的理性；聖人的理性、我們所謂的理性是實踐的理性 practical reason，淺近地說，就是道德的理性。共產黨可以利用高度的科技理性作出極端不道德的事，就在這層意義上說他們沒有理性、不可理喻。理性的這兩層意義平常被攪和在一起，只要頭腦清楚一些就可解開，不爲它所迷惑。

這個時代裡這種古怪的情形最多，運用理性可以作出極端非理性的事來，運用自由一樣也可以達到自由的否定。當初共產黨出來爭自由，到他得到自由了，我們就都沒有自由了，這不是成了自由的自我否定（self-negation）嗎？他當初也要求民主，到他爭取到了民主，我們就不能在民主中生活了，這也成了民主的否定。自由、民主、理性都可以當作材料來利用，唯一不變的是作爲形式的馬克思主義。聖人所講的道理一樣也可以被當作材料，他也可以講忠孝仁愛等等。例如要愛同志，但對階級敵人不能仁愛；父母可愛不如毛澤東可愛；爲忠於黨忠於社會主義可以大義滅親、鬥爭父母。這不也是利用仁愛作極端不仁不愛的事，利用忠孝作極端不忠不孝的事嗎？你說他有理性，他的理性在那裡呢？這不是很可怕的現象嗎？這需要大家仔細地想一想。現在我們處的是個非常麻煩的時代。

在理性之下萬物各當其位

　　我們借「運用理性來作極端非理性的事」這句話來表示共產黨沒有理性，而中國文化是講理性的。中國文化發自人性、人情、人心深處，不是某個教條、某個理論或某人的觀念系統所決定的。這個文化系統幾千年來以理性——也就是所謂「理性的健康性」——為其最高原則，以此決定生活方式，決定個人的、國家的活動之方向原則。儘管歷史上有曲曲折折的升降，這基本的方向大體是不變的。這是什麼的理性呢？照中國的傳統，堯、舜、禹、湯、文武、周公、孔子所傳下來的文化，用最簡單的話講，理性就是社會上每一件事，發自人心的每一活動都自歸其位、各當其位。用現代的話來講，發自人心的有道德、宗教、政治、國家、家庭等，每個概念都有其一定的分際，例如家庭不要和社會混淆，家庭歸家庭，社會是社會。家庭中有父子、兄弟、夫婦等，孔子所謂「君君臣臣父父子子」，每個概念各當其位，各有其自性，保持住各自的獨特性再講相互間的關係。保持住各自的獨特性並不是要各自孤立，生活是不能孤立的；由自性再講關係，分際毫不錯亂。這是自覺地要肯定每個部門、每個概念都有自己的特性、各歸其自己，不互相凌駕。所以家庭是家庭，社會是社會。從國家講政治，政治中的概念和家庭的概念不同，和社會的概念也不一樣。法律是法律，經濟有經濟的基本原則，都是一定的。還有信仰，宗教信仰也是自然地發自人的生活，聖人也不反對信仰，你可以信仰佛教，信仰基督教，或是其他的宗教，但不管你信仰那種宗教，總要肯定普遍的人道。所以

講道德時，道德歸道德；講宗教時，宗教歸宗敎；講科技、科學知識時，也要知識歸知識；每一面都有一個恰當的地位，就怕攪和在一起，一混淆就難以維持理性的清明。中華民族的聖賢歷代都自覺地有這種各部門各歸其自己的要求，他們有一凌虛的理性，使得各部門各得其所。這凌虛的理性不能對象化，也不能特殊化。家庭、社會、國家等都各有客觀的地位，各有特殊的意義，理性卻在此之上，使各部門各得其恰當的地位，各得其所。再擴大來說，理性就是《中庸》所謂的「致中和，天地位焉，萬物育焉」。這表示不單在人間社會中家庭是家庭、國家是國家，各得其所；擴大來說天地萬物也各得其所，保障這個的就是大理性。前面所說的理性是就人間世而言，當說「天地位焉，萬物育焉」時，也可謂是表現於人間社會中的理性的擴大化，涵蓋天地萬物，一切都是一個大理性的作用在成全安排。

忠恕之道是最理性的原則

這個時代實在是最沒有理性的時代，共產黨表現得最到家，就是不能「天地位焉，萬物育焉」，不能使各部門各得其所。在西方自由世界中，勉強靠著自由主義 liberalism，靠有憲法基礎的民主政治 constitutional democracy，就保障了各部門的各得其所，雖然不大夠，但已能保住一大部分，所以是 open society。各部門各得其所，就是敞開的社會，每部門都能獨立，因此也承認多元的價值，就以此維持 open society。中國的文化傳統歷來是由凌虛的理性來保障住各部門的獨立性，使得萬物各得其所，這就是理性，落

實了仍是 liberalism，仍是 open society。

　　再具體點說，怎樣是理性呢？我想要如此，也要讓開一步，想著別人也要如此，這就是聖人所說的忠恕之道。孔子曰：「吾道一以貫之。」曾子解釋曰：「夫子之道，忠恕而已矣。」忠恕就是也要想想別人，讓開一步，這就是有理性。若用我所想要的，毫不顧慮地也來控制別人，就是非理性。非理性而又奸詐、狡猾，就是把理性應用為材料。運用理性作非理性的事，結果不能讓開一步，就不能各得其所。你可以把持自己，但怎麼可以操縱把持旁人呢？要你讓開一步，承認旁人的地位予以客觀的尊重，就是理性。把旁人、甚至天地間的一切都一把抓來隸屬於我，使一切都沒有客觀的地位，就是非理性。非理性違背了中國的傳統文化，也違背了中國聖賢的教訓。我舉這些例來說明，諸位仔細想想就可以知道，中國文化要由作為材料的身分變回形式的身分，才能算延續下去，否則就是斷滅了。

　　那麼，如何能使中國文化由材料的身分轉成形式的身分呢？大家要努力把這些非理性的事情一步步的揭穿，恢復人們的理性，不要讓人們運用理性來作非理性的事。這需要揭穿，光罵共產黨沒有用，他一樣可以反過來罵你，你要把他的毛病、各種觀念分際上的糾纏解開。觀念的糾纏是現代社會中出現的古怪的情形，需要每一個人都有堅定的信念，冷靜的頭腦，明確地把握住自己的方向原則，不要為社會那些不相干的詞語所迷惑。譬如說共產黨向你作統戰工作，叫你「認同祖國」，誰不愛國呢？但我愛國並不是愛共產黨啊！你說「認同祖國」，你的祖國在那裡呢？要使人認同祖國就要把馬、恩、列、史去掉，把共產主義放棄，恢復中國文化的原則

身分，如是，我馬上就認同。把馬、恩、列、史的像掛著，堅持共產主義不放棄，不准許第五個現代化，還叫我認同什麼祖國？一般人都不注意，這不是嚴重的事實嗎？這靠人人有感覺，有清醒的理性、清醒的頭腦來揭穿，如是馬上就可以看出來，但現代人看不出來。那麼現代人的理性在那裡呢？就是因為你自己的理性本來保存得也不多了，共產黨才可以利用你，輕視你，瞧不起你，甚至稱你為臭老九！

　　附識：最近報載共產黨宣布要把北平天安門掛的馬、恩、列、史的像拉掉，但馬上又聲明這並不意味放棄共產主義。即使是如此，也值得嘉許。我們要催促他們步步覺悟，叫他們一下子變是很難的。「齊一變至於魯，魯一變至於道」，聖人也不放棄督促誘勸。

（69年8月講於《聯合報》，胡以 記錄）

原載《中國文化月刊》第10期　　1980年8月

僻執、理性與坦途

今天我講的題目是：僻執、理性與坦途。幾年來，我想來想去，天下的事情，不管是個人的，或者是國家的，人間的問題追溯根源還是個「僻執」的問題。這個「僻」字就表示沒有理性。到了沒有理性的時候，那是不能講理的。人的悲劇往往由此而生。所以佛家說：「放下屠刀，立地成佛。」屠刀，當然不是個好東西，但要放下也不容易，所以這是最後的一關：一放下屠刀，馬上可以成佛。可見屠刀意指現實人生過程中最後一種非理性的東西。人類的希望只有在這人生途中化掉非理性，顯出理性來。當然，在現實人生中，也有很多不是非理性的。但大困難一來，大悲劇一來，這些往往都消失不見了，只顯出那些非理性的東西來。從這裡看，人是可憐的！

本來，這個「執」也不一定壞，雖然照佛家說，執總是不好的。但如《中庸》所言：「擇善而固執之。」這個執就很好。所以就執的本身來說，不一定壞，但僻執就一定不好，因為僻執就是非理性的表現。所以，我們大家正視這一「僻」字。以前佛家講「放下屠刀，立地成佛」，這是就個人來說，顯出那個最後的非理性的東西；我們現在就時代來看，還是那個非理性的東西，造成今日種

種問題與苦難。所以我定這個題目開頭是僻執，跟著是理性。僻執
與理性是相對反的，只有通過理性人類才能達到坦途。人類的坦途
只有在僻執轉爲理性這個轉關上出現，沒有他途。

僻執是時代問題的癥結

以上是題目的大意。但只那麼大意一說，大家也不一定能感受
得到。我們可更具體地來點示。落在眼前我們這個時代上，我們可
說整個時代問題的癥結就在僻執這個地方。這種僻執到處都是，這
是大家可以感受得到的。

這個時代大家都在「和談」。首先，美國和蘇聯和談，好幾年
來，那不是天天在談嗎？沒有一個人眞願打架，但也沒有一個人誠
心誠意的和談。美國和蘇聯和談，只是談如何限制雙方的核子武
器；他們不談別的，不談自由與極權的問題，不談人權問題，談的
都只是技術的問題、外交的問題，只停在外交和技術的層面上。所
以，和談是表層的，這不是眞正的和談。於是乎天天談，卻總是談
不來。

最近，大陸要和台灣和談，期達到中國的和平統一。和談是個
好事情，但和談要有和談的根據，要有共同的原則。這個和談不像
美蘇之間的和談。美蘇之談是談外交上的問題，是談技術上的問
題。但中共與台灣和談必須接觸到原則問題，既沒有共同的原則，
這怎麼能談呢？此中有很多迷惑，也就是說這裡面有很多可能的幻
想。若離開了原則問題，一切想法便都只是迷惑。最近海內外就有
很多迷惑，這是我們要留意的。

　　中共的和談建議說，只要台灣把中華民國的國號取消，其他的我都讓步。可是旣爭著熱烈紀念慶祝辛亥革命，尊崇孫中山，你爲什麼不放棄馬列主義，取消中華人民共和國的國號呢？好，一談到這裡，就不能談下去，這個算得什麼和談呢？這叫做吞併，吞併不是和談。

　　還有一種想法，說是這樣好了，兩方面一半一半，各讓一步，這就等於是不分青紅皂白各打五十大板一樣。現在社會上有很多人就是這個想法。諸位在此想一想，這個對等的看法行不行，有沒有問題。

　　其實稍爲想一想，就知道這個看法是不通。舉例來說，有兩個人，一個專欺負人，一個堅持不欺負人，我們可以叫那專欺負人的人讓一步，變得稍爲不欺負人。但是我們不能又叫那不欺負人的人也讓一步，變爲稍爲欺負人一點。這個說法是不通的，但現在社會上有很多人就這麼不通。當然，有時叫兩方面都讓一點步，是通的。如鄉下兄弟間爲了一點小事衝突起來，在一個共同的原則下，也難說誰對誰不對的時候，叫老哥讓一步，叫老弟也讓一步，這不是和解了嗎？在這種情形之下，各讓一步的和解是可以的。但現在我們中國的情形並非如此。亦如美蘇的和談，我們只能叫蘇聯變得自由一點。不能叫美國變得極權一點。凡是這種把極權與自由看成是對等，把欺負人與不欺負人看成是對等，或把惡與善看成是對等，要兩方各讓一步，這種辦法就是等於各打五十大板，完全不分青紅皂白，不知道這裡有一個標準的問題，有善惡是非的問題！現在香港就有很多這種糊塗人。

　　所以，一定要弄清楚，此中有一個標準的問題。爲什麼專欺負

人就不好，堅持不欺負人就好？因為一個是非理性的。這個標準就
定在這理性不理性上。

理性就是要尊重法則

　　關於人類的僻執我們還可以舉很多例子。大陸上鄧小平說：
「實踐是檢驗真理的標準。」這是一句有理性的話。實踐，在科學
上講，即是實驗，此中有兩個成分：一個是訴諸經驗，一個是訴諸
邏輯理性。這樣，才能檢驗那個是真，那個是假。在科學上，這兩
個標準是很清楚的。就實踐的行動說，如果行不通了，就得改變方
向。這也可以考驗出那個是真，那個是假。所以鄧小平那句話是理
性的。當初打倒四人幫，鄧小平出來，大家都對他寄以很高的期
望。四人幫是非理性的。鄧小平能講出那種理性的話來，當然是春
風化雨。但幾年以來，他不能貫徹那點理性，後轉成非理性，這就
是一種僻執。

　　毛澤東是非理性的，但非理性得一致：你說我非理性，我就非
理性；你說我殘暴不行仁政，我就殘暴不行仁政；這個很有蠻勁。
你說我無法無天，我就是「和尚打傘無法無天」，這很乾脆。他非
理性得很一致。一致的結果怎麼樣呢？也只成一時的「英雄好
漢」，結果不通，國事大糟。這個不通，大家早就看出來了，但共
產黨不相信，都恭維毛澤東太陽紅，現在他們自己也知道不通，他
們裡面的人自己也說那是十年浩劫。

　　打倒四人幫，鄧小平出來，大家都寄望於他。他先鼓勵人自由
說話，於是就有像魏京生這一類年輕人出來說話。魏京生這個年輕

人，說得很透闢、很透徹，結果呢？被抓起來，判十五年的監禁。鄧小平說了那麼一些理性的話，結果理性到中途又縮回去了，轉成非理性，這個地方就顯出僻執。為什麼要判魏京生十五年的徒刑呢？他這個年輕人，寫那麼幾篇文章，你都受不了，好像要垮台的樣子，馬上把他抓起來，判個十五年的重刑。鄧小平也說：「是重了一點。」但雖是重了一點，還要這樣判。那麼說，「實踐是檢驗真理的標準」這句話完全沒有用了，成了自我否定（self-negation）。這個自我否定的癥結，就在僻執。

再舉一個例子，經濟生產要現代化。他們有人說經濟要按著經濟的規律做事，這句話也是理性的。規律即是法則，也即是軌道。不但是經濟如此，社會中任何一個部門，只要是客觀的存在，不是個假象（illusion），就該如此。若是個假象，那是虛幻的東西，當然沒有法則可言。所以，經濟有經濟的軌道，政治有政治的軌道，教育有教育的軌道，必各按其軌道而行，不能亂來。只要在社會上是一個客觀的存在，就有它的固具的法則。這個法則一定要遵守，否則事情就辦不通。不但是事情辦不通，當你把這一個存在的法則給否決掉了，也就等於把這個東西取消了，使其失去了客觀的存在。當年毛澤東就是如此。我無法無天，我硬來。你說桌上這個杯子有杯子本身的法則，我管你什麼法則，我把這個杯子摔掉。杯子一被摔掉，其法則當然也沒用了。像毛澤東這樣地蠻幹，結果被打倒了。所以，說經濟要按著經濟法則辦，這是對的，是理性的。他們雖然開始有這麼一點理性透露，但結果還是做不通。這不是他們不想做，是不能做，這還是像魏京生那個問題一樣。因為，真要按經濟規律搞經濟，就得承認經濟在社會上是一獨立的東西，它自成

一套，就要懂經濟學。也因此要尊重經濟學家——那些懂經濟學的知識分子。英國從亞當史密斯講經濟學，都是現實上有用的，一直到現在還有用。幾十年前，美國羅斯福用的新經濟政策，那是凱恩斯的理論。但大陸上原有的經濟專家，當年都給打倒了，現在也不見得信任他、重用他。若要把重任交給他，那些幹部怎麼辦呢？那些參加二萬五千里長征，有打天下的汗馬功勞的，他們現在是當權的，都正在管著這些事，叫他們把事情讓出來，他們肯嗎？大陸上這三十年是以不識字，以老粗為最高身分價值。這個風氣不扭轉，要按經濟規律辦事，這怎麼辦得成。所以原來是句理性的話，要做下去，又由理性的轉成非理性，這就是自我否定，還是僻執的問題。

從以上這些例子，我們可以想一想。毛澤東那一套不行，大家都感覺到了。他們已知道要改，所以提出實踐是檢驗真理的標準，提出經濟的事要按經濟的規律辦，這些都說得很好，我都讚成。說得那麼好聽，結果卻不能言行一致，不能理性地一致，其故何在呢？就因為僻執。為什麼要僻執呢？這就和四個堅持一樣，為什麼要堅持呢？我不堅持那四個原則，我就沒有了。但你沒有了，並不是中國就沒有了，這個社會還是有的！你為什麼一定要堅持呢？你讓讓步可不可以？他們在這裡就不讓步，為什麼不能讓步呢？這沒有理由。他們自知沒有理由，所以一到這裡就不講理。鄧小平說實踐是檢驗真理的標準，那麼人民公社，三面紅旗，經過了那麼多年，在經驗上明明是行不通的，為什麼不放棄？宋慶齡有一篇給中共的建議書，其中提到：我們一旦以階級鬥爭為綱，於是乎「把全國弄得幻風幻雨」；一旦以生產為綱，於是乎「要在石頭上種水

稻」。這些實是罵毛澤東的話，宋慶齡這樣說不只是反映她一人的感覺，他們內部很多人都感覺到了。所以，他們漸漸也有人提出，要取消人民公社，結果還是取消不了。你這個檢驗真理的標準是貫徹不下去的。這就是非理性，這就是僻執。

非理性會導致戰爭悲劇

說僻執，就是說最後不能講理。這就是今天中國問題最後的癥結所在了。堅持四個原則，不和別人講理，這就像以前打天下一般。天下是老子打來的，這個政權的根源你不能問。所以從前的讀書人，最高的只能做到宰相，這只是幫助皇帝治理天下，對於那政權的問題，不能談，不准談。在印度，賤民階級是「不可接觸」的階級，這個問題也是一樣，也是不可接觸的。不可接觸，就是不能談，不能理性化。如此，怎能和談呢？不能和談，就是僵持，僵持到最後或是幡然醒悟，皆大歡喜，或是終不醒悟，訴諸戰爭。戰爭是可怕的，記得《三國演義》中，司馬懿往遼東攻打公孫淵時，有這麼一番話：「軍事大要有五：能戰當戰，不能戰當守，不能守當走，不能走當降，不能降當死耳！」這幾句話說得真漂亮，這就是戰爭之道。戰、守、走、降、死，就這麼五條路，沒有其他的路了。你看，司馬懿這個人多狠，戰爭就是這樣的。說到這裡，我想問題可真困難，中共大叫和談，這只是吞併，只是招降。台灣為什麼要被吞併呢？為什麼要投降呢？所以這是不通的。唯一的理由就是打天下，天下要打成統一，「臥榻之旁豈容他人鼾睡」。

戰爭是可怕的，有人問，我們當然不希望有戰爭。就美、蘇之

衝突說，我們不希望演成世界大戰，發生核子戰爭。這麼一打起來，全部毀了。誰願意最後訴諸戰爭呢？黑格爾曾說，在沒有真正的國際法庭以前，最後解決國家與國家之爭的是戰爭。黑格爾是站在這麼一個立場上講戰爭，其背後實有一很深的悲劇意識（tragic sense）。兩個國家打仗，是兩個國家賭命運。誰也不能擔保自己一定勝利。當初日本以為自己一定勝利，結果失敗了。既無勝利的保證，這不是賭命運嗎？日本人打敗了，可能就此亡國，幸而美國人客氣，為你培養好民主憲政，然後退出來。這是你日本的運氣。

黑格爾講戰爭，背後有很深的悲劇意識，因為戰爭是兩個國家賭生死的命運，照他的說法，是國家在歷史的法庭中受裁判。在沒有國際法庭以前，只能在這歷史的法庭中受裁判。戰敗了，可能是亡國，即在歷史上從此消失了。在歷史上，由原來的存在變成不存在，這當然是個大悲劇。這在儒家來說，是大惡。亡國，一是他亡，一是自亡。亡人之國者固是大惡，而自亡者亦是罪惡，你這是大不肖的子孫。關於「自亡」《公羊春秋》有言：「梁亡何？自亡也。其自亡奈何？魚爛而亡也。」魚爛而亡，是腐敗得不成樣子而致滅亡，這是大惡，梁之亡國就是這樣，故《春秋》大書特書。儒家正面講仁，亡人之國是大不仁，自己亡了也是大不仁。國家是如此，一個家庭亦然。把別人的家庭毀了，這是大惡。中國大陸上這些年來，有多少家庭被毀了呢？這樣非理性的蠻幹下去，搞得家家家破人亡，真正是大惡！

所以，不可亡人之國，當然更不可自亡。亡人之國或自亡，都是不仁。孔子講仁，仁就是生生不息。仁，就是使一個生命繼續存在下去。故《春秋》講興滅國、繼絕世，這是最高的道德，這是中

國文化的精神,這是正面的。但是,誰知道這些黃帝的子孫,以前講道理講得那麼好,而現在做壞事卻做得最多。最近,我在《百姓》半月刊上讀了一篇李歐梵先生的文章,講他兩訪大陸的觀感。他說中國人眞是最擅於迫害人,又擅於迫害自己的民族。我對他這句話,很有痛感,只迫害人還可說,至少你自己得到一點好處,但你最後又反過來迫害自己,這就是魚爛而亡。旣迫害人又迫害自己,結果是大家一起亡,這就沒有理可講,此之謂非理性也。

黑格爾講戰爭是兩國在歷史法庭中受裁判,是兩國賭生死命運,賭輸了就亡國。他還有一句很妙的話,說亡掉的國家在上帝的永恆觀照之中存在。這說得多麼蒼涼!一個國家亡了,歷史上還是有的。如剛才說的梁國,我們讀歷史就知道原來春秋時代有這麼一個國家。但當時就亡了,沒有繼續下去,眼前就沒有了。這沒有了的又跑到那裡去了呢?黑格爾的說法,是只在上帝的永恆觀照之中存在。這也就是在歷史法庭中受裁判。戰爭就是這樣的,所以誰也不希望這樣的戰爭。誰希望自己亡了,只存在於上帝的永恆觀照之中呢?美、蘇的情況是如此,我們中國的情況亦然。我們不希望中華民族的子孫一部分被吞併了,只存在於上帝的永恆觀照之中,這樣的黃帝子孫太差勁了。所以我們不希望有這樣的戰爭。

戰爭是我們所不希望的。但要達到眞正的和談,而不是吞併或投降,這需要把僻執放棄,從非理性轉成理性。那個各打五十大板的態度是不行的,因爲這態度本身就是非理性的。

學會幽默，轉出理性

剛才我說要「放下屠刀，立地成佛」，這是用佛教的話，好像說得很嚴肅。其實說得輕鬆一點，就是要有一種 humour（幽默）。這就是要有寬容、鬆弛、放平的智慧。這個 humour 是我們最後所要訴諸的東西。真正能維持著理性，還是要靠這個幽默。天下的事情，不能永遠兩眼盯著，非抓著眼前這點東西不可。經驗上的，現實上的東西，是沒有絕對的。假定我們兩隻眼一定要盯在這現實上，盯在別人為什麼吃兩個麵包，我只吃一個？非得在這個地方找絕對的標準，非得大家都只能吃一個麵包不可，這個就是僻執，沒有幽默。絕對只能在上帝處找，不能在現實的東西裡面找。所以我們要幽默一點，也就是放鬆一步，讓開一步。道家最明白這一層道理。儘管現實上有很多不合理的事情，但只要大家都能過得去，慢慢改好，也就算了，這即是睜一隻眼閉一隻眼。一定要叫人家過不去，一定要把黃帝的子孫分成黑五類、紅五類，這樣是不通的。這樣就是缺乏幽默，不能放鬆一點。說到這 humour 中國人最缺乏，很奇怪。這個 humour 不是說笑話，不是林語堂表示的那個幽默，是英國人所說的 humour。最能表現這 humour 的是英國人，所以英國人總不相信馬克思那一套。中國人很缺乏這個，像李歐梵先生說的中國人喜歡迫人迫己，就是說中國人缺乏幽默。這種缺乏，我們從日常生活中都可隨時體會得到，這不難了解。但我以此解說中國目前的大問題，人們覺得好像不那麼簡單。事實上，歸根究底就那麼簡單，就是缺乏幽默，就是個僻執的問題。要放棄這

個僻執，說來也好像不容易，但也很簡單，就在一念之轉。說得嚴肅一點，一念之轉，就是放下屠刀立地成佛；說得輕鬆一點，一念之轉，就是變幽默一點，讓開一步，大家都能過得去。這麼一轉，就是從非理性轉到理性的關鍵。

為了說明這僻執的問題，零零碎碎地說了一大堆，這大體上是用一種指點的方式，可助大家了解這個問題。以下我要說一點正面的意思。這個正面的意思從何言起呢？怎樣能夠決定某一種狀態是僻執，是非理性？放棄僻執，由非理性轉成理性，這個理性又是個什麼狀態？這裡面就牽涉到一個原則，我們要正面的講這個原則，以此原則決定什麼是僻執，什麼是理性。這其實說的就是現代化的問題。大陸上已知道要求現代化，但只說四個現代化，第五個（一切其他現代化的基本條件）是不准講的。現代化是理性，這很好。但只能說四個現代化，那第五個不准講，這就非理性了。魏京生一講，就被判十五年的徒刑。中國需要現代化，這鄧小平知道。經濟要按經濟規律來做，陳雲也知道。他們在這裡原有一點理性的表現，但他們不擇善而固執之，固執之成為理性的一貫。毛澤東是非理性的一貫，要轉過來，就要轉成理性的一貫。能一貫地理性下去，不就天下太平了嗎？但他們的理性不能貫徹下去，中途又縮回去，轉成非理性。這就成了自我否定。我想鄧小平半夜三更客觀地想一想，恐怕也知道不對吧，既想理性，又不能夠理性，還不如毛澤東，這很可憐。這樣，鄧小平是辜負了天下人的期望。他辜負了天下人的期望是他自己直不起來。但社會上對鄧小平寄以厚望的人也隨之直不起來，這就很怪。這些人明明知道，毛澤東能胡鬧是個制度問題。因此首先要改的是現時大陸的制度。但這些先生們，一

說到這，就說這個制度不能改。這個制度為什麼不能改？這些先生們批評毛澤東時，說得那麼真切，但一說到允許毛澤東無法無天的制度，以及產生這制度的馬列主義時，卻說不能改、不能放棄，這真奇怪！能不能是他們的事，為什麼要替他們掩護，而卻不督促他們覺醒。好多人就這樣不通，這也是非理性的。

現代化的精神

所以，我們必須要把現代化的意義顯出來。真明白了現代化的精神，就有了個標準，可以決定什麼是僻執、什麼是理性。如此也就不會採取各打五十大板的方法，可有一個標準分出青紅皂白。像美、蘇之間真正的問題，是自由與極權的問題，自由是現代化的，極權是不現代化的，你不能將這兩者視為同等的。不接觸到原則，光只籠統地叫這兩者各讓一步，以期達到真正的和平，這是掩耳盜鈴。因為兩者是矛盾的，必有一真，必有一假，不能同真，也不能同假。若是兩個同真，或者兩個同假，就可以叫兩方面各讓一步，大家和平共存，現在美國、蘇聯之間所謂的和平共存，這只是技術上的，並不是真正的和平共存。這種共存是因為目前你吞併不了我，我化解不了你，只好雙方保持現狀，膠著在這個現狀上。這不是真正的和平，也不是真正的諧和。這個狀態，我們可以藉印度數論師所說的「冥諦」來說之。數論師有二十五諦，即是說這個哲學系統中有二十五個原則，其中有一個是冥諦。數論師說，原初世界有三個成分，這三個成分中那個突出，就那個起領導作用，這樣世界就有演化了。但若這三個成分，誰也不突出，你抵住我、我抵住

你，誰也不起作用，這就叫做冥諦。在冥諦之時，世界就是在停滯的狀態，沒有演化。數論師講的好像很玄，但在現實世界中，就有這種狀態。這樣的狀態，是個死局，亦即我們平常說的僵局。僵局打不開，就封閉死了，冥就是封閉的狀態。什麼時候才能打開這個僵局呢？那要梵天有所干預，叫這個動一動，成為主動的，如此僵局就可以打開，世界就可以演化。今天美蘇的情況，嚴格來說，就是冥諦的狀態，不可以稱之為真正的和平共存。要真正的和平共存，必要蘇聯由非理性的極權轉為理性的自由。

現在大陸要和台灣和談，要真能達到和平，那也得先放棄那四個原則。你要讓開一步，讓人家存在，讓人家過得去。大家都過得去，這才是和平，這才算理性。一定要堅持四個原則，那是討便宜，讓人家過不去，這是非理性的。你不要迫害人，將來也不會迫害你自己，這樣大家都過得去。如此一來，就顯出一種超然性的原則，這樣的超然性的原則正是現代化所嚮往的，所要求的。這個超然，是超然於 A 與 B 兩個相對等的東西之上，是上面一層的，是個虛的東西，有這個虛層的常度作原則，A 也過得去，B 也過得去。這就像唱戲的舞台一樣。現代化就是要建立那麼一個政治的舞台。這是超然的舞台，梅蘭芳可以來唱，馬師曾也可以來唱。假定說梅蘭芳永遠佔著舞台，不准別人來唱，於是這舞台與梅蘭芳便同一化了，舞台的超然地位也就沒有了。這明明是欺負人，是不合理。

肯定多元的價值

把政治所依以運行的那超然原則顯出來，這是很重要的，這就是現代化。那超然原則一顯出來，則社會中每一個部門都有了它的客觀存在之權利。確立了它們存在的權利，他們才能各按其軌道、規律、法則，而成其客觀的存在。天地萬物皆如此，家庭有家庭的規律，國家有國家的規律，國際有國際的規律、政治、經濟、教育，皆各有其本身的規律。於是乎每一部門都成一客觀的存在，誰也不能吞併誰，這樣才是合理的。所以，從前儒家反對法家，也反對墨家和道家。為什麼呢？關於這些，以前唐君毅先生講得最好。儒家不贊成法家，因為法家只有政府，沒有個人，沒有社會，這當然是極權專制。道家是只有個人，沒有政府，沒有社會，這也不行。雖然不是極權專制，但也非常道。墨子是只有社會，沒有個人，沒有政府。因為沒有個人與政府，此中亦有反動。當初胡適之先生最宣傳墨子，晚年他也覺悟到了，說墨家有反動的成分。儒家不同於墨道法，它就人間肯定多元的價值。它有四個標準，就是我們平常說的：天地、君、親、師。天地代表超越的意識，亦可稱曰天；君代表政府；親代表家庭；師代表教育學術。在這多元化的肯定中，家庭不能夠化歸於國家，社會也不能化歸於政府。我們不能夠以政治鬥爭的理由叫你回家鬥爭父母，也不能以政治鬥爭的緣故抹殺教育學術的獨立。儒家以四個標準同時成立，這是墨、道、法不能講的。現在共產黨就只有一個標準，一切都唯政府，只有政府一個標準，其他都沒有了，這是不行的。儒家能肯定多元的價值，這是中國文化的精神，以前大家都知道，這個實在就是現代化的文

化背景。

我們現在講的現代化，當然是就西方所開出的 modern world、modern spirit 而講。這個 modern world 與以前的 medieval age 有什麼不同呢？中世紀的一個重要特徵，是封建，民國初年，大家都說以前是老的社會，這個老的社會就是一般人所說的封建。「封建」這個名詞，大家都掛在口頭上，然究竟是什麼意思，我看也很少人真正懂得。封建，並不一定像大家說的那麼壞，每一個民族的文化傳統都是靠封建社會培養出來的。封建社會，或說貴族社會，不是一點價值也沒有。寫 *Decline of the Western World* 的 Spengler 就嚮往以前的貴族社會。凡是一個偉大的文化傳統，都是由貴族社會培養出來的。貴族有貴族的教養，封建社會有封建社會的道德，毛病當然是有的，但不是毫無價值。關於其價值，我這裡也不多談，它的毛病當然也有的，沒有毛病，我們也不需要現代化了。現代化有它的價值，這是以前所缺的。那麼現代化之所以為現代化，它的基本精神是什麼？

現代化的原則：「對列」原則

關於現代化的基本精神，它所服從的原則，這我以前常常講。就著我們現實社會中各部門而言，一切政治、經濟、社會的活動，都是服從 principle of co-ordination，這就是現代化的精神。co-ordination 這個字有種種的用法，故有種種的翻譯。在幾何，我們稱為坐標，這是數學上專有名詞。在日常生活中，也有很多種用法。在這裡，我譯為「對列」的意思。四點對列，可以形成一個方

形。這相當於我們《大學》所說的「絜矩之道」。絜矩之道的原意
不一定是這樣。但兩者的意思頗有相通的地方。矩是方形，絜作度
講。度是度量、衡量，以己度人的度。我自己衡量衡量自己，然後
也想想別人。我不能只爲自己打算，也得爲別人設想，這就是絜矩
之道。四點對列起來，成一個方形。朱子就很重視這個四方形，四
方八面都照顧到了，這樣很好。成個方形，各有獨立的存在，這才
能和平共存，這就是《易傳》中所說的「保合太和，乃利貞」。成
了個方形，四個點並列的存在在那裡，你也不要吞併我，我也不要
吞併你，大家都可以過得去，這不就天下太平了嗎？

　　與 co-ordination 相對的是 sub-ordination，這是隸屬的，不是
對等的。要你隸屬於我，或我隸屬於你，這是非現代化的。在政治
上，這樣就成了極權專制。這表現在毛澤東那裡，是最典型的了。
大陸上說，要無產階級專政。那裡是無產階級專政，其實是共產黨
專政。又豈眞是共產黨專政，結果是毛澤東一人專政。陳獨秀當年
就看出這一點來了。這只是迷惑人的字眼，一分析就可知道是個空
話。

　　在辛亥革命以前，就社會上一般的活動而言，主要的架構是個
sub-ordination。當然不是到處如此，但所謂家長制、父權政治，
就是這個架構。皇帝就是一個家長。《大學》講：「自天子以至於
庶人，壹是皆以脩身爲本。」由此講齊家治國平天下。在以前那個
時代這麼說也可以了。但在今天，你說自天子以至庶人壹是皆以脩
身爲本，就可以治國平天下，這是不夠的。現在的政治、經濟，都
已現代化了，有其獨立的法則，你必得懂這些，才能治國平天下。
所以，由修身齊家，到治國平天下，不是直接的推理，他要間接的

曲折一下，要吸收很多現代的知識。我這麼說不是說修身齊家就不需要，那是永遠需要的，因為這是常道。就治國平天下而言，這也需要，這是個必要的條件（necessary condition）但不是充分的條件（sufficient condition）。關於這一點，稍為想一想，就可明白了。你看，現代化的經濟多複雜，這科技多複雜，就科技與經濟講，我們以前是手工業的時代，與現代的工業，完全不同。在以前，只要勤儉就可以了。當我年幼在家鄉的時候，所穿的鞋子，都是我母親、我大姐為我做的，那與現在的鞋子有很大的不同。人所穿的鞋子都是自己家人做的，是布鞋，就是北平所謂的千層底。那北平的千層底，穿起來很舒服。鄉間做的那些鞋子，可沒那麼舒服。尤其新的鞋子，那個底子硬得很。所以那時候沒有人喜歡穿新鞋子。那是手工業的時代，勤儉是很重要的。但在今天這個高度科技的時代，只勤儉能行嗎？你可要好好地讀書，吸收多一點現代的知識。不但要好好讀，還要趁年輕的時候讀。到四十多歲了，才跑到美國讀書，這就難了。科技與經濟是這樣，政治也是如此，政治也要現代化。所以，說自天子以至庶人壹是皆以脩身為本，在以前社會是夠了，在現在就不夠，因此這不是 sufficient condition。

以前的家長制，所服從的原則就是隸屬原則（principle of subordination）。以前有所謂「三綱五常」。儒家講五常仁義禮智信，這是對的，現代還是需要這些的，此其所以為常道也。但三綱不是孔子講的，是從漢朝《白虎通》開始講的。三綱，是君為臣綱，父為子綱，夫為婦綱。這父為子綱，在某意義下，還說得過去，也沒有人和自己的老子爭，小孩時期以父親為綱也沒問題。長大成人了，當然有其獨立的人格，但還是父子。說實了，父子是天

倫，也用不著客觀地規定誰爲誰綱。夫爲婦綱，女性聽起來是不高
興的，現在還講這一套，那是不尊重女性，這可不對。君爲臣綱，
這也不對，君臣以義合，是對等的，合則留，不合則去，怎麼是君
爲臣綱？當然，這兩綱在以前那老的社會中，也有其有效性，不是
一定不對。不過講的太過分了，就出毛病。

在政治上，一向是君爲臣綱。所以黑格爾說中國以前的政治，
有一個無限的大實體，這就是皇帝。皇帝以下，萬民都一樣，都是
在潛伏的狀態，所以都沒有主觀的自由（意即個體的自覺
subjective freedom）。只有大皇帝一人有自由，而他那也不是眞正
的自由，只是情緒的奴隸。關於這，毛澤東是最明顯不過了。只有
他一人有自由，其他人都沒有，他可以隨便說話，連劉少奇都不敢
隨便說話。他的房間可以擺線裝書，什麼《紅樓夢》啦、《三國演
義》啦。別人不能讀，書局裏面沒有了。就他一個人自由，但他逞
那一時的英雄好漢，也不過是情緒的奴隸。

政治上的隸屬原則（sub-ordination），毛澤東最成典型，這
是非現代化的。結果造成了災難。依著這個隸屬原則，社會各方面
都隸屬到這政治上，而政治上一切都隸屬到毛澤東那裏，造成中華
民族的大劫難。天天吹噓最前進、最革命，反而倒最落伍、最封
建，這豈不應深長思之。

現代化的政治其所服從的原則，是對列原則（principle of co-
ordination）。這就是要成就一對列之局。要度成一個方形（絜矩
之道）。當年張君勱先生譯英國政治哲學家拉斯基的「政治的典
範」，內中就曾說到 co-ordination，這是英國人的精神。英國人看
政府，並不是個無上的優越的存在，政府是越少管事越好。政府的

作用就在這 co-ordination，張君勱當時將之譯爲「平停酌劑」。這
就是說，在社會上各客觀存在的部門有衝突時，政府加以平停酌
劑。他譯得很好，這一譯詞很典雅。英國人到今天還是拉斯基說的
這一套，所以拉斯基反對黑格爾，英國人一直不喜歡黑格爾，他把
國家看得太重了，野心家利用他，藉口國家，作壞事。當然黑格爾
也有他的道理，並不一定像英國人所說的那麼壞。

這個平停酌劑，照我們剛才所說的，就是讓每一個社會上的部
門有其客觀的存在，都可以過得去。這要有一個超然的架子來保持
住，這架子就是民主政治。這像剛才說的舞臺，大家都可以來唱
戲，於是保住了舞臺那個超然性。這是不可反對的，至於運用則可
各有不同。

英國還有個女皇，是首相制度；美國是總統制度。這個差別無
所謂。民主精神，就是讓社會有一個常數（constant），誰來當
政，那是變數（variable）。這裡我借用數學上的常數與變數這一
對名詞，很能表示這層意思。這個常數（constant）就寄托於憲
法。憲法保住了那個舞台的超然性，大家都可來唱戲，這個就是現
代化。

道德和政治是兩個範疇

中國的政治需要現代化，這是無庸置疑的。中國以前的政治確
如黑格爾所批評的，所以要改變。但你不能因爲政治這一面，就斷
定說隸屬原則（sub-ordination）到處皆不可以講。儒釋道三家
中，講個人的修行，有很高明的智慧，這不能都牽連到政治那裡，

予以一筆抹煞。儒釋道三家有時亦講隸屬。但這都是照著修道講，不是照著政治講。現在講政治，一定要依從對列原則（principle of co-ordination）不能服從隸屬原則（principle of sub-ordination）。講隸屬，那是非現代化。假如你離開政治這方面，就著一個人的修道、精神生活的發展而言，隸屬（主從）有時是很重要的。當理學家講性外無物、心外無物、道外無物，這就是心、性、道為首出，其他皆是隸屬。但這是就個人精神發展的第一關而言，你不能用政治的觀點來反對之，說這是違反民主政治精神。你也不能以科學的觀點來反對之，這本來不是講科學知識，講科學是要心外有物的。還有禪宗雲門三句中的第一句——截斷眾流，這是禪宗破三關的第一關，此中也有首出、有隸屬。截斷眾流時，天不作天看，地不作地看，天地萬物一切都成 nothing，第一關是如此的，但這不是最後的。理學家講心外無物，和禪宗講截斷眾流，這是要顯出你的真正的主體性。丹麥哲學家 Kiekegaard 講人生途程的三階段，第一階段是感性的，第二階段是道德的，第三階段是宗教的。他說道德的精神是勝利。這個勝利不是邱吉爾所說的勝利，是孔子所說的克己復禮。邱吉爾是要戰勝希特勒，克己復禮是要把你的私慾壓下去，顯出你的道德主體來。這是講道德，講個人實踐的功夫，不是講政治，這在儒家分得很清楚。道德是道德，政治是政治。在政治上就講王道。什麼是王道？你不能說心外無物，王道就是要「老者安之，少者懷之，朋友信之」，要「內無怨女，外無曠夫」。老年人一定要吃肉，七十歲以上的非肉不飽。（其實老年人吃肉吃多了，並不見得好。）孟子講王道，這些是起碼的條件。儒家講王道，都能照顧人們的基本需要。

　　把政治與道德兩個層面分清楚，把科學知識和個人修道兩個層面分清楚，這可以幫助你了解儒釋道三家的智慧方向。假如你不清楚，只站在現代化的立場，專挑理學家的話頭來罵他，罵他非現代化啦，罵他專制啦，這樣是不對的。當陸象山說「心外無物」，「吾心即是宇宙，宇宙即是吾心」，「萬物森然於方寸之中，滿心而發，充塞宇宙無非此理」，他說的這些大話，你要弄清楚那是什麼意思，否則，你會覺得這是痴人說夢。這些話頭都是作內聖工夫的徹底透悟，這是就道德立場說的，不是就政治或科學的立場說的。

　　剛才說的心外無物，截斷眾流，都只是第一關，不是最後的階段。到最後的階段，首出與隸屬之分也沒有了。這個分別，也要來一個辯證把它化掉。最後是一體平舖，這一體平舖還是叫大家都過去，這就是《莊子‧齊物論》中所說的「道惡乎往而不存，言惡乎存而不可」。這個時候，一切東西都是平等的，隸屬（subordination）沒有了，對列（co-ordination）也沒有了，這是最高的道的境界———一切皆「如」。

結語

　　今天我說了那麼一大堆，主要是在顯出什麼是僻執，什麼是理性。僻執與理性不是對等的，乃是矛盾的，即其中必有一真，必有一假。所以，僻執是一定要化掉的，化掉僻執，才能講和平，這樣才能達於人間的坦途。本來意思很簡單，但牽連了那麼多，也不過

是個注解。意思本來很簡單，但社會中流行很多迷人的觀點，所以諸位一定要弄清楚。弄清楚了，你心中才有正見，才有原則。

（70年10月17日講於新亞研究所，蔡敷治記錄）

原載香港《百姓》半月刊第11／13期　　1981年11月1日／12月1日

哲學的用處

一、哲學的用處：智潤思

談到哲學的用處，我們可以用《大學》裡的兩句話「富潤屋、德潤身」來做引子。這兩句話是說，一個人有了財富，可以拿這些財富來潤飾自己的居處；另外一方面，一個人也應該以德性來潤澤自己的生命、言語、行為。這是《大學》裡的兩句老話，現在我們可以模倣這兩句，說哲學的用處是：「智潤思」。學哲學就是學哲學性思考，以哲學性思考表現你的智力，表現理智，表現孔子所說的「仁且智」的智，表現智慧。就初步而言，是理智的活動，或者說是理智性的思考；再進一步，就是智慧。智慧比較高一點，有理智思考不一定有智慧，就是智慧也仍是屬於「智」。而《論語》總是「仁」與「智」兩者並稱，我們就藉著這個「智」字說「智潤思」。哲學就是以智潤思，以智來潤飾我們的思想。

一般人都會有一些想法，都會考慮一些問題，思考一些問題，但是在一般情形下，這些想法、考慮、思考，不一定能稱得上是「思想」這個字之恰當的意義。思想（thought）有它嚴格的意

義，一般性的思考，大體上只是觀念、想法、意見，夠不上是一個思想。謙虛一點地說，我有這麼一點小小的意見，這是自己謙虛的說法；客觀地講，也無所謂謙虛不謙虛，是什麼就是什麼。我們平常的意見和觀念不能稱為 thought，要使它們能夠轉成 thought，成為 conceptual thought（概念性的思考），必須以「智」來潤。中國這個「潤」字是非常美的！潤就是滋潤的潤，拿水來潤一潤的潤。

　　1.智潤思與德潤身：「智潤思」不是人生修養發展的最高境界，就最高境界來講不是「智潤思」，而是「德潤身」。

　　照儒家的想法，「德潤身」比「智潤思」優越，高一層。人之最高的境界，總要歸於「德潤身」，而不是「智潤思」。「德潤身」與「智潤思」這兩者的關係好比是孔子在《論語》裡面所講的「仁」與「智」。仁與智並行，必須兼具，缺一不可，光講仁不行，光講智也不行。可是雖然仁智並行，仁卻有優先性，智一定要隸屬於仁。照儒家的講法就是要「以仁養智」，我們要以仁來養我們的智，只有智而沒有仁來養它，這個智遲早會出毛病的，所以要「以仁養智」，或者是「以仁攝智」，拿仁來統攝智。

　　孔子說：「智及之，仁不能守之，雖得之，必失之。」一個人運用高度的理智思考、高度的智慧，可以達到某種境界、了解某些道理。可是若沒有仁來守住，「雖得之，必失之。」意即你所達到的，所了解的，最後也要消失。孔子這句話顯示仁比智更有優先性。

　　2.「智者利仁」的意指：在《論語》裡，孔子還有兩句話：「仁者安仁，智者利仁。」這句話不是很好講的。「智及之，仁守

之」，是要以仁來守，所以王陽明的名字叫做「守仁」，「守仁」便是根據《論語》的話來的。哲學是「智潤思」，雖然不是最高的境界，可是卻必須要有、必須要經過的。孔子雖然認仁有優先性，可是一定要講智；所以說「仁者安仁，智者利仁」。「利」是鋒利的利，使我們這個人可以往外開拓、向外發光，可以通出去。如果沒有智來往外開拓、發光，那麼頂多也只是一個大好人，沒有什麼大用。所以要智者利仁，這個利是「鋒利」、「利刃」的利，而不是「利益」、「利用」的利。朱夫子對這個字的註解，我本人是認為不對的，那個註不成個觀念，不合乎孔子說這兩句話的根本意義。

我們讀哲學就是學習如何用哲學這種思考，以古今中外已經有的那些著名哲學家的思想來幫助我們、訓練我們的思考，這就叫「智潤思」。把主觀的觀念，零零碎碎的意見轉成 thought，哲學的基本用處大概就在這裡。

二、從主客觀兩面看哲學的作用

這種基本用處可以內在地講，也可以外在地講，我今天主要與大家講的是外在的、客觀的這一面。外在地講是客觀地講，內在地講是主觀地講，也就是完全就個人自己的受用講。

1.主觀地講是個人的受用：讀哲學是個人自己的娛樂，這也是哲學的一種用處。可是這種用處是 personal 個人的、subjective 主觀的，這個是用不著講的，是個人自己的事。學哲學學到最後是個人自己的受用、自己的娛樂。讀哲學是「為哲學而哲學」，就像希

臘人一樣，純粹是一種好奇心理，一種 intellectual curiosity，理智的好奇。西洋人讀哲學是出自這種理智的好奇，從希臘人開始，就是這樣。讀哲學不是爲什麼而讀，純粹是因爲興趣。喜歡去讀，這樣就行了。這樣讀哲學才能讀進去。爲「哲學而哲學」就是出自理智的好奇，發現好多問題，也嘗試去解答好多問題，個人的受用是以這種姿態出現。

內在地講與外在地講，看起來好像是不相同的，其實到了最後是相同的，是通而爲一的。假定沒有理智的好奇，你最後也不能有健全的客觀上的用處。所以今天我主要是就客觀這方面講，因爲這一面的意義和我們這個時代關切性比較大。

2.客觀地講是向外放光：哲學有什麼用處？若完全現實地說，可說一點用也沒有，讀哲學的人找事情很難，社會上沒有一行叫做「哲學」，所以想找哲學職業，以期在現實上有所幫助，這恐怕很難。可是念哲學也不會餓死，尤其在我們這個時代，想找口飯吃也不困難。

有一次新亞書院招生，有一位女同學來應試，我問她爲什麼讀哲學，以後想做什麼事？她說她念哲學是想敎書、當敎授。我覺得她這句話很有意思，所以就取了她。讀哲學以後的唯一職業是敎書。這和佛敎裡面出家的和尚很相像。念佛不一定要出家，成佛也不是非出家不可，居士一樣可以成佛，《維摩詰經》的「維摩詰」就是一個居士。可是，爲什麼一定要有出家的和尚呢？這裡有個客觀的意義。「佛、法、僧」在佛敎裡稱爲三寶，佛是釋迦牟尼佛，法是釋迦牟尼佛所講的那些道理，僧就是和尚，是專門傳授佛法的人。和尚這兩個字就是「僧」，這是音譯，僧的意思就是和合，所

以稱和合僧，意思是和合團結起來專從事於傳授佛法的人，是說這樣的人爲世所尙，故也稱「上人」。居士不一定專門傳授佛法，他可以做旁的事情，做旁的事情也一樣可以成佛。而和尙則必須要奉行佛所說的那些教訓、那些佛法，要負起責任，專門傳授佛教裡面的三藏：經藏、論藏、律藏。念哲學而做教授的人就像和尙一樣，就是要做個專家、專門教授哲學，這些人也很重要，要是沒有他們一代一代傳下去，哲學的傳統（慧命）就會消失掉了。

　　至於哲學在社會上的敎化，即一般性、普遍性的作用，那是另外一回事，那是放出來的光，而這放光的光源就在於那些教哲學的人，這些人就是哲學中的和尙。所以你想要讀哲學，當然要有主觀的興趣，要有理智的好奇，讀久了就會有自己個人的受用。但讀了好幾年而覺得沒有受用的，也大有人在，沒有受用就放棄，轉行算了，轉行的人也多得很。哲學系一個年級有四十個人，四個年級就有一百六十個人，那來那麼多的哲學家呢？一年級多一點，我贊成，二年級轉系了，我也不反對，沒有什麼關係，沒有興趣的可以轉，但哲學系學生多一點也是好的。念哲學，開始時有一點興趣，那不一定是絕對的興趣，不一定是發自 intellectual curiosity，所以讀了以後在自己的生活上沒有受用，讀不下去。即使有人可以繼續讀下去，可以有個人的受用，這個受用也只是個人的事，旁人管不著的，所以我們只能講客觀這一面。

　　假若眞有哲學興趣，讀哲學讀得進去，又能繼續不斷地讀下去，到時候會有客觀方面的作用，那時影響就大了。個人主觀的受用影響很小，只局限於自己。必須往外放光，向客觀方面通出去，影響才會大。所以哲學一定要往外放光，不放光，對於社會沒有什

麼影響，在文化上不會起一種影響的作用。而想要向外放光，必須要自己是眞正的光才行，你的生命必須是光之源，放出來的才是光。假若你自己不是光，你的生命之源不是光之源，便不能放出光，放出來的只是像《水滸傳》中一百零八條好漢那樣一團黑氣，只有更加擾亂天下，那反而更不好、更麻煩。

三、哲學在中國所以流行之故

爲什麼講這些呢？因爲我有一個感想。中國以前沒有哲學這個名詞，秦漢以來，有漢學、有宋學，可是沒有所謂的哲學。自民國以來，中國接受西方哲學，結果對中國的社會影響非常大。在中國，哲學變成最流行，大家都念哲學，尤其是理則學（邏輯）。這在西方是不太有的情形。在西方，哲學原本就是專家的事，是專門的事業。可是在中國卻很重視理則學，爲什麼呢？理則學這門學問不是一般人所能訓練的，一般人表達聰明、表達思考，也不一定要讀理則學才行。假若讀了理則學才會思考，那麼中國二千年來沒有理則學，何以中國人照樣會思考？可見這裏面有一個錯覺。這個錯覺從那裏來呢？爲什麼哲學在中國那樣流行，大家都在談哲學，談唯心論、唯物論的問題？

1.錯覺的幻現造成時代的災害：唯心論和唯物論是哲學中的專門問題，不是一般人所能談的，這並不是說它有什麼高妙之處，而是說一般人根本不需要知道這些東西，知道了也沒有什麼用。可是一般人卻常常喧嚷唯心、唯物的問題，爭論了老半天又沒有一定的道理。你不要以爲他們爭論這些問題，有什麼了不起，其實這些人

都是愈講愈糊塗。

「唯物論」這個詞的翻譯還過得去，「唯心論」一詞就翻譯得非常不恰當。西方人沒有唯心論，只有 idealism。idealism 是從柏拉圖開始，在柏拉圖講的是 idea、是理型，而不是心。在康德也講 idea，而康德所講的是一種「純粹理性底概念」，像上帝存在、靈魂不滅、自由意志……等皆是純粹理性底概念，表示它們的對象不必有實在性，雖無實在性，然而它們總意指一些超越的對象，並不就是 mind，並不就是心。所以在康德我們可以把 idealism 翻成「理念主義」，而在柏拉圖那裏，則翻成「理型主義」。柏拉圖的 idea 是現實東西所依傲的一個超越的理型，它是 objective，而且是 reality，但不是 mind，雖然與心有關係，但是卻不是心。即使是英國經驗主義的柏克萊（G. Berkeley）所講的 idea，也是一種現實的物象，是「所」，雖然與 mind 不可分離，卻也不是 mind。所以把柏克萊的 idealism 翻成唯心論，更壞。把 idealism 通通翻成唯心論，在中國就造成了這個名詞的災害。

馬克思主義一來，把一切哲學二分為唯心論與唯物論，這種分法很有問題，而且非常荒謬，可是卻很簡單化，很合乎一般人的胃口，所以就把這些名詞拿來氾濫無度地亂使用，造成不良的影響，形成一種幻覺。哲學在中國的影響完全是一個 illusion，是個幻相，由虛幻的東西造成的，沒有一個是真實的。你看這奇怪不奇怪！我們這個時代的災害，竟是由虛幻的東西所造成的！假若你忽然間覺悟了，一旦豁然明白了，便知道完全是一陣瞎鬧。可是這個幻覺到現在還沒有豁醒，這個社會似乎一直沉陷在幻覺中，在中國如此，在西方也是如此，索忍尼辛這次來自由中國演講，所講的也

就是提醒這個意思。

2.我們重視哲學是因為共產黨問題：理則學為什麼那麼流行？為什麼大家都想讀它？那是因為共產黨講唯物辯證法。唯物辯證法原本和大家一點關係都沒有，可是共產黨以唯物辯證法來罵「形式邏輯」（formal logic）。由於共產黨大講唯物辯證法，所以我們也就大講邏輯。形式邏輯是專家的事，一般人訓練那一些東西並沒有多大的用處。所以在這個地方是一個錯覺，這個錯覺是由共產黨挑起來的。我們常說應該提倡哲學，實則所以應該提倡實是對共產黨而發。要是沒有共產黨的惡化，恐怕我們不會那麼重視哲學。到了現在，這種情形仍是如此。

在今天，哲學還是需要念，因為這個時代有這個問題在。當初新亞辦哲學系，香港政府不批准，後來唐君毅先生和教育司辯論，說了一句話很有意義：「你知不知道，現在世界有一半是在另一套 ideology 的統治之下？」這句話震動了他們，這才讓步，批准成立。哲學就有它的作用了。世界有一半是在共產黨的意底牢結（ideology）統治之下，這是個哲學問題啊！在太平年間，我們不太覺得這個問題的嚴重性。所以今天我們重視哲學是因為共產黨的問題。我們應該說「是因為共產黨問題」，而不說「是因為受共產黨的影響」，這兩層的意義是不一樣的。若說「是因為受共產黨的影響」，我們便是站在被動的地位。雖然現實社會是這個情況，可是，我們卻不可以如此講，而應該改說「是因為共產黨的問題」。講話的分際是很重要的！

四、從三個階段考察哲學對中國的影響

民國以來，由於與西方文化相接觸，中國的國運，文化生命的道路出了問題。清末民初那些知識分子，那些秀才、進士、翰林的頭腦不能應付這些問題。後來在北京大學發生「新文化運動」，一般人都重視思想問題、社會問題。於是那時候哲學系最為吃香，大家都想讀哲學。其實，那時候大家關心的問題，只能算是帶有哲學性的問題，而不是哲學的問題。帶哲學性的問題和哲學問題不一樣。五四運動只能算是一般性的啓蒙運動。在客觀方面，是國家道路的問題，是文化生命的問題。這客觀方面的問題和主觀方面個人的受用並不一樣。在那時候，能夠安份守己，重視自己個人受用的人很少，大家都想治國平天下，都想拿自己的那一套觀念去治國平天下，都想往外放光。

從民國初年的新文化運動到後來共產主義的興起，這是一個階段。經過抗戰八年的疲憊，在一轉眼間，馬克思主義的大浪潮控制了中國，這是另一個階段。國民政府到臺灣，在臺灣逐步向現代化走，這是第三階段。我們就以這三個階段為中心來講哲學的用處。

1.新文化運動者的膚淺與擾亂：

在這三個階段中，大家都想治國平天下，都想往外放光。可是所放的不是光，你那個發光體不是光之源，是一種燐火之源、鬼火之源，陰森森、悽慘慘的。你對自己本身的生命不清楚。哲學是自己的受用，要自己能受用，必須先要有清楚的頭腦才行，才能向外放光，若不能，自己的生命是一團大渾沌，所放出來的當然是鬼

火,不是光明。

　　新文化運動這一個階段的那些人沒有什麼頭腦,非常的膚淺,只會打倒孔家店、罵孔老夫子。孔子的名氣太大了,所以今天你能罵他幾句,明天你就成名了,就自以為代表一派思想。這些怪現象,有時候想起來覺得可笑得很。你說自己有一套,究竟是什麼一套?簡直是大言不慚!我也可以說我的小孩也有一套,隨便任何一個人都可以有一套。說什麼我是科學主義,我是主張民主自由,你們是反動、是落伍、可是你講科學,卻不懂科學,你主張自由民主,也不懂自由民主,只是靠著嘴巴講幾句門面話,討個便宜,以這討來的便宜便說自己是自成一派,代表一派思想。這不是很可憐嗎?不是個笑話嗎?而我們的社會卻是被這些笑話統治著。就像前面所講的那些 illusion(幻覺)對於社會沒有絲毫用處,反倒擾亂社會。第一階段的新文化運動,不成氣候,沒有一個光源,沒有一個思想家可以站得住腳,卻都想要治國平天下,結果是擾亂天下。這不是很可悲嗎?

　　2.馬克思主義瀰漫于中國所帶來的災害:

　　第二個階段是共產主義瀰漫於中國。馬克思主義瀰漫於中國,在這一面,共產黨是成功了,可是在造福人民、造福國家、造福文化方面,有什麼結果呢?更慘!更可悲!主觀地講,他們當然可以說是成功了,大陸被他們統治了,政權在他們的掌握中,所以算是成功了。客觀地講,對於人民、國家、文化是否有益處呢?假如沒有,又有何成功可言?還不是和張獻忠、李自成一樣,毫無價值,反倒是造成民族更悲慘的災難。這不是我們有什麼成見來鄙視共產主義,而是事實上它的確是個大災害。我剛才說,社會上一窩蜂都

談哲學，是共產黨刺激起來的，因為共產黨就是重視這一套，重視 ideology。ideology 可以說都是哲學問題啊！所以社會上通通為這個所吸引，雖不是純粹哲學，可是都與哲學有關係。純粹哲學大家沒有興趣，像康德哲學那種純粹哲學，沒有人懂，沒有人有興趣，但是唯心論、唯物論這些話罵來罵去，這種牽涉到哲學性的字眼，大家都有興趣。純粹哲學的問題與牽涉到哲學性的問題，這兩者之間距離是相差很遠的。

　　既然共產黨一致重視哲學性的那一套 ideology，而社會上又一窩蜂地迷上這種哲學性的東西，這時候我們就可以談哲學了，可以談哲學的作用，談哲學的責任和作用。我不是講哲學本身的作用，而是講讀哲學的人，從事哲學活動的人，青年人也好，中年人也好，老年人也好，所要負的責任，所要發出的作用。

　　馬克思主義征服中國，這是一個很顯明的事實，我們就以這個事實來做說明。馬克思這一套東西有沒有什麼了不起的地方，有沒有難懂的地方？中國人那麼有興趣，甚至崇拜它，是不是它有什麼奧妙之處？沒有，一點也沒有！英國沒有被馬克思所吸引、所征服，這是一個事實，這個事實值得大家深思。我從事實來指點大家，而不從觀念作辯說，因為從觀念作辯說，永遠也說不明白。馬克思的《資本論》是在英國倫敦圖書館寫成的，是英國人提供一個很好的自由研究環境，有豐富的圖書，又可以自由地發牢騷、罵人，可是英國人不欣賞他這一套。馬克思的《資本論》是用德文寫的，德國人也不欣賞他這一套，法國人也不欣賞，美國人更不欣賞。可是為什麼中國人卻接受它、欣賞它，甚至是把它當做宗教，如痴如醉、如瘋如狂地崇拜它？真是不可思議！這並不是馬克思主

義有什麼驚人之處，而是由於那時候中國人的膚淺，喪失了會思考的頭腦。你不要看那時候的中國人好像很聰明，那些聰明是表面的，那種聰明是沒有用的，對付這些問題完全不行。秀才翰林平常培養的聰明是另外一套，對於馬克思這一套完全沒有辦法。馬克思那一些東西在中國的《四書》、《五經》裏是沒有的，秀才翰林一看，好像發現新大陸一樣。膚淺！眞是膚淺！沒有「智潤思」，不能成個思想，看不出馬克思這一套 ideology 的毛病。不會用頭腦思考，而完全憑著一個感覺，感受到中國出了問題，那樣窮又那樣弱，而馬克思那一套什麼階級鬥爭、革命理想……最容易打動人心，它把問題完全落在貧富的衝突上，爲什麼你吃兩個麵包，我只吃一個？頭腦就落在這個地方發威風，而對於它的後果，對於概念的問題，對於眞理的問題，完全不懂得考慮。

　　光是貧富問題，中國以往的風俗民情，社會政治制度，是有辦法應付的。貧富原本是個人生活的事，你吃兩個麵包，我只吃一個，完全是個人生活的事情。這種個人的事情，不能號召人，不能轉移知識份子的頭腦。可是馬克思把這個問題轉化了，以一種新的姿態出現，把它客觀化，說這是社會問題，是政治問題，是治國平天下的問題。這樣一來便吸引了知識份子，知識份子討論這些問題，好像是要爲民請命，是要治國平天下。於是要發起貧富鬥爭，把富人殺掉，「殺人」而振振有辭，眞是可怕！而這些都是馬克思的功勞！本來在中國社會，貧富是兩個家庭之間的鬥氣問題，譬如婚姻要門當戶對，貧窮人和貧窮人結婚，婚禮很簡單，花轎也不成個花轎；有錢人結婚就很鋪張，花轎一定是漂漂亮亮的。這種貧富之間的問題本來是可以按照常理來解決的。不能說你有錢，我就要

殺你，「有錢」不能成爲其被殺的理由，貧富問題不能作爲「殺人」行動的藉口。可是經過馬克思的一套理論化的轉移，把這個問題轉成是客觀的，是解決政治、國家前途的問題，於是就要鬥爭，要殺人。這眞是妖言惑眾，而知識份子偏偏就被它迷惑，自以爲是本著「菩薩心腸」，「替天行道」，來進行鬥爭殺人。這就是馬克思主義之所以征服中國、征服中國知識份子唯一的契機，要不然它怎麼能征服？

　　世界各國都有貧富問題，不只中國有，德國、英國、美國……都有，可是爲什麼馬克思不能吸引他們，卻能吸引中國人？個人的現實生活原本就是千差萬別，原本就不能是大家一樣，共產黨要在這裏求一樣，求一律平等，這是完全不通的；而秀才翰林不能了解這個觀念，也受聳動而想在此求一律，求絕對的標準。在古代中國的讀書人很了解這個道理，而這些秀才翰林，這些清末民初的知識份子卻不懂，所以才會在這裏有幻想。像康有爲就表現這種幻想，他那本《大同書》就是爲共產黨舖路的，完全不符合《公羊春秋》大義，完全不符合儒家思想，可是大家卻看不出來。現實上本來就是不同，本來就是千差萬別，在這裏只能求一個相對的平等，不能依照絕對的標準求絕對的平等。現實上沒有絕對，在這裏求一律，要每個人同樣吃兩個麵包，是達不到的，是不通的。而共產黨卻把標準定在這裏。所以他們講「成份」，誰最窮，誰的成份就最好。若如此，那麼何必要現代化呢？何必求富有呢？我富有了，成份就愈壞了，就成了反動份子。這個地方是一種矛盾，是不通的。可是秀才翰林辨別不出來，讀了一大堆洋書的洋博士也辨別不出來，眞是可悲！「絕對」只能定在上帝那裏，不能定在現實上，這種道理

不需要什麼高深的哲學，只要稍有一點明事理的頭腦，就能很容易地辨別出來。而我們讀理則學，什麼唯心、唯物，完全沒有用，完全不能訓練頭腦，要不然，共產黨怎能征服中國？中國知識份子何以會一窩蜂地接受它？

在美國也有這種現象，所以索忍尼辛罵他們。但是美國那種情形和中國不一樣，他們是無所謂的。表面上也是一窩蜂地捧，也有左傾幼稚病，可是事實上他們是另有一套的。他們是爲個人出風頭，爲自己造新聞、找機會，等到找到機會了，出了風頭了，他們就把那一套放棄，不會真相信。這是美國人的頭腦，和我們中國人不一樣。我們是把它當做宗教那樣來相信它，這種知識份子真是太愚了！太蠢了！

愚蠢的原因在那裏呢？就在沒有「光體」，想要發光卻沒有弄清楚光源，這就是讀哲學沒有讀通。辦哲學系最早的是北大，可是那一個人對哲學有所得呢？一個也沒有。五四運動時，哲學系最興旺，結果讀哲學的都轉行，那些人那一個懂得哲學？連胡適之先生也不懂哲學，所以也放棄了，不再講這一套東西。北大那些人不能算是了解哲學，只能說是了解一點「啓蒙運動」的重要，嚴格來說是沒有哲學頭腦的，所以大浪潮一來，完全沒有辦法應付。

3. 台灣現代化所代表的意義：

從新文化運動起是一個階段，馬克思主義征服中國是一個階段，現在台灣現代化是另一個階段。台灣現代化是走上了正軌，也給大陸照亮了一盞明燈，整個中國未來的復興，非走這條路不可，沒有其他路可走。在這三個階段中，我們都需要「智潤思」，都需要有很好的哲學人才。我們所面對的都是哲學問題，所受的是哲學

的災難,所以還是需要以哲學來處理,要有哲學家、思想家才能定得住。可是從民國到現在,沒有一個人能夠了解這三個階段的問題。那些相信馬克思思想的知識份子是一部份,胡適之先生代表一部份,梁漱溟先生也代表一部份,都沒有人充分了解這三個階段的問題。

共產主義征服中國,如前所說,固是災害,但胡適之先生有一套,所知道的又是什麼?梁漱溟先生有一套,又知道些什麼?社會上對青年人有影響的知識份子他們的頭腦是怎樣的?他們都可以吸引青年人,可是結果又是如何呢?完全是大糊塗!要不是大糊塗,那裏會去相信馬克思那一套?美國人不接受,英國人不接受,德國人不接受,以中國這樣的文化傳統如何可以接受馬克思主義?

除了北大哲學系之外,還有清華大學、南京中央大學的哲學系,可是你看這些哲學系的教授有那一些人說過對這個時代有意義的話?說話的,是胡適之先生說話,是梁漱溟先生說話。可是胡適之先生並不是以哲學家的身份,堂堂正正、老老實實地說話,他多少是帶著嘩眾取寵。一般的知識份子也不是憑著學問來談問題,都帶有投機性,想嘩眾取寵。梁漱溟先生也說話,他有自己的一套思想,可是那一套思想能了解什麼?這個時代歷經了新文化運動、馬克思主義征服中國和臺灣現代化這三個階段,每一個階段都需要正當地來了解。可是除了胡適之和梁漱溟先生之外,那些讀哲學的人沒有一個人出來說話。那麼讀哲學在客觀方面的用處——指導社會,指導了些什麼呢?沒有!沒有發出客觀方面的用處。這就是讀哲學的人沒有盡責任,沒有盡讀哲學應盡的責任。這裏的確有這麼一個現象,這個現象不是我們所要、所願的,卻是值得大家警惕

的。要不然。哲學系可以不辦，可以不要，要想讀哲學，在這裏就要發心、要立志。

這些讀哲學的人對於時代沒有感覺、沒有反應。時代的問題、中國文化的問題、國家命運的問題、經濟處境的問題，他們都沒有興趣，也根本不懂。他們自稱是對哲學作純學術的研究，不牽涉那些空泛的大問題，實則只是退縮成蝸牛，躲在那兒。又有一些不那麼老實，他們讀哲學讀不進去，而又想出花樣，如是就出來賣弄賣弄小聰明，大聰明發不出來，只有一些鬼聰明，這些鬼聰明就出怪了，出怪也只出小怪，出不了大怪。這也不是我們讀哲學所願、所要的。讀哲學要發光、要立志，要決心把自己的生命弄清楚、把自己的思想弄清楚、把光源弄清楚，這樣將來才會發光。這不是很容易的，但也不是很難的，這裏有一定的道路，有可以用心用力之處，可是一定要下工夫去做才行。

五、略說我個人讀哲學的感受與用心

照我個人講，當我在學校讀書時，左傾的思想滿天下。那一套 ideology，我通通都讀。我不是資本家，也不是地主，只是一個鄉下人。到北平去讀書，人地生疏，一個人也不認得。那個時候思想絕對自由，沒有人管。我並沒有特別的聰明，比我聰明的人多的是。可是這個時代就是聰明反被聰明誤。那時候我把共產主義那一套東西通通都拿來讀，它有一定的講法，我也很清楚。自由世界的標準是一套，共黨也有一套，而且是與自由世界那一套一一相對反的。講到歷史，它是唯物史觀，是經濟決定論，下層基礎決定上層

建築，下層基礎一倒一變，上層建築通通垮。上層建築是國家、政治、法律、道德、宗教、藝術……。自由世界對於這些都有一定的定義，他們就一個個與你相反，而且講的振振有辭，很吸引人、很動聽，尤其是反動心理、不正常心理的人聽來更覺得過癮。譬如：我們說國家是土地、人民、主權三個要素構成的。他就說，這是資產階級的定義，我們無產階級的定義是：國家是階級壓迫的工具。按照邏輯思考，這種定義行不行呢？想一想就知道這裏面有問題，可是它講的卻很動人啊！談到藝術，他就說你們是爲藝術而藝術，我們是爲人民而藝術，爲無產階級而藝術。談到邏輯，他就說你們是形式邏輯，我們是辯證邏輯，你們是依照形式邏輯的形而上的思考，不是辯證唯物的思考。這一套套，從經濟、政治、國家、法律、道德、宗教、藝術……上天下地他都來，你有多高，他就有多高；你有多低，他就有多低；你有多廣大，他就有多廣大。一個個都與你相對反。

這些我通通讀，可是我卻沒有受它的影響，讀哲學系的人多得很，比我聰明的人多得很，但是沒有人好好考慮馬克思這些話站得住站不住。我沒有偏見，我不是資本家，不是地主，也不是官僚，在社會上沒有地位，也沒有身份。我只是把它們一個個衡量，就發現沒有一個站得住的。你馬克思批評邏輯，我就把邏輯仔細地讀一讀，law of contradiction（矛盾律）、law of identity（同一律）、law of excluded middle（排中律）這三個思想律是什麼？你唯物辯證法怎樣來批駁這三個思想律？是不是相應？三個思想律能不能反駁？你的批駁對不對？若不對，就是牛頭不對馬嘴，無的放矢。這些都是運用思想，讀哲學就是要運用思想啊！從這裡開始，再把國

家、政治、道德、法律、宗教、藝術……一個個拿來思考，一個個衡量，你就可以知道他們講的那一大套，沒有一個在概念上、在思想上站立得住。既然沒有道理，我何必相信？相信你做什麼？你那一套是妖言、是謊言，當然對我不會有任何影響力。

我所做的只是諦諦當當地衡量馬克思那些觀念，「諦當」就能「破邪」，把那些妖言邪說打回去。我所做的這樣一點工作，我們讀哲學的同行很少人做。

新文化運動那些人想治國平天下，想把中國弄好，共產黨徒也想把中國弄好，也想治國平天下，梁漱溟先生也想把中國弄好，可是結果都弄不好。這表示這裡實有問題！中國的國運和文化的前途如何走上坦途呢？國家文化的前途其實和學問一樣，有一定的道路。數學有數學的道路，科學有科學的道路，物理學有物理學的道路，形上學有形上學的道路，沒有道路就不成個學問。康德在《純粹理性批判》一書中的序言中所說的就是這個道理。這些有規範、軌道性的東西，要好好了解。規範了解了，軌道清楚了，生命也就定了。這樣才能對國家、對社會客觀方面的問題平平實實地講話，所講的話也才是正當的話，才不會出怪，才不會嘩眾取寵。這幾十年來讀哲學的人要不是轉行，就是出怪、嘩眾取寵，我不好在此一個個指名道姓。試問有幾個人堂堂正正、平平實實地爲國家講幾句話呢？

現代化的問題必須好好了解，那些秀才翰林完全不懂現代化，梁漱溟先生對於現代化也完全不懂。須知這裡面是有眞理的，modern 不是 fashion，這裡面有眞理，要仔細了解了，就會正視現代化。我們對中國這幾十年來的歷史所經過的這三個階段若能好好來

了解、好好考慮，就知道中國的前途是落在現代化這個關鍵上。台灣現代化，就是爲全部中國透露出一個模型，假定中國大陸要有前途，一定要有這個模型。離開了這個模型，是沒有前途的，只有死亡，十億同胞的受災難，這終究不是中華民族的好現象，不是我們每一個人所願意有的。所以在這個時候，一個讀哲學的人更應該說話，堂堂正正、平平實實地說話，本著「光源」，而不是本著「燐火之源」說話！

（72年1月31日講於東海大學，莊雅棠整理）

原載《中國文化月刊》第42期　　1983年4月

談民國以來的大學哲學系

在台大哲學系作訪問教授，斷斷續續，現在已是第四年。對於黃主任的盛意以及諸位的雅愛，不能無動於衷。因此我想就民國以來哲學系的狀況，略說梗概，向諸位提供一點意見。

撤退前，大陸上的大學有較完整之哲學系者僅清華、北大及南京中央大學。其他如北平方面的燕京、輔仁，南方的武漢大學、廣州中山大學或有哲學系，但並不完整。而前三者的成就均不大。

北大是三者之中最久的。在五四運動期間，哲學系最熱門，大家都唸哲學。新文化運動僅是一般性的思想啓蒙運動，多的是thinker，不一定是哲學家。當時唸哲學的最多，而影響也最大，就是因爲新文化運動之故。可是唸哲學的人雖多，眞正登堂入室者卻很少，多的是空話，不能入哲學之堂奧。結果後來唸哲學的人通通轉行了，即以胡適之來講，也是以哲學起家而放棄哲學；他靠《中國哲學史大綱》起家，但這畢竟只是哲學史，後來乾脆改稱思想史。哲學史屬哲學系課程，思想史則屬歷史系課程，二者的問題及基本態度不同。他最後甚至放棄思想史，而改講白話文學史去了。所以五四運動在哲學方面沒有成就——雖然就社會一般性的啓蒙而言，它的影響很大。

　　民國十七年以後幾年，大部分學校都很穩定——以前是相當混亂的。而那時候，唸哲學的有幾個唸得不錯。清華方面有金岳霖，燕京方面有張東蓀，他們常常有文章發表在《哲學評論》雜誌上。至於問題講的對不對，講到什麼樣的程度，當然有其限度了。但是他們能用心用力，已經很難得了。張東蓀先生較偏重於 contemporary philosophy 它儘量介紹到國內來，但是對真正的西方哲學問題，還是不能「入」。不過一則他書唸得多，二則到相當的年齡，也寫了一本書，想表達他的思想，就是《多元的認識論》。他以為這書代表他的思想，實則沒什麼價值。畢竟因時代的限制，只能達到一定的程度。金岳霖先生，對經驗主義及實在論（當時所謂的新實在論），尤其是休姆的思想很有研究。他的分析能力很強，寫出的文章確實能觸及哲學的層面。他可以自己找問題，分析這個問題。這方面他要比張東蓀先生好，後者僅能做到敘述旁人的思想，到自己找問題的時候就不行了。所以我常說唸哲學不是很容易的，固然要靠聰明，還要靠努力和學習。敘述別人的問題時煞有介事的人，一旦自己來發現問題恐怕就不成個問題了。好像以前作八股文的人：故意要表示不同的見解，寫出人皆以為樹在廟前，我獨以為廟在樹後的句子；其實二者是一回事，所以「廟在樹後」不能成為一個新的意見。但是你可以不滿意別人提出的問題，你自己提得出來提不出來呢。張東蓀讀了那麼多的書都不行，一般人更不行了。所以當學生的時代，我就一直衡量，我不能講話，因為提不出問題來。要是真能提個問題出來，那就不簡單了，可以自己解答了。這個解答或者是正面的解答或者是負面的解答；即使不能解答，至少也有個答覆（不能解答就是個答覆）。

　　光從這個角度看，金岳霖是要比張東蓀好一點。大抵在英美新實在論方面他能提出一些問題，分析一些概念。他寫好多文章，都是自發性的，不是敘述旁人的思想。他的分析力很強，後來轉而唸logic，解決了一些邏輯性的問題。但他也只限於英美的思想，再進一步就不行了。他在傳統邏輯方面下的功夫深，後來轉而講羅素的mathematical logic。這門學問，講起來似乎很容易，比起傳統邏輯容易講，因為都是些符號的推理，但了解起來卻也不易。講傳統邏輯沒有講符號邏輯那麼確定，三段論法要弄熟還不一定容易。

　　當時北大方面還有胡世華，清華方面有王浩。後者大家都知道是邏輯學家，前者也是，都很不錯的。胡世華比我晚，和王浩是同輩。胡世華是到美國留學的，學的純粹是 technique 方面的東西。本來符號邏輯大部分就屬技巧方面的問題，理論的東西很少；就是有理論性，也是在其構造系統內的理論。技巧性的符號邏輯再進一步，就成了 computer 方面的研究。唸邏輯的，從 symbolic system 進入到純粹技術性的電腦，這固可使邏輯成一專學，吾人可以獨立地研究之，但也漸漸與哲學脫了節，因而逐使唸邏輯的人轉而成為反哲學者，或不解哲學者。邏輯本是哲學系必備的課程，讀哲學者讀邏輯本意並不在使你與哲學脫節。現竟出現「唸邏輯的人轉而反哲學或不解哲學」這種古怪情形，當然不能算是正常的發展。此中可說者很多，我現在不必多說。

　　清華在邏輯方面由金岳霖領導，有所表現。清華方面以實在論、經驗主義為主，這是他們的哲學立場。第二代的學生是沈有鼎，他唸的不錯，有邏輯天才。第三代是王憲鈞，第四代就是王浩。

　　北大方面，稍有不同，比較不重視邏輯，而比較重視古典哲學，也稍微複雜一點，不只限於英美的實在論。當時張頁如先生當系主任，他在英國留學，研究黑格爾。他能在英國得個學位也算很不容易，但是否有黑格爾的頭腦，很有問題。我在學校的時候，他講康德。不管他講的好不好，要了解康德不是很容易，比了解經驗主義、實在論要困難得多；因為他的問題性格，跟經驗主義、理性主義不同，他是以批判的態度來處理，一層層往下深入，當然不容易了解。即使是理性主義者萊布尼茲那一套也不易了解，因為他跟中國人的心靈很疏隔。中國人唸唸 Plato, Aristotle，有時還可以唸得不錯。英美經驗主義者也容易接近。至於歐洲大陸的理性主義，就不大容易引發人的興趣。至於說到康德的哲學，那更不是一般的大學生憑四年的功夫所能掌握得住的；講是可以講，學是可以學，可是要掌握得住，並不容易。

　　北大雖然比較重視古典，但對於西方哲學無所成就，進不了西方哲學之門。胡適之先生宣傳杜威，可是對於杜威，他並不了解。杜威那一套也不是很容易的，胡先生還達不到那個程度，胡先生所了解的杜威只是 How we think 中的杜威，後來的著作他大概都無興趣，或甚至根本沒讀。杜威學問相當紮實，你可以不贊成他的講法，但他能成一家之言，照美國眼前發展的趨勢來看，將來能不能出現像杜威這樣的哲學家，都有問題。所以胡適之先生當年所宣傳的杜威，根本就沒有傳到中國來。實用主義成了望文生義的實用主義。還有位張申府先生喜歡講羅素，他首先在北大講 mathematical logic，以後他到清華去了。他最崇拜羅素，對羅素生活的情調、羅素思考問題的格調，他很熟悉。但是要他講羅素本人的學問，他卻

講不出。所以羅素那一套也沒傳到中國來。當代的羅素，杜威無法講，十八世紀的康德，那就更難了，要講清楚都辦不到。所以北大在西洋哲學方面完全沒有成果，無所得；到後來變成專講中國哲學。講中國哲學以熊（十力）先生爲中心，再加上湯用彤先生講佛教史。抗戰期搬到昆明，就成了完全以湯用彤爲中心。可是由於他的興趣後來完全集中在佛教史，反而對佛教的教義、理論沒有多大興趣，造詣不深。這不是佛家的哲學，而是佛教史。光教佛教史，是在適應時代風氣，即重考據風氣；考據代表純粹學院的學術作風。這正如日本人唸梵文，唸原始佛教，認爲這才是學術。所以學術性的佛教只有在佛教史上容易表現，在考據上容易表現，這也是當時學術的一般風氣。湯用彤就適應這個風氣，表現的不錯，所謂在學術上有價值。可是站在哲學系的立場來講，這是不是哲學系的責任和本分呢？哲學系的重點當然不在這裡。即使在西方也不是如此，這在西方屬於古典學，與哲學是有分別的。古典學講 Aristotle，可以講成 Aristotle 的專家，可是哲學系談 Aristotle，是問題性的談，不是文獻性的談，二者是有分別的。所以落入古典學，就不是哲學系的本分。故而北大辦哲學系，歷史最久，師資最多，結果無所成。至於南京中央大學的哲學系更顯得亂糟糟，尚比不過北大與清華。

諸位要知道，培養哲學人才很困難。在那個時代，其他人都轉行了，大二不轉行，畢業後照樣轉。哲學系也不一定要很多人，當然多了，比較容易出人才。在大陸上那個時候，沒像現在那麼多，但也照樣轉行，很少人能繼續鑽研下去。

我大致這樣介紹大陸上哲學系的情況。爲什麼我要談這些呢？

就是要看看眼前的問題。北大、清華的風格轉到台大來。

台大哲學系，就當初來講，有方東美、陳康諸先生。陳康是 Aristotle 專家，幾年後就離開了，沒有影響。方東美先生一直留在這地方。方先生年資最高，讀書最博，但在使台大哲學系走上軌道的問題上，他盡了多少責任，不無可疑。假如方先生在這地方多用點力——當然這跟個人的性格有關，我們不能多說——哲學系也許不至這樣顛倒與呆滯。

台大的同學都不錯，天資都很好，所以假若有一個比較健康性的引導，很容易上軌道。沒有健全的引導，聰明都浪費了！甚至被誤用。雖然沒有人引導，可是原始的生命還有呀！往那兒發洩呢？當然走的路線就不太正常，往邪僻的路子去了。

諸位唸哲學，就要把生命放進哲學裡頭去，好好用心，認真唸；假如唸不進去，轉行無所謂，要唸就要唸進去，認真唸。這是跟大家共勉的話。

吳森先生去年寫了一篇文章，介紹方先生、唐先生和我三個人，我看到了。他敘述我的那一段不算錯。他說我唸康德與一般的唸法不一樣，是從「後面」打進去。一般唸法都是哲學史的方式，唸休姆、唸洛克、唸萊布尼茲，再引到康德。可是這麼唸法就能懂得康德嗎？康德並不是敘述休姆的思想，也不是敘述萊布尼茲的思想，所以憑 historical approach 怎麼進去呢？他解決的問題也不是在休姆、萊布尼茲哲學裡頭擺好的，而是他的 critique 本身的一套東西。你要進去就要問題性地往裡進；要問題性地往裡進，你光唸哲學史有什麼用？唸哲學史那能進入康德哲學中呢？所以我不是從後門打進去，倒是堂堂正正地從大前門而入的。這樣才能接近康

德，接觸到康德的問題。我走的那一條路是什麼路呢？我是從邏輯問題進入。從邏輯問題真正進入到康德的內部問題，不是旁門，而是正門。我的作法和想法是這樣的：是把近代十九、二十世紀在邏輯、數學、科學三方面的發展成就融到康德的哲學思路裡。照一般的看法，都以為近代的邏輯、數學、科學與康德相衝突，以為康德已經過時了、完了。因為現代邏輯有高度的發展，而康德卻只是就亞里斯多德的邏輯講；又現在的物理學、數學、幾何學不斷地進步，而康德卻只知道歐氏幾何與牛頓的物理學。這些高度的進步表面上似乎和康德的哲學相衝突。但表面上是這樣，是不是真正相衝突呢？當然不能說完全協調，也許有需要重新調整的地方。現在的學術是如此，哲學也不能完全不注意當前的學術情形。當前德國方面研究康德者比較能適應新的趨向的是卡西勒。他是新康德學派的，但光想適應是不夠的；而英美方面則認為康德已經過去了，這也不對。在這問題上顯然有第三條路可以走。我重新消化十九、廿世紀邏輯、數學、科學三方面的發展——最重要的是邏輯——把它吸收到康德這方面來。這樣，既可使邏輯、數學、科學有歸宿，亦可藉以漸漸復活康德。這個接頭，一般人想不到，我就做這個功夫，其關鍵在於邏輯。

現代高度發展的邏輯究竟該如何安排？安排在什麼地方呢？這裡可以有一條路，我的《認識心批判》就在解決這個問題。我的邏輯學得不多，你們可以很容易超過我，但是要從邏輯接近哲學問題不是很容易的。現在講邏輯都是純粹技術的講法，把邏輯作專學，可以獨立發展；獨立發展就往 computer 這邊發展，與哲學是無關的。我的目的是想使邏輯與哲學相連，所以我讀邏輯、講邏輯的時

候，與一般人不太一樣，是採 constructive 的態度。而一般講邏輯的所謂邏輯專家，則是採純技術的態度；再不然，就是運用邏輯轉而爲分析哲學，像邏輯分析、邏輯實證論，乃至語言分析，都是以邏輯爲利器而作分析的運用。邏輯實證論當一個哲學來看，簡單得很，兩句話就完了，沒什麼奧妙，沒什麼豐富的內容。但是爲什麼可以吸引人呢？吸引力不在邏輯實證論本身，而在其後邊的科學知識以及邏輯的技巧，這才是他們的本錢。

我唸邏輯不是像邏輯分析那般唸法。我是看邏輯本身究竟代表什麼意義，在人類知性中究竟佔有什麼地位。這也是他們所謂 metalogic 的問題。我這樣走大體是建設的路，而他們的分析哲學大體是拆毀的路。我首先安頓了邏輯，再進一步重新安頓了數學，最後重新解釋了經驗的科學知識。但是我這樣作，只是初步接近了康德，尚未進入康德哲學之本身。這大體是先正視了知性之邏輯性格，此中亦含有一完整的一整套，如《認識心之批判》之所展現。但尚未進入知性之存有論的性格，如康德之所展現。後來我出版了《現象與物自身》，這才正式進入康德哲學之本身，亦即是進入哲學之本身，而且正式復活了中國的哲學傳統，因而亦正式消化了康德，使之百尺竿頭進一步。這樣，我走成了一條中西哲學會通之道路。

西方哲學是自成一套，這一套與中國的傳統不類。其中的問題是中國傳統中所未曾開發出的。因此，要接近當然困難。所以剛才說，中國人要在西方哲學裡形成一個問題，能夠獨立地發表意見，是很困難的，結果都是人皆以爲樹在廟前，我獨以爲廟在樹後這樣的意見，這種意見是可笑的。所以假定你要研究西方哲學，邏輯不

能不讀。因爲西方哲學是由 logical approach 表現其概念思考的。historical approach 不是哲學之正宗。西方哲學家沒有一個是從考據、讀歷史文獻等路子下手的。當然並非是不讀書，但讀書不是爲的博雅，而是重在義理問題之提出與解答。光是博雅，而無義理思考之軌道，則是所謂雜而無統，這於哲學是無助的。

中國青年在哲學系裡頭唸書，西方哲學不能入，邏輯不能入，中國哲學又沒人講，雖是中國人，離中國思想恐怕比西方思想還要遠。講中國哲學在某方面來說，比講西方哲學更難。我們了解西方哲學難，難在邏輯性的思考訓練不出來，邏輯性的思考就是概念性的思考。中國的傳統缺乏這種思考，要訓練出來並不容易。中國哲學難，難在那裡呢？中國哲學的問題在儒、釋、道三教，這些問題不是每一個青年都可以接近的；尤其是儒家更不易爲青年所接近。其次是難在缺乏系統，不像西方哲學明明白白地擺出來，它是零零碎碎的，不易掌握。而台大哲學系是以西方哲學爲主，還是北大、清華的那一套老傳統。當然以這個時代來講，以西方哲學作主不算錯，開始訓練訓練西方哲學也是好的，這個訓練是必要的，非經過不可。而這個訓練是否只是一般性地讀讀理則學、哲學史、哲學概論就行了呢？那不算訓練，只是徒增混淆而已。學了哲學概論，知道幾個名詞，也不會用，什麼一元論、二元論、唯心論、唯物論，也弄不懂。所以這樣訓練，倒不如乾脆不訓練，老老實實讀咱們的四書、五經算了。要訓練，就要進去；要進去就得花相當的時間。所以臺大雖以西方哲學爲主，實則並沒有成就。教西方哲學本來是很難的，並不是每一個人都可以教的。而講中國自己的東西，臺大沒有這個傳統。當年在大陸上，南京中央大學，只有唐君毅先生一

個人講中國哲學，其他人都不講，甚至還藐視中國哲學，以西方哲學爲主不算壞，要眞能訓練出來，那很好，可是竟然一個也沒訓練出來。

二次大戰以後，國內眞正能把哲學當哲學讀而進去的人很少。一般人到外國去，讀西方哲學不能入，對中國哲學平素心存鄙視，不要說無基礎，甚至連熏習都說不上。然而因爲中共的關係，西方人漸漸重視中國問題，因而目光逐轉而期望了解中國的文化，進而注意中國的哲學思想，如是，中國留學生亦趁熱鬧，轉而浮光掠影，做點中西比較的工作。比較哲學談何容易！對於所比較的兩方能入始能比較。若根本不能入，能比較出個什麼結果來？比較斯頻諾沙和莊子、維根斯坦和禪宗、《易經》和懷悌海、杜威和孔子。我不知作這些比較的人，對於雙方能知道到多少。這樣的訓練能訓練出來什麼人才呢？對西方哲學無所得，對中國哲學無所知。這是二次大戰以後唸哲學的風氣。

要使臺大哲學系走向比較健康的路上去，需要下點功夫。要走 constructive 的路，不要走 destructive 的路。不管以中國哲學爲主，或者以西方哲學爲主，講邏輯就要好好講邏輯，講哲學就要好好講哲學。這是就哲學本身、學術本身講。至於在臺灣這個環境，一個哲學系的使命擔負還不僅如此。文化理想的問題不是憑空可以談的，唸文學的、唸歷史的，唸政治經濟的都可以談文化理想。哲學系的學生、哲學系的先生談文化理想，那又不同；不談則已，要談就要把哲學唸好。好好唸哲學才能談文化理想。臺灣的處境與美國、英國不同，對面有個敵人隨時可以把你吞掉，所以文化理想不是不可以談。而共產主義不單單是臺灣的問題，亦是世界性的時代

問題。時代問題就是文化問題,這種問題不是一個青年人所能夠勝任的;他可以有些感覺發發牢騷、發發脾氣,但要真正當一個問題講,是不夠的,必須有預備。談時代問題、政治問題、文化問題是另一套學問,不是做邏輯研究就可以談這些問題。談政治要有政治意識,談文化要有文化意識、歷史意識。談這些甚至比談純粹哲學還困難,不要以為很容易。這些問題我今天也不能多談,我只是就哲學系本身的問題來談一談,提供各位一個意見。你們好好考慮考慮,想想自己決定走那一條路,不要那樣懵懵懂懂。今天我就講到這裡。

(69年6月4日講於臺大哲學系,游淙祺記錄)

原載《鵝湖月刊》第6卷第1期　　1980年7月

中國哲學的未來拓展

一、引言

　　各位同學，我們現在講中國哲學將來的前途、發展的問題，這個如只憑空講、泛講也沒有多大意思。我們先必須承認中國哲學以往有一個傳統，兩千多年來它有一連續線發展下來，而且我們還希望它能夠繼續下去，這才能夠講它未來的開展。假定對於以往那個連續線我們接連不上去，那麼將來也不能夠講。泛泛地講當然任何人都可以講，不過那不一定是中國哲學將來的發展。

　　我們現在所謂的「中國哲學」，當然是指中國以往所有的那一個傳統講。假定有人懷疑說：「中國哲學」是指中國的哲學呢？還是指在中國的哲學呢？譬如眼前中大哲學系所講的，都可以說是「在中國的哲學」。也可以說：你現在講杜威，那就是杜威的哲學在中國；你要講羅素，那就是羅素的哲學在中國；順著杜威羅素講下來，也可以說是中國哲學。我們這裡說的當然不是這個意思。所以就著中國以往有的那一個傳統講，並肯定這個傳統將來要繼續下去，這才能講未來的發展。我們現在的意思就限在這個地方，要不

然就亂了，例如大陸上講的馬克思哲學在中國，在某一個意義上講也可以算是中國哲學，但那當然不是我們這裡的意思。

假定我們這裡要承續以往的傳統而看未來的發展，當然不能憑空講，可是也不能夠詳細原原本本地講，所以最好的是長話短說。我今天是就著以往那個傳統裡面所含的那些基本的觀念或問題，照我這幾十年來自己所經過的，把它們作一個綜括性的敘述。每一個問題也不能夠詳細講，只能提出來，略予點示。

關於中國以往傳統的總述，前幾年我在台灣大學講過一年，那就是個總述，其總題目是「中國哲學的簡述及其所涵蘊的問題」，一共有十九講，台大的同學們把它們加以整理，現在都發表在東海大學的《中國文化月刊》裡面。（案：現已由台灣學生書局結集出版）。諸位有興趣可以找來參考一下。那是一個簡述，我們今天還不能那麼樣簡述，我想要把那個簡述再簡單化。可是再簡括一下，要怎樣去敘述呢？我們最好就中國以往那個傳統，大體以儒、道、釋三教為主，合在一起看，不一定專門以儒家作主。那個傳統的連續，就是兩千多年來中華民族的奮鬥。為方便起見，這裡要就佛教講，借用佛教裡面的觀念，看看裡面有什麼問題。這些問題雖然可以從佛教講，但是它們可以適用於儒、道、釋三教，甚至在某種程度也可以賅括到西方哲學。

二、「二諦與三性」及知識問題

首先我們提出一個問題來，那就是根據空宗龍樹菩薩的《中觀論》和唯識宗所講的「二諦」與「三性」的問題。「二諦」就是

《中觀論》所說的「真、俗二諦」；「三性」就是《唯識論》所說的「依他起性」、「遍計執性」、「圓成實性」。我們不是詳細講唯識宗的「三性」是什麼意思，或是《中觀論》的「二諦」是什麼意思，這個大家都知道一些。這個問題比較是一般性的。我們之提這個問題，是要看這裡面含有一個什麼問題，是我們在適應這個時代所該當注意的問題，而且也是關涉到我們以往那個傳統如何繼續往前進的問題。

「真、俗二諦」本來就是說兩種真理，「諦」就是真理的意思。可是照傳統的講法，它是急於說「真俗不二」的意思。就空宗下來，結果就是「一諦」，說「二諦」只是一句話的兩面看。所謂真、俗，嚴格說來就是《中觀論》「緣起性空」一句話。從「緣起如幻」這一方面談是「俗諦」，從「性空」這地方講就是「真諦」。而「緣起性空」用我們現在的話來理解，它是一句分析命題（analytic proposition），「緣起」必然地函著「性空」，「性空」必然地函著「緣起」。那麼嚴格講來，這二種真理中的「俗諦」沒有獨立的意義，「真、俗不二」的結果是「一實諦」、「一真諦」、「中道第一義諦」。

譬如說科學知識，照佛教看，它是「俗諦」，我們若要適應這個時代，那「俗諦」真正要有獨立的意義才行。可是，是否在「真、俗不二」、「緣起性空」這些話裡面就可以藏有科學知識呢？這個不太容易。從「緣起性空」、「緣起如幻」這些話要進一步達到科學知識，我想還很遠。那麼科學知識有沒有諦性呢？它算不算是一個「諦」呢？假如算是一個「諦」，這就叫做「俗諦」，那麼一種「俗諦」在佛教裡面，在眼前這個時代，現在當該如何安

排？這是第一個問題。這個問題就是中國傳統儒、道、釋三教裡面一個共同的問題，根本就是知識問題。

中國近幾十年來所爭吵的，就是中國沒有科學的問題。儒家以前沒有開出來，道家也沒有開出來。道家就是要往上轉，要超脫這一層面。儒家不反對知識，但光有「見聞之知」與「德性之知」的分別，這「見聞之知」也沒有得到正視。沒有科學知識，所以也沒有知識論，因爲儒家主要問題不在這個地方。和道德意識、良知相對抗的，是私欲、氣質這些東西。私欲、氣質籠統地可以劃在「感性」（sensibility）的範圍內，但這並沒有成就科學知識。儒、道兩家都有這個問題，但是他們若要處理這個問題，則就以往的資料（data）說恐怕在憑藉上不大夠，或至少不如佛教顯明，所以我這裡爲說話方便，從佛教說起。這個問題是共同的，但佛教說這個問題的材料比較容易取來作憑藉。這句話是什麼意思呢？這和一般說佛教也有它的知識論的意思不同。譬如說什麼叫「現量」，什麼叫「比量」，什麼叫「非量」，因明裡面怎樣講，小乘又怎樣講，那一些與我們的問題沒有多大關係。我們這裡只是單就「二諦」、「三性」說，這裡面根本就含有一個知識問題，這不是在考慮大、小乘對於知識怎樣看法。

知識問題與「三性」有關係。「三性」並不是「三諦」，因爲照傳統的說法，「遍計執」沒有諦性，它完全是虛妄，是須要掃掉的。就著「依他起」，掃掉「遍計執」，就顯「圓成實」。所以「三性」不是「三諦」，實只是「二諦」。依佛教傳統說，「二諦」歸結起來，結果還是「眞、俗不二」。因爲「遍計執」並沒有諦性。什麼叫「遍計執」呢？「遍計執」就是「相無自性性」

（「依他起」就是「生無自性性」）。這個「相無自性性」就很有意義，我們現在必須要正視這個「遍計執」。「遍計執」的「相」是什麼「相」呢？「相」可以多得很，但是我們可以依照《中觀論》的說法來概括。《中觀論》開頭那一個頌說：「不生亦不滅，不常亦不斷，不一亦不異，不來亦不去」那叫「八不緣起」，那是經過般若化掉執著以後而顯的「緣起」。假定我們還沒有通過般若，沒有化掉執著，我們的世俗知識裡面是「有生有滅，有常有斷，有一有異，有來有去」。「八不」就是「遍計執性」所示的「相無自性性」，而那些「相」就是一些「定相」。這一些「定相」，或是後來發展到華嚴宗賢首講的「緣起六義」：「總、別、同、異、成、壞」，這些基本概念，在我們世俗義的世間知識裡頭，都有它們的作用。那「六相」就是《中觀論》裡的「八不」：「八不」是反面說，「六相」是正面說。這些相並無自性，但是就著科學知識講，我們須要這些東西，這就是康德所說的，知識須要有一些「條件」；而這些條件相當於佛教所說的「不相應行法」。譬如時間、空間、量、關係、同、異，還有數目等，依佛教，這些都是「不相應行法」。佛教所列的雖是雜亂無章，然若整理一下，除掉那些不相干的，通通都在康德所說的時、空及十二範疇的範圍之內。西方叫這些東西做「範疇」。亞里士多德的十範疇，本體、質量、時、空也在內；康德是分開的，時、空屬於感性的，範疇是屬於知性的。這些基本概念在西方看成是成功知識的基本條件，所以叫做 category。照康德講，它還是 a priori 那麼莊嚴的。照佛教看來，卻都是屬於「相無自性性」，那麼，它們根本上是一些執著。康德當然不認為是執著，他說它們是 a priori，是屬於「知

性」的。一個是說執著,一個不說執著,不管怎麼說,所指的是同一個東西。這就可以看出來,假定要真正使「俗諦」有獨立的意義,一定要正視「遍計執」。這不是說所有的「遍計執」都有「諦性」,至少科學的基本概念要屬於「遍計執」。假定沒有這種特定的基本條件,科學知識便沒有法子進行。那麼這種「遍計執」就有相當的「諦性」了。這樣說的「俗諦」就有獨立的意義,而且真正是有兩種真理了,不能夠直接說「真、俗不二」。

這個問題我只是提出來,不一定要詳細去說,大家可以用點功、看點書,仔細來考慮一下。這個問題是共同的,儒家也需要開出知識,道家也是一樣,儘管以前講的重點不在這地方,但是從文化的發展上講,時代是要求正視這個問題。譬如說莊子講〈齊物論〉,你要齊是非,超過是非,你得先了解是非。是、非、善、惡、美、醜這些相對的東西你要先了解,然後才能往上超越。這樣一來兩面都可以更充實、更有意義了。這問題還是一個共同的問題,這是第一個問題。

三、「一心開二門」及成佛成聖可能根據的問題

從這裡往前進,譬如說到唯識宗與空宗不同的問題,二者之不同,不在講「二諦」與「三性」;決定二者之不同,主要是唯識宗對於一切法有一根源的說明。「無始時來界,一切法等依。」(《阿毘達摩大乘經・偈》),這是要使一切法有所依止,依止於阿賴耶,空宗沒有這個問題。把一切緣起法收攝在阿賴耶識裡面,這就是所謂唯識宗的「八識系統」。收攝在這裡面為的是什麼呢?

主要就是要說明「成佛如何可能」的問題、成佛的根據問題。要說成佛，也須說到佛的反面那一面。成佛是解脫，還未成佛，還沒有解脫是什麼情況呢？那就是生死，我們是在生死流轉裡面。所以一切法依止於阿賴耶，統攝於阿賴耶裡面去，這是一方面想說明生滅流轉這一面，這一面弄明白了，才能夠講還滅那一面。那是兩面的：一面是生滅流轉，一面是還滅、滅渡，滅渡證涅槃，這就是成佛。生死流轉這一面是「染污法」，還滅那一面是「清淨法」。世間一切「染污法」、出世間一切「清淨法」都要有個交代，有個說明。在成佛可能的問題上，一切法須有個安排、有個交代。

這個問題雖從佛教出來，儒家一樣也有這個問題。儒家講性善，就是要找道德實踐可能的根據。類比佛家來講，佛教要找成佛可能的根據，儒家則是要找成聖可能的根據。成聖就是道德實踐的問題，道德實踐的最高境界是成聖，以聖人為標準，所以必須講性善，孟子一定要講性善。荀子一方面說人人皆可以為禹，「塗（途）之人可以為禹」（《荀子·性惡篇》），但是他又說性惡。所以他說「可」只是個「可」而已，那個「可能」的力量就不夠了。佛家說成佛，儒家說成聖。道家說成真人、成至人、成天人，一樣要接觸到這個問題，只是這個問題在佛教、在儒家較為顯明而已。

唯識宗把一切法通通收在阿賴耶裡面，從阿賴耶這個地方說「清淨法」、說還滅、說成佛可能的根據，這個從傳統的了解上看，這說成佛的力量是不夠的。這就是「無漏種」的問題。唯識宗在這個地方落在純粹後天的漸教上，落成經驗主義。經驗主義上的成佛根據太弱了，這要到什麼時候才能成佛呢？這個思想不能充分

證成「一切眾生皆可成佛」、「一切眾生皆有佛性」這個基本觀念。唯識宗在這個問題上的說明很弱，所以後來另一個發展就是講「如來藏」，就是要順著這個問題往前推進一步。

這個問題不但在中國儒、道、釋三教為共同的，就是在康德的《實踐理性之批判》裡面，還是有這個問題。當然康德沒有講成佛、成聖這些東西，但是看看他講純粹理性之動力那一章，其中的動力是不夠的。因為這個動力只在「尊敬道德法則」（respect for the moral law）上出現，而這個「尊敬」又不像孟子那樣的講法，譬如四端心：惻隱之心、羞惡之心、辭讓之心、是非之心，只是一個。康德的「尊敬」是後起的，所以他講到 moral feeling 時，feeling 開始還是 sensible 的。moral feeling 是根據尊敬 moral law 而引出來的，它與其他 feeling 的來源不同，而作為 feeling 本身還是 sensible 的。在這個地方講，它的力量是不夠的。康德講的 morality，是教吾人依照「無條件的定然命令」而行，這種「道德」究竟有沒有呢？在現實上究竟能否實現呢？講的結果都是落空的。所以馬克思當初說康德這種想法是德國小資產階級的夢想，這個話當然沒有什麼道理。但照中國傳統看，這個問題就是個「動力」的問題，所以孟子和陸象山、王陽明下來的系統一定講「心即理」。這個「心」是個動力，朱夫子光講「性即理」，「理」是不能動的，所以朱夫子這個地方不行，成問題了。佛教裡面唯識宗的「阿賴耶系統」也有這個問題，所以到後來「如來藏系統」被提出來，就不以「阿賴耶系統」為滿足，重新來講，講「如來藏自性清淨心」、「真如心」、「心真如」。「心」才可以是動力，所以它講「真如熏習」，這個在唯識宗是不容許的。這個是《大乘起信

論》的系統。所謂「一心開二門」，這句話是對唯識宗講的：唯識宗開二門開的不好，成佛力量不夠，對於「無漏種」的問題根本要轉化一下才行。

說到這個地方，我們要總括一下，加重「一心開二門」這句話的意義。「一心開二門」是說開生滅門、開眞如門。一面生滅，一面眞如，這個格局很有意義，可看作一個 common frame，使用的範圍很廣。當初《楞伽經》裡就說，佛說如來藏是有作用的。所以「如來藏自性清淨心」這個系統，對於敎內與敎外都居於一特殊的地位，有特殊的作用：對於敎內，是對治「阿賴耶系統」，補充它的不足；對於敎外，照《楞伽經》所表示的，它可以引導婆羅門敎歸於正信。所以這個系統很有意義，它可以與敎外的諸系統相接頭、相摩盪。一個思想光封在自己的範圍之內，不與外界通氣，這個思想是沒有用的。我們在這裡看「一心開二門」這句話，小心地利用它，把它看作一個共同的格局，可以適合儒、道、釋三家，甚至康德的系統也可以籠罩在「一心開二門」這一格局之下。

首先我們先就康德這方面的問題與「一心開二門」的格局對照。康德這方面開的是 phenomena 與 noumena 兩面。phenomena 這方面他開得很好，這正好是我們剛才第一個問題所說的。東方所缺的是這一方面，這是講知識的一面，這一方面是儒、釋、道三家所缺的，所以我們應當吸收人家的長處。假定我們套在「一心開二門」這格局下，就馬上可以想到，康德在 noumena 方面是採取消極的態度，這個很顯明。這個地方康德和東方傳統的完全不一樣，所以爲消極的緣故，是因爲在知識範圍之內，我們不能夠知道所謂 thing-in-itself。當 phenomena 與 noumena 對顯之下，noumena 這

方面多得很，不只是 thing-in-itself，然而都是知識所達不到的。所達不到的原因，是因為我們是人，人類的 cognitive faculty 就只有這一些：sensibility，understanding 以及這個範圍內的 reason。我們人沒有 intellectual intuition，康德所說的 intellectual intuition 一定是屬於上帝的。這樣一來，noumena 這面對於我們便是不可知的。這與中國哲學一對照，很容易看出來，他把兩個主體錯開了。我們通過 sensibility, understanding 而成功知識，但我們沒有 intellectual intuition，那是放在上帝那裡的，這不是錯開了嗎？但是康德也可以說「一心開二門」，嚴格說不是「一心開二門」，是「一理性開二門」。同一個理性，有 theoretical use 有 practical use，這也是開二門。在知識方面 theoretical reason 所開的很好；但 practical reason 方面則是消極的。照中國傳統的看法，那是不夠的；假定在西方的傳統，或是就基督教的傳統看，康德的話已經是說得很有分寸。假如與另一個文化傳統對照起來，問題馬上就顯出來了。中國的問題正相反，在 phenomena 知識方面開得不好，但是以前儒、道、釋三教二千多年來的心思、精力、聰明才智，通通都用在「真如門」、noumena 這一方面。既然中國人的的精力都用在「真如門」方面，至少就他們在裡面所用的工夫講，絕不會像康德那麼的消極。裡面總有比較積極的成分，即是說，裡面一定有一些基本觀念是與西方不同的。所以我們這裡借用「一心開二門」這句話來表示這個時代的哲學問題，這個需要大家將來用點心思，使中國哲學可以承繼以往，繼續往前進。

所謂「積極」的問題，譬如照佛教講，他一定要講到「轉識成智」，「轉識成智」才能成佛，但是這個觀念西方哲學裡面沒有，

康德也沒有。對西方哲學家來說，這個「識」怎麼能「轉」呢？我們生而有的「識」就是 sensibility, understanding, reason 這些，這些是屬於人類的特殊構造的，人的特殊構造就是如此而已，並不會由之而產生「轉識成智」的問題。康德的《實踐理性批判》後面有講 methodology 的部分，那個 methodology 就是他的工夫論了。那是很簡單、初步的，說的當然不錯、也很真切。假如照康德那樣在 noumena 方面的態度那麼消極，我們可以順著他的消極態度而提出疑問：你佛教方面所謂「轉識成智」的問題，我們本來沒有這個問題，既然你提出來了，我們現在可以想到這個問題，即：你那種「智」究竟有沒有呢？究竟可能不可能呢？因為康德就是不承認這種「智」是可能的。「般若智」這種東西，在西方就是屬於上帝的 intellectual intuition，它不是「識」，「識」和「智」是對反的。康德所說的 cognitive faculty, sensibility 也好，understanding 也好，都是在「識」的範圍之內。「識」這個字本身不一定有什麼了不起的劣義，「識」在梵文裡原本是「了別」義。它有價值的劣義，是因為對於「智」而講，若不對「智」，就是如此而已。西方就是這個看法，康德就是這個看法。所以「轉識成智」不可能，成佛就不可能。照西方人講，佛只能作一個理想，你希望向它接近，但永遠達不到。在康德最客氣的說法，就說到這個程度。但這個說法佛教是不會答應的。儘管成佛困難是困難，要經過幾世幾劫，今生不行，來生嘛！來生不行，再來生嘛！就是一隻鴿子也可以成佛，慢慢來總是可以達到的。若是成佛不可能，你佛教說的一大堆東西要來幹什麼呢？

現實上是有佛的，問題是「如何可能」？所以我們這裡講的第

二個問題，就是成佛可能的根據問題。這個一定要有的。若假定成佛可能，「般若智」可能，那麼非得承認有 intellectual intuition 不可。在這個地方，中國是積極的，佛教固然是如此，儒家也是如是。儒家發展到王陽明的「良知教」，就有這種境界出來了。良知直接就是道德實踐的動力、超越的根據，這是毋庸置疑的。且 intellectual intuition 的作用，儒、道、釋三教都可以承認，只是講法不太一樣，因為教路 approach 不同，故表現的形態也不一樣。總之在這一方面，中國是積極的，無論儒、道、釋三教皆如是。就儒家言，假定說成聖根本不可能，這是儒家不會答應的。朱夫子的系統，是徹底的「漸教」，那就是成聖的根據太弱了。但是他還總是希望成聖，不過這要成聖的可能根據足夠才行。這裡講良知是夠的，講「心即理」是夠的，講「性即理」就不夠。可是一講到「心即理」和「性即理」分別的時候，跟著就產生像佛教所說的「頓」、「漸」的問題。講「心即理」才能講「頓」，順著本心、良知才能講「頓」；講「性即理」，便不能講「頓」，這沒有「頓」的可能，沒有「頓」的根據！這不是我的新發現，這些論點是以往有的，我只是把以前的了解敘述出來而已。所以講「如來藏」者是因為不滿意於唯識宗的講法，所以才往前推進。這就是使「頓」所以為可能之問題。所以佛教後來的發展一定講「頓悟成佛」，竺道生一定講「頓悟成佛」。假定沒有「頓」，那就永遠不能成佛。

　　上述就是拿「一心開二門」這個共同的格局來考量考量中國哲學用心在什麼地方，康德的哲學用心又在什麼地方，一對照問題就顯出來了。

四、圓教的問題

從這個問題再往前進，我們再提出一個問題來，就是圓教這個問題。這也是佛教的貢獻，尤其是天臺宗智者大師的貢獻。中國傳統思想裡面都有圓融的境界，儒家有，道家也有，佛家也是如此。而佛教判教裡面所透露出來的圓教的觀念卻不止是一個籠統的圓融的觀念，智者大師的貢獻至大，他是地道的「大哲學家」，是了不起的一個人。

判教的問題，西方是沒有的。在佛教是大家都可以判的，唯識宗也有唯識宗的判，華嚴宗也有華嚴宗的判，但這裡的問題是什麼叫「圓教」？這個圓教不是各圓其圓。假定我圓我的，你圓你的，結果還是不圓！假定真正是有個圓教，它是可能的，那圓教只有一，無二無三。那種圓教要在什麼方式下才可能呢？這是個很有意義的問題。為什麼要判教？為什麼在圓教以前所說的那一些都是「權教」？權教就是不圓，為何不圓呢？就是因為「教」。既是「教」，就是一個「系統」。小乘教、大乘教各有一套說法，按照各個說法來修行，就達到某一境界。這些教路若是一條路，就是一個系統。凡系統皆有系統相，皆有定說，亦有所不能說，亦即有其限制，故非圓教。假定這些系統是屬於權而不是圓，那圓的系統是個什麼樣的系統呢？

對於這個問題，希望大家首先多唸一點西方哲學，雖然西方哲學沒有這一個問題。因為西方哲學會造系統，每一個大哲學家都造一個系統。系統的模型是在邏輯。西方對於邏輯講得好，邏輯是系

統的本義。一層一層的往下看，其次是數學、幾何，這些最帶系統性；其次是科學知識，有經驗內容的系統，化學、物理都是系統性的知識；再進一步是哲學系統，有康德的系統，有柏拉圖的系統。當然，爲什麼我們要造新系統呢？一定是原來的系統裡有某一個問題不能解決，有缺點，要我們來補充。所以康德造系統不是要出鋒頭，那是因爲經驗主義、理性主義對某一些問題處理得不好。但康德不敢說他的系統是個圓教，是最圓滿的系統。儘管事實上你是最圓滿，此乃是平常我們所說的圓滿，只是比較性的，譬如說這個系統比那個系統較爲圓滿一點，假定再沒有得比較，那你就是最圓滿的。我們平常所用的「最圓滿」的意義，也不是佛教判教所說的那個圓教的意義。康德的系統擺的四平八穩，面面都照顧到，那好像很圓滿了，但是照天臺宗看，你還不是圓教。不要說康德的系統，就是華嚴宗那麼樣的漂亮，它還是權教，還是別教。華嚴宗怎麼能看是別教呢？因爲它談的有一個標準、有一個說法。華嚴宗說的那麼豐富，所以一般人就爲它所吸引。華嚴宗的東西要說了解很容易了解，口頭禪：「一攝一切，一切攝一」，「一中多，多中一」，老實說，這些話頭都是「緣起性空」一句話的展轉引申。杜順的法界觀門（案：修大方廣佛華嚴法界觀門是否真杜順所作，至今仍有疑問。）漂亮得很，華嚴宗是很有這個本事。所謂「四法界」是：「事法界」、「理法界」、「理事無礙法界」、「事事無礙法界」，還有什麼「如來藏、毘盧遮那佛法身法界」、「法界緣起」等等，要說的多得很、玄得很，其實一句一句講，皆不過是「緣起性空」一句話。此一通義套於「毘盧遮那佛法身法界」上之展轉引申，此種引申皆是分析的：不是形式邏輯之分析的，而是緣起性空

一義套於法身法界上之強度地（intensionally）詭譎地分析的。但是一般人為這個所吸引。還有些莫名奇妙的，把它和 Whitehead 的思想拉在一起，Whitehead 的思想有什麼華嚴宗的成份呢？現在的頭腦太怪，完全不能了解。又有說是什麼 organism 的東西，華嚴宗有什麼 organism 呢？中國人思想中微妙的，精微的地方都給埋沒了！

　　華嚴宗講的那樣漂亮，它還是權教，所以天臺宗判它是「別教」，華嚴宗自己也承認自己是「別教一乘圓教」，前面還加一個「別」字。這個問題的關鍵在那裡呢？所以大家必須先了解系統。了解系統，西方哲學最好，中國人、東方人這方面差，中國人不會造系統，佛教還可以有系統，中國本土的思想多是零零碎碎的，這裡一句話、那裡一句話的，所以要了解系統，先讀邏輯，然後讀數學，然後讀科學，然後讀哲學系統。讀哲學系統的時候，像康德的系統最圓滿、最好，四平八穩，面面都照顧到；再從此前進讀 Hegel，Hegel 的大系統天羅地網，看起來好像是圓教，其實一樣不是圓教。

　　照天臺宗的想法，它既不宗《華嚴經》，復亦不宗《般若經》，更又不宗《解深密經》或是其他漂亮的、內容豐富的經，為什麼單單宗一本《法華經》？老實說，這個看起來是毫無道理的。打開薄薄的一小本，裡面大體除了神話之外，就是幾句話，就是「開權顯實」、「三乘」、「一乘」的問題。但是天臺宗就是宗這麼一個經。這個經表面看起來貧乏得很，但他們能看出意義來，而且是自動、自覺的講出來。他們用的詞語與現在的不大相同，我現在用的詞語是根據它原來有的那一些事實而說出來的。所以順著天

臺宗的講法，我說小乘，以至於大乘阿賴耶系統、如來藏系統，凡是以分解的路往前進而成系統的，通通是權教。康德的系統無論是怎麼樣，還是以分解的路講。以分解的路建立系統，有系統相，這是我的話，原來是沒有的。凡有系統相的那種系統都不是圓教，是權教而已。天臺宗講「開權顯實」，那是表示這種圓教是承著以前大、小乘那些系統下來，開決了那些系統以後而呈現出來的一個境界。

　　但這個地方的圓不同於《般若經》的那個圓，所以佛教裡面的圓有兩個意義：般若的圓與天臺宗《法華經》下來的那個圓，兩個意思不一樣。假定說從《般若經》那個地方說的那個圓，空宗已經達到最高境界，已經是究竟了義，那天臺宗為什麼叫它做「通教」，不是圓教呢？照天臺宗說它是「通教」，唯識宗說它是「大乘始教」。天臺宗和空宗淵源很深，它是順著這條路下來的，它不是順著唯識系統下來的。順著《般若經》下來，它不能說完全是重複空宗。若和空宗一樣，那何必開天臺宗呢？那一定有不同點。不同的地方寄托在什麼地方呢？就寄托在《法華經》和《般若經》兩個性格不一樣的地方。

　　西方人翻譯佛教的「圓教」二字，並不好翻，只翻作 round teaching，他們認為不能用 perfect 這個字來翻，因為這個字到處大家都用，太普通了。事實上，天臺宗所說的「圓教」就是 perfect 的意思，《般若經》那個「圓」才是 round 的，中文表示乃是「圓通」之「圓」。「圓通」、「圓妙」就是《般若經》所說的「般若智作用的圓」，那是「般若智的妙用」。這是個「共法」，那是後來每一個大乘系統所不能違背，都要承認的；但它不能決定什麼。

所以天臺宗建立圓教，不從「般若智作用的圓」這個地方講，不是
那個圓通、圓妙的意思，它是順著那些權教的系統往前進。《法華
經》主要的一句話就是「開權顯實」，「開」就是「決了」義，
「決了聲聞法，是諸經之王」（《法華經·法師品第十偈語》）。
小乘也是權，大乘有小乘的教路，也是分解地講；阿賴耶系統也是
走分解的路，它是心理學的分解（psychological analysis）的路；
《大乘起信論》如來藏系統也是走分解的路，用康德的話說，那是
通過 transcendental analytic 表達的，因為「如來藏自性清淨心」
是個超越的，不是熏習得來的無漏種，這也是分解的路。華嚴宗理
論的根據就是《大乘起信論》，以之為支持點（supporting
point），推進一步，從這個「毘盧遮那佛法身」（光明遍照佛法
身）講。《大乘起信論》「一心開二門」的法界，都具現在這個法
身上，所以華嚴宗的教路很容易了解、很清楚，因為它走分解的
路。《大乘起信論》這個 supporting point 把它撐起來，在這上面
經過一個頓教，再上面一個大圓圈，那就是華嚴宗說的「法界緣
起」，這個很清楚，最高峰了。即使這是圓教，也只是別教裡面的
圓教，不是圓教裡面的圓教。天臺宗後來直接批評華嚴宗的幾個論
點，華嚴宗是沒有辦法辯駁的，沒有辦法答覆的，所以它也不答
覆，它自己也承認。

　　這個問題，各位還可再仔細考慮，我只是順著以往一直了解下
來，所以我就想到，這個圓教一定不是走分解的路。既不是分解的
路，那它怎麼能成一個系統呢？既然是教，就成一個系統。妙就妙
在這個地方，因為它這個系統不是通過分解的方式表達，是透過了
以前那些從分解之路建立的系統，開決了以後而顯出來的。它是非

分解的（non-analytic）而又是個教，而又是個系統，這好像是弔詭、矛盾。非分解而又是個系統，則這個系統一定沒有系統相。無系統相的系統是個 paradox，但不是個矛盾。所以「一念三千」這句話是開決了小乘的六識、大乘的阿賴耶，乃至於如來藏，是開決了這一切識、心以後說出來的一句話，它本身不是經過分解的路而建立的。假如是分解而建立的，怎麼能說「一念三千」呢？這句話根本是 non-analytic，等於沒有說明。「一念三千」不是某一個識上的事，不能定在某一識上。要決定圓教，要表現這個圓，它用什麼模式來表現呢？所以我要諸位先考慮西方哲學的系統，先把系統弄明白，分解的路走的一定是權教，一定不會是圓的。這個我馬上想到，雖然我是外行，但想到那個數學家 Gödel 的 incompleteness theorem 那個觀念也很 suggestive。當然我們與他的問題不同，他的是數學問題，但意思是很相通的。照天臺宗的講法，凡是走分解路的都是不圓，那麼圓教一定是 non-analytic，non-analytic 而又不同於《般若經》的，《般若經》也是非分解的。現在提出這個圓教的問題來，這對中國哲學的將來是很有新鮮氣的，可以視為繼承以往，繼續發展的關鍵，可以作正式的討論，貫通西方哲學來討論的。

五、「色心不二」的問題

順著這個圓教問題下來，這裡面藏有「色心不二」的問題。眞正的「色心不二」在圓教裡面能講，在權教裡面不能講。儘管《大乘起信論》裡也有「色心不二」，但我仔細看看，它的那個「色心

不二」是個綜和命題（synthetic proposition），不是個分析命題（analytic proposition），色心可以不二，但不是必然地不二，它們也可以二。所以《大乘起信論》還是別教。華嚴宗的「色心不二」亦復如此。它唯真心便函著色心可以二；「緣理斷九」亦表示色心可以二；只屬無量四諦，非無作四諦，亦是表示色心可以二；「斷斷」，而非「不斷斷」，亦是表示色心可以二。只有在圓教下，色心不二才是分析地必然的。這個「色心不二」的問題，在佛教講起來是很動人的而且是很嫵媚的。翻成現在的話，庸俗得很，就是「心物不二」，一般「唯心」、「唯物」、「心物兼有」的庸俗論調令人討厭，都沒有多大的意義。

　　但是佛教裡面的「色心不二」，從開始講「煩惱」起，一直到「轉識成智」、成佛以後，它一下通通都是「色心不二」。所以天臺宗荊溪說「煩惱心遍就是生死色遍」，煩惱遍大地，遍全部宇宙，「遍」是「普遍」的「遍」，有煩惱心的地方就有生死色，一轉轉過來的時候，就是「智如不二」。所以到圓教的時候，智者大師有些話說得非常漂亮，但不大容易了解，用分解的路根本說不通的，很難思考，但確實是如此，就是那麼一個意思，決無可疑。譬如到圓教的時候講「智如」的問題，「說智及智處，皆名為般若」，「說處及處智，皆名為所諦」。就是 subject 與 object 對立的那個「能」、「所」沒有了，「能」、「所」可以互相 overlapping，這種意思，在佛教裡面說得很精彩，但精彩是精彩，卻成了一個古董。它有什麼意義、作用呢？它可以對治很多西方哲學的問題。西方哲學從笛卡兒下來的所謂「二元論」一直到康德出來講 empirical realism 和 transcendental idealism，其間還有斯賓諾

莎的什麼「平行論」種種等等，這些問題大概現在唸哲學的人也不唸了，也成了古董。其實這還是哲學問題，假如這些問題拿「色心不二」這個觀念去照它，把它的分際弄清楚，這還是值得做的工作。因爲現在的哲學大概都把這些哲學問題取消了，不談這些問題。其實我現在要說一句話：哲學問題還是要哲學地處理，光語言分析那種處理法是不行的，那是消去問題，不是解決問題。分析一個問題、處理一個問題，不能把它抹掉；假如不是虛妄，有一點意義，你就要給它一個安排，所以哲學問題還是要哲學地處理。

在知識範圍內，康德的思想可概括爲 empirical realism 和 transcendental idealism。提到二元論，康德認爲 dualism in empirical sense 是可以的，經驗意義的二元論是合法的；但是 dualism in transcendental sense 則不行。經驗意義的二元論和羅素的 neutral monism 基本上是一樣的。在某一方面羅素的思想是 neutral monism，康德不說這個話，康德說不管我們內部現象或外部現象都是 representations，從 representations 這個地方講，那不是和羅素的思想一樣嗎？matter 也是一大堆 representations，但康德不說這是 monism，從這個地方說二元論，就是經驗意義的二元論。假若承認有一個 transcendental sense 的二元論，那是不合法的。他有一句話是非常 suggestive 的，他說在我們的經驗世界裡面，心物分得很清楚的，inner sense 啦，outer sence 啦，可以分得很清楚；他說假定是在一個 transcendental 世界裡，是不是那麼清楚，那就很難講了。這個話說得很有趣味，不過他這樣說是很消極的。在經驗世界裡面，心和物分得很清楚；在超越世界裡面，爲什麼就不一定能夠分得那麼清楚呢？這句話也不是很好了解的。但是

假定你了解「色心不二」，一下子就可以了解。「色心不二」從煩惱這裡講可，「煩惱心遍，就是生死色遍」這個地方是心理意義的不二，是現實範圍之內的；但在這裡知識論地講，也可以是經驗意義的二元論。翻上來是超越的，那就很有意義，也可以把西方哲學裡面的一些問題給它處理得很好，就好像康德當年處理 dogmatic idealism 及笛卡兒、柏克萊等人的那些問題一般。現在大家都不談這些問題，實際上這些問題都在這範圍之內可以處理得很好的。

如果在圓教下「色心不二」必然地成立，則由此可以得到一個最大的啓發，便是藉此可以處理康德哲學中一個最後的問題，即「最高善」之問題。如果圓教成立，色心不二成立，則最高善中的兩成分（德與福）便不必永是綜和的關係，亦可是分析的關係：在權教下是綜和的，在圓教下是分析的。而最高善最好譯為「圓善」。這當是中國哲學智慧的最高峰，關此，吾將有《圓善論》以備之。

六、分解的與非分解的

最後一個觀念、問題，就是上第四段所提到的，凡建立系統，而有系統相的，一定走分解的路。現在我們就特別提出這個分解與非分解的問題。

這是個綱領性的問題。假定用佛教裡面的話說，這就是「分別說」和「非分別說」的問題。「分別說」也叫「差別說」。按照西方哲學講，我們現在所謂分析哲學，或是邏輯分析，或是語言分析，這是最狹義的分析。現在我不取這最狹的意義。這種狹義的分

析哲學假定當一個方法看，那是可以的。它說我只是個方法，沒有主張；其實不然，我看它是有主張，它後面有一個括弧，那括弧就是它的主張！我們現在看看，當作方法來看，分解是必要的。分解是使概念清楚，這樣才能有所建立，有所立，始有所破。所以廣義地說的時候，西方哲學都是分解的。Plato 是分解的，Aristotle 是分解的，康德也是分解的。

再推廣地講，佛教裡面的分解說，就是分別說：分別說法。《大智度論》裡面提到，佛說法的時候，用種種不同的法門說，有一法門說、二法門說、三法門說……，以至於無量法門說。一法門說，要通過一個法來解釋一切法，二法門說，是通過兩個法來說；三法門，譬如說「三法印」；四法門，譬如說「四諦」；五法門譬如說「五陰」（五蘊）；八法門，譬如說「八識」；等等。佛教裡面最會說數目字，但是這一些通通都是分別說。所以佛究竟是佛，他早把這個問題交代明白了。告訴了大家，凡是分別說，就是「權法」，《大智度論》名之曰「可諍法」。「可諍」就是可諍辯的，可以引起討論的。當然，凡分解的路達不到圓教，即如康德的系統還是可諍辯的。佛早就明白了，不要說康德，就是我佛自己所說的法一樣是可諍的。大、小乘法都是釋伽牟尼所說的，從「四諦」、「十二緣」一直下來，不都是分別說嗎？凡分別說是權法，是可諍法。這個「可諍」兩字很有趣味。

到後來，佛不是用一法門、二法門、三法門……去說，不是用這個方式說，那是用什麼呢？那是用「異法門」去說。那個「異」是「特異」的「異」，就是用很特別的法門說，那個特別的法門是什麼呢？根本就是不說，根本就是不用分解方法去說。因為《般若

經》無所建立，它只是順著我們分別說的那一切法加以消化。它的作用是在消化掉，把你的執著去掉，去掉那一切病，它的工作就完了。所以《般若經》那麼一大堆一百多卷，重重複複就是一句話：「不壞假名而說諸法實相」；「實相一相，所謂無相，即是如相」；「不可得，以不得得」，「不可學，以不學學」。它就是這一些話，通通是詭辭。

《般若經》之非分別說，之無所建立，又和《法華經》的不同。它是通過「般若智」的妙用，老詞語叫做「融通淘汰」，把那些毛病都給化掉。所以《般若經》所說的是「不諍法」，這是永遠不可諍辯的，因為它根本無所說，沒有建立東西，你諍辯什麼呢？這是表示「般若智」的妙用。然而，怎麼樣才算「般若」呢？如果可以分別的告訴你，什麼叫做「般若」，引經據典說一大堆，還給它下定義，則這個不是「般若」。在《般若經》中真正說到佛要呈現「般若」的時候，一定要通過這句話：「般若非般若，是之謂般若」這個詭辭。假定你說出什麼是「般若」，「般若者，……之謂也」，這就糟糕了！《般若經》不說這種話。「般若非般若，是之謂般若」，這才是「般若」，這是詭辭，通過 negation 而成的。你要是想學「般若」，你先要把「學」這個觀念去掉。你要真正地去學習「般若」，你若是以學學，你永遠學不到。所以說「以不學學」。這種詭辭，在我們現實世間上看來是不通的；但是你真正要「般若」呈現，要真正地學得般若，你就要這樣學。

這種道理不是很困難，中國人很有這種聰明，很會談這方面的道理。道家以前也喜歡談這方面的道理，但是《般若經》表現得最好，它是典型，它代表非分別說、不諍法這一面。剛才說《法華

經》也沒有內容,它的問題就是「開權顯實」,它不是第一序上的
問題。天臺宗講《法華經》的時候,說《法華經》是佛教的大綱,
說的大綱不是我們現在一般說大綱的意思,他說大綱是指「佛的本
懷」說。他們認爲其他經裡面說這說那,很多問題都已說到了,我
這裡不要再說。那很顯明的《法華經》的問題實不是 first order 的
問題,乃是 second order 的問題,所以裡面沒有內容。天臺宗就是
跟著《法華經》開出那個圓教,所謂「一念三千」、「開權顯實」
那些話所表示的。法華圓教既和「般若」那作用的圓不同,又和以
分解而建立系統,有系統相的那一切教法系統不一樣,所以它也是
不諍法。那樣子的圓就是圓教,那是無二無三,只有一個圓,不能
說各圓其圓,各圓其圓還是走分解的路。

　　照天臺宗的講法,一定是「般若」的圓和《法華經》所表現的
圓合而爲一,這才是眞正的圓教。在佛教裡面,《般若經》是代表
非分別說,這裡《般若經》固然重要,但是消化須有所消化,須要
吃東西。分別說固然是權教,但是這個分別說也很重要,因爲不分
別說便不能立教,你不分解說便不能告訴我一個東西,我怎能知道
走那條路?所以廣義地說,一切聖人開始走的路都是分解的。說
「十二緣」,說「三法印」、「四諦」,都是分解說,是在立教,
是給你一條路。《論語》也是分解說,孔夫子講什麼叫「仁」,什
麼叫「義」,什麼叫「禮」,什麼叫「智」,都是分解說。分解的
詳、略,那不是問題;分解的嚴格不嚴格,也不是問題,這是廣義
的分解。所以從這樣講,聖人立教都是 analytic 的。照我們平常的
了解,分解的東西才能成「經」,所以《道德經》是經,它說:
「道可道,非常道;名可名,非常名。」首先分成兩個領域,然後

再了解：「無名天地之始，有名萬物之母。」告訴你什麼是「無」，什麼是「有」，這都是分解的。至於《孟子》那更是分解的。分解是屬於 what 的，它能告訴我們「是什麼」，因為 what 的問題，有所立就有所破，既有肯定與否定，當然是可諍辯的。所以說「故有儒、墨之是非」（《莊子·齊物論》），諍辯就來了，這個佛早就看明白了，本來就如此嘛！所以分別說乃是非分別說的必要條件，必先有分別以立教，而又不限定於其內，然後以非分別說的般若融通淘汰之後，以非分別說的法華開而顯之，乃可臻於圓教之境。

〔紀錄者案：此節末段由 paradoxical thinking 申論及 dialectics 的問題，茲因錄音時未及錄入，故亦未能整理出來。然有關問題仍可參看牟先生的著作，茲就整理者所知，列出有關參考資料如下：

(1)《佛性與般若》下冊附錄：〈分別說與非分別說〉（pp. 1187-1214）（台灣學生書局）

(2)《現象與物自身》第七章第十節：〈分解的路與詭譎的路〉（pp. 423-430）（台灣學生書局）

(3)《理則學》附錄第十三章：〈辯證法〉（pp. 271-286）（國立編譯館）

(4)《中國哲學十九講》第十五、十六、十七等講（台灣學生書局）〕

（70年3月4日講於崇基書院，馮耀明記錄）

原載《鵝湖月刊》第6卷第12期　　1981年6月

談宗教、道德與文化

──答臺大中文系同學問

問：基督教若要在中國生根，爲何定要轉化？

答：要轉化的意思有兩個：第一、要在某一個文化系統裡生根，就
　　一定要適應那個文化系統的基本形態。第二、基督教的教義本
　　身本不是最後的，本不是絕對的圓滿。可以從這兩點來了解。
　　從第一點來說，一個文化系統必定有它的基本教義，若不能適
　　應，它就產生排拒性。所謂適應，是要適應那個文化系統在核
　　心處的基本教義形態，而不是適應表面的風俗習慣，那種適應
　　是不成問題的。當初傳教士到中國來，穿中國衣服、說中國
　　話，這些他們都會，但是對於中國文化的基本教義形態卻不必
　　能適應，他們亦不想適應。他們規定教徒不准拜祖宗，清廷就
　　要把他們驅逐，禁止傳教。但這也只是禮俗方面的問題，還不
　　是中國文化之基本教義問題。即使准許拜祖宗，它的基本教義
　　也當該適應這個文化系統裡的基本形態。譬如當初佛教傳
　　到中國來，風俗習慣的保存是一套，我們還是穿袈裟、剃和尚

頭，獨立一個世界。而他們的教義也一樣可以傳進來。因為他們的基本教義形態（不是內容）和中國可以相適應。佛家說：一切眾生皆可成佛，這一點恰好與儒家、道家相合。儘管一個成佛、一個成聖，另一個是成眞人，他們的基本教義型態卻沒有不同的地方。既然說一切眾生皆可成佛，人人皆可以爲聖人，這些都不是空話，那麼如何才能做到呢？就是要從主體著手。東方宗教都是如此，在修證工夫上都能開出主體。這是中國人所能接受的。吸收進來以後，也不一定要改變內容。佛教還是佛教，照樣可以講那一套道理；道家也還是道家，儒家也還是儒家，並沒有說是三教合一。儘管佛教吸收進來對中國的影響很大，現在幾乎成了中國文化一個本有的內容，但始終還不能取得正統的地位。不過通通空氣也是好的，它有輔助、調節的作用。

到了唐朝，儒家管世間，佛家管出世間，爾爲爾，我爲我，大家互不侵犯，相安無事。到後來他們討厭宋明理學家，那是因爲宋明理學家出來闢佛。然而唐朝的時候爲什麼就能相安無事呢？因爲唐朝沒有思想家，不能了解儒家的基本精神。那個時候的儒家就是指廟堂上的典章制度、中國社會上的風俗習慣，譬如三綱五常之類。這都是中國的老傳統，而佛教以爲儒家就是如此而已。其實這只是儒家的一個社會底子，是表面的，而不是儒家所以爲儒家的根據。到了宋明理學家，要求進一步提昇到儒家的本質，站在自己的立場來對抗佛教。它有這個本質，就一定要提出來，要抵消佛教，儘管消滅不了，佛教是進來了，但始終不能取得正統地位。所以說，不能進攻就不

能守，如果儒家永遠是典章制度、人倫日用，等於說自己沒有一個本，自然是站不住的。

所以從第一點來說要相適應，不能堅持說只有一個人是基督，其他人只能做基督徒。你若要否定「一切眾生皆可成佛」，「人人皆可以爲聖人」，這樣我們不接受。爲什麼一定要通過基督呢？這就好像當年路德新教爲什麼要反對羅馬天主教一樣。路德說：我自己也可以通上帝，爲什麼一定要通過羅馬教皇呢？現在也一樣，耶穌也不過是個聖人，爲什麼必須通過他，始能得救呢？爲什麼單單耶穌可以直通，我們就不能呢？這是抹殺天下人生命的本質。說耶穌是神，是三位一體中的聖子，那不過是宗教的神聖化。我們儘可以把一個人加以神聖化，但不能當眞。譬如我們也可以神聖化孔子，但是原則上是人人皆可以爲聖人，儘管現實上不止如此。又譬如佛教總推一個釋迦牟尼佛，但是理論上說是三世諸佛，過去、現在、未來多的是佛。不過現實上我們拿出一個釋迦牟尼佛來作代表，作一個模型。孔子也是如此。這是從歷史文化上講，總不能說是今天一個聖人，明天再換上一個聖人，這是不可的。把基督形容爲三位一體中的聖子，站在這個立場上講，耶穌不是個人，是個神。這種神聖化的意義我們可以了解，它在傳教上也有一種方便。但是基督教的教義原理不能永遠停在這兒。如果說基督不是人轉化成的，一定是上帝派遣下來的；人人不能做基督，人人只能做基督徒，這樣一來，就不能和中國文化的教義形態相適應，當然就要產生相互排拒性。傳教士說耶穌是上帝派遣下來的，不像中國是由道德實踐轉成的，那麼主體本身

就不能開出。主體之門不能開，對於人類的尊嚴是一大的貶損。光要靠上帝的恩寵來解決罪惡，實在渺茫得很，等於沒有解決。罪惡是要靠自己顯露一個超越的主體來自己用工夫。至於工夫能用多少？能克服多少？這是一回事。但是總要自己克服。不能說是天天犯罪，跑到禮拜堂去痛哭流涕，就天下太平了。這樣對人又有什麼好處呢？上帝又有什麼用呢？這顯然當該轉化的。

基督教如果能夠轉化，進來以後還是一樣可以講上帝，講宗教裡面的神話，這個無所謂。在不喪失自己的本性之下，而能經常和對方相觀摩，這樣彼此都有充實自己、糾正自己的好處。每一個大教都如此。反過來說，佛家儒家也不要把基督教看成是低級的宗教，它也有它精彩的地方。假使能夠肯定「人人都可以為聖人」這個前提，就能把主體開出來。基督教講原罪問題，但為什麼人不能夠解決自己的罪惡而非要靠上帝的恩寵呢？在中國人來說，這第一步聽了就不悅耳。如果上帝不加恩，這一生不就完了嗎？這就成了命定論，中國人是不接受的。這個問題要如何解釋才有意義呢？我們說要克服自己的罪惡，在有限的範圍內是可以做到的。有限範圍的標誌是在什麼地方呢？就是在你的理性意識所能意識到的，你可以克服。無論這個罪惡怎麼難、怎麼大，只要能呈現到你的意識裡邊，總有辦法把它化掉的。但是問題在於：意識到的總有一定的範圍，而意識的後邊是個大海，無窮無盡，總有你意識不到的地方。罪惡也是個無限的大海，你能意識到罪惡而罪惡不止於此。生命之根也是無限大海，心理學家所分析的下意識、潛意

識，你能為它劃一個界線說是「下」到這個程度為止嗎？儘管我們的生命是有限的，但是生命的內容是個無限。就好像下意識，那個「下」是可以下到無限的，它是一個無底的深淵。但是東方的宗教無論是儒、釋、道三家，在知道罪惡是無限的時候，同時也肯定理性無限。到了無限的理性全部朗現，罪惡也就統統化掉，這就是成佛、成聖、成真人。也許現實上做不到，也許今生做不到，那麼我來生再努力。印度人總喜歡說成佛要經過幾世幾劫，表示成佛很難。成佛很難，但並非不可能。禪宗說頓悟成佛，好像很容易，然並非不知難。這兩個意思並不衝突。可能有可能的根據，頓也有頓的可能根據。在這個地方，東方的智慧顯然比較高，很容易解決這種問題，而不需要靠上帝恩寵這類定命論的說法來解答。所以在這個地方馬上進到第二點。

在西方，基督教是在歷史文化發展之某階段中以某形態出現的。在這個形態下的教義，本身就要受到這種形態的限制。所以這個教義本身就不是最後的；不是最後就不是絕對。既然不是絕對的圓滿，就當該善化自己，更圓滿化自己，這才是上帝加給你的責任。上帝是上帝，基督教是基督教，二者不可混同為一。上帝是普世的，是個公名，叫它道也可以，叫它天也可以。基督教不一定是普世的，它有它歷史文化的特殊性，這是不能相混的。所以說要適應，適應不是投機，而是在真理上須不斷地調整你自己。因為一切大教本來都是絕對性的「絕對」不能有衝突，不能有兩個絕對。不能夠說：我的絕對不能接受你佛家的「如來藏」，也不能接受儒家的良知。假如說我這個

如來藏的絕對性裡不能有良知，那麼這個如來藏就不絕對了。如果要把絕對性客觀化、人格化，推出去當作上帝來崇拜也未嘗不可。把上帝人格化作爲祈禱的對象，這是一個方便。本來同樣是一個絕對性，卻用種種形態表現出來：佛家是如來藏型，儒家是天道性命，道家是道心，基督教是上帝。這些不同只是教路的不同，上帝本身並沒有什麼不同；都是絕對，都不能有排拒性。把絕對性人格化當作上帝來祈禱，這是佛教裡面所謂「權」，所謂小乘。要有這個智慧，有這個雅量來善化自己，一方面適應人家，一方面要有一種幽默來了解自己這一套到底是什麼意思。

問：陳獨秀曾激烈抨擊儒家的道統說，以爲這是思想獨佔。道統說的意義到底何在？

答：這不是陳獨秀一個人如此而已。從五四運動以來，一般人都有這種濫調。這是在西方文化衝擊下的一時風尚。西方講自由講科學，但是基督教不也還在維持那個社會的定常嗎？講自由民主的老祖宗是英國人，但國教還是國教，並沒什麼受影響。中國人素來講三祭：祭天、祭祖、祭聖人。如果你連三祭都不願意保存，那還有什麼東西可以提昇你的生命呢？這種傳統破壞很容易，再要恢復就很難了。

儒家所以能取得正統的地位，有它所以然的根據，不是靠帝王就能維持的。有人堅持說儒家是靠帝王來維持的，但事實上帝王有時還不相信這個道統，反而去相信道教或佛教。然而一

個帝王總是不願意觸怒這個社會，不願意和整個社會大眾相抵觸，所以他要維持這個道統，能夠維持道統就能維持他自己，就能維持全部的社會。這個社會已經如此了，沒有人能夠反對的，所以帝王也必須適應，必須承認這個事實。儒家所以能取得正統地位的根據在於它的普遍性，有這個普遍性就表示它不是一個特殊的教義，而皆是本諸人情。所以「禮儀三百，威儀三千」，非天降也，非地出也，皆本於人情。「禮儀三百，威儀三千」都如此，何況儒家講的那些道理？所以凡是想獨立造出一個理論（theory），立一個教義，那都沒有普遍性。父子兄弟夫婦是人倫，不是 theory 也不是 dogma。西方的宗教經常有些秘密團體，立下一些 dogma，規定大家必須遵守，是沒什麼理由的。五倫不是 dogma，也不是 theory。theory 是就你的經驗著重的那一面而說出一個道理。你說這一面我可以說那一面。但是 theory 不是上帝，沒有絕對性也沒普遍性。譬如說希臘時期有一個畢得格拉斯，專門喜歡弄這些玩藝兒。他有一個團體，規定那個團體裡的人必須讀幾何學、不准吃豆子。這是沒什麼理由的。為什麼不准吃豆子？吃豆子有什麼不好？為什麼一定要讀幾何？讀幾何就能得救嗎？這完全是他的dogma。柏拉圖的學院裡規定要讀天文讀幾何讀音樂等等，這是學院的東西，表示他的學路是如此，而別人的學路不一定要如此的。這是 theory，儒家不是 theory，而是普遍的人性都如此，不但中國人如此，西洋人也是如此。儒家的教訓落到現實上就是「親親尊尊」；周公制禮作樂就是「親親尊尊」。「親親」是孝弟，洋人難道不孝弟嗎？「尊尊」是客觀的義道（政

治等級），任何社會不能違背。所以這怎能算是 theory 呢？這是人性之正、人性之常；人人當該如此。所以儒家當然就取得正統地位，它也沒有妨害學術自由，你照樣可以研究旁的東西像《墨子》、《莊子》等等，但是這些並不定於學官，因為一個政府有維持常道的義務。

這個問題就是要了解到儒家在中國是個「教」的地位，就好像西方基督教的地位一樣，而一個民族是不能沒有教的。西方人最講自由、最講人權，但是人家也沒有把基督教取消。基督教所以出毛病，是在中世紀的時候，因為基督教又把持科學，又把持政治，所以要把它縮回。但是把它縮回並沒有喪失它原有的正統地位。這樣才有所謂思想自由、科學自由等等。儒家並沒有干涉科學把持知識，只不過漢武帝因為要透過儒家的經典來維持儒家正統的地位，所以在取士的時候要設立這些學官。在社會上當然可以自由，雖然政府有《五經》一定的教本，但是你不用那個教本也不會把儒家的正統地位打倒的。

問：儒家典籍在傳統學問的分類上列於「經」，為天下人所當共守，而其他如諸子百家卻列入「子」部，只能代表個人的觀點。傳統學問這種分類是基於什麼道理呢？

答：這就是剛才所說的，諸子百家就是所謂的 theory，儒家不是 theory，五倫不是 theory，它是不能變的，它的底子就是周公制禮，就是「親親尊尊」，儒家是就這個底子往裏講道理的。如果講到人性問題、天的問題，那就是思想，是哲學家講的，

那就要看個人智慧的高低了。

問：民國以來，理學家的文學觀常為人所詬病，其間的癥結何在？

答：嚴格說來，假定理學家真正有文學觀的話，那一定是現在所謂的古典主義、人本主義。譬如朱子、王陽明都會作詩，對於文學也都有一定的看法。「溫柔敦厚，《詩》教也。」這個老傳統，他們站在儒家的立場一定得肯定，至於你有一些什麼古裏古怪的東西，他們也不妨害你，認為你這是文人感性的階段。齊克果把人生途程分為三個階段，文學家是感性階段，再上面是道德階段，最高的境界是宗教階段。照西方的基督教傳統是這麼說，照儒家來講也是如此，孔子說：「興於詩，立於禮，成於樂。」在聖人的立場，並不把文學看得很高。然而文學家也不需要在這個地方特別來反對。你總不能說文學概括一切，旁的東西都沒有了，那就成了泛文學論。聖人說「興於詩，立於禮，成於樂」，這也是三個階段。「成於樂」是最後的圓成階段，「立於禮」是道德階段，「興於詩」是感性的興發階段。詩「可以興，可以觀，可以羣，可以怨。」興、觀、羣、怨就是興發的階段。其實，最根本的問題：文學家和理學家的生命型態是永遠相衝突的。譬如過去程伊川看不起詩人，蘇東坡也力反伊川的「敬」字，這種針鋒相對，到了現在，還仍然在表現。林語堂不也重新表現蘇東坡的論調嗎？這個衝突現實上講是個永恆的衝突，這不是可以理論辯駁的。

還有你們剛剛提到的問題：假定已經到了宗教的階段，文學

是不是還有意義呢？這當然是有的。既然說「成於樂」，那就是個圓成的階段，但是圓成境界和藝術作品不同。宗教有宗教音樂，宗教音樂還是音樂，但是它到了宗教裏面就不同於一般的音樂。就好像陶淵明說「但識琴中趣，何勞絃上聲？」詩和彈琴一樣，最好的詩就是沒有詩的樣子。陶淵明不是說自己的詩「文妙不足」嗎？表面上很簡單，但是詩的境界卻很高。中國人是很嚮往這種境界的。這樣並不一定好，不能內在於詩本身當作詩來表現。中國的詩人並不像西方那樣把詩當作純文學來看，把全部的生命放在裡面去成為一個詩人。中國的詩人沒有一個硬是想要做詩人的。詩人也是人，他把詩消化到人的生活裡來，把詩歸成生活，所以最高的境界是沖淡，在詩裡面把詩的緊張化掉，這也就是它的好處。把詩的緊張化掉就是散文體，最好是七古或五古，如行雲流水，唸起來也迴腸盪氣，沒有格律的拘束，沒有那個緊張，就是沖淡了。詩本身是個 intensive，他就把那個強度變成 extensive，就是行雲流水。按照西方詩人的定義來看，中國真正的詩人只有李義山。他始終保持著詩的純粹性，也就是詩的緊張性。但是按照中國對詩人的衡量標準來看，他並不是最高的詩人。西方的詩人就是能夠保持詩的純粹性，認為詩本身就有絕對的價值。這種看法的好處是能夠獨立發展，無論文學、音樂、美術都是如此。中國人就不同了，他什麼都通，通到生活的大海裡。在這個地方，中國人有他的幽默，不固執那個純粹性。但是他的壞處就是一切都隨隨便便。其實，它後面的根源有個很高的智慧。

問：在歷史上，儒家學說對個人而言可以安身立命，對社會而言可
以制禮作樂，有調節社會的功能。但到了今天，由於社會日趨
複雜，分工日漸細密，第二點功能似乎已為社會科學所取代，
儒者對「外王」方面的發言權越來越小，這種情形是否應當繼
續下去？

答：即使到了現在，也不能說是被社會學科代替，事實上是社會本
身轉變了。以前的社會可以老死不相往來，現在就沒辦法如此
了。以前要守三年喪，現在誰還講那一套呢？這都不是主要的
問題。儒家的精神可以在老的社會表現出來，同樣地可以在新
的社會表現出來，就是社會學科也不能代替的。儒家講外王有
它的義理的內在根據，就是內聖之學。「外王」要適應時代來
講，外王並不一定是指風俗習慣。現在中國所碰到的外王問
題，一個是科學的問題，一個是政治的問題。中國在以往就是
太偏重內聖之學，講道德、講本源，而不注重科學知識。現在
的問題就是要如何開出科學知識。儒家並不反對科學知識，但
是不反對是一回事，能不能開出來是另一回事。還有政治問
題，儒家的政治是外王，但是儒家老的「外王」就是行王道，
以夏、商、周三代做標準。什麼是王道呢？就是承認客觀的社
會是 open society（共產黨則是 closed society），要建立有憲
法基礎的民主政治。反共就是為這個反共。現在講反共，講文
化問題時不講內聖與外王的基本課題，只講一些現實的東西，
失去了理想性。反共是個時代的課題、客觀的意識。眼前青年
一代就是缺少這方面的意識，所以不能了解這方面的問題，心

思就不能開闊；心思不能開闊，課題就不能客觀化，於是落在
怪腔怪調的嬉痞式。這是這一代的時尚（fashion），不是我們
這一代正視的大問題。譬如說他們美國講 generation gap，我
們這邊也跟著講 generation gap；而 generation gap 只是社會科
學裡的一個名詞，社會科學的名詞是針對社會現象來講的。老
年人和青年人當然有不一樣的地方，但中國人並不把這個當做
問題。不一樣是不一樣，但總有共通之道。中國人是重視歷史
的承續性，各代之間的承先啓後，不重在世代的隔異。老年人
接引青年人，青年人也是該向上企慕而超越其自己，這便無代
溝之可言。

問：近來有學者強調「見聞之知」應當擺脫「德性之知」而宣告獨
　　立，兩者站在平行的地位。這種說法是否恰當？

答：德性之知是屬於價值的，它能決定生命的方向，而科學知識不
　　能決定方向，所以應當要受德性之知的指導。科學知識只能了
　　解事實，它不能滿足生命的價值方向，只能滿足現實上的技術
　　問題。你儘可根據事實所告訴你的去做，但這並不是道德行
　　為。譬如說你想要殺某人，要採取什麼方法才能殺死呢？這是
　　個技術問題，而不是道德問題。當然，現實上一般人的生活大
　　部份是技術性的，但我們不能說人都是技術性；假定一直停留
　　在技術性，完全講現實、利害，這樣一來就沒有真正的生命的
　　方向了。知識本身是中性的（neutral），它儘管不能決定什
　　麼，但也不一定反對講德性。若說要把見聞之知從德性之知裡

面解脫出來,當個科學獨立研究也未嘗不可。但是解脫出來也不是說這個時代就不需要德性之知了。德性之知是永遠都要講的,道不可須臾離,不管那個時代都必須講。

問:撇開政治鬥爭的因素不同,大陸上為何要進行「批孔」運動?

答:共產黨在本質上就是反儒家的。不只是反孔,所有正面的大教它都反。在中國反孔,在西方不也反基督徒嗎?這些大教所代表的是正面,而唯物論者代表的是純粹絕對的反面。反面就是撒旦,撒旦是個純粹的否定(pure negation),不能作任何肯定。撒旦這個魔是高級的(spiritual)。馬克思不承認有普遍的人性,一切都是階級性。他們說:孔子是個士,是小資產階級。又說:釋迦牟尼為什麼夢想那一套?因為他是個王子,若沒有這種生活上的舒適,他也不可能如此的。他們又稱耶穌為工人階級,因為他是木匠的兒子,但是他出賣了革命。所以他們把一切都歸入階級的意識。然而,孝弟單單屬於資產階級,無產階級就沒有孝弟嗎?資產階級能夠愛國,無產階級就不愛國嗎?馬克思一點道理都沒有!儒家就肯定普遍的人性,肯定道德的自覺心、道德的根源,所以反共應該是價值、道德意識的鬥爭,而不是要保持風俗習慣而已。

問:談到理想的問題,共產黨所標示的沒有階級對立的「理想」世界,與柏拉圖的理想國是否有類似的地方?

答：二者根本無關。把階級消滅之後，雖然沒有階級的對立，然而連帶地人的一切質的東西也沒有了。這樣只有量的標準而沒有質的標準，不能算是理想。天國應該是表示「質」的一種理想。共產黨所標榜的根本不是理想（ideal），而僅僅是理想的影子（shadow of ideal）。有人以爲共產黨之所以進行階級鬥爭，是由於對社會現實的不滿。可是現實總是會有缺陷的。「理想」不能從剷平現實來講。如果因爲兄弟不對而把他殺掉，這樣一來，毛病雖然是去除了，可是兄弟也因此沒有了，這樣怎麼可以談理想呢？「理想」是一方面要去掉毛病，一方面還要保存住人道、常道。理想發自道德的自覺、人道的尊嚴，不光是對未來的一種期望，例如希望發大財，希望事業成功等等；而是要有道德的自覺，要生命的向上超拔，才有理想可言。不合理的情形很多，但是不合理的背後要有道德的肯定。譬如說：爲什麼他吃兩個麵包，而我只能吃一個呢？這樣拿麵包來做標準是不可以的。因爲不是每個人都需要兩個麵包，很可能他要吃兩個麵包才會飽，而我吃一個就夠了。就像打成績，如果大家同樣是一百分或者同樣是零分，這顯然是不合理的，所以一定要分個等級。等級應該是價值的觀念，而不是量的觀念，這與「階級」不同。

原載《鵝湖月刊》第2卷第11期　　1977年5月

訪韓答問錄

前言

　　先生於本（1980）年7月25日至29日應韓國退溪學研究院（理事長李東俊先生）之邀請在韓國作五天之參觀訪問。（隨行有國立臺灣師範大學國文系教授戴璉璋先生及國文研究所博士班韓籍研究生梁承武先生。）韓國哲學會曾於26日晚間假漢城之 President Hotel 會議廳舉行晚餐座談會。席間，韓國哲學會與會者共提出十個問題。限於時間，先生所直接答覆者僅及其中五問。此部分之答問經由筆者據錄音予以轉述。其餘各問，則先生於返抵香港後已親爲作出書面之回答。下面首錄先生在會上之講話（由筆者據錄音寫出）。再依次爲先生之書面答問及筆者所轉述之答問部分。

鄺錦倫謹識

講 話

李院長、各位先生：

　　這次承退溪學研究院李院長邀請到貴國來訪問，本來預備是一個星期的。現在因為在臺北不能久住，需早日返回香港，所以很短促地只能在這裡住三、四天。李院長的盛意實在令人感激。本來我現在的身體不太好，旅行、觀光這些事情不是十分相宜的。但李院長到臺北去，希望我無論如何要到漢城來一趟。盛情難卻，遂趁臺北的事情大體快結束的時候抽暇來貴國一行。今得與各位先生晤敘一堂，心中甚感榮幸與愉快。

　　諸位先生都是研究東方哲學的。李院長則主持退溪學研究院。退溪先生是李朝的著名理學家，代表東方的學問。在今天這個時代來弘揚東方的學問比較上有相當的困難。這因為，東方的傳統學問，在中國這方面講，其衰微——雖不必是斷絕、斷滅——實由來已久。從明朝亡國以後，經過清朝的三百年，中國的傳統學問幾乎完全被遺忘，因而遂完全不能被大家所了解。東方的學問在中國大體以儒家為主流。道家也發生在中國。佛教是從印度來的。所以，東方的哲學大體是集中在儒、釋、道三方面。後來的表現，不論是在韓國方面、在日本方面，大體亦不超出儒、釋、道三教的範圍。

　　可是，儒、釋、道三教這東方的老傳統，在中國方面，其斷絕、斷滅——就是不斷絕、斷滅，衰微總可以說——由來久矣。自滿清入關後，中國的學問就講不下去。到了清末，即在日本明治維新的時代，東方的國家受到西方文化的衝激。西方文化衝激進來，

最大的影響，簡單一點說，就是：東方的這些國家必須要走現代化（近代化）的路。比起西方的國家來說，東方這些國家是落後。落後即沒有現代化。固然，這落後也不是什麼了不起的落後。滿清開始統治中國，相當於西方的十七世紀。西方的進步、現代化是從十七世紀開始的，經過十八、十九世紀，已有三百年時間。在這三百年，西方快速地往前進，加促其近代化，終於領導世界。東方在這三百年就一直落後於西方。日本的明治維新使她的現代化提早了一點。現代化是必要經過的。但現代化的問題是從西方來的，是西方文化所開出來的。東方的國家既受西方文化的影響和衝激，就要進行維新。由此可見，東方的老傳統中沒有近代化這一套，至少它本身沒有開出這一套來，因而讓西方先走了三百年。就日本講，也讓西方先進了二百年。所以，近代化是東方所必須需要的，是必要經過的，不可免的。既然免不了，而現代化又是順西方文化的衝激、影響所開出來的問題，所以東方國家的問題便是：在現代化的過程中，西方文化和東方老傳統如何可取得協調？

現代化並不是要抹掉老傳統，而是如何能與西方文化取得協調。先消極地取得協調，再進一步積極地把老傳統中的精神開展出來，將其義理恰當地講出來，使這老傳統與西方文化相接頭。相接頭非謂同一於西方文化（這是不可能的），而是先選擇、消化西方文化，再來和東方文化相接頭。這無形中可使東方老傳統重新達到新的、進一步的境地，得到重新發揚。重新發揚也不是比附、歪曲、改變其本義，而是使這東方老傳統的本質的意義能保存、維持下去，並且光大、弘揚起來。這大體就是東方國家——尤其中國——之知識分子之最大的擔負之所在。

　　在這裡，中國的問題性最大，因爲整個大陸在共產主義統治下，中國文化幾乎完全沒有了。困難也就在這個地方。這樣一個擁有七、八億人口的大國家，她在世界上的地位舉足輕重，她以往有一個很深很深的幾千年的老傳統，如果不能使她走上正當的軌道，走上健全的路，這必非世界之福。

　　在這時候我們研究東方的東西，研究自己的傳統，決不可以採取抱殘守缺的態度，須要有積極一點的精神，須要關涉著時代來弘揚。抱殘守缺終是抱不住、守不住的。不在時代上起作用的終將被淘汰。

　　謹簡單說這幾句話以報答李院長的盛意，以及各位先生的招待。

答問

問：對於新儒學您老的意見如何？（韓國哲學會權允達先生）

答：關於此問題，我的意思俱見《心體與性體》〈綜論部〉第一章。

問：據所知，老師曾從西洋哲學的研究轉向中國哲學的研究。請問其動機如何？（東國大學哲學系鄭琮教授）

答：中、西兩哲學傳統不同，然必有其可以會通之路。會通之路端在康德。兩傳統如不能得其會通之路，中國哲學將無復活之

望，而西方哲學亦將不能百尺竿頭更進一步。人的興趣不一，而各人的才力亦有限，然客觀言之，處今之世，人固不能不正視西方哲學，然亦不應專限於西方哲學。中國人之正視其自己之傳統乃是其本分。推廣言之，中西人士皆應自省其自己之傳統並正視對方之傳統，以期入於智慧之門。

問：清代考據訓詁之學對於清代之近代化爲阻礙因素，抑或有促進之作用？（清代之近代化實已失敗）（鄭璇教授）

答：考據訓詁之學，如當作一種純粹學術興趣而觀之，則是與近代化之問題不相干者。如視作學術文化之取向，則不但無助於近代化，且適足以阻礙近代化。近代化是文化發展之取向問題，亦是政治體制之取向問題。此是思想問題，不是考據訓詁所能決定者。就清代而言，考據訓詁之學頂盛之時正是清帝國頂盛之時。那時並無近代化之問題，一般人亦無此意識。到清代末葉，西方帝國主義入侵，人始覺識到此問題。一旦覺識到此問題，人們立見考據訓詁之學乃與此問題爲不相干者。如是乃有變法運動。變法失敗了，乃有革命，直革至共產黨出現，乃益與近代化相違反。

問：中國哲學要能適應未來，其發展之應有的方向如何？尤其在中華民國與中共之對立中，其各自所應放棄的是什麼？（成均館大學儒學系柳承國教授）

答：中國哲學，如自純哲學而言，其未來發展之方向必須通過康德
哲學之間架始能適應未來，因為在西方哲學中，只有康德的批
判哲學始能與中國的哲學傳統相契接。哲學不只是純哲學，如
通文化發展而觀之，則中國哲學必須能配合近代化而且能促進
近代化始能適應未來，此正是儒家傳統所自發地要求者。自此
而言，中共必須放棄其馬克思主義那一套 ideology，因為那一
套體制既與中國的哲學傳統相違反，又與近代化相違反。他們
大力破壞中國的文化傳統，並力圖毀滅漢字，但世間寧有如此
非理性而可以立國者？此正無異於自我毀滅！近代化不只是科
技的近代化，如他們所謂四個近代化者；近代化的本質內容唯
在能有保障自由的政治體制與經濟體制，可是他們單單堅持其
毀滅自由的極權專制體制。至於中華民國方面，問題不在應放
棄什麼，而在應充分地向近代化前進並光大中國的文化傳統，
藉以恢弘其自己，並光暢其自己。

問：朱子的「敬」與佛學的「禪」，尤其是「敬」所具有的「內面
的自己指向」，與禪宗的「話頭之不斷的緊張」（即禪宗的方
法）之差異如何？（東國大學哲學系宋錫求教授）

答：朱子的「敬」是平素涵養的工夫，意在使吾人之心凝聚不散
亂，易於合理，即易於表現性理，這是道德意識中的「敬」。
佛家一般意義的「禪」是屬於解脫的工夫，意即斷滅煩惱，從
煩惱中解脫出來，而歸於寂靜，這是解脫意識中的禪定，不是
道德意識中的敬。儒家「敬以直內，義以方外」（〈坤文

言〉）。程明道依據此語評佛氏云：「他有一個覺之理，可以『敬以直內』矣，然無『義以方外』，其直內者，要之其本亦不是。」這是順便承認佛家可以有「敬以直內」，但因爲無「義以方外」，所以其「直內」之本總歸亦不是。「不是」意即不對或差謬之意。即不說「不對」，其禪定之「直內」亦不是儒者之「敬以直內」。儒者（如朱子）之「敬以直內」直接地是使心凝聚不散亂，間接地是使心合理，易於表現理。心靜而合理即是「直內」。內部直而無曲，自能「義以方外」。「義以方外」者即是以性理爲是非之標準以方正外部之事事物物也。故敬之直內自不同於禪定之使內部清淨也。至於禪宗之方法則只是通過遮撥（所謂不斷的否定）以止息一切葛藤而使吾人當下歸於平平，此即是眞解脫。「話頭之不斷的緊張」，此語不甚通，禪家無此類語意。禪家參話頭所示的方法只是通過不斷的遮撥（否定）以止息一切葛藤，並不是停在這不斷的遮撥中成一個不斷的緊張。若如此，永無了期，如何能得眞解脫？遮撥只在止息葛藤而當下歸於平平。歸於平平，即遮撥亦被化除，一切話頭皆銷聲匿迹。

問：我們對東西方傳統的哲學作純粹的比較，這對於東方傳統哲學之現代化是否能有所貢獻？（高麗大學哲學系尹絲淳敎授）

答：所謂比較哲學，當然是東西兩個不同傳統之相比較。相比較也不能是空頭的、泛泛的比較，總需關連於什麼問題來比較。就我們剛才所講的，即關連於現代化的問題。從這問題先分別的

講，大家先有一個共同的了解：既然西方文化能開出現代化，
則西方的傳統哲學或哲學傳統比較容易走上現代化的路，或說
與現代化容易相順相成。至於東方呢？東方的哲學傳統或傳統
哲學與現代化卻不那麼容易相順成。有的時候是不相干的，比
如佛教。佛教不一定反對現代化，也不定贊助它。現代化也
好，不現代化也好，它總是這樣講，因為它以出世作主，主要
是解決人生的基本問題——生死問題。

　　照中國講，從五四運動以來，一般的知識份子都以為要現代
化就得打倒傳統。老的文化與現代化相衝突，所以要現代化就
必須打倒傳統，「打倒孔家店」。這是就儒家講。儒家都不能
有助於現代化，則道家、佛家更無所謂，更在打倒之列。二者
或與現代化不相干，但不相干正表示它們於現代化沒有用。

　　依此，東方傳統不像西方哲學那樣，容易走上現代化的路，
或容易與現代化相啣接、相順成。關於這現代化問題先作這分
別的了解。了解以後，再進一步來比較，看看西方傳統哲學何
以容易與現代化相順相成，容易走上現代化的路；又東方的學
問傳統何以與現代化不易相順相成。其關鍵何在？在這問題上
就可相比較。這需要我們在西方的哲學傳統從希臘開始，經過
中世紀一直到近代的發展中，看看他們所討論的是些什麼問
題，又他們如何思考這些問題。這一方面是思考內容的問題，
一方面是思考方式的問題。我們現在要作比較的工作，即從這
兩方面反過來看看東方的傳統哲學所思考的是什麼問題，而這
也決定它用什麼方式來思考。由此比較，可以看出來西方的哲
學傳統為什麼容易與現代化相順，而東方的哲學傳統則不那麼

容易與之相順。

我們要從事於比較的工作，這比較也不是說比較完擺在那裡就算了。比較的結果使我們知道現代化不可免，而西方哲學傳統所以使西方容易走上現代化，則它必有好的地方，也就是有東方老傳統所沒有的、所不具備的。假如肯定現代化而自己開不出來，則學習人家也很好。比較哲學當有此作用，這樣才對現代化有價值。反過來看，東方的老傳統雖不那麼容易與現代化相順成，是不是一定相妨礙呢？它雖不一定積極的相順，卻也不一定就是妨礙。在此，對東方老傳統的東西總要有一恰當的了解，要恰當地加以疏通。表面的似是而非的了解是很壞、很害事的。恰當的了解，再加以疏通，看看它討論些什麼問題，以什麼方式來討論。它所採取的這個方式與它所討論的那些問題之內容有關係，即由於問題不同。是什麼問題呢？也許是和現代化這問題沒多大關係的問題，因此其所用方式與現代化也沒有多大關係。但無多大關係也並不就表示它妨礙現代化。它以前的心思、心力、注意點是在它自己原有的問題上。我們現在的問題多得很，隨時代出現。東方人以前注意某一問題，這也不是說他們非只注意那問題不可，這並不限定說東方人只可注意那些問題而不能注意旁的問題。我們可隨時開發新的問題，而以前那個問題不一定妨礙這些新的問題。比如說，佛教表面上與現代化不相干，不相干是不相干，但也不一定就妨礙。佛教講成佛、講菩薩道，世間的一切活動都要肯定。假定現代化中最重要的成分是科學，則菩薩道不一定反對科學。雖然科學不科學與菩薩道沒多大關係，但既產生出科學來，它

也不反對。而儒家、道家更不反對。這樣疏通一下,則這種比較的工作對現代化有價值。

進一步說,「比較哲學」本身也不能成一個學問。天地間沒有一種哲學叫做「比較哲學」,它只是一時的方便,在過程中的需要,每個人都可作一點這個工作。比較以後,可對西方哲學有恰當的了解,而從純粹哲學的觀點也可看看東方哲學是否能延續下去,如何使之光大起來。這樣,「比較」不完全是消極的。東方哲學在與西方哲學比較下,我們覺得亦有其高明處,有超過西方的地方。如是,再來看看東方哲學如何能容納從而消化西方哲學,使東方這傳統所原有的智慧彰顯出來。我們可以吸收西方的科學,但不因此就把其他東西都抹掉。

問:在中國哲學之研究中,援用西洋哲學研究方法之可能性及界限如何?(鄭璇教授)

答:關於在研究中國哲學方面利用西方哲學的研究方法,說可能當然可能,說界限也有界限。關於其可能性,首先要了解:所謂西方哲學,乃是現代所謂「哲學」這名詞的一個典型的意義。因為哲學在西方獨立成一個傳統,它不同於科學,也不同於宗教,它是獨立的一門學問,下超過科學,上不及於宗教,是個「居間的」東西。凡人性有活動的地方,都可予以哲學的反省、哲學的思考。但一個人不能只生活在哲學中。我們生活在現實生活裡,生活在物質生活裡,生活在道德宗教中,卻沒有只生活在哲學中。只生活在哲學中是很痛苦的,這裡不是個歸

宿地。但西方的哲學傳統就單單是這個所謂不是歸宿地的居間的東西以獨立的姿態出現。先知道「哲學」的性質是如此。

在這意義上，中國的學問若當哲學來看、來處理，它確有些哲學上的概念和道理。但儒家不能當這意義的哲學來看。儒家的學問在成德，其最高的境界是成聖成賢。諸位看看李退溪先生所代表的學問就可知道。他要在人品上完成這最高境界——成聖成賢。一般來講就是成為一個真正的人。這固可牽涉到一些哲學的概念，但這不是主要的目的。若站在今日純哲學的立場來看，他的那一套都可有商討的地方，不一定都能站得住。但這並不妨礙他往道德實踐——即成德——這條路上走。道家的目的在成真人，成至人、成天人。佛家的在成佛、成菩薩。佛家的哲學性最強，但它的目標也不在哲學。但處在我們這個時代，也不妨暫時把這些學問當哲學來看。這表示不能居於儒家的最高目標，或道家、佛家的最高境界。這哲學還是半途上的話，過程中的話。

照此意義，假如以西方從古希臘開出來的哲學傳統作哲學的標準意義看，則作哲學性思考之最主要的方法是分解性的思考，即概念性的思考。概念性的思考必然函著分解的方法（conceptual thinking necessarily implies analytic method）。分解（analysis）有各種形態的表現。現在西方所講的所謂邏輯分析（logical analysis）或語言分析（linguistic analysis），這是英美方面講分析哲學（analytic philosophy）所謂的分析，這分析是狹義的分解。西方哲學從古希臘開始就是分解的。因為概念性的思考非分解不可。這分解是廣義的，不是分

析哲學之狹義的分析。中世紀聖多瑪和其他神學家不能離開柏拉圖、亞里士多德，因而還是在走分解的路，以柏拉圖、亞里士多德的哲學來建立其神學。到近代以來，英國方面的經驗主義則講經驗的分析（empirical analysis）。在歐洲大陸方面，從笛卡爾開始的理性主義還是分解的，不過其分解不是經驗的，而是邏輯的。其典型的代表是萊布尼茲。所以，羅素最喜歡萊布尼茲。斯頻諾薩的《倫理學》所講的實是形上學，他用的是嚴格的幾何學的方法——這當然也是分解的。

到康德出來講批判哲學（critical philosophy），則進一步。但他用來表示他這批判哲學的還是分解的方法。所以康德不論講純粹理性或講實踐理性，頭一部份一定是 analytic（分析論）。比如講《純粹理性批判》（*Critique of Pure Reason*），前面〈分析論〉即講 analytic of concepts（概念之分析）和 analytic of principles（原則之分析）。由概念之分析發現範疇（categories），由原則之分析發現範疇之合法使用所依據的那些原則。第一部都是分解的。分解是積極的——建立的、確定的。第二部分是 dialectic（辯證論），這是消極義的，是建立不起來的。所以康德稱辯證爲 logic of illusion（幻相底邏輯），而他的辯證部份則是對於幻相之批判；而稱分解的部分爲 logic of truth（眞理底邏輯）。這還是分解地講。

所以，西方哲學發展到現在的全部，就正面講，統統走分解的路。黑格爾稍爲不同一點。他講辯證法，這比批判的分解就進一步。但他還是以分解的方式來講辯證，以分解的方式把辯證過程（dialectic process）給展示出來。所以，西方哲學廣義

地講總是分解的。

哲學既非科學，也非宗教。在此，宗教也不限於基督宗教。照東方的看法，就中國來說，「宗」、「教」本是兩個名詞。現在則以「宗教」來翻譯 religion 成了一個名詞。宗、教在中國的本義是有宗有教，「依宗起教，以教定宗」。「宗」是本有的名詞，《莊子‧天下》篇謂：「不離於宗，謂之天人」。宗是最高的目標，即現在所謂宗旨。教是道路、方法，即達到最高宗旨的道路。所以說，「依宗起教，以教定宗」。因此，合此二概念以翻譯西方的 religion 實亦可以，也很恰當。但現在大家都以為宗教只來自西方，而忘掉原有的宗、教的意義。比如佛教，禪宗自稱為宗乘，其他教說則謂之教乘。宗乘與教乘不同。教是有思路、有道路、有方法的。禪宗是「教外別傳」。教外別傳是把道路、方法、思路統統給打掉，直下頓悟成佛。禪宗是宗乘。其他是教乘，以教為車，乘此車可達到某一目的。宗乘以宗為乘，直接在宗這個地方就成佛。

所以，（西方）哲學下不及於科學，上不達於宗教，是個半途中的東西。半途中的東西非用概念思考不可，而概念的思考一定函著分解的方法，這就是西方哲學所運用的方法。分解當然可以應用，但，用佛教的名詞來表示，這應用乃屬教的範圍。教需要分解來說，禪是教外別傳，不立文字、不說；不說不能立教。但不說必須假定有說，一說就是分解。所以，照佛教的路說，思考、分解乃是屬於教乘，屬於教，不屬於宗。立教一定要分解，佛說法也是分解的，不分解不能立教。即《論語》、《孟子》、《道德經》，也是分解的。佛教中代表「非

分解的」（non-analytic）是《般若經》。莊子的「謬悠之說，荒唐之言，無端崖之辭」（〈天下〉），也是「非分解的」，他超出概念分解之外。假如要立教有所說，就非分解不可，非用概念不可。東方哲學在概念分解這方面也許差一點，但也只是差一點，不能說它不作分解或不能分解，或說它沒有概念。至於分解的詳、略，這是不相干的。

在西方，哲學是個居間的東西，也是停不下的。所以我常說，道德、宗教、科學、政治、經濟，這些是第一序的或基層的學問（sciences of the first or basic order）。哲學則是第二序的或反省層的（of the second or reflective order）。反省過就完了，過了河就拆橋。哲學在西方就是「橋」的身份。中國的傳統學問是道德、宗教，不屬於哲學。但現在可方便的當哲學來看它、處理它，如此則需用概念的思考，就要用分解的方法。在這裏就可以看出哲學的界限來。在東方，儒家的最高目標在成聖，佛家在成佛，道家在成眞人。哲學活動是在教的範圍內幫助我們的一種疏通，是一道橋。界限就在這橋上，盡橋的責任就是它的界限。所以，應用西方哲學方法的界限也就等於這方法自身的界限。西方哲學旣下不是科學，上不是宗教，則我們以這種形式的哲學思考來處理東方的哲學，也就顯出其界限來。

綜言之，所謂運用西方哲學的研究方法，即用它的概念思考的訓練以及分解的方法。方法是橋樑，任何問題都可由此通過，但在內容上卻不能瞎比附。若謂陽明的「心外無物」即柏克萊的「存在即被覺知」，這就是比附。（關於分解問題請更

參看《從陸象山到劉蕺山》第一章，又《佛性與般若》附錄。）

問：宋學如何能對現代文明有所貢獻？（柳承國教授）

答：所謂宋學，宋明儒學都在內，不單單就宋學講。宋明學再擴大講就是儒家的學問。有人說宋明儒學和先秦儒家不同，或說宋明學受佛老的影響，這些話是不對的。宋明儒學儘管和先秦儒家有距離，但究竟距離有多遠？或衝突不相衝突？有違反的地方沒有？實則沒違反，而就是儒家。說宋明學「陽儒陰釋」，這是社會上誣枉之辭。宋學就是宋明學，就是儒家的學問。故此問就等於說：儒家的學問對現代文明有何貢獻？

　儒家這傳統有其普遍性與特殊性。上面的問題也看各地方而有不同。在中國方面講，就是儒家這傳統如何能對現代化有貢獻，就是中國這個文化傳統、文化生命如何能開出現代化，即一方面開出科學，一方面開出民主。科學與民主是現代化的內容。消極地說，儒家這學問傳統如何能與現代化適應。積極地講，儒家這傳統是中國文化生命的基本方向，它自己如何能開出──不僅是適應──現代化，即它自己有些要求，要求自己能夠開出科學，開出憲制民主。所以，在中國不能說儒學這傳統對現代文明有何貢獻，這話說的不甚相應。要說貢獻，這貢獻是個永恆常在的貢獻。它不單單對現代文明有貢獻，對無窮未來，對以往過去，還是有貢獻。因爲它這個道是個常道，是「不可須臾離」的道。儒家這個道和普通宗敎不一樣，普通宗

教是可以離的。你信此一教，我信彼一教，此當無不可。儒家的道是常道，有普遍性，也有永恆性。就此而言，若問它如何能對現代社會文明有所貢獻，這等於問說它如何能適應現代的社會文明。進一步說：如何能把它這個常道的身份隨時恢復其作用。

問題在中國是如此，在韓國在日本也是如此。當然也須看各自的特殊性。因為韓國有韓國的傳統，假如退溪先生對韓國這傳統具一重要的地位，其重要也不僅是儒家這傳統，也許有其他特殊的成分，有其他特殊的地方。在這時候，假定說儒家在韓國方面對現代社會文明有些什麼貢獻，這主要還是因為儒家是個常道。即若把儒家當學問看，或當一個教來看，則它這個學問或這個教根本是由 moral approach（道德的進路）來建立的，即它根本是一個 moral consciousness（道德意識）。道德意識不能說對那一個社會有（或沒有）貢獻，它根本是任何社會所不能夠離的。換言之，現代這個社會墮落，這只因為它不表現道德意識。而人不能表現道德意識就是墮落，就不能成其為人。所以，儒家既是常道，則自有其永恆性和普遍性，而它之如何能對現代文明有所貢獻，這要看現代社會文明能表現不能表現這常道。

問：儒家經典將來之權威性及其注釋之新方向如何？（柳承國教授）

答：將於儒家經典將來之權威性，這也可以從儒家之普遍性與特殊

性來了解。在中國這方面講,要使儒家這傳統發揚出來,《論語》、《孟子》、《中庸》、《易傳》以及《大學》這幾部經典必須不斷地講出來。當然,我們在這時代所需要的學問多,不像從前。以前只談儒家的經典即可,這些經典那時有無上的權威性,現在則不可能再有這權威性。現在所需知識多,儒家的經典不一定皆能供給。但是,即使是專門學者或科學家,他們也是個人,也必須要懂得一點人道。在此,儒家這傳統要永遠保存,起碼其主流的地位要永遠保存。所以,我們根據儒家傳統從文化生命看,不但反對共產主義,同樣反對其他教派來侵奪、篡改中國傳統、文化生命。即如佛教的力量那麼大,總取代不了儒家之正統主流的地位。佛教比較客氣,它也不要作主流正統,而只作個旁支,作個附屬作用就可以了。但現在不僅是佛教的問題,還有天主教、基督教的問題。信仰自由是一回事,固然不能反對。但一個國家總有其文化生命之方向、主向,這又是另一問題。在此,我們不但反對馬、恩、列、史之篡奪,也反對天主教、基督教來作中國文化之主流,來決定中國文化生命之主向。在此,儒家及其經典之權威性永遠可以保存。從知識方面講,當然不必叫大家都讀經典,則其權威性當然縮小。但經典代表文化生命的方向、動向,這就是其權威性所在。

至於注釋之方向,在以前有漢、宋之爭,我以為這種爭論是無謂的。注釋的目的是在恰當的了解,並期望能適應各階層。因此,專門的、通俗的、深入淺出的注釋與解說都有其適當的價值,唯一的條件是不能歪曲與背離。因此,客觀地講,將來

注釋的新方向大體不外以下三步驟：第一步須通曉章句，此須有訓詁校勘的根據；第二步通過語意的恰當的了解須能形成一恰當的概念；此須有義理的訓練；第三步通過恰當的概念隨時須能應付新挑戰，經由比較抉擇疏通新問題，開發義理的新層面，此須有哲學的通識。

問：中國哲學爲適應未來，其發展之應有的方向如何？（柳承國教授）

答：關於這問題，我希望大家看看我的《現象與物自身》那部書。中國哲學爲適應未來，須通過概念思考的方式和分解的方法把它講出來，而且進一步須將它和西方哲學的問題和內容相協調，以決定其未來。但這相協調非籠統地說，總要有個抉擇，以西方哲學中相干的問題、內容來和中國的傳統相合。有些問題或內容是不相干的、不能相合的。比如羅素講數學問題，講邏輯問題，這對邏輯學和科學有貢獻，但和儒家的學問不相干。西方哲學中能和儒家學問相協調、相配合的，最好的例子只有康德。康德的哲學可以作一個橋樑，把中國的學問撐起來，即用康德哲學之概念架構把儒學之義理撐架開，進而充實、光大儒學。同時反過來看，中國之儒、釋、道的智慧也可以消化康德，即容納並籠罩它，如此就能消化它。中國智慧之能消化康德哲學，即由於比它高，而這消化可使康德的哲學「百尺竿頭，更進一步」。這些意思大體都在我的《現象與物自身》這部粹純哲學的著作中有所說明，這或可幫助各位對這

問題有確定的了解。除康德外，其他的西方哲學大體都不能盡這個橋樑的責任。在此相協調、相配合的過程中，東方哲學可以挺立起來。

原載《鵝湖月刊》第6卷第3期　　1980年9月

訪韓觀感記

　　韓國退溪學研究院理事長李東俊先生乃韓國李朝理學家李退溪之嫡裔。彼眷懷先賢，弘揚斯學，以期移風易俗，振興家邦，誠篤厚之君子人也。彼堅邀訪韓以與彼邦人士相契接。盛情不可卻，乃於民國69年7月25日起程訪韓，為期五日，至29日而返。偕行者有師大教授戴璉璋君，韓國留華學生梁承武君，並有台大研究生鄺錦倫君。至韓之翌日在漢城，訪成均館，恭拜聖廟。蒙成均館館長優禮相加並以其學誌相贈，感念不能已，遂敬書「興於詩，立於禮，成於樂」三句聖言答報。繼訪成均館大學，題「日月有明，容光必照焉」句相贈。晚間韓國哲學會舉行座談會，參與者廿餘人，皆留心東方哲學者。會中問答見另紙。又翌日赴安東造訪陶山書院，此為退溪先生當年講學之故址。書院處深山中，風景清幽，誠為讀書之勝地。前有廣闊之水庫，此原為深谷，今則儲水若湖塘矣。參拜退溪神位已，書院有司（主持人）請題字留念，余即景書朱子「半畝方塘一鑑開，天光雲影共徘徊，問渠那得清如許，為有源頭活水來。」絕句詩以贈。退溪學朱子學，此蓋甚為恰合其身分之詩句也。留戀約兩小時方離去。當日赴慶州，夜宿新羅飯店。慶州乃古新羅國之國都，多有古迹，民居多保存古風。次日赴大邱，訪啓明

大學。啓明大學教中國學問者多係留學師大者，相見倍覺親切。前在新亞從予讀之金得晚亦在該校任教，誠爲可喜之事。該校校長請留字，乃題《大雅》詩「天生蒸民，有物有則，民之秉彝，好是懿德」以贈。蓋唯有本諸秉彝（本於所秉持之常性）始能有啓明之功也。孔子曰：「不憤不啓，不悱不發。」啓、發者開其本有之常性（眞實生命之不容已）以發朗日之明也。人不啓其眞實生命之不容已，則無精進之健行（「天行健，君子以自強不息」）；人不發其朗明，則顚倒惑亂而歸於「無明」。啓明大學之取名「啓明」，其旨深矣。28日晚間承文化藝術振興院院長宋志英先生邀宴，題王維〈渭城曲〉留念，蓋志別也。

匆匆四日，流覽各地山川地理，都市鄉村，覺其林木茂密，景物清新。吾之總觀感則唯「簡潔整齊」四字足以盡之，確有戰後復興國家之氣象。韓國以北韓大敵當前，故軍國民教育意味較重，而以戰後復興國家之故，故國家意識甚強，歷史文物意識亦甚強。此立國之常軌也。〔「不知常，妄作凶」（老子語），共黨之謂也。〕彼雖有美軍協助，然發憤自強，決不媚美；市面商店均以韓文標寫，一切貨物俱以國貨爲主，決不洋貨充斥。近代化非洋化也。此其所以簡潔整齊之故也。時間短促，所知有限，謹誌觀感，藉以酬答東俊先生之雅意。

原載《鵝湖月刊》第6卷第2期　　1980年8月

中國知識分子的命運

校長、各位同仁、各位同學:

今天,我想要和大家討論的題目是中國知識份子的命運。本來,我們現在剛剛過了新年,過新年,好像應該說一些互相慶賀的話;可是,我今天講這題目,好像並無可慶的意思,這很可能使大家有一種沈重之感。

我們講中國知識份子的命運,首先不要講我們的使命如何如何;我們自己的命運能夠保得住,然後才可以講使命。假如我們自己的命運還保不住的時候,使命也就無從說起。

說到中國知識份子的命運,我常常發覺,大家在一起時,總喜歡說一些較輕鬆的話,說我們生而為中國人是很幸運的;但是,有時候我們也感慨地說生而為中國人是很不幸的。佛教界人常說:「人身難得,中國難生。」從這一句話講起來,我們生而為中國人,當然是很幸運的;可是,從事實上看,我們常常是不幸運的。籠統一點來說,或者比較輕鬆一點來說,生而為秦、漢以上三代時代的人是幸運的;生在秦、漢以下的人就不很幸運。秦、漢以下,也可以分別講:生在漢、唐盛世的人是幸運的;生在衰亂之世,我們就不幸運。再個別的隨便提一提:若生在宋朝就很幸運;因為宋

朝對於知識份子很客氣。若生在明朝，一半幸運，一半不幸運；因為朱元璋的政策是重士、輕大夫。甚麼叫做重士、輕大夫呢？你做秀才時，很好，社會上對你很尊重，朝廷也對你很尊重；但你做大夫的時候，做大夫即是做官，做官的時候就對你很不客氣。

這是我隨便一說，隨便一提；但我今天所要說的知識份子的命運，還不止這樣隨便一說便算。我們可從歷史上，一幕一幕的數下來。這不是某一個人個別的幸運不幸運的問題，而是整個知識份子集團本身的命運。這個又有幾個顯明的階段一幕一幕出現在我們的眼前。

被殺被辱兩千餘年

第一幕，大家一下就想到秦始皇焚書坑儒。這是第一幕。這是秦始皇以前所沒有的。秦始皇坑儒的這個「坑」字卻是個受不了的字，「坑」就是活埋。這個簡單的歷史事實，大家都清楚的。我只提一提。

第二幕是東漢末年的黨錮之禍。因黨錮之禍而死的真不知多少人。其中，我只舉一個例子說一說：大家知道張儉逃亡的時候，「數郡為之殘破」。張儉逃亡所經過的地方，牽連所及，殺了很多的人；數郡就是好幾個郡縣，因著張儉的逃亡而殘破。可見殺人之多。這是東漢末年黨錮之禍的一幕。

第三幕是魏晉時代的名士，幾乎沒有一個倖免。魏晉時代的名士講玄談，想藉著談玄避禍，但結果也不能免。據統計：從王弼開始，以下的名士，無論是東晉或西晉，好多都是被殺的。王弼沒有

被殺，是因爲他年輕，二十幾歲的一個青年人，與政治關係輕。這是第三幕。

第四幕是唐朝末年的所謂清流、濁流。在唐朝末年，一般知識份子自鳴清高，以爲自己是清流。朱溫（他本是黃巢部下，是個強盜）就說：好，你自以爲是清流，我把你們統統投到黃河裡，叫你們濁一濁。這是第四幕。

到了宋朝，我剛才說宋朝對於知識份子是很客氣的。但是宋朝亡於胡元，亡於蒙古人的時候，知識份子的遭遇更慘。元朝雖沒有明顯的集體的殺害知識份子，可是他把知識份子的地位置於娼優之下，那比殺戮還要慘。元朝人分爲十等：官、吏、僧、道、醫、工、匠、娼、儒、丐，又依民族不同分成四等。第一等當然是蒙古人，第二等人是色目人，其他的不必說；但在這十等人中將知識份子列到第九等，居於娼優之下，你說這該多悲慘！我們生在今日之世而沒有受過這種遭遇的，當然不知道那種味道；但假如你是生在元代，把你列在第九等，在娼優之下，試想一想：你將覺得怎樣？我想：那滋味可眞不好受，比諸被殺還要慘。

元朝下來是明朝。明末有東林黨，就是大家所熟知的東林復社。東林黨與東漢末年的黨錮之禍是同一形態，死人死的很慘。

滿淸入關以後，東林黨固然沒有了，秀才集團的復社也不能活動了。但是淸朝雖沒有集體地屠殺知識份子，卻變相地轉爲文字獄。知識份子即使停止活動也不行，他們可以找藉口、尋機會。偶爾在文字中挑出一點毛病，說你圖謀不軌，便把你拿來殺掉。這也是大家所知道的。這是最後的一幕。淸朝以後到現在的我不必說了，大家可以自己想一想。

　　從秦始皇開始，一幕一幕的擺下來，這不是個人問題，而是知識份子本身好像冥冥之中有一個命運在支配著他，他不能夠自主，何以故如此呢？這倒是值得大家反省的。

反對民主否定自己

　　現在簡單的說，中國以往，知識份子參加政治，在政治上是沒有獨立的地位、沒有保障的。可是，一般的說，假使你不參與政治，而傳經授業，入孝出悌，移風易俗，乃至說高一點上達天德，除了元朝而外，一般而言，在社會上還是受到人們尊重的。這是知識份子的本分，這是你自己的崗位。假如你離開這個崗位，不守你的本分。要去參與政治，作一個功名利祿之徒，那麼你便有不可避免的命運──不是被殺便是被辱。只有這兩個可能，別無其他途徑可走。中國知識份子以前常說：「士可殺而不可辱。」儘管這樣說，然而你畢竟不能免於被辱。辱是恥辱，但是你卻不能夠避免，這是知識份子不能夠避免的一個命運。受辱或者被殺，在以往有種種名詞形容這些人。遠的可以上溯自荀子，他說：「俗儒、陋儒、賤儒。」還有戰國以來保留在歷史裡面縱橫捭闔之士。縱橫之士，自戰國時代即有，後來一直保留在歷史上從未間斷，那就是今日我們所說的政客。政客就是縱橫捭闔之士。除了縱橫捭闔之士以外，還有東漢黨錮之禍與明末東林黨之類的所謂氣節之士。除此而外，後來另有所謂清客，也即是寄食於王公大人門下的食客；這也是戰國時代遺留下來的。例如孟嘗君、平原君、春申君、信陵君等戰國四公子，他們門下就都有很多的食客；這些食客就是後來所謂清

客。清客是甚麼呢？清客也就是所謂幫閒之士，他們不是幫忙而是幫閒。幫閒一詞從甚麼時候有的呢？我在中學時代看魯迅的文章罵幫閒份子，好像是魯迅開始用幫閒這個名詞；實際上並不然。《水滸傳》就有幫閒一詞，《水滸傳》裡第二回中的高俅就是一個典型的幫閒份子，由幫閒而發達的。平常我們常說幫忙。甚麼叫做幫閒？忙，你幫不上，只好幫閒。幫閒的內容不必說，大家可以想像而知。

從俗儒、陋儒、賤儒、縱橫捭闔之士、氣節之士、幫閒清客，這類的知識份子，都不能夠免掉被殺或者被辱。我以上所提到，其間以氣節之士為最好；然而如果嚴格就儒家的傳統來講，也依然不是很高的境界，在此說他們是氣節之士，已經算是很不錯的了。自此看來，你想參與政治，或追逐於功名利祿之途，必不能免掉這兩個命運：被殺或者被辱。正如我剛才所說，假定你守住自己的崗位，不離開自己的本分，一般的說，還是可以受到尊重；這是以前兩千年來的社會至少還有的一點。可是，現在我們不但是參與政治、沒有保障，就是不參與政治，退而守住自己的崗位，也仍然沒有保障。這比以前兩千年還壞，幾乎和元朝差不多。那麼，我們現在說一說，你想要進而參與政治有保障、有獨立的身份，就得有法律的程序；這樣也可以退而不參與政治，守住自己的崗位、守住自己的本份去研究學術。如果你想把這兩步能夠保得住，除了你肯定民主政治以外，沒有其他的辦法；也即是除了肯定民主政治，就是有憲法基礎的民主政體來保障你參不參與政治那種獨立的身分以外，你沒有其他的辦法。但是，倘若你想要參與政治而又反對民主政體，那就等於你反對你自己、否定你自己；這樣，你的結果，不

是被殺，就是被辱。退而言之，假定我們要守住自己的崗位，守住
自己的本份，從事學術的研究，那麼，唯一的條件依然在肯定教育
的獨立性、學術的獨立性；假定你不肯定教育的獨立性、學術的獨
立性，那你就是幫閒、清客。這是不可免的。

幫閒與清客的泥坑

　　但是，從辛亥革命以後，一直到現在，中華民國有六十多年，
我們天天嚷著近代化，天天嚷著要革命，惟恐人們說我們是落伍
的。我樣樣都要前進，每件事都要表示我是進步的；可是就在這一
點上，你不進步，你不近代化。肯定參與政治的獨立性，肯定教育
的獨立、學術的獨立，這種肯定，不在你專家的知識裡面——你研
究數學，它不在數學裡面；研究物理學，它不在物理學裡面；研究
邏輯，它不在邏輯裡面；研究電腦（computer），也不在電腦裡
面。甚至於你研究社會科學，社會科學本身只能告訴你一套社會科
學的知識、告訴你有關這方面的道理，然而你仍不了解它。因為你
把它當作研究的對象，與你自己本身漠不相干。所以肯定參與政治
的獨立性，守住你自己崗位的獨立性，這種肯定是一種理性的智
慧，並不在你研究的對象裡面，你要常常加以反省。從個人講，這
是你理性的智慧；從時代方面講，這就是近代化。從法國大革命，
講自由、平等、博愛，講民權運動，即是要求的這一步，這是時代
的課題，大家共同的覺醒。所以從個人方面講，這不是你專家的知
識，而是你的理性智慧；從時代方面講，這是一個近代化的問題。
然而我們中國的知識份子卻樣樣都要求進步，樣樣都惟恐落後；可

是,就是在這一點上,他卻不進步、落後,就在這一點上他非常不近代化。現代這班最進步的知識份子——終日嚷著革命的知識份子,天天耍花樣,縱橫捭闔,好似很了不得!但,結果變成了幫閒清客,而落在幫閒清客的泥坑裡面。一落到這裡面,你就不能免掉那種命運:不是被殺、便是被辱。何以故我如此說呢?我可以列舉出很多這時代流行的莫名其妙的話,我也不知道這些話有甚麼意義;就從這一些話裡,你就可以看出他們的頭腦不近代化。第一,我聽見有人說:甚麼叫做自由?自由是奢侈的。這是曲學阿世的話,這是幫閒清客的話。他本身並非不知道自由的問題是甚麼,但是他要說這話,而他說這樣的話並非本願。這並非由於他沒有知識,這些人都是高等知識份子,而且是大博士,拿諾貝爾獎金的,又是某某講座教授,可見他們並不是沒有知識。還有的人說:現實上那裡有自由呢?現實上沒有自由,肚子餓了要吃麵包。我現在在這裡講話,就要為這個擴音機所限制,假如我離開這個擴音機,大家便聽不見了。這是一種限制。那麼,我們從現實上看,任何東西都在這個因果關係裡面,那一個能夠離開這因果關係呢?莊子談逍遙;列子「御風而行,泠然善也」,但是還要依靠風,假定沒有風,列子也飄不起來。可見,現實上那有自由呢!說這話的人他的目的何在呢?他的話的目的無非在強調極權統治為合法。這種說法顯然是魚目混珠,故意擾亂,擾亂你弄不清楚論點何在。這仍是幫閒清客的話。為甚麼到這時候說這樣的話呢?這種人很聰明,他說這樣的話,居心不正;心術不正就是幫閒清客。

指鹿為馬妖妄之言

　　再往下說，怪現象多得很。他們說：耶穌為甚麼那樣講呢？因
為耶穌是個木匠的兒子，是工人階級。孔夫子為甚麼那樣說呢？因
為孔夫子是個沒落的貴族，是個士，是小資產階級。釋迦牟尼是個
皇太子，是個地道的貴族。還有，陸象山說心就是理；他為甚麼說
心就是理呢？因為他是個大地主。朱夫子說性就是理；朱夫子為甚
麼說性就是理呢？因為朱夫子是個小地主。這些話，我不了解有任
何意義。但是，這些咒語在中國產生了無比的宗教性的影響。還有
更令人奇怪的事。數年前看見一個研究佛學的人談及禪宗講頓悟。
他說：講頓悟是反動的、反革命的，是資產階級。這話我也不知道
有何意義。禪宗的人住在深山中，挑水砍柴，自食其力，不受朝廷
的供養，也不住在寺廟裡；你怎麼能說他是資產階級、說他是反革
命呢？講頓悟為甚麼就是反革命，就是資產階級呢？唯識宗講漸
悟，慢慢來、一步一步的來。他說：這是革命的、是無產階級。這
話我也不懂，沒有意義。但是，他卻要這樣說。你不說這種話，人
家也不一定要殺你。但是，知識份子沒有出息，自己要說這種沒有
理性、沒有意義的話。這這種話的人還是幫閒清客的身份、幫閒清
客的頭腦！假定你說你所說的都是屬於人文科學的，諸位中也有理
學院的同學，那麼我們理學院該可以倖而免罷？該沒有這種怪現象
罷？仍然有的。以前我早已聽他們說：愛因斯坦講相對論，普朗
克、海森巴講量子論，這些都資產階級的物理學，唯心主義的物理
學。我也不知道這些話有甚麼意義。試問無產階級的物理學在那裡

呢？說不出。這些簡直是妖妄之言。以前蘇聯有個生物學家名叫李森科，很有名，大家都知道的。李森科要反對門得爾的「遺傳律」。他反對遺傳律目的何在呢？是想藉著命令，好似孫悟空一樣，一研究就叫小麥增加生產，小麥就可以發生突變，麥穗就可以長得特別的大，可以增加生產。這是唯物辯證法的生物學。門得爾的生物學是資產階級的生物學，是反動的生物學。所以當時史大林大力提倡；但提倡的結果，小麥仍然是小麥，麥穗並沒有加大，也沒有增加生產。到如今蘇聯的糧食生產還是不夠吃，還得向美國和加拿大購買。所以當時李森科所鬧的這個把戲，便引起了英國哲學家羅素出來說話，他說：「蘇聯威嚇人民的確頗為有效，誰若是不聽話就把他關進集中營；但威嚇自然，卻不見得有效。」這一切的現象，都是所謂妖妄之言。這樣妖妄下去，任何妖妄的事情都可以作得出來。我們的知識份子就是如此。知識份子如此，這就是我所說的沒有近代化。說這種話，就是自己先垮自己的臺，自願處於受侮辱的境地，那麼，好！我就侮辱你，所以假定你一落在這個層次上——落在幫閒清客的層次上——你便不能免掉被殺與被辱，絕無可倖免！可是，甚麼叫做被辱？當年金聖嘆有句幽默的話，他說：「殺頭至痛也，聖嘆於無意中得之。」殺是有痛的感覺的。但是辱呢？甚麼叫做辱？說辱就是侮辱。甚麼叫侮辱呢？人有良心的時候，會覺得侮辱是受不了的，所謂「士可殺而不可辱」。但是，假定一個人被侮辱久了，成了習慣，自己甘心處於侮辱的境地而不以為辱，那麼人就要侮辱你；這樣的互為因果辱下去，也就不知辱之為辱。人到忘掉了甚麼叫作恥辱，恥辱這個觀念便對他變成沒有意義，好似現在行為主義的心理學規定「偷」的意義，說：把一件東

西從一個空間移到另一個空間叫做偷。這樣偷的意義,那種道德意義和罪惡性便沒有了。所以,我們根據這個例子說下去,假定人被辱久了,他便不知道甚麼叫做辱。到那個時候可真糟透了;那才是中華民族的大災難!人到了不知辱的地步,恬不知恥,這個國家便要完了。這才是摧殘生命,即使有原子彈也沒有甚麼用。

自戒自律三個原則

說到這裡,時間也不早了,只再簡單地說一點。我們知識份子要想保住自己的命運,必須守三條戒律。這三個原則,我想提出來和大家互相共勉。

須知我們是共同的命運,切不要以為你已經革命了,我是革命的對象。大家統統都是被革的對象,一樣的,不是被殺就是被辱。你如果要免除被辱或被殺,你就得自覺地決定你的自己的命運,不使你落在被動的、機械的命運中。所以我說,要把你理性的智慧表現出來。不要說那些妖妄之言;這些妖妄之言是可以不說的。中國知識份子非常聰明,甚麼都可以研究,為什麼這一點作不到呢?這樣說的人實在太不夠格!無恥!因此我在此提出三個原則:

第一,我們要忠於自己所研究的學問,即是說要有研究學問的真誠。這個學問的真誠就是說不要曲學阿世,不要委屈自己所學的東西來阿附世之所好。那也就是說,不說妖妄之言,不指鹿為馬。指鹿為馬只有趙高才作得出;趙高就是幫閒的老祖宗,指鹿為馬就是典型的幫閒份子。

第二,不作清客,不作清客就是不幫閒。知識份子落到清客的

境地，你不要以為這是很光榮的；這是很慘的。這是不忠於你自己的學問，去侍奉王公大人。為侍奉王公大人你才去作清客。我一樣的是人，為甚麼定要去侍奉王公大人？既然作清客，就是幫閒。須知：你不能幫忙！你夠不上資格幫忙。甚麼叫忙？天下是人家打下來的，忙是人家作的；你來，只是跟人家屁股後面吃杯清茶也就算不錯的了。所以說你只能幫閒。但是，知識份子不應該幫閒，不應當作清客。

第三，你要時常體念你所受教育的教育機構的獨立性，以及學術王國的獨立性。各位從小學受教育，由小學而中學而大學，受完了教育出去做事情；或者中途不研究學問忽然轉行去做事情。你可以做總統，也可以作皇帝，作大政治家，可以治國平天下；但，不管你作甚麼事情，你卻不可返回來摧殘你所受教育的教育機構，不要反咬它一口，把你受教育的機構否定；也不要反咬一口，把學術的獨立性加以否定。試想一想，現在你為甚麼要研究電腦？沒有人一定要你研究呀！你怎麼能夠自由研究這門科學、那門科學呢？這當然是一種自由的氣氛、自由的背景之下，你才可作此研究啊！你研究成了名，作了高等知識份子，竟出去作清客、胡說，說妖妄之言，那就是曲學阿世，反噬教育的獨立與學術的獨立。這是罪惡之中最大的罪惡。所以第三條說要我們時時顧念到我們所處的背景。我們的背景好像魚之於水一樣；水是魚的背景，假定魚離了水，牠便沒有生命。學校、教育機構和學術獨立就是我們的背景，假定把這個背景的獨立性加以抹殺，我們的生命也就沒有了。那就是說，你就要被殺或者被辱，沒有其他的可能。

以上三個原則，我提出來，大家不妨想一想，自己真切地體驗

一下。

（62年1月11日講於中文大學，郭應起記錄）

原載《新亞生活雙週刊》第15卷第12期　　1973年3月2日

漢、宋知識分子之規格與現時代知識分子立身處世之道

從梁漱溟先生批毛說起

劉社長、各位先生：今天我所講的題目是漢、宋知識分子的規格與現時代知識分子自處之道。我為什麼會想到這麼一個題目呢？就是由於去年梁漱溟先生寫了一篇很短文章，是批評毛澤東的。香港報章雜誌都發表了，我們這邊應該也有人看到。他那批評也不是很了不起的批評。但當時海外的人借著梁先生的大名作一點表示，作一點反共的宣傳運動。香港一個雜誌發行人便要我也表示一點意見。我並沒有答應。

我和梁先生很熟。他是我的老師熊先生的朋友，他們常在一起。抗戰時期在重慶梁先生辦一個勉仁書院，熊先生便在那裏；我在熊先生處住，也便是間接依附梁先生。但我和梁先生一直談不來。我不十分贊成他。我不贊成他，並不是不贊成他所作的某件事情，或偶爾所作的一件事。因此，我就想到梁先生的生命，他整個的生命型態，在這個時代不很適宜。不贊成他，便是不贊成他這生命型態。但是說到一個生命型態的問題，就比較麻煩而難講。

　　若僅就他批評毛澤東那篇短文本身來說，我以為並沒有多大價值，至於可以用來做為反共宣傳，則是另外一回事。正因為如此，在我的腦子中就常迴旋著一個問題，就是一個知識分子，處在一個時代之中，尤其處在像我們今日這個文化交替過渡的混亂時代中，是十分麻煩的。假定知識分子本身的生命能夠順適調暢，在正常的發展中完成他自己，這必是一個健康的時代，所謂太平盛世也；否則，知識分子的生命發展不調暢，自我分裂，橫撐豎架、七支八解，這個時代一定是個亂世，不健康的時代。

　　我國自辛亥革命以後至今就是一個文化過渡時期，所以這時期的知識分子最麻煩。這都是眼前我們七、八十歲人親身經過的，所以我這幾年常遇到一些青年人告訴我：「你們這一代人是最麻煩的」。為什麼麻煩呢？因為接觸的問題多，碰擊的問題多，鬥爭性最強。誰成功誰失敗是一回事，總之腦子都很複雜。現在的年輕人處在這個比較上軌道時代中，過的是正常生活，沒有顛沛困苦，就不大能了解。所以我就想到這個題目。

　　我也不想藉這個題目專門講梁先生，我想用一個歷史反省角度來講兩個朝代的知識分子，一個是漢潮，特指東漢末年，並也可兼賅明末；一個是宋朝，特指北宋。

　　知識分子能在社會上出頭總有他們的規格，就是他們的規模與格調。唯說規格不一定是指他們足以為後人模範；規格與規範、模範不一樣。模範可以為人所效法，而規格則不一定有這個意思。他們不能像蘇東坡說韓退之那樣「匹夫而為百世師，一言而為天下法」。

　　為什麼我要特把這兩個時期的知識分子的規格來說呢？因為他

們有他們的特殊性，也就是說他們代表一些具有特殊性的問題。

漢末政局與黨錮之禍

東漢知識分子是由黨錮之禍所代表的。照徐復觀先生的說法，那是中國知識分子參與實際政治的第一次嘗試。結果是失敗了，此後也就從來沒有真成功過。

東漢末年政局大體說來是幾個集團走馬燈式的鬥爭，內廷是宗室、外戚、宦官，外廷便是宰相系統所代表的知識分子。在這四個成分之中，只有宰相系統有點政治上的客觀意義，其他三成分統統沒有這種客觀意義。現在我們特別要說一說的是宦官集團在我國政治上起作用，即始自東漢，前此還不能成為一個集團，故也不能起作用。宗室、外戚、宦官都是依附皇帝而存在的，依現在的名詞來說都是非理性的（irrational）存在，都沒有客觀的意義。為他們所依附的皇帝是理性的呢？還是非理性的呢？說句不客氣的話，仍然是非理性的。

我在這裏說皇帝本身是非理性的並不是指著他們的「頭腦」講的（事實上歷史上好的皇帝，即有理性的皇帝也多得很），乃是指他們在那政治格局中的地位說的。他們的地位怎麼得來的？是從打天下打來的。在打天下的過程中，憑藉的大體只是力量，勝者王侯敗者賊，是沒有什麼道理好講的。

所以，皇帝從他的政權取得來說，是非理性的。在從前的政治架構中，皇帝代表政權，是一切權力之根源。他這個根源處不清爽，不能理性化，也就是黑格爾所說的不能客觀化（objectify）。

他這個地方是非理性的。依附他而存在的宗室、外戚、宦官集團也統統是非理性的。他們代表一種特權，好像現在大陸上共黨特權階級，任何人面對他們都是不能講理的。古人面對皇帝，天下大事一切都可以談，但在政權方面他就不容許你講一句話，「免開尊口」，這是他不可接觸的地方，這就 irrational。

中國君主專制政體到東漢始發展完成。東漢末年的政治大體說來就是上述四個集團在這樣一個君主專制的政體中，彼此結合，今日為敵明日為友的互相鬥爭中進行的。到最後，大家都垮台，東漢那個大帝國也完了。

在這將完未完之時，當然也有人（特別是知識分子）想挽救這個局勢，因知識分子總有些客觀的願望。但談何容易！當時一個大名士郭林宗就說「大廈將傾，非一木所能支」。局勢發展到這種情形，照以前的說法，就是氣數完了。大漢四百年天下發展到此氣數完了。「氣數」一詞，平常大家都講，但都沒多大意義，因為沒有必然性，但東漢時代的人根據那個時代的歷史發展來講，便好像很有必然性，眞有意義。到這個時候，好像任何人都無法挽回，只有順歷史之大勢自然拖下去似的。在這個局勢之中，四個成分參與政事，互相爭攘，結果是黨錮之禍。

黨錮之禍是知識分子與外戚合作同太監鬥爭，結果失敗了，知識分子死得最多最慘。這些知識分子的犧牲，依史書記載，實是可歌可泣，令人有說不出的悲痛，當然值得同情，值得欽佩，了不起。但欽佩他們那種犧牲精神，死得慘，只是一種悲情，並不是正面的讚佩。他們值不值得讚佩，他們的做法值不值得我們眞正的尊敬，是很有問題的。可是，對於這批人也沒有一個人忍心來責備他

們，他們實在死得太慘！他們究竟是在為國家和惡勢力（即太監）鬥爭而死的，沒有一個人能同情太監的，所以他們的犧牲博取了當時社會上乃至後代歷史上普遍的同情，一種高度的欽佩。但不一定是讚佩。

這是為什麼呢？

政治悲劇中的氣節之士

因為這一類型的知識分子在以前歷史上亦有一個特別的名稱就是所謂「氣節之士」。但是這些「氣節之士」，根本上是個大悲劇，是一種在特殊政治局勢下所造成的大悲劇。悲劇有許多種，有發自人性自然的，與政治無關係，永遠有的，千百年以前有，千百年以後照樣有。黨錮之禍之悲劇是政治性的，來源不同，它是從那種特殊的政治局勢中產生出的特殊人格。悲劇性的氣節之士——東漢知識分子，在此有特殊的表現。

這種政治悲劇的發生，東漢末年和明朝末年是一模一樣的。現在我們要想一想，這些氣節之士之死是可悲的，是值得同情的，但是知識分子去和太監拼命究竟值得不值得？這便是一個問題。但是，政治若任由太監像東漢十常侍、明末魏忠賢胡鬧下去，知識分子不出來講話、沒有人出來和他們拼命，也不像話，也對不起國家，有虧「忠」道。

在以前，大皇帝代表國家，大皇帝不一定是英明的，依附他而成的太監集團一定是非理性的，知識分子要表現忠道，便無可避免地要陷入這個格局之中，便無可避免地產生了這種悲劇式的氣節之

士。其死節之慘烈皆可歌可泣,但我並不認為這是一個好的現象。

在這裡,我必須聲明一下,我不認為這是一個好的現象,並不是我要大家都不重視氣節;氣節是道德的節操,永遠應該有,知識分子怎可以沒有節操?但不一定要在這種型態中表現。因這種型態,在特種政治局勢下呈現,不是很合理的。就東漢來說,主理左右國家政治的皇帝、宗室、外戚、宦官這四個成分都是非理性的;知識分子所代表的理性在他們的夾逼之下是很難伸展出來的。

我今天就提出這個問題。

性格悲劇與命運悲劇

這就是我國自秦漢以後至辛亥革命二千年來歷史的癥結,所以才有孫中山先生的革命,推翻君主專制。推翻君主專制不是平常的改朝換代,而是在解除這一歷史的癥結。可是對這一個癥結,大家並不一定有一清楚的意識,並不一定能清楚地想到。所以,回歸到我們的題目上來說,氣節之士的規格所成的歷史悲劇,就今日而論,只能通過民主政治來解決,因只有民主政治才能把這種悲劇免掉。真正的民主政治一出現,這種悲劇便必然地在歷史上消失。

這種由氣節之士所形成的悲劇沒有了,個人志節、個人的道德情操是永遠要有的。個人道德情操和在君主專制下所形成的氣節之士是兩件事情,完全不能聯結在一起而論的。

由氣節之士形成的政治悲劇可以因民主政治之建立而消逝,但發自人性的悲劇是永遠要有的,這是不能免的。

什麼叫發自人性的悲劇呢?唸西方文學的朋友可以知道。就是

歌德所說的性格的悲劇。這種悲劇不論堯舜時代、桀紂時代、君主時代、民主時代,甚至所謂天國來臨的時代,都是要有的。除非人人都能變成一個神,不再是一個 human being,這種悲劇便是永遠不能免的。人性的悲劇不能免,命運的悲劇也不能免。

什麼是命運的悲劇呢?就如某些希臘的悲劇。一切都不是自己可以控制得著的,都是命運安排好的。譬如殺其父娶其母,實是人情所不能堪的事,誰願意這樣做?Oedipus 命運註定他必須這樣做,他便在命的註定中做了。這便是命運的悲劇。

歌德的《浮士德》是性格的悲劇不是命運的悲劇,《紅樓夢》也是性格的悲劇,雖然在《紅樓夢》第一回中是把這個悲劇安排在一個命運中的。

這兩種悲劇都是不可免的,但漢末、明末那種氣節之士的悲劇是可以免的而且是應該免的,我們實不願我們的歷史中常出現這種悲劇。但要怎樣才能免於這種慘劇呢?在這裡只講道德、說仁義是沒有用的,這是一個政治問題,就今日而言,必須在民主政治之真實建立處解決。

北宋知識分子

下面我們再說北宋。北宋一百五十年,知識分子最多,發議論也發得最多,所以多爾袞便對史可法說:「昔宋人議論未定,金兵已渡河。」自己的知識分子成天在廟堂之上嚷嚷不休,人家那裡金兵已經渡河了。所以北宋之亡我們不能全怪像宋徽宗那樣的皇帝,知識分子也是要負很大責任的。

　　我們現在就要看看北宋時代的知識分子究是以什麼樣的形態出現的，他們的生命究竟是一種什麼規格？這是一個現在人很少關心的問題。

　　我今天講這個題目，其目的就是希望大家重新能對我們自己的歷史文化有一種存在的感應，我們這個時代的生命大體說來都與我們自己的歷史文化脫了節，沒有感應。就一個國家民族來說，這絕對不是一個好現象。所以，我們需要講一講，也許能提醒一下，希望能再接上去，因為我們的生命就是從以往的歷史文化中流下來的。你說你要洋化，你不能洋化的。美國人與美國的歷史文化有感應，英國人與英國的歷史文化有感應，他們和我們中國的歷史文化沒有感應；我們想要完全學他們，學得和美國人、英國人一樣，不能學到的。結果只能使自己一切喪失，終致中國不像中國，中國人不像中國人。所以我們需要常常作些民族歷史文化的提醒。

　　關於北宋時代的知識分子，在抗戰時期我們有幾位朋友常在一起談論。姚漢源先生曾對他們每人下一評語，很切當。大陸淪陷，姚先生沒有出來，現在也沒有一點消息，很是可惜。

　　依姚先生，北宋知識分子可分為四個類型：王安石代表一個型態，他是首倡變法以掀起問題的人物；司馬光、三蘇、理學家各代表一個型態，繼之而有反應。

　　這些都是大家所熟知的人物，但要用一句簡單的話把他們的規格說出來，也不容易。姚漢源先生就用了幾句簡單的話把他們一語道破，當時大家都十分欣賞。

司馬光體史而用經

姚先生說司馬光這個人是體史而用經。以體、用兩個字配合經、史、子、集來使用。他說司馬光這個人,體史而用經。這句話大家不一定贊成,可以商量,但我認為姚先生這句話說得對,很能道出司馬光的規格。

司馬光這個人體史而用經,即是說他以歷史為他的本體,以措施作用為經。我們現在來看看姚先生說司馬光這種體史而用經的格調是不是很健康。史能不能夠做我們的「體」?用可以不可以做「經」?這樣一問,我們就可以知道姚先生「體史而用經」這句話是很有分量的。

司馬光這個人頑固得很。他為什麼頑固呢?他是一位史學家,《資治通鑑》就是他著的。他的學問根柢建立在史學上,但他為政的措施、運用就頑固。他反對王安石。王安石是很執拗的,司馬光自認為是通達之士,結果他反對王安石的措施,便一起予以廢除,這就顯得頑固。就在這「頑固」上,姚先生就說他在用上是經。經,是常,是經常不變的原則,只能做體。擇善而固執之,是固執堅守這個經常不變的道、經常不變的原則。這樣,旁人往壞處說,只能說你迂腐;說你迂腐可以,但他絕不能說你壞。司馬光的生命本體是「史」,史是講變的,但他為人行政的作法又那麼固執而不通。姚先生就從他這措施作用上之固執不通說他以用為「經」,而說他「體史用經」。這「經」不是聖人的《四書》、《五經》之經,而是就他那種頑固不通之用而說他以用為經(為常而不可

變）。

　　行政措施那可以經常不變呢？行政措施靠經驗、靠現實環境決定。現實環境變了，行政措施就必須順著這「變」做適度的調整以應變，不能不變，因此不能以用為經。但司馬光則不然，所以姚先生說他「體史而用經」。

　　我們不能說司馬光不是一位了不起的人物。學問那麼大，做《資治通鑑》，作宰相，而且是三朝元老，當然是個偉大人物。他有他的規模，他有他的格調。但他這規模格調並不足以做吾人之模範；不是健康的，有差謬！嚴格說來，他這個生命浪費了！而且以他的地位結果只是如此，對不起國家！所以，北宋亡國並不全在徽、欽二帝的昏庸，這些在政治上負責的知識分子也是要負責任的。

王安石體文而用經

　　這裡我們再想一想王安石算是什麼型態。王安石給仁宗皇帝上萬言書文章寫的好得很，感動人，有說服力，後來神宗皇帝信了他，就要他來變法。姚漢源先生說王安石這型態是「體文而用經」。就是說王安石的生命底子，也就是生命的本體，是文人的。文人的生命底子，嚴格說來，從政是不行的。有這樣生命底子的人，最好是成就一個文學家，不要做別的事情，尤其是不要當宰相。王安石本身是個文人的底子，做宰相時的行政措施，憑藉其一地的經驗而用於全國，執一而不通，也是在「用」上有「經」象。所以姚先生說他是「體文而用經」。

現在讓我們想想他所立的那些法，大體上就是，保甲、保馬、均輸、青苗等措施。這些所謂法都是屬於地方行政。但我們應知地方行政之法完全是因時制宜、因地制宜的，是沒有「一定」的。適合於山東不一定適合於四川，適合於江南不一定適合於台灣，而且適合於一地不一定適合於全國。這有什麼一定？所以，王安石對他做的是什麼事情根本就沒有了解！這種了解不是平常會作詩會作文就能有的。

王安石讀了許多書，就會寫文章。給皇帝上萬言書寫的都是說國家所以險象環生，就是沒有行堯舜先王的大道，都是些富麗堂皇的大話，但是他那保甲、保馬、青苗、均輸之新法縱使一時可用，又能算是個什麼堯舜先王的大道呢？但他的大話說得動聽，很有催眠性，使每個人看了都會覺得真了不起、真有學問。皇帝相信了，但一行出來便是執拗不通，騷擾天下。

分明是些屬於經驗，因時因地制宜的地方行政措施，他硬說是先王大道，在觀念上就是差謬。而且借著他宰相的權威使之風行天下，要天下人一致遵守。這完全錯了，結果是必然地騷擾天下。王安石當時就是在浙江一個縣做得頗好，他就拿他在這一縣的措施經驗作為「一成不變，行之全國」的原則。

王船山評鑑下的王安石

頑固不通，不僅全不聽勸諫，還要用特務來察誹謗。所以姚先生說他是體文而用經。他這個人看起來很了不起，其實是很不行的，因他只是體文。姚先生這樣評斷所代表的觀察是很深刻的。梁

任公說王安石是中國歷史上六大政治家之一，其實他是很不行的。
王船山在《宋論》中對他的評論就很低，也很嚴厲。所以，我們要
真正了解一個人物就要看看像王船山《宋論》這樣的書，不能只看
時下一般人的浮泛議論。

在以前的讀書人，生命總要有所守。一個人純粹作詩作文無所
謂，如果一定想列入士大夫之林，在儒家的教訓之下，發政施教以
兼善天下，必須要有所守。所謂有所守，就是不能隨便改變自己的
信仰。王安石天天講堯舜先王之道，結果晚年佞佛。佞佛，在以前
的知識分子中是令人瞧不起的，犯忌諱。自己生命的底子結果歸宗
釋迦牟尼，聖人的教訓都忘掉了，那麼你以前說那些堯舜先王之大
道和宰相事業究竟有沒有誠意？那究竟是從你生命中發出來的呢，
抑或是你一時的高興，一時的心血來潮？這就是一個問題，一個屬
於王安石人格根本的問題。

在這方面，王安石是很差的。這是王船山對他的批評，這批評
是很嚴厲的。

再說一個人晚年喪子是可悲的事。王安石晚年喪子——王雱
——當然值得同情，即令王雱並不是一個好人。但他太失態，「子
死魄喪」，「舍宅為寺以丐福於浮圖」，這成何體統？自己口口聲
聲稱述的聖人之道那裡去了？完全失去了自己做人的定常之道。所
以王船山瞧不起他。姚先生說他「體文而用經」是不錯的。他的生
命底子確是如此。不過，普通一般人不一定看得到。

蘇東坡體文而用史

　　三蘇父子是文學家，會寫文章。他們在當時政治上也是一個勢力。當時知識分子，尤其是作詩作文的都跟著他們走，很有號召力，當然也很有影響力。姚漢源先生說三蘇父子是「體文而用史」。體文是沒有問題的，因他們都是文學家，徹底的文人生命。文人的生命就發展自己的生命格調，很好。能成就一個拜倫、歌德、雪萊也很好，能成個李白、杜甫則更好，但是就是不適宜於論政。蘇東坡的詩、詞、書、畫、散文都好，〈水調歌頭〉、〈赤壁賦〉都是讀起來聲調鏗鏘、擲地有聲；真會寫文章，真有文學天才。但是，他一談政治便大多是浮論。

　　蘇東坡「體文」與王安石一樣，但作起事來既沒王安石的執拗也沒有司馬光的頑固，通達得很。他這種通達就是平常所謂的不修邊幅，沒有分際。這就叫做「體文而用史」。歷史是變道，不是常道。在他的生命本質上完全是文人的，在現實個人生活與社會生活乃至政治生活的作用上完全又是以「史」之「變」揮灑自如，美其名曰通情達理，實則完全是放縱恣肆。所以，他這一類型的知識分子在作文章時無不議論風發，在生活中無不多姿多彩，順俗隨時，適於自便。

　　上面我們所說這三個知識分子集團都是在北宋政治和社會上曾起過現實作用的，下面我們將講另外一個集團——即理學家集團。

理學家體經而用經

北宋時代理學家自周濂溪開始以至張橫渠、二程下來也代表一大批的人物，也可說是個知識分子大集團。

社會上對理學家總有些譏諷之辭，如迂腐、無用之類。很對，理學家是沒有用的，我們不能期望他們能有什麼用，但是他們也有他們的好處，他們自成一個格，他們的生命順適條暢。所以姚漢源先生說理學家是「體經而用經」。體經而用經，所以在政治上沒有用。沒有用就沒有用，但是守本分，他們擔負的責任是立教。

「體」固然是「經」，但在現實生活的「用」上也是「經」，一絲不苟。殺一不辜而得天下不為也，枉尺直尋不為也，這就是「用經」。對社會隨便敷衍一下，有時也可以，但那是行權，行權在聖人之教中，不是隨便可為的。不行權在現實上有時行不通。但他們嚴守這原則，所以是體經而用經。假定他們是自覺地如此，我們不能責備他們。一般人說他們無用，其實他們是無小用而有大用，這大用便是立教，垂典型。在這方面他們成功了。在歷史文化上影響也是很大的。所以，像明末、清初河北顏李學派，就是顏習齋、李恕谷，所說，北宋出那麼多「聖人」不能挽救徽、欽之北狩；南宋出那麼多「聖人」，如朱夫子、陸象山等，不能免於帝昺之投海，要這些理學家有什麼用？這是過分的要求，氣忿之辭，非平實之言。宋朝亡國的責任那能推到理學家身上？怎能推到朱夫子、陸象山身上？他們並沒有當權。當權的皇帝、宰相們胡鬧把天下亡了，你就把責任都推到朱夫子身上，朱夫子怎擔當得起呢？再

說，你把宋朝亡國的責任都推到朱夫子身上，是高抬了朱夫子，把朱夫子看得太高了。朱夫子不是釋迦牟尼佛，不是上帝，不是萬能的。就是釋迦、就是上帝，也沒有用，你若該亡國，你就要亡國，上帝也不能教你不亡國。佛、上帝的「萬能」不能從這裡講。

就理學家來說，他們只是體經而用經，立人道之常，立人道之極，他們的責任就是如此。

北宋知識分子大體就分這四類。北宋三百年養士，宋朝對知識分子最客氣，知識分子在社會上也最多，都起來了，但其規格除理學家外都不順適條暢，不成格；知識份子不成格，所以把時代弄壞了。

民國知識分子與共黨災禍

現在我們說到現時代民國以來的知識分子，其大體情形都在破裂、歧出的狀態之中，內心不一致，生命分裂。為什麼分裂呢？我們的文化出了問題。以前的教育是單純的，現在的教育，知識的來源五花八門。我們以為自己的文化不行了，我們要學習西方來的。西方來的文化衝擊自己的生命，而自己生命自種族來看又是自黃帝、堯、舜來的中華民族的底子。這種中華民族的生命底子不一定能與西方來的觀念相協調，而我們現在的知識分子在某些方面又非得接受西方的觀念不可。結果，是把自己的生命橫撐豎架，和五馬分屍一樣。這種五馬分屍的結果就是一個大虛妄的結集——知識分子完全左傾化，共產主義征服中國。

這是眼前大家都可看出來的事實，馬克思主義征服中國就是它

先征服了中國的知識分子。自己的生命虛妄分裂，致使外來馬、恩、列、史那套「意底牢結」佔據了我們的生命，凝結成一個龐然大物，非理性的集團——共產黨，造成了這個亙古未有的大災害。

這是一個現實問題。

知識分子的意識型態是從外面來的，生命底子並不能對之有一相應的了解，所以上下兩層隔。意識的上層是一些東西，意識的下層又是一些東西，自己也不知道這就是一個大的虛妄。這情形，大家一想就知道。

胡適之先生的自由主義

相信馬、恩、列、史者以外的知識分子，胡適之先生代表一個型態。胡先生相信自由主義，宣傳的是科學、民主。不錯，科學、民主是當該的，自由主義也對。我們今天反共固然要講科學、民主，怎麼能不講自由呢？但是在這個時代表現自由主義，我們要知道應該用什麼方式，什麼型態。在這方面胡適之先生就很差。

自由主義自西方十七、十八、十九世紀以來是一個政治概念，它的作用要在政治上見。自由主義跟著個體主義來，個體主義、自由主義講的是人權，故要扣緊人權運動來了解。這根本是政治的。西方自由主義的表現就是如此，由之而開出了現代的文明。但胡適之先生在中國提倡自由主義卻避免政治的重點，而只在社會日常生活上表現。這便是一個差離。所以胡先生，照徐復觀先生所說，是屬於《文苑傳》的人物，還是文人的底子。他以文人的底子做點考據，拿做考據來當學問，這是很差勁的。這是眼前的人物，大家都

可一看便知，像他這樣的人物，處在這樣一個時代中，不是一個健康的型態，至少不是能有重大擔負的型態。他在這個時代中享這麼大的聲名，實在是名過其實。

以前史書中寫知識分子或列入《文苑傳》，或列入《儒林傳》。徐復觀先生說民國以來沒有《儒林傳》的人物，這也是一句有絕頂智慧的話。照徐先生說，現在《儒林傳》的人物是轉型變態而為共產黨人。

共產黨人竟成變型的儒林傳人物，這樣，中國怎能不成個大悲劇呢！

徐先生這句話並不是很容易了解的。我們怎可說共產黨人是儒林傳人物呢？要知道他這個《儒林傳》不是正宗的《儒林傳》，而是《儒林傳》的變型。《儒林傳》轉型而為共產黨，共產黨取代了《儒林傳》。除此之外，沒有《儒林傳》人物。因為民國以來正是菲薄、輕視、譏諷、嘲笑儒家的時代。沒有人肯挺身而出說「我是儒家」！沒有人出來老老實實、正正經經來講孔孟之道的。

在以前史家是把有理想、有志節、有操守的知識分子放在《儒林傳》中的。《文苑傳》中的人會做文做詩，但不一定有理想，對於護持世道人心沒有什麼作用，不能放在《儒林傳》。

現在這種變型的共產黨人，他們說他們有「理想」，人們便相信他們。所以，他們便把天下知識分子拉了去，改變天下。他們用種種醜惡的名詞，如資產階級、反動……等等來罵傳統的《儒林傳》人物；知識分子被他們這種字眼所征服。這種被共黨征服的知識分子所表現在社會上的，大家都可清楚地看到。

梁漱溟先生與毛澤東

　　最後我們就要說到梁漱溟先生，他在近代知識分子中表現一種生命型態。他批評毛澤東在「文化大革命」中胡鬧亂來，造成那麼大的災難。他那些批評是我們大家都知道的，不必多說。但是他最後一句話很有意思，值得我們用心想一想。梁先生說儘管胡鬧亂來，毛澤東究竟還是一位「非凡」人物，他那荒謬怪誕也不是凡夫俗子所能做出來的。各位想想，這句話的涵義！毛澤東是非凡人物，我們這些人都是凡夫俗子。

　　不錯！我們確是凡夫俗子，不過無論是政治、事業、學問的成就都是老老實實的「凡夫俗子」，在正正當當的軌道中所作出來的。政治本來就是凡夫俗子所作的事情，非凡人物想在這裡出花樣、出精彩、出噱頭，老百姓一定遭殃！所以，我看到梁先生這句話，心中總有點不自在的感觸。梁先生是我們的老前輩，在共黨統治下，像他那樣的表現也不容易。我們實在不好意思再議論他。但是活八十歲受毛澤東那樣的污辱、糟蹋，一點覺悟沒有，也未免使人失望。像毛澤東這樣的人，做出那樣荼毒生靈、災難天下的事，你還說他是「非凡人物」。像他這樣的非凡人物，還是少出幾個好！

　　現在我們要認真想一想，梁先生何以能說出這樣的一句話呢？梁先生儘管遭受到毛澤東那種非人所能忍受的污辱、糟蹋，但梁先生都能忍受，都不在乎。一般人都以為梁先生具有一種高度宗教精神，即是佛教所說的「忍辱波羅蜜」。耶穌的話語就是忍辱波羅蜜

——他說：「你打我左臉，我右臉也給你打；你要外衣，我裡衣也脫給你。」這就是宗教精神的忍受痛苦（suffering）。

一般人可以這樣想，事實上梁先生的「格」不是宗教家的。我們不可以用宗教的 suffering（忍辱波羅蜜）來了解他。那我們怎樣來了解他呢？他受毛澤東那麼多的苦，眼看毛澤東給天下生民造作那麼大的災難，還說毛澤東是非凡人物，為什麼？老實說吧！梁先生的生命格調根本上有點喜歡毛澤東。

我說他有點喜歡毛澤東，並不是說梁先生贊成共產黨，梁先生是絕對反共的。那麼他為什麼有點喜歡他呢？毛澤東能殺人，梁先生不能殺人；毛澤東能亂來，梁先生不會亂來，梁先生究竟是聖人之徒。但梁先生內心生命就喜歡毛澤東這種型態，就是作「教主」的型態。就是在這要當教主的心態上，他二人有點默契，因此他不自覺地有點欣賞他。

當教主也並不一定是壞事。釋迦牟尼佛那個教主，耶穌那個教主都沒問題。耶穌說「我的國在天上，不在地上」。所以，當時猶太人要擁護他做領袖，他不幹。「凱撒的歸於凱撒，上帝的歸於上帝」，人間、天上，清清楚楚地分開了。但是，要像伊朗柯梅尼那樣的教主就壞事。毛澤東就是這一類的，他要做教主。光作「皇帝」他還不過癮，要「作之君，作之師」，君師合一。凡君、師合一，一定極權專制。手握天下生殺大權，又要做教主，要改變天下人的頭腦、思想。梁先生心中就欣賞這樣的人，他也想作之君作之師，只是沒君位而已。

我對梁先生的了解，大家也許不同意，但亦並非無故。

梁漱溟先生的事業與格調

　　他以前在山東鄒平從事鄉村建設運動。當時我從廣州返北平，熊先生要我藉回鄉之便順道拜訪梁先生，梁先生要我參觀他的鄉村建設。我們見面只三問三答，便談不下去了。梁先生問我：「你參觀了沒有？」答：「參觀了。」又問：「你參觀後感覺怎麼樣？」我說：「梁先生想以這種鄉村建設的方式解決中國政治問題似乎不夠，做不到！」梁先生很詫異，又問我：「你怎麼說不夠呢？你表面看的不能代表我心中的理想。」我說：「鄉村建設是你的事業，你以為能代表你，才要我去參觀的，既然不能代表你，什麼能代表你呢？旁人無法作判斷。」接著梁先生又把我教訓一頓，說：「你不虛心。」這樣我就告辭了。

　　現在讓我們客觀地想一想他的鄉村建設。鄉村建設究竟是在建設什麼東西？梁先生並沒有一個清楚的觀念，他不能把他的鄉村建設形成一個清楚的概念（clear concept）。當時他把他的鄉村建設要造成一個救國運動。有許多青年人問他參加這工作需要什麼知識程度，他回答：「不要什麼程度，初中程度就可以，知識越多越壞！」他不要有許多知識，其意就是要別人都聽他那一套。他那一套落實下來，其實就是由明太祖開始留下來的「說聖諭」的工作。

　　「說聖諭」就是在農閒時期把農民集合起來請一些老先生講「孝、弟、慈」的道理，以移風易俗。梁先生的工作就是這新時代的「說聖諭」。

　　鄉下農民「日出而作，日入而息」，忙得很，每日回到家來還

得聽教訓，煩不煩？再說能教訓他們些什麼？建設些什麼？關於農業的知識梁先生實不如一個農民。故孔子說：「吾不如老農，吾不如老圃。」不如農民，還要教訓農民，結果只是騷擾農民。

農、工、商的工作都有其特別的內容與知識，「士」，知識分子，對這些工作一竅不通，還要來教訓人，做教主，行嗎？鄉村中所要求的建設是農業現代化，增加生產，使農民脫於貧困的狀態，這是需要人力、財力和專家知識的，梁先生那有這些？

沒有這些東西，「教主」有什麼用？

從前「士」為四民之首，為人尊重，是因為士能讀書做官，「燮理陰陽，論道經邦」，幫助大皇帝平治天下，並扶持教化，立人道之尊。不是要你到鄉下當教主。

就教主來說，梁先生那個教主並無多大的效果。毛澤東那個教主才有「效果」，因為他有政治權柄，他可以硬來！管你天下喜歡不喜歡，反正我就把你套在人民公社中。所以我說在做教主這個型態上，梁先生和毛澤東有點默契。所不同者：一有效、一無效，而已。所以他欣賞毛澤東。

梁先生為人極有性情，也有思考力，但就在想以到鄉下做「教主」的方式來解決中國的政治問題這一點上，遂使他的生命走不上正當的途徑。他接不上儒家內聖外王的弘規，他並把握不住中國歷史文化的大動脈。他對於近代化完全不能有了解，對於首先發自西方的自由民主那一套完全不能欣賞。他亦並不切感馬克思主義、共產黨的作風的罪惡性。他的生命在這個時代並未得到順適調暢的發展。他因著時代的歪曲，共產黨的虛妄，而自己亦形成一個扭曲的型態，其主要癥結是在知識不夠。

　　智慧、性情，是需要知識與學力來支持的。若獨善其身，專從事於道德宗教之踐履與修行，則知識之多少並無多大的相干。但若關聯著時代、論國家的政治道路，則必需有識見與知識。這並不是可以閉門造車，憑空杜撰的。

現時代知識分子所當守的現代化基本原則

　　說到這裏，我們就要正面說一說現時代知識分子立身處世之道。

　　這說起來很簡單，就是相應政治經濟的現代化，依據個性原則（個人興趣之所在、才分之所宜），充分發揮自己之所長與所好。若想兼善天下，從事政治，則必須遵守政治之常軌；教主之意識必須廢棄。若想移風易俗，扶持教化，則必須從文化教養的立場，依據道德宗教之本性，來從事個人的踐履與修行，此則無窮無盡。成聖成賢，成仙成佛，盡需無限的智慧與才能以赴之，決無「才智無用武之地」之境。若從事學術研究，則必須依據學問的客觀軌範，在學問底正當途徑中，以內在的為學而學之興趣，黽勉以赴。

　　蓋現代化底基本原則，如我以前所屢講，便是「並列原則」（principle of co-ordination）而不是「隸屬原則」（principle of sub-ordination）：此則便是社會各方面依其自性而撐開，各適其適，此大體是「絜矩之道」之轉型，或說是絜矩之道之現代化。這樣一來，以往的糾結扭曲便可解開而順適。有現代化的政治經濟，知識分子亦必須相應地有現代化的文化意識。一切扭曲凌駕，糾結跨越，必須解消。此之謂理性之大通，是我中華民族未來發展的唯

一坦途、大道，是我近年來的用心所在，也是我近年來在臺、港兩地所作講演的主旨所在。大要如此，其詳請參看去年講辭〈文化建設之道路〉，以及〈僻執、理性與坦途〉。

（71年12月25日，講於聯合報大禮堂，宛南人記錄）

原載《聯合報》　　1983年1月23/24日

熊十力先生追念會講話

　　黃委員一番誠意的要開一個熊先生的追念會。這件事情的緣起是這樣的：今年春天時，上海的偽市政府舉行一熊先生的平反追悼會，以市政府的名義，拍一電報給徐復觀先生，還附一長信，希望他到上海參加這個會，並在信中請徐先生轉達程兆熊先生，及我本人。那時唐先生已去世，他們也知道。徐先生接到這電報後，便馬上打電話給我，說他們有這樣一個舉動，我們應怎麼辦呢？很明顯這是統戰工作，如一般人發訃聞一樣，並不相干。徐先生說那我們可以不理。後來徐先生又接到熊先生的少爺熊世菩先生一封信，說得比較詳細一點，其中有這麼一句話，說熊先生去世的那一年，「身心俱受摧殘」，這就表示熊先生當年曾被打過。精神上受摧殘，那是不用說的了。紅衛兵的瞎鬧，隨便的踢你幾腳，打你兩拳，侮辱你兩下子，那是家常便飯，不算一回事，但便教你受不了。這些侮辱在當時幾乎是無人能倖免的。這是我們以前所沒想到的。在文化大革命期間，熊先生去世，我們是知道的，那時候他家裏並沒有來信，而是唐先生的妹妹唐至中小姐從蘇州寄信給唐先生，說熊先生去世了，據熊家傳出來的消息，熊先生並沒有什麼病，那天上午還是很好的。大概熊先生歷來都是大便不太通暢，要

費氣力,這次可能是在大便時氣力不夠,便過去了。只是這樣說,沒說其他原因,並在信中囑咐我們不要有任何舉動,這表示當時在上海根本是死掉便死掉了。我們當時沒想到他曾受虐待。當時我們還風聞紅衛兵想到熊先生家裏鬥爭他,但由於毛澤東一句話而止,毛說:關於熊先生的思想,我們現在暫時不要動他,等他百年之後,再重新來批評。這句話也算很客氣,可說是給最大的面子的了。我們以為熊先生便因此免受糟蹋,不料現在鄧小平一出來,便自暴其醜,要在上海開追悼會,且要改葬在上海龍華公墓。既要改葬,則當年熊先生去世時定是草草了事,究竟是葬了沒有呢?若是葬了,是葬在什麼地方呢?若是葬了,便不須改葬,誰願意改葬呢?通常若是不葬,便停柩在某地方,準備移回家鄉安葬。現在要改葬,不知當時是何種情形。我們想不會是停柩,如是停柩,已停了十來年了。我想以前葬他的地方一定很糟糕,故有改葬這行動。這些消息是他們自己暴露出來的,是我們以前所沒法想到的。以前我們以為熊先生及馬一浮先生這兩位老先生可以免,其實都不能免。紅衛兵一哄動起來,便全無理性,那時候誰也保不住誰。故現在鄧小平出來,便暴露出很多消息,如關於陳寅恪先生,陳先生是清華的教授,當時是在廣州嶺南大學。關於陳先生的消息,是李方桂先生傳出來的,說是那時在嶺大,紅衛兵到陳先生家,要拖陳先生出來打,那時候陳太太說陳先生身體不好,你們不要打他,要打打我好了。那些紅衛兵說好,既然你們夫婦感情這樣好,那就連你一起打。故那時無論是哪一界,無論是什麼人,都不能倖免。陳寅恪先生眼睛已經瞎了,躺在床上,你打他幹什麼呢?熊先生已八十多歲,你又打他幹什麼呢?這真是可惡。其他的人也是一樣的受

罪，我們也不說讀書人有什麼尊貴，我們一律看。譬如那唱戲的丑
角蕭長華，他是一位名丑，也活了八十多歲，他是被紅衛兵用熱開
水燙死的。其他如馬連良、麒麟童等所受的鬥爭也極慘，那是因他
們曾演《海瑞罷官》的緣故。而蕭長華又因為什麼原因而被鬥得那
麼慘呢？這些都是鄧小平出來後他們自己暴露出來的。所以上海亦
要平反熊先生，既要平反，便表示以前做錯了，現在來承認以前的
錯誤。最近平反了很多人，如四川的蒙文通先生，也被平反了，可
見當年在四川，蒙先生也不能免。而蒙先生的弟子李源澄先生，他
與我及唐先生是很熟的，他是自殺的，這個我們以前是不知道的。
現在要平反熊先生，並邀我們參加，他們是想把一切罪過都加諸四
人幫身上，以為這樣自己便可以豁免，其實他們都不能脫罪。故共
產黨這一舉動，正是虛偽造作，是貓哭老鼠假慈悲。你平反熊先
生，但你並不能承認熊先生的思想，也不能肯定中國文化，還是馬
克思那一套，那你這平反有什麼意義呢？所以這當然是統戰工作。
你能讓思想自由，學術自由嗎？還是不能，那你這平反有何意義
呢？徒自暴其醜而已。所以黃委員聽到熊先生這消息，說我們臺灣
方面也應有所表示，要追念熊先生，並要我來對熊先生的生平作一
報告。我所報告的，只是就我個人和熊先生的關係，我個人所能感
受到的，從感受所能理解到的說一說。我認識熊先生很晚，在此之
前他的生活狀況，我並不十分了解，故我現在大體是從我認識熊先
生時說起，一直至民國三十八年我到臺灣來為止，這階段也有十五
六年。

　　我在北大唸大三時，那時我二十三歲，熊先生到北大來講課，
我是從那時起認識熊先生的，但那時只是在課堂上見過他，未曾去

拜訪，或談過什麼。熊先生在北大只正式上過一次課，而我便去聽
了一次。他講的是《新唯識論》，那時此書剛出版，是文言本，當
時熊先生很高興。在課堂上講書，熊先生並不是很好的，因老先生
和我們這一代是不相同的，老先生並不宜於公開講演或課堂上的講
演，他的好處是在家裡談。所以熊先生只講過一次，便不再上課，
凡是選他的課的，便到他家裡談。熊先生很會談論，談得很有條
理，上天下地的談，但不論談得多遠，都能統之有宗、會之有元。
都很真切，很真實。故在談話中可從他那裡得到很多好處。那時我
還沒有到過他家。有一次，我到鄧高鏡先生家裡，熊先生那時有幾
位朋友，即：鄧高鏡、林宰平、湯用彤幾位，他們是常在一起的。
鄧先生也是北大的先生，有一次晚上我到他家裡，他提到熊先生新
近有一部著作，是《新唯識論》，並拿出來給我看。我當時看到書
的標題是「新唯識論」，下署「黃岡熊十力造」，這「造」字用得
很特別，是不常見的，一般人寫書不會說是自己造，當然這是模仿
佛書的署名「某某菩薩造」。鄧先生說你看過這書沒有？可以拿回
去看。我當時拿回去一個晚上便把它看完，開頭的部分我不大看得
懂，因那是對佛學中小乘的辯破，那些問題不是我當時所能懂的，
且用的是佛經體的文章。但往後幾章的文章我卻能看懂，那是先秦
諸子式的文章。用佛經體來表達義理是不容易的，開頭時還可以說
幾句，說多了便不方便，故熊先生後來還是用中國老式的文體，故
我可以看得懂。但亦只是表面上、文字上的懂，裡面說的是什麼義
理，我並不十分懂。第二天我再到鄧先生處，說這書寫得很好，文
章美得很，雖然我不大懂，但我亦可以感覺到它很好，這位老先生
住在什麼地方呢？我想去見他一見。他說明天是禮拜天，我們會到

中央公園來今雨軒喫茶（那地方是純喫茶的，老先生常去那裡喫茶聊天。是喝清茶，沒點心吃的，不同於南方的茶樓，到這地方喫茶的都是老年人，青年人是不去的。那時北方並沒有像南方般的茶館，南方人的飲茶習慣，我是在抗戰時才知道的。）我們明天會邀熊先生一同去，因那時《新唯識論》剛出來，熊先生又來北大講課，大家都很高興。當時去的除鄧先生外，還有湯用彤先生、林宰平先生、李證剛先生。鄧先生說你也可以參加，我說我也可以嗎？他說當然可以，沒有關係。那我就去了。我去到時，他們全在座，只有我一個青年人，我當時穿了一套新衣服，很整齊。當時我只坐在一旁喫瓜子，他們在談，談的是儒、釋、道，上天下地的，當時以李證剛先生及熊先生談得最多，他們所談的我並不十分懂的，也沒留心，在這時忽然聽見熊先生發獅子吼，叫起來了，他把桌子一拍，說：「講先秦諸子，當今只有我熊某能講，其他的都是胡說！」這忽然一叫，很易驚人，真是振聾發瞶，熊先生便有這本事。當時我所見的熊先生，初看是沒有精神似的，他戴一頂瓜皮帽子，穿一襲長袍，戴一個眼鏡（熊先生晚年便不戴眼鏡，這時是五十多歲），身體不很好，像病夫一樣。後來他到洗手間去，出來時，我看他走路的樣子，像遊方的郎中一樣。沒想到他會發獅子吼！這一發，精神便從他眼神中呈露出來，與一般人直是不同，可見生命的突出不突出是自有真者在。平時我們所顯的精彩是沒有多大用的，精彩沒有用，不精彩而睡覺當然更沒有用。有用的生命是一真實的生命，是與眾不同的，這是我初見熊先生的感受。後來他說：「你可以常到我那兒去呀！」這是熊先生對我暗示。我當時是很不懂事的，現在的青年都非常懂事。我當時剛從鄉下裏出來，人

情世故全不懂，不只那時候不懂，到三四十歲時還是不懂；不要看我好像想了很多，想是想得很多，但對於現實生活，還是不大明白的，我並不懂人情世故，有時候還很任性、很楞。在初見熊先生時，我不知問到一個什麼問題，熊先生說李證剛先生會看相，便請他替我看看，李先生看後，說我可以唸書。我當時並無大志，鄉下人都是一步一步的走的，沒有門面話，我便問李先生：我能不能當教授呢？我當時認為教授是很高的，很了不得的。李先生說：「能，可以。」熊先生在旁聽見，也說：「我看他是可以唸書」，所以熊先生便叫我到他家裏去。於是我便常去他那裏。

去了幾次熊先生家後，熊先生給我很特別的感覺，這感覺和那時我們的日常生活比照起來，是很突出的。那時在北大（不只是北大，整個北平，及山東濟南的中學也是如此），先生在學校是一點地位都沒有的。北大的學生都囂張得很，根本不常去上課，先生講什麼，學生都不聽。而且不上課已經是很客氣的了，那時北大的學生會權威性很大，每學年開始，要聘先生，須預先徵求學生會的意見，問學生要些什麼先生來教課，然後去請回來，十分開明。但雖是開明，站在教育的立場上說，這並不是很好的，這樣會養成學生的囂張狂妄，兩眼只看天上。北大的學生誰也不理誰，所謂「北大老，師大窮，只有清華可通融」的北大的老，並不單指年齡的老，而亦是說精神狀態的老。同學們是很少交談的，在宿舍裡，我與另一同學同住一房間，一人住一方，中間隔開，從來便沒有談一句話。我晚上回來時他已在睡覺，第二天清早他便走了，我不知道他去了那裏，我自己則到圖書館去。那時候的學生無法無天，不知天地間有什麼分寸。上課時先生點名，很是客氣，都說 Mr. 某某，

這種作風，在以前是沒有的。剛開始時，我們都感到不習慣，鄉間的老夫子不但不叫你 Mr. 還要打你呢。這種風氣是從北大，從胡適之先生開始的，胡先生對學生很是客氣。青年人初時會感到有點受寵若驚，但久而久之，便認為當然，久假而不歸，焉知其非固有也，你叫我這樣我就是這樣吧。囂張狂妄之極，沒有一個先生敢對學生說你不對，沒有敢教訓學生的。這種風氣不完全是共產黨開的，胡適之先生也要負一部分的責任。這種風氣一形成，便沒有先生敢教學生。所以我常說我們並不是反自由民主，而是反泛自由主義，我們的反對是有根據的，這種作風便是泛自由主義。自由民主是政治上的觀念，在政治上不能表現，便在社會上日常生活中表現，這便成泛自由主義。變成先生不能教學生，父母不能教子女，這影響太大了。北大便是這種風氣，學生對先生是沒有什麼禮貌的，上課時願意聽便聽，不願意聽便走，隨便退堂，這隨便退堂嚴格講是不對的，但北大的學生對此並無感覺。我有一次去看熊先生，他並不是跟我談這些，亦不批評這些，但每當一個青年人來，他都馬上給你一句話：「你不要以為你懂，你其實不懂！」為什麼說我不懂呢？我覺得我懂得很多呀！平常那一個先生敢說學生不懂呢？熊先生便敢說你不懂，你現在懂的不算數。你或者會覺得冤枉，我事實上是懂了，你為什麼說我不懂呢？但這些他都知道，他就是要壓你，壓下你的浮氣。在這，你自己也得要有一個好的態度，來處這種境況。假如你要和熊先生較量，說：「我明明是懂了，你卻說我不懂，你太不客觀，不科學！」那就糟了，你便不能從熊先生那裡得到好處。他是不會和你講公道的。你不能和他較量，他明明告訴你，就是懂了也不算。在此你要謙虛一下，天下道

理誰敢說一定懂得呢？那是無窮無盡的，你說我不懂，我便承認不懂算了，我自己把自己往下壓一下，不就可以更進一步嗎？這無形中便可得到好處。

這是我初見熊先生的感受，與自處的態度。而由此我感受到，這種對青年人的態度，是北大所沒有的，熊先生可以作老師，可以講學問。這種態度可使你研究學問，從某一範圍內的學問中突破，突進到另一領域去。這也要看個人的感受，沒有這感受，便得不到好處。為什麼從這種態度可使你由某一範圍突進到另一領域去呢？假如我們是唸物理或數學，那懂得便是懂得，假如我們是作歷史考據，找材料，材料證明了，事實上對是對，不對便是不對，這種真理，我名之曰「外延真理」（extensional truth）。外延的真理是平面的，盡量把自己的生命推到一邊，以表示客觀，又把自己所研究的對象推出去，使其對象化、客觀化。我們處在這一層次領域內，並不能知道還有另一層次領域的真理。經過熊先生這一棒喝：「你不懂，就是懂了也不算」，那感受便不同了。假如是數學的真理，如 $2+2=4$，一旦懂了就是永遠算的，怎能不算呢？我當時便馬上有這個感覺與反省，馬上想到這問題。材料證明對就是對，錯便是錯，不能再辯，說不算數，那怎麼樣的真理可以說你懂了並不算數呢？我馬上便想到我當時看過的宋明儒的語錄，其中的程伊川一段話，他說十七、八歲時已讀《論語》，五十歲、六十歲也讀，到現在七十歲還是在讀《論語》，但年年讀時的感受不同（程子曰：「頤自十七、八讀《論語》，當時已曉文義，讀之愈久，但覺意味深長。」），十七、八歲時讀《論語》，也不能說是完全不懂，但十七、八歲時讀與六十、七十歲時讀的感受是否一樣呢？理

解是否相同呢？當然不相同。既是不相同，我站在六、七十歲時的理解說我以前沒有了解，這總可以吧。這種真理不是數學的真理，不是考據的真理，不是靠證據來分辨真偽的真理，而是內容真理（intensional truth）。一個唸哲學的人，若只限於在外延真理的領域內，是沒有進步的。可是由外延真理轉到內容真理，是有很大的困難的，要想轉出來，極端不容易，不是憑空便可以轉的。學問境界的往前轉進，是很難的，假定陷在北大的的習氣裡，你會永遠轉不出來。假定沒有抗戰這大事出現在中華民族身上，又假定我沒有遇見熊先生，我究竟是不是現在這個我，是很難說的，恐怕我在北大畢業出來後，也和其他人一樣，很自然的便跑到中央研究院的系統裡去了。由於有抗戰這大事件，那是民族的生死鬥爭；但這還只是客觀的因素，光是這個並不夠，還是要碰見熊先生，我才是現在這個我。

所以我和熊先生相處，是抱著一種會使自己得好處的態度的，而旁人便很少能有這態度，因熊先生這一套，旁人是受不了的。他好罵，好責備你，說你不行。年輕人是很傲氣，很好勝的，你說我不行，那怎麼可以，馬上會臉紅脖子粗，甚至要跟你打架。故人人都有矜持，你硬說我不懂，我便不懂算了，但我下次亦不來了。很多人就是這樣，受不了這一套。其實受不了便表示你這個人不行，你便不能從他那裡得到好處。你不要拿自己的作品給熊先生看，他是不會看的，「你拿給我看幹什麼？你應該看我的書，就是不看我的，也應看聖賢的書，你的狗屁東西算什麼作品呢？」世俗之見的人都喜歡拿自己的作品給別人看，假如你不看，便是對我的輕視，那怎受得了。其實就讓他不客氣，輕視一點算了，你受一點委曲算

什麼呢？但一般人就是受不了這個。我當時還是一個年輕人，也沒有什麼大智慧，但我覺得對熊先生的罵人是不能太認眞的，罵罵又有什麼關係，你應有一點幽默的態度，你有一點幽默的態度，不就可以放平了嗎？罵罵又有什麼關係，這便可以得到好處。罵人有傷人的罵，有不傷人的罵，《史記》說漢高祖常謾罵，這謾罵便是不傷人的罵。漢高祖是鄉下人，鄉下老粗口舌總是不乾淨的，好罵人，這便是謾罵，這罵是不相干的。熊先生的罵亦是如此，是不傷人的罵，與平常的罵人是不同的。所以對於熊先生我一個很特別的感覺，我感到他那裡有一個很大的突出，是北大其他先生所沒有的。他是一個很突出的生命，他可以教訓你，從這突出裡面，你會感到有一種眞理在你平常所了解的範圍以外，這便是外延眞理與內容眞理之別。再進一步，你要適應熊先生的態度，你自己要有一種預備的心境，若不然你便不能適應，而得不到好處，這是我在北平初見熊先生時的感受。

以後是七七事變，北平淪陷，熊先生在那年八、九月間出來，那時我還在北平辦《再生》雜誌。熊先生是經煙臺出來的，我當時寫信給一個在煙臺中學教書的老同學，請他照顧熊先生。我在這年秋天出來，冬天時來到了南京，但住了不到一個月，便是南京大撤退。熊先生離開北平便回家鄉（湖北）去，南京一失守，武漢也待不住，他這時大概是到四川去了。我則從南京經長沙至廣西，在廣西教了一年中學，第二年我便離開廣西至昆明，但在昆明我並沒有事情做，依附在一個朋友家裡，這期間是我生活最苦的時候，正是在陳絕糧。熊先生這時在重慶，生活也很苦。諸位現在看到的《中國歷史講話》，便是熊先生初到重慶時的講稿。這時我還沒有到四

川,在這一年多,我和熊先生沒有聯絡。後來我在昆明住了一年,沒事情做,與熊先生再聯絡上。他寫信給我,叫我到四川。當時政府已稍稍安定,教育部長陳立夫先生把馬一浮先生約到四川,在嘉定成立復性書院,這是國家要安排這位老先生。馬先生與熊先生的關係是很密切的,故一成立了復性書院,便馬上打電報及寫信給熊先生,約他去一同講學。熊先生在初時是不答應的,有一點顧慮,這顧慮不是旁的顧慮,而是顧慮內部的問題,即是與馬先生能否相處得來的問題。大家平常是好朋友,但到一起講學時便要顧慮,因在復性書院與在一般的學校不同,在一般學校,可以互不相干,誰也不理誰;但在書院,便是兩位大師。山長是馬一浮先生,那請熊先生來怎樣子安排他呢?當然要安排一講座,兩個講座在一起時,除非其中有一個是虛君制度,作有名無實的女皇,那便可以相安。若其中之一不能作女皇,便很難相安,故這事情是要考慮的。熊先生起初不肯去,但馬先生函電交催,非要他去不可,說大家的關係如此密切,還要顧慮什麼呢?故熊先生終於還是去了。去了之後,熊先生這人是沒有什麼客氣的,你既要我來講,那我便講,並不故作推讓。而且他還要為書院作安排,說國家讓我們成立復性書院,並不是叫我們當和尚,及養幾個小和尚來清談,而是要講學的,既要講學,便應好好的講;這一套又來了。這一套一來,二位先生便相處不諧。因二位先生的性格完全不一樣,馬先生是狷型的性格,熊先生是狂型的性格,二者正好相反。當二者不相干時,可以互相欣賞,是好朋友,但到一齊處事時,便不一定能合得來。熊先生一到復性學院,便馬上寫信給我,要我亦到那裡唸書,給我一個「都講」的名義,月薪兩百元。「都講」是一老名詞,意思我亦不太明

白，大概是當助教。月薪兩百元已經是很高的了，但這兩百元並不是由書院支付，而是教育部特別拿出來的。這個我也要考慮，因我不是國家的官員，又不是教育部的職員，怎可以受教育部的錢呢？這是因陳立夫先生的關係而特別拿出來的，不知其中有條件沒有，不知道以後會不會來麻煩我，如找我寫文章之類。於是我寫信給熊先生說這個顧慮，熊先生說：「好，由我寫信給陳先生，要他乾脆出錢便是了，不要有什麼條件，不要來麻煩你。」英雄好漢做事，要幫人就幫人，不必講什麼條件。在這裡容我說幾句閑話，我與梁先生相處不來，亦是因為這原故。梁先生這人太小氣，光只一心想要作聖賢，而忘了要作豪傑。有一次熊先生為我向梁先生要一個月三十塊錢，熊先生和梁先生極相熟，三十塊是小數目，熊先生是可向梁先生要的，他說：「你一個月拿三十塊出來，叫宗三到我這裡住，讓他讀書。」梁先生說錢是可以拿，但有條件，第一是要讀人生哲學，不能光看邏輯。這真是笑話，你怎可以干涉我讀書呢？你看我表面是在唸邏輯，便沒有唸人生哲學麼？你以為我一天二十四小時都是唸邏輯的麼？第二是要到鄒平走一趟，看一看，觀察一下他的事業，他那時的鄉村建設運動在鄒平實行。第三是不能存有利用的心理。當時我一看這三條件，便一怒而拒絕，這三十塊錢我不要了。你不能干涉我讀書，我也不願到你鄒平去，且我利用你什麼呢？我只利用你那三十塊錢罷了。他的話實在太沒道理，你這算什麼聖賢？故若要作聖賢，先要作豪傑。

當時熊先生說他已與陳部長說好，叫我放心去，我是相信熊先生的，他說的話算數，旁人的說話我不一定相信。於是我便答應去，我由昆明到重慶，由重慶坐船到敘府（宜賓），那兒水淺，船

走不上去，於是我便在那裡住了一個晚上，聽川戲，然後便回去了。回到重慶後便剛好接到熊先生一封信，說：「你不要來了，我馬上便要離開。」他去了還不到一兩個月，便要離開了。他離開復性書院後，便住在「來鳳驛」，叫我去看他。我便由重慶坐汽車去，坐了一整天，到達時已是晚上，那時熊先生病了，那是熊先生一生最倒楣的時候，生活很苦，事情也不順心。我去到他家時，正是一燈如豆，房間很暗。我一進門便看見熊師母，她正在縫衣服，她說：「你老師在裡面，進去看看他吧。」我進去便見到熊先生，他沒有第二句話，一見面便說：「人心險得很！」這是他老先生的感受，他和馬先生這樣的老朋友，到重要關頭還是不行，故見面第一句話便說人心險得很。這時熊先生的生活很苦，吃的東西的營養並不夠。熊先生對吃東西是很講究的，不是講究好，而是講究營養，一天非得有葷的不可，不喫雞便喫鴨，不然也要一兩斤豬肉，不能完全喫素。但那時他所有的錢並不能供給他這樣的享受，故其時生活並不好過。後來我便到大理去，那時張君勱先生在大理辦了一所民族文化書院，我到大理便是住在那裡，住了兩年。後來因為民主同盟的事情，書院便解散了。這時熊先生又來信，叫我到他那裡去。那時熊先生住在北碚金剛碑的勉仁書院。勉仁書院是梁先生的，當時的主持是梁先生的弟子黃艮庸先生。熊先生是養在裏面講學，梁先生並不住在裏面，而是在社會上作政治活動。熊先生是養在裏面作主講。但誰來聽呢？沒有聽眾也不行，故叫我去。故我在那裏面是間接的依附，熊先生是養在裏面，而我是依附熊先生，所以我的精神並不很愉快，但當然我亦無所謂。前面說過我是歷來與梁先生合不來的，勉仁書院的人都是梁先生的門下，他們把梁先生

看得很高，像聖賢一樣。後來他們要爲梁先生做壽（五十歲），並要我寫文章祝壽，但我說我不懂，不肯寫。當時梁先生在香港辦報紙，後來太平洋戰爭爆發，日人陷香港，梁先生乘坐一小船從香港逃至澳門，再從澳門轉到後方。從港至澳途中的風浪很大，很驚險。梁先生將其間的危險情狀描寫一番，寫信告訴黃艮庸，說「當時很驚險，但我很鎮定，因爲我不能死，我一死，歷史便會倒流，在這時代，有很多書非我不能寫。」是這麼一封信。後來這封信有一天給熊先生看到了，覺得這信太不像話，便寫了一封信去責備梁先生。說其發瘋，太狂妄。梁先生回信說：「狂則有之，瘋則未也。」故爲了種種諸如此類的原因，弄得熊先生精神很不愉快。有一次，爲了一不相干的小事（買鹿茸），熊先生大發脾氣，把勉仁書院的人痛罵一頓，罵得很厲害，連黃艮庸這個平素被稱爲黃面佛，是最沒有脾氣的，亦受不了。這是因爲平常所受的刺激太深了，故借機會便大爆發。在這種情況底下，我自然也不能待下去了。正好那時唐先生回到中央大學教書，他介紹我到成都華西大學當講師，我便去了，這是我獨立教書之始。我在華西三年，然後轉到中央大學，這時已是抗戰勝利了。熊先生還是念念不忘要講學，本來在復性書院是一好機會，但還是失敗了。我們由此感到現在的教育制度底下，要回到以前的書院式的講學，是辦不到的，是不能實行的。但熊先生一直想找一個講學的地方，他覺得光是學校不行。但私家講學又談何容易，錢從那裏來？就是有錢，又會有學生來麼？即使供給學生生活費，但學生是要社會上客觀的承認，而要在社會上出頭的，不能像出家當和尚般，是以熊先生的心願始終沒法實現。抗戰勝利後我們都從後方出來，但熊先生又回到嘉定去。

這時有一小資本家出錢供他講學，我當時曾勸他不要去，因人都出來了，你講給誰聽呢？是以他去了沒幾天便又回來了。勝利復員以後，熊先生住在上海，我則從中央大學轉到金陵大學。熊先生後來還是回到北大去，他在北大，照樣是不上課，薪水則照拿，然而錢很少。那一年謝幼偉先生在浙江大學成立哲學系，謝先生一直都想在浙大辦哲學系，那一年終於辦成了，於是便把熊先生找去。但熊先生自己一個人去不行，要找我一起去，但我那時已答應了武漢大學，想到武漢去。但熊先生不肯，一定要我到他那裏，那我便只好和他一起去。在杭州住了不到一年，與熊先生住在一起。不久南京陷共，南京一失陷，杭州便不行了，因距離太近，而杭州至上海的火車便不通，秩序亦馬上亂，這是第二年春天的事。而熊先生則早於年前冬天從杭州出來，到了廣州，住在黃艮庸家裏。我是第二年春天才走，我以為總可以維持一年，但結果一年還不到。這時我和謝先生從杭州到上海，然後坐船到廣州。當局面還未全壞，還有江南半壁，還有四川。那時國民政府已遷到廣州，但我們在廣州是沒有辦法的，要想辦法走。那時教育部通知我們，看我們願意到臺灣或是重慶，我說我願去臺灣，不能再到重慶，因再去便不靈了。所以那時去重慶的人都不能出來。那時黃艮庸說：「你不能去臺灣，若去了便回不來了。」我說：「大丈夫只有前進沒有後退，怎麼會回不來，地球是圓的，不是一下子就轉回來了嗎？」熊先生則仍留在廣州，共產黨一去，便把他接在市政府的招待所內，於是他便出不來了。

那個時候，有些人勸熊先生到香港，但他不答應，他說：「吾中國人也，不住英國人的地方，不托庇在帝國主義底下。」但其實

也不是一定不可去的，而是若去了香港，有誰能照顧他呢？大家都是逃難，遑遑不可終日。那時能照顧熊先生的，只有徐先生；但徐先生當時並沒有錢，不能負責他的生活。所以熊先生不到香港，既不到香港，那到臺灣來最好，但據徐先生說，他也不願意到台灣，因他不喜歡陳誠先生。當年大概陳辭修先生在湖北弄得不好，這個我便不知道了。但說是這樣說，並不是只因為陳先生一個人他便不來，便決定了他的行止。這時便要看台大，台大此時便應當有所表示。因熊先生是北大的教授，北大的教授沒幾個肯出來。只有胡適之先生出來，他是國民政府派飛機接出來的。傅斯年則是早就出來了，但當時他已在作旁的事情，已不是北大的教授。傅先生來接收台大，來安排北大那些人，但那些人都不肯出來，那為什麼不安排熊先生？這便不對了，這便是沒有盡其所應當盡。傅斯年最看重、最崇拜的是陳寅恪先生，盡量設法請他出來，但無論怎樣，陳先生一定不肯來，只是到了廣州。到廣州是表示他不左傾，不到台灣是表示他不右傾；但到廣州便可表示不左傾嗎？廣州跟北平又有什麼分別呢？這真是沒意思。傅斯年便最推崇這些人。傅先生腦子裡根本沒有熊十力三個字，在他眼中熊先生是沒有什麼價值的。還有他們的系統下有一個人還說北大當年為什麼請熊十力這個人當教授呢？說這話的人實在太可惡！熊十力不配當北大教授，只有你們這些人才配？真是愚妄之極！當時教育部沒有盡責任，台大也沒有盡責任，你若安排好了，他那會不來？從此以後我們便失去聯絡，大家不能通訊，我在台灣，而唐先生則在香港。熊先生留在大陸，一直到他去世的十幾年間的生活，並不是好過的，尤其是文化革命的一段日子。在毛澤東還未鬧文革時，還可以敷衍，還可以苟延殘

喘，且還是不斷的寫書；書當然是他自己印的，他們不會給你公開印。書中的思想，大家都很知道。革命是可以講的，社會上有不公平、不合理的地方，當然可以革命，故不能反對革命。但以哪一種方式來革命是另一問題。我是不反對革命，但我不一定不反對你那種方式的革命，這是兩個問題。故革命可以講，辯證法也可以講。辯證法是方法，是公器，當然可以講，但我不一定講唯物辯證法。這最後一點，便是畫龍點睛，還是熊先生敢講這話，說唯物論不可講，我還是不相信唯物論，這便是點睛。革命可以講，辯證法可以講，但唯物論不能講，這一句話便把你限制住了，這還是熊先生的本事。在那時候誰敢講這句話呢？他的思想還是沒有動搖。當初在廣州市政府，是郭沫若及董必武二人勸說熊先生留下的，當時熊先生開了幾個條件，即思想不能改變，在北大教書，還是老方法，一週兩小時，薪水照拿，不能減少。郭、董二人悉數答應，故在文革前，共產黨對熊先生尚算客氣，不去動他。但文革一來，毛澤東走兒童路線（這是徐先生的話），動用一些非理性的小動物來亂鬧，那就麻煩了。熊先生留在大陸的十幾年便是這狀況。譬如說《原儒》一書，便是在這期間寫的。《原儒》的基本思想還是沒有變，即推尊孔子，講春秋、講大同；但對曾子、孟子以下群儒皆有所批評，皆有所不滿。一般人看了心中便不愉快。當然在平時，講儒家的是不會去批評曾子、孟子的。但在這種環境底下，為了推尊聖人，而歷貶群儒，是可以的。難道一切儒者都是十全十美，都是不可以批評的？我只要能把聖人保住，不就可以了嗎？這是行權，是不得已的大權。我當時也沒有這權的觀念，我當時只是有一直感，我覺得在那種環境底下，能把孔子保住便可以了；不能把孔子以下

的儒者都說是好的，說都好便沒法子交代。這樣做才可以掩護，當然會有冤枉，但冤枉一點也就算了。以上是關於熊先生的生活狀況，下面我將說一說熊先生一生的志願、心願，從學問方面、客觀方面說幾句話。

熊先生的書大家都看過，他主要的著作是《新唯識論》。《新唯識論》本來預備是寫兩部的，現在所看到的一部是「境論」，還有一部是「量論」。量論是佛教的名詞，即知識論。量論始終沒有寫出來，但照熊先生本人的用心範圍，那書在那時代，他老先生是不容易寫出來的，故他一直都沒有寫。我們現在看熊先生的書，客觀了解熊先生的好處，看在什麼地方。熊先生的學問，與一般人的並不一樣，不能用一般的標準來衡量他。假如以一般的專家學者的立場看，他的書中可批評的地方很多，譬如《新唯識論》是為批評佛教的老唯識論而寫的，而這些批評，那些專家不一定都贊成；就是不理別人贊不贊成，但熊先生的批評亦不一定都能中肯。我站在學生的立場，可替我老師說這話。但儘管你可不贊成，亦未必中肯，都沒有關係，熊先生的好處不在這地方。熊先生的好處是在我前面所說的，是在主觀面上，會使你生命突進。他生命的光輝便在這地方發，真理亦在他突出的生命中發。表現在文字上，所假借的名言，那是外部又外部的。那些名言的恰不恰當，都是不相干的。所以你通過那些文字語言所要看的，並不是他所講的這句經、這句話或概念對不對。就是他在講這句經時講錯了，對他的真實生命毫無影響。假定說是他講《易經》、《春秋》，講得不對，不合這、不合那，這種批評對熊先生是不中肯的。他的真理便在他的生命中，這種真理便是內容真理。如諸位要更清楚的了解這個，那耶穌

的話便是最好的例子；耶穌說：「我就是道路、眞理、生命。」熊先生的生命格範就有這點意思。這不是我故意說大話來恭維自己的老師，老師是用不著我去恭維的，這是一客觀的問題。故我不要你去看他的書那一句講錯了，不能在那裡衡量他的價值。他的眞實生命的呈現便是光輝，光輝便是眞理，這種眞理便是內容眞理。聖人千言萬語講仁，孟子講盡心知性知天，後來宋明儒講心性命天，不過都是要烘托出這東西，把這東西呈現出來。這不是一對象，一科學上研究的外在對象，這是要靠你的眞實生命的呈現而呈現的，這便需要人去體現，光是講是不行的。康德用了那麼一大套理論，那麼多名言去講，講得那麼合法度，結果卻把自由意志講成了一設準（postulate），而不能呈現。但聖賢講仁，講性命天道，講良知，都不是一假定，而是一眞實生命的呈現。但只這一句話亦不行，你說你眞實，我說我眞實，那究竟眞實是在那裡呢？所以需要師友，要在現實生活上找一個見證。而這現實的見證，在當今之世，只有熊先生夠資格，其他人都不夠。所以熊先生是一個眞人。他眞之所以為眞的地方在那裏呢？我不用說得太玄遠、太嚴肅，而只從他日常生活上說。

我們這些人都有俗氣，都未能免俗。免俗是不容易的，無論什麼了不起的大人物，有什麼大名譽，大學問，從他們的現實生活上看，從他們的生命格調上看，都是些俗人，更不必說一般人，一般人那能免俗呢？什麼叫「不俗」呢？把俗與不俗分辨開來也不容易。陸象山說韓退之就是俗，像程明道、程伊川那樣，方為不俗。二程才做到一個「不俗」，而這在陸象山看起來，已算是不容易的了。你們可在這點上看。什麼叫俗，再粗淺的說，就是任何人都有

無聊的時候，無聊便是俗。人見面時都有無聊的話，敷衍的話；諸位有些是見過熊先生的，你看熊先生有無聊的地方沒有呢？沒有！這就不容易。不管你什麼人來，他就照他那一套來講學。就是居覺老，他是黨國元老，他來，熊先生也照樣講這一套，不管你聽不聽。不管你是將軍、總司令、商人，乃至任何人，只要來，熊先生便講他那一套。這是絕對忠於形而上學，絕對忠於道體。任何人來都講這一套給他聽，不管對方能不能聽。依我們看，對一個做生意的人講這一套有什麼用呢？不可與言而言謂之失言，但熊先生沒有所謂失言，他都講。小孩子來，便教訓他要好好唸書；黨國元老來，也一樣教訓他。他沒有敷衍，沒有無聊。今天天氣好，今天天氣哈哈哈，便是無聊敷衍。這個一般人誰能免呢？我所認識、接近的人，不論前輩、平輩、後輩，能免於無聊的人很少，幾乎沒有，就只有熊先生。這就是真實，他的生命全部都在這；這就是孔子所說的造次必於是，顛沛必於是。我們看到孔子這話時，總覺得很嚴重、很可怕，擔子太重了，但熊先生卻能將孔子這話表現出來，表現得很輕鬆。他無所謂，就是這樣。因為他沒有無聊，所以當初在中央公園喫茶的時候，開始那些人在隨意談，他卻不能永遠和你無聊，突然把桌子一拍，便要開罵，說：「當今之世講先秦諸子，只有我熊某能講，其餘都是胡說八道。」這表示他不能安於無聊。

　　這一點我們便差得很，我自愧不能達到我老師的萬分之一。儘管我講哲學系統、哲學概念或許比我們老師知道得多，他一生想要寫的量論寫不出來，而我或可以寫出來，我可以順著他所呈現的內容真理來講，把它建立起來，而往前發展，但這並不表示我比我老師好。世俗之見會以為我超過我老師，但真正了解起來，其實是差

得遠。我這個人也並沒有墮落過，一生也沒有得意過，沒有飛黃騰達，生命也沒有波瀾壯闊，只是敎一輩子書，沒有什麼墮落。但每當我見到熊先生，我總覺自己的生命頹廢，在往下退墮。我平常覺得自己並沒有墮落，也很努力、很用功，但我一見熊先生我便會往上躍一步。像皮球浸在水中，打它一下，便會蹦上來。你不見熊先生，你這球便永遠平平浮在水上，不會蹦上來。這就表示說我們有無聊，有未能免俗的地方，生命不能像熊先生那樣：「天行健，君子以自強不息」，不能精誠不已。他就是這樣，永遠都有創造性，任何人來都可和他講道理，講聖人之道。所以熊先生門下來的人很怪，什麼人都有。但你又不可以說他迂腐，說他迂腐是不可以的，他並不是三家村氣。

自明朝一亡，乾嘉學問形成以後，中國學統便斷絕了。所以至清末民初，中國人都不會用思想，儘管中國人有聰明，但並不會用思想。所以我常說：中國人不會運用觀念，沒有觀念，便沒有生命（ no idea therefore no life ）。思想不能是胡思亂想，不論是要解決那一方面的問題，都要有所根據。如要解決政治問題，便要根據政治的傳統，要解決科學的問題，便要根據科學的傳統，其他一切皆然。中國自清朝以來，全部學問都沒有了，只剩下《說文》、《爾雅》，《說文》、《爾雅》能代表什麼呢？能代表科學、政治、經濟、宗教、哲學乎？都不能！那中華民族的生命憑什麼來應付環境，應付挑戰呢？所以恢復這生命的學問、恢復儒家這中國的老傳統，大漢聲光、漢家威儀，把從堯、舜、禹、湯、文、武一直傳下來的漢家傳統重建起來，這是熊先生的功勞，是熊先生開始把這傳統恢復過來的，那爲什麼不能當臺大敎授？其實臺大的人都應重新

來受教。有這樣一個人而大家都不知道尊重，那你憑什麼東西來生存在這世上？憑什麼東西來抵抗共產黨？這傳統能復興起來，是熊先生的功勞，你不能要求他太多，他不懂洋文，不懂西方哲學，這沒有關係。你懂得這一點那一點算得什麼呢？現在的人淺薄無聊，動不動以自己懂得的一點來欺負老前輩。你那能欺負老前輩，你那能抵得過老前輩呢？你懂的這一點那一點算得什麼？他把這漢家威儀的傳統復興起來，我們便可以順著往前進，這便是將來中國各個人生命的道路、國家生命的道路、文化生命的道路，這道路不是憑空可以講的。以上是簡單的將熊先生的學問方面、客觀方面的意義表示出來，今天就講到這裏。

（68年7月1日講於立法院。楊祖漢記錄）

原載《鵝湖月刊》第5卷第2期　　1979年8月

哀悼唐君毅先生

　　我於本年一月間在臺北時，即聞唐先生咳嗽氣喘，體重減輕。當時以為中藥有效，但須忌口，其體重減輕，或不能免。但咳嗽氣喘不無問題，一月底返港，翌日往視，知經醫生檢查，可能是舊疾復發。見其容色衰頹，聲音非如常時，酷類其太夫人當初之發音。心念唐先生母子之情甚篤，到老更返於孺慕，故自然有此類似。越二日，尚知其多商量研究所事宜，並知其聞大陸平反孔子而色喜，並擬過舊曆年再赴臺北作詳細檢查。孰知二月一日晚間即不適，黎明即因氣喘窒悶，遽爾長逝，傷哉痛哉！

　　我於抗戰初期，在重慶時，始認識唐先生。當時，他在教育部任特約編輯，我在曾家岩編《再生》雜誌。一日，他與李長之先生相偕過訪。此後，常相往還。我知其精於黑格爾哲學。某次，請其略講大義，他乃縱談至英國新黑格爾派布拉得萊消融的辯證，覺其玄思深遠，鬱勃而出，我亦因而頓悟辯證之意義與其可能之理據，並知唐先生確有其深度與廣度，非浮泛小慧者所可比。讀哲學，須有慧解，亦須有真性情。唐先生一生忠於哲學，忠於文化理想，當世無與倫匹，非性情深厚，慧解秀出者，不能至此。

　　抗戰初期極艱困。我與熊先生相處，得以提撕吾之生命於不

墜；與唐先生相聚談，得以開發吾之慧解於多方。良師益友，惠我
實多，我終生不敢忘。在此期間，困心衡慮，師友聚談，蘊蓄者深
矣。時唐先生與周輔成先生共辦《理想與文化》雜誌，其《道德自
我之建立》一書即在此雜誌發表者，此爲唐先生在國家之艱困與時
風之衰敝中發正大之音的初聲。我當時則正完成《邏輯典範》一
書，並即著手蘊釀《認識心之批判》。我極欣賞唐先生《道德自我
之建立》中超拔之勁力與惻怛之襟懷，而唐先生亦謬許我對於邏輯
之理解之不同於時流。我之有形工作在邏輯與認識論，而無形之蘊
蓄以及所投射者則不止於此。此皆師友提撕啓沃之力也。

　　抗戰末期，共黨囂張。我目睹當時之輿情，知識分子之陋習，
青年之傾向，深感大局之危殆，將有天翻地覆之大變。我之情益
悲，我之感益切，而一般恬嬉者不知也。我當時厭惡共黨之情（不
是政治的，乃是文化的）幾達狂熱之境，燃燒到任何差謬我皆不能
容忍，故雖得罪張東蓀、梁漱溟諸先生而不辭。我當時日與青年辯
談，理直氣壯，出語若從天而降。一般教授自居清高，緘口不言，
且斥我從事政治活動。惟唐先生知我不如此。唐先生性涵蓄，對於
時局初亦不肯直言、切言。某次，我問：我們是否要落於王船山、
朱舜水之處境？唐先生答曰：不至此。然而我之感覺則甚急甚危。
故勝利後，在南京，我以我之薪水獨立辦《歷史與文化》雜誌。校
對、付郵皆我自任。當時唐先生在原籍家居，每期皆寄稿相助。而
世人則視我之舉動渺如也。熊先生亦勸我曰：「大害已成而不可
挽，挽則必決。」熊先生在老年，我時在中年，故心境不同也。不
久，大陸遂全部淪陷。（《理想與文化》、《歷史與文化》，乃一
氣相呼應者。前者較超越，後者較內在。理想不能不貫注於歷史；

文化亦不能不上通於理想，下貫於歷史。故我此後有《歷史哲學》之作。當時，唐先生比較精純，而我則較爲昂揚。又，我當時所以能以我之薪水獨力辦《歷史與文化》，乃因我當時無家累，又與家鄉不通音問，又因我有中大與金陵大學兩校之薪水故。）

我於民三十八年到臺，唐先生則由廣州移港，參加辦新亞書院。兩地異處，而精神則相呼應。時徐復觀先生辦《民主評論》於香港，吾與唐先生等皆爲常期撰稿人。吾之《道德的理想主義》、《歷史哲學》、《政道與治道》諸書，皆當時在《民主評論》發表者。而唐先生抒發尤多，諸如《人文精神之重建》、《中國人文精神之發展》、《人生之體驗》、《中國文化之精神價值》、《文化意識與道德理性》等書亦皆在《民主評論》發表者。「弘大而闢，深閎而肆」，「彼其充實不可已」，「其於宗也，可謂調適而上遂矣。」凡此諸語，可爲唐先生書之寫照。時下青年仍應當細讀此等不朽之作，藉以恢弘其志氣，提高其理想，敦篤其性情，勿得浸淫於邪僻奢靡之風，以代溝爲藉口，以迂闊視之也。

吾在臺自三十八年起，定居十年。自四十九年來港，任教於香港大學八年，後復轉至中文大學新亞書院任教七年，至退休而止。此十五年間，吾漸收斂其精神，從事學究之工作，前後寫成《才性與玄理》、《心體與性體》、《佛性與般若》、《智的直覺與中國哲學》、《現象與物自身》等書。而唐先生則參與校政，盡瘁於新亞。其初新亞參加中文大學，不免需要一番改制，在此過渡期，動輒以港大爲準，受港大之指導，受盡洋人之氣，唐先生當時告余曰：直可謂受洋罪。既參加已，中文大學正式成立，唐先生復爲維護聯合制，保持新亞教學與行政之獨立，日日與一般所謂假洋鬼子

相抗衡，直至聯合制被廢，新亞被吞沒（其他兩院校亦然），新亞董事會全體辭職，而後止。唐先生對於新亞感情特深。近十幾年來，其生命幾全部耗費於新亞。而新亞之作始以及其後來之發展本駁雜不純；人事、口舌、是非、恩怨，又極多。唐先生身處其中直如處煉獄，其心身之受傷可想而知。然而即如此，復又力寫其《中國哲學原論》（共六冊）以及《心靈九境》（共兩冊）諸大作。外而抗塵抵俗，內而著書立說，如此雙線進行，非有龐大之精神如唐先生者，其孰能支撐得住！然而緊張過度，則強忍力持，耗損必甚。夫人之精神有限，若此等諸大作須費七八年之時間始能寫得成，則待退休後，從容爲之，所成必更精純。今同時進行，稍失從容之旨。一失從容，便涉遑急。雖鐵打金剛，亦難支持，況血肉之軀乎？然此亦與個人性情氣質有關，亦難勉強。以唐先生之省察工夫，夫豈不知？所謂看得透，忍不過，亦莫可如何也。吾爲朋友傷，亦爲朋友痛。今於其遽歸道山，益增痛楚，常俯仰感慨不能已，吾有輓聯云：

> 一生志願純在儒宗，典雅弘通，波瀾壯闊；繼往開來，智慧容光昭寰宇。
> 全幅精神注於新亞，仁至義盡，心力瘁傷；通體達用，性情事業留人間。

吾不善爲文辭，蓋紀實也。

唐先生是「文化意識宇宙」中之巨人，亦如牛頓、愛因斯坦之爲科學宇宙中之巨人，柏拉圖、康德之爲哲學宇宙中之巨人。吾這

裡所謂「文化意識宇宙」與普通所謂「文化界」不同，文化意識不同於文化。這一個文化意識宇宙是中國文化傳統之所獨闢與獨顯。它是由夏、商、周之文質損益，經過孔、孟內聖外王成德之教，而開闢出。此後中國歷史之發展，儘管有許多曲折，無能外此範宇。宋明儒是此宇宙中之巨人，顧、黃、王亦是此宇宙中之巨人。唐先生是我們這個時代此宇宙中之巨人。唐先生不是此宇宙之開闢者，乃是此宇宙之繼承與弘揚者。沒有科學傳統，不能有牛頓與愛因斯坦之為科學宇宙中之巨人；沒有希臘哲學傳統，不能有柏拉圖與康德之為哲學宇宙中之巨人。同樣，沒有中國文化傳統，亦不能有唐先生之為此時代所須要弘揚之文化意識宇宙中之巨人。唐先生之繼承而弘揚此文化意識之內蘊是以其全幅生命之真性情頂上去，而存在地繼承而弘揚之。「彼其充實不可以已。〔……〕其於本也，弘大而闢，深閎而肆；其於宗也，可謂調適而上遂矣。」吾再重述此數語以為唐先生生命格範之寫照。他是盡了此時代之使命。

　　唐先生可以作事，亦有作事之興趣。但是他之作事不是政務官之作事，亦不是事務官之作事，亦不是革命家之作事，而乃是立於文化意識之立場來作事。他之參與新亞校政以及承擔了新亞後期之痛苦奮鬥與悲劇結束，皆是以文化意識之弘揚為背景。參與新亞校政者多矣，不必皆有此文化意識，即或有之，亦不必能如唐先生之真切與充其極。故到後來，幾等於只唐先生一人承當了這痛苦的奮鬥與悲劇的結束。痛苦之所以為痛苦，悲劇之所以為悲劇，即在一般人之立場與唐先生之文化意識有距離，甚至可以說有衝突。執行香港政府之政策者，固無視於唐先生之文化意識，即三院立場亦不一致，不能精誠合作；即新亞本身亦不一致，不能團結應對──此

皆由於一般人不能契解唐先生之文化意識，故鬧成許多衝突。一般人之立場大抵皆是事便、利便、智巧、恩怨之立場，很少有能忠於原則，忠於理想者。唐先生身處此種種衝突中，其奮鬥之痛苦可想而知，其為悲劇之結束亦可想而知。唐先生可以作事，而其作事竟陷於此種局面，此亦可說在如此之現實上是註定的。蓋他本不是事業宇宙中之巨人，而只是文化意識宇宙中之巨人。

這點事業之成不成，固無損於其文化意識之強大。程明道有云：「雖堯、舜事業，亦只是如太虛中一點浮雲過目。」而何況區區一新亞？唐先生之文化意識可以表現而為新亞事業，但不等於新亞事業。此一意識可以在新亞表現，亦可以在別處表現，亦可以其他方式表現。他之對新亞一往情深，只是忠於原則、忠於理想。若客觀言之，問值得不值得，這不是唐先生所顧及的。他之不考慮此值得不值得，而承當此痛苦與悲劇，正反映其文化意識之強烈。他在痛苦的奮鬥中耗損了其有限的生命，然而其文化意識宇宙中的巨人身分卻永垂於不朽。

我前文說他不是事業宇宙中的巨人；他作事不是政務官之作事，亦不是事務官之作事，亦不是革命家之作事。他無汗馬功勞，亦無經國大業。他亦不是什麼專家，他更不是所謂名流。如是，銷用歸體，他卻正是文化意識宇宙中之巨人。他的一生可以說純以繼承而弘揚此文化意識之傳統為職志；他在適應時代而對治時代中張大了此文化意識宇宙之幅度，並充實了此文化意識宇宙之內容。他之博通西方哲學，並時以哲學思考方式出之，只是為的「適應時代，輔成其文化意識，引人深廣地悟入此宇宙」之設教的方便。因此，若專狹地言之，或以西方哲學尺度衡量之，他可能不是一個很

好的西方式的哲學家，雖然他有很深遠的哲學性的玄思（此哲學性的玄思發自其文化意識宇宙中之慧解並消融於此慧解）；因此，他不是哲學宇宙中的巨人，如柏拉圖與康德等，他越過了哲學宇宙而進至了文化意識之宇宙，他成了此文化意識宇宙中之巨人。中國人沒有理由非作西方式的哲學家不可。中國式的哲學家要必以文化意識宇宙為背景。儒者的人文化成、盡性至命的成德之教在層次上是高過科學宇宙、哲學宇宙乃至任何特定的宗教宇宙的；然而它卻涵蓋而善成並善化了此等等之宇宙。唐先生這個意識特別強。吾與之相處數十年，知之甚深。吾有責任將他的生命格範彰顯出來以昭告於世人。故吾人於哀悼其有限生命之銷盡之餘，理應默念而正視其文化意識宇宙中巨人之身分。

（67年2月12日）

原載《聯合報》　　1978年3月15日

「文化意識宇宙」一詞之釋義

　　吾在〈悼念唐君毅先生〉一文中，有「文化意識宇宙」一詞，此詞不同於普通所謂「文化界」。普通所謂學術文化，其意指甚為廣泛，而且只從作業上說，因此，凡從事研究學問者，不管所研究者為何，皆屬於學術文化界。「文化意識」不同於今之所謂學術文化之「文化」。今之所謂文化、文明好像是新名詞。由新名詞，人便想到英文之 culture 與 civilization，好像是外來語之譯語。其實文化、文明，皆是中國所原有，而且原自很古，原於《易經》之〈賁卦〉。〈賁卦·彖傳〉曰：「賁亨。柔來而文剛，故亨；分剛上而文柔，故小利有攸往；天文也。文明以止，人文也。觀乎天文以察時變，觀乎人文以化成天下。」是則天文、人文、文明、文化，四詞皆見於此〈彖傳〉，而且其義甚切而皆有所專當，而且正表示一種道德實踐上的價值活動。柔文剛，剛文柔，此種剛柔相錯而互相文飾，乃是自然如此者，故曰「天文」。「天文」者自然之文理也。就此自然文理而光明之以使剛柔皆止於至善，剛不偏剛以至於戾，柔不偏柔以至於溺，則即謂「人文」。「人文」者，通過人之實踐以價值化此自然之文理之謂也。剛不偏剛，則剛明；柔不偏柔，則柔明。以文明而止，是則「止」者即善成之謂也。故曰：

「文明以止,人文也。」是則「人文」即表示人之道德實踐。故曰:「觀乎天文以察時變,觀乎人文以化成天下。」剛柔相錯即是自然之「時變」,「文明以止」之人文即足以「化成天下」。此明示人文乃屬於價值化活動者,由人文以化成,故亦可縮稱曰「文化」。此縮稱之「文化」即表示以人之道德實踐以化成天下也。化成即善成。任何事,只有善而化之,始能成就其自己,即「文明以止」也。否則必歸於破滅,流逝而歸於虛無。今之所謂文化、文明,如二次大戰後所謂美國世紀所代表之文化實只是虛無之道,乃是蕩而無歸化,而蘇俄中共所代表之文化,實皆是破滅之道,乃是暴戾化、死化、黑暗化、殘滅化,凡此,寧有所謂文化、文明之意耶?因此,吾所謂「文化意識」乃即中國固有之「觀乎人文以化成天下」之意識也。此一意識乃是孔、孟成德之教所開闢,而由〈賁卦·彖傳〉簡單辭語作代表。由此意識,吾人即可開闢價值之源。依此價值之源以作道德實踐而化成天下,即名曰「文化意識宇宙」。

此一宇宙在層次上是高過科學宇宙、哲學宇宙,乃至任何特定宗教宇宙者。科學宇宙只是各種專門知識,此中並無足以立人道所遵循之價值標準者,它只可以提供某種行動之技術原則。若只順科技知識向下滾,則必以技引技,以技制技,交引日下,必有爆炸之一日,決不足以化成天下,適足以毀壞天下,蓋無「文明以止」之人文故也。此中並無人文,而只有物文、技文,馴致於人亦物矣。人日呼籲原子能當應用於社會福利,不當應用於軍事武器,然而人們卻朝夕恐怖於戰爭之毀滅中,蓋人文之門終未開啟故也。即使用於福利,不用於戰爭,若只逐追福利,而無「文明以止」之調節,

則必流於奇技淫巧之奢靡，而日暴露不可遏止之邪僻，終至於姦殺淫盜無已時，然則所謂福利又安在？福利適成為福利之抵銷。此正是今日美國世紀所領導之社會之災難也，人文之門封閉久矣。徒嚷福利有何益哉？此正是虛無之道，將人間蕩而無歸化，焉有所謂「文明以止」之文化耶？夫科技知識本身有何過患？福利亦人生所應有。然必有「文明以止」之文化意識以冒之，然後始足以善成之。此所謂文化意識宇宙高過科學宇宙也。

哲學只是思辨，順人性各領域辨而明之，以明其原理為如何。原理者貞定各領域之自性而不使其相凌駕與蕩越之謂也。此亦是一種「文明以止」之人文——人所當有之一種活動。然此種「文明以止」是知解的，即思辨的，尚不是實踐的。知解的「文明以止」必須融攝於實踐的「文明以止」中，然後始能具體而落實，而不流於空論或只是理智的遊戲。此即文化意識宇宙高過哲學宇宙者。順西方哲學傳統，常只是流於純理智的思辨，雖理論壯闊，義理豐贍，思理奇突，而常無關於人品。因此，雖於其所思辨者能明而止之，然於其「自己為人」之本身卻陷於黑暗而無所止，此亦是蕩而無歸者。此是「思辨之只為思辨」之蕩而無歸。哲學家亦可討論人，而且根據種種學問，如：人類學、心理學、生物生理學、社會學、文化學、道德學等等，以討論之，然結果其所討論者只是一個客觀的人，而不是其自己，其所成者仍只是一些空泛的一般性的理論，而無與於個人自己之成德。是則其自己人之為人仍是闇而不明者，到處皆明，而只自己是一個黑點子。存在主義有一半的覺醒，然結果仍是流於一套理論以及負面分析之挑動，而仍無關於自己人品之挺立。在此顯出中國儒家成德之教，「文明以止」之人文化成之特

殊。它從不繞出去根據種種學問泛講一客觀的人，它只令人當下立於其自己來覺悟價值之源以期存在地實踐地完成其自己之人品，並期善化善成人之所有一切事。此種成德之教，使自己生命「文明以止」的智慧，除於中國傳統外，乃無處可以發見者，即使哲學宇宙亦不能盡之，故此文明以止的文化意識宇宙乃高過哲學宇宙而足以善成之以彰其思辨之用而使之為有所歸者。

宗教指向絕對，將人之心思專注於絕對，倒懸人道於神道，神道明而自己之生命仍是一黑暗而不明，此雖與以各種學問講人者有間，而繞出去以外在者處置人則同。自己闇，則任何外在者皆不免蕩而無歸，而自己之生命亦必被紛扯於外在者而無主，而日馳逐於外在者而無寧靜時，是則「絕對」未見其利，先見其弊。

夫人類能冒出一「絕對」本非壞事，但冒出一絕對，停止於此，而倒懸於絕對，則非究竟。此猶如盲而睜眼者為一外在之光所眩惑，指東畫西，說出許多奇特事，而與自己究不相干；即使一時定下來，而默識那外在之光自己，然而於自己之生命仍未起動一步也；即使說我已有光指導矣，我之生命即順此光前進可也，然而即如此，亦仍為外光所牽引，而吾自己內部之光仍未透出也，是則自己生命仍是一黑暗點，而不是一「文明以止」之光明點；即使說外光牽動了我，同時即動蕩了我，然而即如此，其所動蕩者乃是你感性生命之勁力與衝力，及見到自己感性生命之勁力與衝力滿盤是罪惡，動蕩不安，衝突百出，而終不知何以措手足，如是你只有呼喚與祈禱，直至聲嘶力竭而後止，然而你以為平安了，而其實你那內部鬱結仍一動也未動，仍照樣牢固於原處而潛伏在那裡，此何以故？終不回頭之故也。回頭是光明自己之契機。這一回頭之教正是

儒聖所開闢。回頭就自家生命開出仁道以順成人道，即是光明而寧
靜自己者，即使自己成爲「文明以止」者。開出仁道即足以遙契天
道，而且即證同天道，仁道即天道、即絕對，即人生宇宙之本體。
本此本體以順成人道，此即所謂開闢價值之源，以善化人生者，而
不是倒掛人道於神道以祈福者。本此本體以成人道，而善化人生，
即是善化絕對者。是故此一回頭所成之「文明以止」之化成意識在
層次上是高過任何特定宗教意識而足以善化而善成之者。人能就主
體開闢價值之源，通過道德實踐以光明自己，始能光明絕對。人不
能光明自己，而倒懸自己於神道以祈福，則絕對亦終不能明，只是
一畔援欣羨之彼岸而已。《詩》云：「無然畔援，無然歆羨，誕先
登於岸。」此可思也。「無然畔援」者，言你不要那樣離畔自己而
攀援外在者。「無然歆羨」者，言你不要那樣歆動欲望以羨慕外在
者。「誕先登於岸」者，言如是你便可以先達至於道之極處，即盡
道之極也。故文王之德之「純亦不已」以及孔、孟所承之而開闢的
內聖之學成德之教乃正是一「文化意識宇宙」之開闢而足以涵蓋一
切而且善成一切者。人若想救自己，救世界，而不欲眼看人類向暴
戾化、死化、黑暗化、殘滅化墮落，則捨此莫由。

　　又：「文化意識宇宙」本似與「文化意識界」爲同義語，然吾
不說「界」而說「宇宙」者，則因依中文之語意，「界」字首先示
人以界限或範圍之印象，不若「宇宙」字之能涵蓋一切。「範圍天
地之化而不過，曲成萬物而不遺。」範圍曲成是「宇宙」一詞之所
示。又範圍曲成是隨時代而充實其內容並漲大其幅度，亦猶言「漲
大的宇宙」也。然無論如何漲大，總是一範圍曲成，涵蓋一切之宇
宙。其他一切特殊活動皆各是此宇宙中之一特殊的動相。故此宇宙

乃高過一切動相而足以善成之者。此其所以有普遍性與包容性也。此是一圓實而平平之宇宙，無奇特相、無撐架相、無偏注相，因而亦無虛幻相。然而「雷雨之動滿盈，天造草昧，宜建侯而不寧」（〈屯‧彖傳〉），正須「君子以經綸」（〈屯‧象傳〉）。「天下雷行，物與无妄，先王以茂對時育萬物」（〈无妄‧象傳〉），卻亦正是精進健行，充實飽滿，而亦「純亦不已」也。

原載《鵝湖月利》第4卷第11期　　1979年5月

悼念徐復觀先生

　　抗戰時期余在熊先生家始識徐先生。一日得見一精悍透闢人物，熊先生告予曰此某某人也。徐先生原名佛觀，熊先生為之改名復觀。熊先生意觀佛不若觀復。老子云：「萬物並作，吾以觀復。」徐先生敬謹領受。熊先生又告予曰：此人將來可以作學問。後果如熊先生言。徐先生思想大體方面皆熊先生有以啓之也。

　　勝利後，返南京，吾常與徐先生來往。吾離中大後，一時無處住，暫住徐先生藍家莊寓所。夜間無事，常與談一些西方哲學之源流。徐先生涉世後，生活面廣。觸處警悟，透闢過人。那時徐先生主辦《學原》雜誌，吾與唐君毅先生多為之撰文。不久，南京撤退，吾由廣州至台，暫住民主評論社。《民主評論》雜誌亦為徐先生所主辦。此刊在港發行，台北有分社。那時徐先生家住台中，吾到台中亦常住徐先生家。吾隻身流浪，居無定所，多蒙友人照顧，終生不敢忘。民四十至民五十，十餘年間是《民主評論》之時代。吾與唐君毅先生許多有關於中國文化之文字皆在《民主評論》發表。去障去蔽，抗禦謗議，皆徐先生之力。那時新亞初成，極度艱難，亦多賴民主評論社資助，此亦徐先生之力。所謂新亞精神實以《民主評論》之文化意識為背景。人不知此背景，新亞精神遂亦漫

蕩而無歸矣。

　　民五十吾來港任教港大，徐先生仍留臺中東海大學。此後徐先生即集中其精力於思想史之研究。先寫成《中國人性論史》，後繼寫《兩漢思想史》，以及有關於西周、春秋戰國時代發展關鍵之諸大文，疏通致遠，精闢入裡，且有存在之實感，皆不朽之傑作，非徒泛泛無謂之考據也。其爲考據也，必詳核史實，即事以窮理，通理以解事。故觀其文大體皆浹洽順通，如情如理，而無剌謬不經之談。

　　徐先生晚年益信中國文化之不可泯。其在《華僑日報》所寫之諸短文，篇篇精警，字字皆從實感中流出。有人提議當輯爲文集，作爲青年訓練中文之最佳讀物。讀此當知何爲正、何爲邪、何爲本、何爲末。捨正道而弗由，能成何事？孟子云：「源泉混混，不舍晝夜，〔……〕，有本者如是。」無本則枯涸。天下事豈是耍花樣者所能成辦？

　　徐先生篤信孔、孟之道終必光暢於斯世，無人能毀；篤信自由民主爲政治之常軌，無人能悖；痛斥極權專制徒害人以害己，決不可久。彼在〈偷運《聖經》的意義是什麼？〉一文中有如下之痛切語：

　　　　中國共產黨是在農村中吸收大量所謂貧農、雇農而壯大起來的，〔……〕取得政權後，憑藉唯物史觀的教條，否定了人類整個文化傳統，尤其是中國的文化傳統，把一切的精力都集中在環繞著階級鬥爭的幾個簡單口號上，通過龐大的、粗暴的組織力量，拔掉了一切文化的根。過去不識字的人，憑

幾句諺語，也可以得到一點做人的道理。這類諺語也被視為毒草而掃蕩光了。把所有的人由文化而來的教養都剃得光光的，使大家成為赤身露體的原始人。於是多數共黨幹部只知道以權力滿足擴充自己的食色之性，而毫不知恥。一般人民精神上全無一物，原始迷信、落後習俗，一齊復活出來。這不僅是中共統治三十二年的大諷刺，也是我們國家人民多麼可憐的反映。但他們還毫無覺悟，不了解文化教養與科技是同樣重要；而文化教養不是能從馬列主義乃至外國移植過來的，必須求之於中國歷史積累之中。〔……〕

我信服中山先生原因之一，他是一個基督教徒，但在他的革命生涯中，從來沒有賣弄過基督教，從來沒有以基督教為達到某種政治目的的手段。他接受了西方的政治思想，卻以中國的道統為他思想的根幹，此之謂有品格，此之謂有識量。（《鵝湖月刊》81期，71年3月）。

　　徐先生以這樣的痛切語表露了他自己的生命之定向。他有此定向主宰於心，故在群疑搖撼之中掌住自己而不搖動，所謂臨大節而不可奪者，豈偶然歟？徐先生乃斯世之英豪，彼已盡了其鳴時代之艱難與民生之疾苦之責任。彼之逝世乃是中流砥柱之喪失，豈不痛哉！豈不痛哉！輓之曰：

崇聖尊儒，精誠相感，鉅著自流徽，辣手文章辨義利
闢邪顯正，憂患同經，讜言真警世，通身肝膽照天人

原載《聯合報》　　1982年4月25日

中國文化之問題

今天要談的是中國文化之問題。這個問題太大，從時間上說，中國歷史有四千多年；從空間方面講，中國的面積這麼大，人口這麼多，複雜得很，那有人能把握得住？梁實秋先生有句幽默的話說：「人的頭腦這麼一點點，怎裝得下這麼大問題？」一個比較方便的說法便是把這問題簡單化，集中在一個焦點上來將問題展示出來，這方法不同於一般研究文化學的態度。一般研究文化學的是把文化作為專門學問來研究，即所謂文化型態學。比如，希臘是一個型態，印度、羅馬、中國也各代表一個型態。研究各支文化在宗教、科學、藝術各方面開展出甚麼成就來。我們不是從這個立場客觀地說中國文化，我們是單就我們自己生息於其中，呼吸於其中，親自感受到的文化而述說，如魚游於水，水與魚的生命息息相關，因而對於自己的文化有真切感。

文化就是各種生活方式的綜集

首先，讓我們這樣規定一下。中華民族有這麼多人口，裡面有各種「行道」，所謂「七十二行，行行出狀元」；每一個行道就是

一種生活方式，文化就是各種生活方式的綜集。這各種的方式之中，自覺的或不自覺的，後面總有一觀念或原則指導這種生活方式。中國社會以農民為基礎，農民有農民的生活方式，一年十二個月二十四節裡邊，有其一定的規律作依循，工人有工人的生活方式、有他的道；商人、讀書人也是如此。此所謂士農工商。再說，所謂英雄豪傑，造大事的人，也有其一定的生活方式。我們把造大事的人集中在政治上講，則政治有政治的道理，或為「政道」，或為「治道」。合乎這個道理，才像政治的生活，這個人才可說是政治家。在逼不得已時革命，革命也有革命的樣子，才算是革命家，這些都是文化。說這裡邊有問題，是說我們自己生息，呼吸於其中的生活方式之綜集在發展上出了岔子，發生了走向何種途徑的問題。

要述說中國文化的問題，要看我們如何了解中華民族生活總集之文化活動的大動脈。這可以集中於政治方面來了解，因為這是文化動脈的焦點，社會上一切變動都是從這個焦點放射出去。

井田制的崩潰與君士民之「形式的客觀化」

中國文化的發展，從三代到春秋戰國，迄於秦漢大一統，局面是很清楚的。春秋時代的趨勢是周文下之宗法封建國家之衰滅而進至軍國時期。周初所封之各諸侯集團，其生命必然滋長而龐大。從現實生活及經濟方面來說，各集團共同之直接親密性，不能不因滋長龐大而轉形。所謂井田即是一種共同體之生活。貴族既是政治軍事教化之領袖，同時亦是經濟共同體之地主。在井田制下，方里而

井，井九百畝，地主取得百畝爲公田，其餘則由農民各自耕種，而亦助耕公田，這是井田制之助法。這種共同體生活之親密性，相依爲命，甚爲直接，但不是奴隸制。自春秋宣公十五年開始「履畝而稅」，即是象徵共同體之逐漸破裂，從土地公有（共同體）轉爲私有。這是諸侯集團生命在滋長中所必趨的方向。而在政治上來說，共同體破裂，政治必漸轉變其形態：庶民漸由共同體脫穎而出，逐漸客觀化其自己，如此則貴族階級之生命必起動盪，不能再保持其穩定之堅持性，也逐漸從政治上倒塌下來。政治之由共同體之親密性轉形而爲客觀化之格局，乃歷史精神之必然發展。

在此轉形期，井田制之共同體漸趨於破裂，即是宗法社會所直接呈現之公卿大夫士庶民直接地親密地糾結於一起之共同體式之貴族政治漸趨於破裂。在破裂中，庶民首先得到其形式的客觀化而自成一單位（形式即：尚未得到其「眞實的客觀化」〔real objectification〕），過其獨立的生活。在井田制度下農民被束縛於共同體中而不得轉動，現在履畝而稅，土地成爲私有，則農民各著落於其自己的土地，得有動轉之自由，土地可買賣，亦可經商通有無，因而庶民的生活，自然地向生動活潑一路走。

庶民既得其形式的客觀化，則君亦必得其形式的超然性，而亦自共同體之直接的、親密的束縛中得解放，從宗法家族所直接透示的政治形式，漸轉而爲一間接的、自成一層的政治形式：郡縣制度之逐漸推行，即是這個發展的象徵。因爲，郡縣是政府所統轄的，貴族之分割性的采地轉而爲政治單位即郡縣。政令發自中央，守令自亦不世襲，而軍民亦可漸趨於分治，因而由食采轉而爲食祿。如是，君，以其形式的超然性，而得綜攬大權，此即向君主專制一路

走。

君與民兩端，一方旣得其形式的客觀化，一方又得其形式的超然性（亦是一種形式的客觀化），則公、卿、大夫在政治上的貴族性即必然被剝奪，亦必漸下落而爲士爲民，與士、民同屬可變的。貴族旣轉動，成爲可變者，於是士階級即興起而爲一普遍的勢力。君與民外，凡參與治權的都融納於士流之內。而廢公族，則必用士以輔助統治，且公族親而逼，士則疏而以義合，爲客觀的。自此以後，士遂成爲中國政治社會上最生動活潑之一流。君、民、士，在此轉形期，各自共同體中得到他們的形式客觀化（士之形式客觀化是指其在政治中的地位言）。

現代的國家政治不能開出之因由

在走上此路中，其直接所顯示者爲一客觀的政治格局之形成，而宗法家族之結構則退處於社會，瀰漫於社會而爲基層之組織，不復再直接糾結於政治。客觀的政治格局之形式繫於君、民、士之形式的客觀化，所謂「形式的」，即尙未得到其「眞實的客觀化」（ real objectification ）之謂。眞實的客觀化有賴於國家政治一面的「主體自由」之出現，但此方面之主體自由必通過自覺而有理想之嚮往爲根據始可能出現，在這種自覺中，對於君之超然性與對於民之客觀性，皆有一種合法的限制與保障；如是，法律始有其客觀意義，而國家政治之形態得以形成。然而此種自覺與理想之嚮往，在中國時期卻成爲落空者。在春秋時期，尙有尊王攘夷，維持周文之理想，此是春秋時多頭表現周文而不爲衰世之故，然在戰國，則不

能有任何共同理想之提出。

在西方，因階級之對立，而以集團的方式互相爭取，互相限制，故易有國家政治意義之主體自由之表現。然而在中國之春秋戰國時期，這種集團方式亦不具備。表面看來，共同體破裂後，庶民得到動轉的自由，本可以集團的方式向貴族階級相爭取、相限制；而貴族政治也好像真為階級之對立。但是，其實不然。庶民並未集團地爭取權利，此即足以顯示：在共同體中，階級的分野與固定並未形成，因而公卿大夫亦未集團地形成一固定的階級。農民也不是不自由的，〈擊壤歌〉云：「日出而作，日入而息，帝力何有於我哉？」此歌辭所代表的意識必來源甚古。若為奴隸，何可歌頌之有？是以共同體中既並非不自由，則在共同體破裂時，他們亦不是以階級對立之背景，以集團方式來爭取利益。共同體之破裂，只是由於集團生命之滋長與龐大，人口繁盛，社會活動較廣泛、較頻密，並非由於階級對立，亦非由階級對立之壓迫中解放出來。故本非不自由，今脫離共同體，其自由亦沒有性質上的轉變，仍保存他們的散立性，而原來的親密性、直接性，則變為間接性與不相干性。這就是所謂「形式的客觀化」。在此種情形下，國家政治一面之「主體自由」不易出現，因而乘轉形期本當形成的「客觀的政治格局」，結果沒有得到真實的客觀之意義，君與民亦未得到真實的客觀化，士在政治上之地位亦不能得到真實的客觀化。這是戰國二百餘年所應擔負的歷史任務，而畢竟沒有盡到的責任。因不能有正面的理想，政治格局不能得到真實客觀化，故戰國時期的精神純為一物量之精神，純為傾一切物力以從事戰爭，是以竟成為衰世。

秦漢以後君士民在政治組織上的地位

　　戰國時期，兵連禍結，只是盡一切物力發揮物量精神，不能接受任何理想。所以，在政治上儒墨都不能受到重視，最有影響力的是法家。法家順時勢而廢井田，行郡縣，剷除舊貴族，在現實的歷史發展上，乃從貴族政治進到君主專制，雖然君主專制不是我們的理想，這到底是一個進步。所謂君主專制，是指發展到秦而完成的「君—士—民」三端所構成的政治型態。由秦漢到辛亥革命為止，二千多年都是維持著這個型態。

　　君在政權方面握有很大的力量。只是把他解脫出來是不成的，應有一個安排，而法家沒作這個工作。沒安排的結果是他高高在上，握有絕對的權力，成為一個「無限體」，這樣一來便很麻煩。君主有超然性本也不錯，但既超然了總要對他有個回應，對他有所限制。現在則海闊天空，沒有任何限制，生殺予奪都由他，這個制度便是這個樣子維持了二千多年。這不是儒家的理想制度，儒家自孔子開始就不喜歡這一套。孔、孟喜稱堯、舜是以其禪讓，不是家天下，後來宋明理學家也是如此，沒有一個贊成。但是中國人的頭腦卻「至此而窮」，沒有想出適當的解決辦法。儒家從沒法子中行一個辦法──君主既是無限體，就將他當作一個無限體來安排：無限體要法天（天也是無限體），要和天一樣，天是「無為而治」，「無為而成化」，法天就是要「具天之德」，以這個觀念來套他。儒家在中國政治上所盡的責任是這個責任。這個辦法，說有用也無甚作用，說它沒用，也有點用。皇帝是個人，叫他法天怎麼受得了

呢？宋儒程伊川教宋哲宗，就是拿天的道理來教這小皇帝。司馬光即看不過眼，以他為書生之迂見，不察人情，其實伊川自有他的見解，就是要以天下來壓皇帝。

民又如何呢？二千多年來，民對政治沒有作用，解脫出來後就擺在那裡，在社會裡流動，對政治組織無積極的參與，是所謂「日出而作，日入而息」的羲皇上人。上面的朝廷轉來轉去，他還是依舊納稅納糧，最大的影響只是在戰爭時期，如此而已。

君是如此，民是如此，中間的士也很難處，士在政治系統裡，我叫它做「宰相系統」，相當現在的內閣，但是沒有內閣的地位和權力，即沒有憲法上的客觀地位，因而，宰相系統只能幫閒而不能幫忙。大皇帝把天下打來，只能幫他治天下，下面沒有人民來支持自己，因為人民都是羲皇上人，皇帝喜歡時可以用你，也可以不用，把你拿掉，完全無保障，亦無主動性，因此，宰相很難做、很難處。

君主專制之所以為專制，就是君、士、民三端皆不能有真實的客觀化。

中國歷史上不能解決的政治問題

王船山《讀通鑑論》把中國歷史作一檢察，得三個問題沒法解決，一、朝代更替問題；二、皇位繼承問題；三、宰相地位問題。第一個問題的解決，一是革命，二是篡奪，造成歷史上一治一亂的循環性。第二個問題，通常依宗法制度解決，但多數在初得天下時出亂子。第三個問題上面已說過了。以王船山的智慧，在真切地感

到亡國之痛後，痛切反省還是不能解決這三個問題。

　　中國歷史上的皇朝，不管其統一維持多久，都是硬打來的統一，政治架子能維持較久，只表示創業的皇帝所建立的「鐵甲殼」特別硬，不易打散。這種統一在黑格爾的了解叫「虛浮的統一」，皇帝這無限體在黑格爾說來是一大實體（grand substance）。但是，根據沒有通過理性來安排他自己，這大實體的自由也只是隨意揮灑的自由，不是眞正的自由，只是放縱恣肆。人民不能給他一個限制、一個回應。黑格爾認爲中國的統一並不是一個重新組織起來成一眞正統一（real unity），成爲有機的統一體。中國人沒有自覺是個獨立的個體，可以說是個天民，但沒有達到是個公民的地步。公民有權利有義務，參與國家組織來保障權利，對國家也盡義務，必須成爲義務的主體和權利的主體，才是一個現代的個人（individual）。而羲皇上人的自由也不是眞正的自由，祇解脫出來擺在那裡，故黑格爾說中國文化只停在兒童時期，這個批評不是我們所喜歡的，但其中的實情亦是我們所不能否認的。

從與西方接觸到超現代化

　　以前各種生活方式綜集起來是這個型態，和西方文化一接觸，問題便顯出來了，清末中國被帝國主義欺壓，要求富國強兵。如果問題光是富國強兵，實在亦不很困難。十七、八世紀還是中國文化的天下，爲西方所崇仰，中國不行不過是鴉片戰爭以後的事。隨時弱下去，也可隨時強起來。可是問題不單是富強，而是由需要富強而引起的文化發展之道路問題，在此便生起種種想法。

照前面所說的，問題很明顯，就是面對鐵甲殼的問題，君主專制的問題，如何興發起人民鼓舞起人民使之成一眞實的個體，不是毛共所謂解放而實把人民重新桎梏於人民公社裡。從井田制廢後，人民早解放了，只是沒有興發。說「解放」，是弄差了焦點，因此，不是解放的問題，而是興發的問題，興發人民使他們自覺到是一權利義務底主體，使政治格局成一眞實客觀化的格局，使國家成一眞實的有機的統一，辛亥革命還是這個觀念，這叫做近代化的問題。近代化（modernization）的內容很清楚，就是三點：一、民族國家（national state）；二、人權（human right）；三、科學（science）。中國以前不是國家單位，而是天下；中國的羲皇上人沒有主體自由，沒有在政治上取得人權的保障；中國也沒有開出科學的精神。近代化的路向是清清楚楚的，不能跨過，也不能說近代化是資產階級的，這是一個普遍而必然的眞理，任何階級皆不能違背它。辛亥革命之後，就是一幕幕的不能近代化：袁世凱當皇帝，北洋軍閥之亂七八糟。民國十三年以後的聯俄容共，招惹魔祟，使社會上一般知識份子的意識誤入歧途。近代化走不上路，顚來倒去，這幾十年的歷史都是「過渡」，不能得成「正果」，而到現在，馬克思主義所成的都是個由反動而激發出來的「負果」。

中國文化發展到現在，如瀑布下的深潭，不能流通。問題很明顯，我們該走的路也很明顯。走到如今的情形是個負果，說得好聽是以毒攻毒成爲顚倒，其背後是個大無明。中國人很聰明，但聰明也沒有用，那一個能在無明中清醒，跳出這個大無明來重整乾坤，這個人就是政治家。

顚倒也可說是顚倒的歷史的必然，問題就是要看能不能從無明

中冒出來。說容易，只是一轉念即可整個歷史改變，但就其勢已成，要想轉也很困難。中國的命運如何，這要看我們每一個人自己的頭腦是否能清醒。

原載《望道便驚天地寬——中國文化講座錄》

（香港：新亞研究所）　　1975年9月

從儒家的當前使命說中國文化的現代意義

　　各位先生，我們原先訂的題目是「儒家學術的發展及其使命」，這是個大題目，而限於時間，只能長話短講，綜括地集中於幾點上，來談這個問題。

一、儒家的「常道性格」

　　首先，我們要表明儒家這個學問具有「常道」的性格。儒家這個學問，從古至今，發展了幾千年，它代表一個「常道」——恆常不變的道理。中國人常說「常道」，它有兩層意義：一是恆常不變，這是縱貫地講它的不變性；一是普遍於每一個人都能夠適應的，這是橫地講、廣擴地講它的普遍性，即說明這個道理是普遍於全人類的。「常道」沒有什麼特別的顏色，就如同我們平常所說的「家常便飯」；它不是一個特殊的理論、學說，儒家的學問不可視為一套學說、一套理論，也不是時下一般人所說的某某主義、某某ism，這些都是西方人喜歡用的方式。凡是理論、學說，都是相對地就著某一特點而說話；局限於某一特點，就不能成為恆常不變的、普遍的道理。儒家的學問更不可視為教條（dogma），西方的

宗教有這種教條主義的傾向，可是儒家的「家常便飯」絕不可視為獨斷的教條。又有一些人講孔子，常為了要顯示孔子的偉大，而稱孔子是個偉大的教育家、政治家、外交家、哲學家、科學家、……，把所有的「家」都堆在孔夫子身上。依這種方式來了解孔子、了解聖人，是拿鬥富的心理來了解聖人。表面上看來，似乎是在推尊孔子，實際上是在糟蹋孔子。事實上，沒有一個人能成為那麼多的專家。凡是拿這種心理來了解孔子，都是不善於體會聖人的生命，不能體會聖人之所以為聖人的道理安在。

常道不可捨棄

我們今天把儒家的「發展」與「使命」連在一起講，而講演的重點則在使命上。使命是就著眼前說，在這個時代中，儒家擔負什麼樣的使命、責任。然而儒家並非今天才有，因此在談它的使命之前，我們亦當該照察它過去的發展。在過去兩千多年歷史中的發展，儒家這個學問既然是個常道，則在每一個時代中，當該有其表現；發展到今天，儒家這個學問又負有什麼責任呢？這是個嚴重問題，在今天問這個問題，要比以往任何時代都來得嚴重。何以會如此呢？因為我們今天談儒家的使命，似乎還可再反問一下：儒家本身今天是否還能存在呢？能存在，才能談使命，若自身都不能存在，還談什麼使命呢？若是儒家本身都若有若無，幾乎不能自保，所謂「泥菩薩過江，自身難保」，還談什麼當前的使命、責任呢？

在以往的時代中，沒有這個問題；但是在今天這個時代，就有這個問題。以往一般人，不論是士、農、工、商，提起聖人，沒有不尊重的，提到聖人之道，每個人都能表現相當的敬意，沒有不肅

然起敬的。不但整天捧著聖賢之書的讀書人是如此表現，即使是農、工、商，亦莫不如此。但是在今天講聖人之道，就沒有這個便利。今天這個時代，先不談農、工、商，即使是讀書人亦很少有尊重聖人之道的，亦很少有了解聖人之道的。

在以往，從小即讀《四書》、《五經》，今天的讀書人卻是愈往上讀，離開《四書》、《五經》愈遠。知識份子把儒家這個常道忘掉了，很難再接上去。事實上，也許農、工、商對於聖人之道還客氣些，還保留一些尊重，知識份子反而不見得有此「雅量」。因此，在今天講儒家在當前的使命，尤其成了個嚴重問題。要是大家都把聖人之道忘掉了。認為它是不適應時代的落伍之學，那麼這種被時代拋棄的學問還談什麼當前的時代使命呢？

我認為這只是這個時代所表現的一個不正常的變態現象；落實地看，並不如此，所以我們仍可講儒家在當前的使命。我之所以要指出這些不正常的現象，乃是要大家正視、嚴重考慮「儒家本身存亡」的問題。儒家這個常道落到今天這種若有若無的地步，幾乎被世人忘卻、拋棄，這是不合理的。既然是常道，怎能被忘掉！怎能若有若無！常道而被埋沒，這是任何人良心上過不去的。假若良心上過得去，這就不是常道。既然是常道，我們就不能讓它被埋沒下去。這是就儒家本身存在的問題而言，另外就其牽涉到外界的作用、使命來講儒家在當前的使命，也是比其他任何一個時代都難講。因為現在來說儒家的使命，不只涉及它本身存亡的問題，還得涉及到其他的一些特殊問題，才能顯出「使命」的意義。尤其是牽涉到現代化的問題。

中國從清末民初即要求現代化，而有人以為傳統儒家的學問對

現代化是個絆腳石。因此，似乎一講現代化，就得反傳統文化，就得打倒孔家店。事實上，儒家與現代化並不衝突，儒家亦不只是消極地去「適應」、「湊合」現代化，它更要在此中積極地盡它的責任。我們說儒家這個學問能在現代化的過程中積極地負起它的責任，即是表明從儒家內部的生命中即積極地要求這個東西，而且能促進、實現這個東西，亦即從儒家的「內在目的」就要發出這個東西、要求這個東西。所以儒家之於現代化，不能看成個「適應」的問題，而應看成「實現」的問題，唯有如此，方能講「使命」。

二、儒家第一階段的發展

我們在此先照察一下儒家在過去兩千多年中的「發展」。大體說來，可分成兩個階段，今天則屬儒家學術的第三階段。這是個大分段的說法。

儒家學術的第一階段，是由先秦儒家開始，發展到東漢末年。兩漢的經學是繼承先秦儒家的學術而往前進的表現，而且在兩漢四百年中，經學盡了它的責任，盡了它那個時代的使命。從漢武帝復古更化說起，建造漢代大帝國的一般趨勢，大體是「以學術指導政治，以政治指導經濟」，經學處於其中，發揮了它的作用。因此，不能輕視漢代的經學，它在那個時代，盡了它的責任、使命；盡得好不好，是否能完全合乎理想，則是另外的問題，至少在漢朝那種局面下，儒家以經學的姿態出現，而盡了它的使命。

先秦儒家與先秦諸子齊頭並列，至漢朝，以經學的姿態表現，一直發展到東漢末年，即不能再往前進了。漢朝大帝國亦不能再往

前發展了。這已是絕路，任何人出來也沒辦法；照前人的說法，即是「氣數」盡了。當時郭林宗即謂：「大廈將傾，非一木之所能支也。」此即表示那個時代要「峰迴路轉」了；順著以前所定的那個模型，已走到盡頭了。「氣數」不是可以隨便說的，一個力量興起，必得維持個相當長的時間，才能說氣數。在東漢末年那個關節上，說「氣數」才有意義，說「峰迴路轉」也才有意義，在此方顯出無限的蒼涼之感、沈穆的悲劇意味。若只是一些小彎曲，亦用不上「峰迴路轉」這種形容，必在看著就是死路，然而卻絕處逢生，在絕望至死之際，忽有一線生機開出，這才是「柳暗花明又一村」。這種情形好比修道人所說的大死大生。

這個「峰迴路轉」，開了另一個時代，即是魏晉、南北朝、隋唐這一個長時期。照中國文化的主流、儒家的學術而言，這一大段時間算是歧出了、岔出去了、繞出去了。儒家的學術在這個時代中，暗淡無光彩。魏晉盛行玄學，乃依先秦原有的道家而來；儘管道家是中國原有的，且不是中國文化生命的主流，因此仍屬中國文化之「旁支」。玄學雖屬歧出者，但仍是繼承中國原有的道家，至於東晉以下，歷經南北朝、隋、以至唐朝前半段，這一個長期的工作則在於吸收佛教、消化佛教，佛教則純屬外來者，當時即初以道家為橋樑來吸收佛教。

南北朝兩百多年，中國未得統一。南朝宋、齊、梁、陳，北朝則是五胡亂華，在這兩百多年的混亂中，處在當時的人，不是很好受的。我們今天處在這個動亂的時代中，由民國以來，至今不過六十多年，這六十幾年的不上軌道、種種不正常的現象，在歷史上看來，並不算一回事。所以大家處在這個時代中，應該有絕對地貞定

的信念，這種不正常的現象總是會過去的。

從南北朝到隋唐，佛教不但被吸收進來，而且被中國人消化了，這等於消化另一個文化系統，並不是一件簡單的事。在長期的吸收、消化中，佛教幾乎成了中國文化中很重要的一部份，充實了我們文化生命的內容。佛教在中國文化中發生了很大的作用，這是事實；至於進一步衡量這個作用的價值、利弊，則屬另一個問題，我們今天暫不討論。

文化生命不可摧殘

從魏晉開始，乃中國文化的歧出。所謂「柳暗花明又一村」的「又一村」即指的是此一歧出的階段——魏晉、南北朝到隋唐。到了唐末五代，這也是中國歷史中最黑暗的一個時期。五代不過佔五十年，卻有梁、唐、晉、漢、周五個朝代；每個做皇帝的，原先都想萬世一系地往下傳，而今每個朝代卻至多不過十幾年，可見五代這段時期是個很差勁的時代，更重要的是這個時代的人喪盡了廉恥。所以，一個民族糟蹋文化生命，同時就牽連著糟蹋民族生命。什麼叫做糟蹋文化生命呢？在這裡所表現的即是人無廉恥。五代人無廉恥，代表人物即是馮道，亦如今日大陸上有所謂的「四大不要臉」，其中領銜的即是郭沫若與馮友蘭。你想，誰願意不要臉呢？誰能沒有一點廉恥之心呢？唐末五代的人難道就自甘下賤嗎？但是，五代這個局面就把人糟蹋得無廉恥。大陸上黃帝的子孫，那能沒有廉恥之心呢？為什麼出現「四大不要臉」呢？難道說郭沫若、馮友蘭就願意不要臉嗎？這都是毛澤東糟蹋的！這都是共產主義糟蹋的！才使得人無廉恥。這「四大不要臉」不過是因為他們較有名

氣，易受注意，而特別舉出來。事實上，豈只這四個人而已？一般人誰敢有廉恥之心呢？共黨在內部批鬥時，常以「風派」抨擊他人；其實，那一個不是風派呢？在共產黨的統治下，今天鄧小平要現代化，誰敢說不現代化？以前毛澤東要文化大革命，誰又敢說不文革？誰敢出來說句反面的話？他們還對那些投機的人名之曰風派，事實上，那個不投機呢？這句話在自由世界說，是有意義的，在那個極權的世界說，是沒有意義的。有的人聽了這些話，還以為共產黨在講氣節、講廉恥。「氣節」、「廉恥」，在自由世界的人才有資格說，這些名詞也才有意義，在那個專制暴虐的政權下，說這些話都是沒有意義的，完全不能表意的。

又如共產黨以前在海外宣傳大陸沒有失業，而謂在共產主義統治下沒有失業，在資本主義的社會中則到處有失業問題。頭腦簡單的人聽了，還誤生幻想，以為不錯。其實，這只是耍文字語言的魔術，專門騙那些頭腦簡單的人。試問，你有不失業的自由嗎？你有不工作的自由嗎？在自由世界，才有失業、不失業的分別，才可說有氣節、講廉恥。因為人們有自由，法律上保障人的獨立人格，承認人的尊嚴。有自由，人即須負責任。再深一層說，人有道德意志、自由意志，才能談有氣節、有廉恥的問題。在大陸上，誰敢說我有自由意志呢？所以，共產黨耍的那些文字魔術，都是沒有意義的話，你聽他那些話幹什麼呢？偏偏有些人利用這個機會，去捧葉劍英、鄧小平，你捧他作什麼呢？其實，說穿了，還不是一丘之貉。當年鄧小平做副總理的時候，還不是順著毛澤東的話轉，還不是一樣地拍馬屁。根本的關鍵在於共產黨的本質即是徹頭徹尾地摧殘、斲喪人的廉恥。孟子說的好：「所欲有甚於生者，所惡有甚於

死者」；然而，說是這樣說，現實上人到了生死關頭，誰不害怕呢？要承認人有自由意志，才能表現「所欲有甚於生者，所惡有甚於死者」；假定人沒有自由意志，連這句話都不能表現。你想死，我還不讓你死呢！以前的人可以出家，今天在大陸上，往那裡出家呢？以前的人可以不作官，今天連不作官的自由也沒有了。你沒有不參加政治的自由，你沒有不參加人民公社的自由，你也沒有不接受政治洗腦的自由。在那種統治下，人喪失了自由，想要「所欲有甚於生者，所惡有甚於死者」，你都做不到。

中華民族發展到今天，大陸的同胞被共產黨圈在人民公社，不能講廉恥，不能講氣節。這個就是作賤人的生命，作賤文化生命，同時亦即作賤我們這個民族生命。這個生命被繼續作賤下去，是個很可悲的現象。問題即在於共產黨能夠作賤到什麼一個程度？人性究竟還有沒有甦醒的一天？人性能否覺悟，而發出力量把共產主義衝垮？有沒有這麼一天呢？我個人對此一問題，不表悲觀，但也不表樂觀，我希望大家注意到這是一個很艱難的問題，需要隨時警覺的。說起來，「人之初，性本善」，在太平年間這樣說是容易的，若是現實上沒有表現出善，我就通過教育等方法使你容易表現；但是這句話在今天這個時代，就不那麼容易。不過，我相信人性總有復甦的一天，至於拉到多麼長的一段時間才能表現，就很難說。我說這個意思，就是要加重這個觀念——文化生命不能隨意摧殘，摧殘文化生命，同時就影響民族生命。文化生命不能摧殘太甚，一個民族是經不起這樣摧殘的。就好像一個人得些小病是無所謂的，生長中的痛苦是不可免的，但是大病就不能多患。又如一個人的命運不能太苦，人受點挫折、受艱難困苦，是好的，但是挫折太多、苦

太重，就會影響人的生命。

三、儒家第二階段的發展

上面說到唐末五代是中國歷史上最黑暗的一個時期，其黑暗之所以爲黑暗的原因，即在於無廉恥。說這層意思，也是要大家了解下一個階段──宋明理學。宋明理學是儒家學術發展的第二個階段，就是對著前一個時期的歧出而轉回到儒家的主流。理學本質的意義即在喚醒人的道德意識。何以宋人出來講學，特別注重道德意識這個觀念呢？

自清朝以後，以至於民國以來，提到理學家，一般人就頭疼，如同孫悟空聽到金箍咒一樣。誰敢做理學家呢？可是只因爲自己做不到，就用種種譏諷的字眼來醜詆、笑罵，這是清末以至於今的一個可怪的風氣。其實，道德意識有什麼毛病呢？宋明理學家主要就是要喚醒道德意識，這又有什麼不對呢？有什麼可以譏笑的呢？宋明理學家之所以重視道德意識，主要即因他那個社會背景、時代背景就是唐末五代的那個「無廉恥」。人到了無廉恥的地步，人的尊嚴亦復喪盡，這就成了個嚴重問題。亦即謂文化生命沒有了，就影響你的自然生命。這句話，大家聽起來似乎覺得有些因果顛倒。其實不然。一般人說民族生命、自然生命沒有了，就影響文化生命；我現在倒過來說，文化生命摧殘得太厲害，你的自然生命也沒有了，一樣的受影響。抗戰以前，共產黨在江西盤據了一段時間，等到剿共把他們驅逐出去以後，這些地區好幾年不能復興，即是被共匪摧殘得太慘。所以，一個地方窮，不要緊，只要有人去努力開

墾，明天就富了；若是把人的生命糟蹋了，沒有人種田，則成了嚴重問題。

我舉這個例，即說明文化生命摧殘太甚，自然生命也不會健康旺盛。所以今天大陸上，共產黨摧殘文化生命，使人成為白癡、成為無廉恥，究竟將來影響到什麼程度，就很難說。想起來，這是個很可怕的現象。一個不正常、變態的暴力，若想把它恢復過來，並不容易。甚至到最後，他們本身亦不會覺悟，有個結果，就是發瘋。在過去也有這種經驗，老輩的人說過，當年太平天國洪秀全、楊秀清等人打到南京，本來就已不正常了，但他還有戰鬥力，還是不好對付，殘暴地用兒童作衝鋒隊，這和共產黨用人海戰術一樣地可惡。到了太平天國覆亡後，轉成捻匪，結果那些殘眾都發瘋。當年聽老輩談這些事，心中就有非常多的感觸。一個太平天國鬧了一下，就糟蹋中華民族如此之甚，而今共產黨統治大陸同胞、黃帝的子孫，以那種方式來統治，統治那麼久，對中華民族生命的摧殘當然更甚。這不是個大悲劇嗎？聖人說要悲天憫人，這才是可悲可憫的事。所以，廉恥不可喪盡，不可任意地斲喪。人的生命不可完全感性化、完全形軀化、完全軀殼化。完全感性化、完全軀殼化，就是老子所說的「五色令人目盲，五音令人耳聾，五味令人口爽，馳騁畋獵，令人心發狂」。人的生命不能完全感性化，即表示隨時需要文化生命來提住。代表文化生命的廉恥、道德意識，更不可一筆抹煞，不可過於輕忽。所以理學家出來，儘量弘揚儒家，對治唐末五代的無廉恥而講儒家的學問。至此，經過魏晉、南北朝、隋唐這一長時期的歧出，中國文化再回到它本身，歸其本位；而轉回來的重點則落在道德意識上。

儒家的學問原來講的是「內聖外王」，宋明儒則特重「內聖」這一面，亦即強調道德意識，講求道德意識、自我意識的自我體現。「內聖」是個老名詞，用現代的話說，即是內在於每一個人都要通過道德的實踐做聖賢的工夫。說到聖賢，一般人感覺高不可攀，甚至心生畏懼；實則道德實踐的目標即是要挺立自己的道德人格，做聖賢的工夫實即挺立自己的道德人格、道德人品，這是很平易近人的，沒有什麼可怕。我們對「內聖」一詞作一確定的了解，即是落在個人身上，每一個人都要通過道德的實踐，建立自己的道德人格、挺立自己的道德人品。這一方面就是理學家講學的重心。可是儒家原先還有「外王」的一面，這是落在政治上行王道之事。內聖、外王原是儒家的全體大用、全幅規模，《大學》中的格、致、誠、正、修、齊、治、平即同時包括了內聖外王；理學家偏重於內聖一面，故外王一面就不很夠，至少弘揚不夠。這並不是說理學家根本沒有外王，或根本不重視外王，實則他們亦照顧到外王，只是不夠罷了。

我們今天說宋明儒雖亦照顧到外王而不夠，這個「不夠」，是我們在這個時代「事後諸葛亮」的說法。在當時，理學家那個時代背景下，他們是否一定覺得不夠呢？這就很難說。固然理學家特別重視內聖的一面，然他特別重視於此，總有其道理；在他們那個時代中，或許他們亦不以為這種偏重是不夠的。外王方面，在那種社會狀況、政治形態下，也只好如此，不能再過份的要求。我們得反省一下，外王方面開不出來，是否屬於理學家的責任呢？事實上，政權並不在理學家的手中，他如何能負這個責任呢？政權是皇帝打來的，這個地方是不能動的，等到昏庸的皇帝把國家弄亡了，卻把

這個責任推給朱夫子，朱夫子那能承受得起呢？去埋怨王陽明，王陽明那能擔當得起呢？所以，批評理學家外王面不夠，這個夠不夠的批評是否有意義，也得仔細考慮一下。在那個時代，那種政治形態下，也只好這樣往前進了。外王方面夠不夠，不是理學家所能完全決定的；不是他能完全決定的，也就表示不是他能完全負這個責任的。我們把這個責任推到理學家的身上，這是「君子責賢者備」的批評，這是高看、高抬知識份子，這也就是唐君毅先生所說的：只有知識份子才有資格責備知識份子，只有王船山、顧亭林才有資格責備王陽明。只有在這層意義下，我們才能責備理學家，謂之講學偏重之過，不應只空談心性，仍應注重外王、事功。這還是在講學問之風向的問題上說的。

四、儒家的當前使命──開新外王

以現在的觀點衡之，中國文化整個看起來，外王面皆不夠。就整個中國文化的發展來看，以今日的眼光衡之，確實在外王面不夠，顧亭林那些人的要求外王、事功，也是對的。今天仍然有這個要求。可歎的是，今天不僅外王面不夠，內聖面亦不夠，儒家本身若有若無。但是儒家若為常道，則人類的良心不能讓這個常道永遠埋沒下去，這得訴諸每個人的一念自覺。

儒家學術第三期的發展，所應負的責任即是要開這個時代所需要的外王，亦即開新的外王。「新外王」是什麼意義呢？外王即是外而在政治上行王道，王道則以夏、商、周三代的王為標準。照儒家說來，三代的王道並非最高的理想，最高的境界乃是堯舜二帝禪

讓、不家天下的大同政治。儒家的政治理想乃以帝、王、霸爲次
序。帝指堯、舜，堯舜是否眞如儒家所言，吾人不必論之，但此代
表了儒家的理想則無疑，以堯、舜表現、寄託大同理想。三代則屬
小康之王道。春秋時代的五霸則屬霸道，以齊桓公、晉文公爲代
表。從前論政治，即言皇王帝霸之學。齊桓、晉文的境界雖然不
高，但比得秦漢以後的君主專制要好；君主專制以打天下爲取得政
權的方法，在層次上是很低的。當初商鞅見秦孝公，先論三皇、五
帝之學，孝公不能入耳；而後言王道，仍嫌迂闊；最後言霸道，乃
大喜。可見前人對於政治理想是有一定的次序。秦孝公之喜霸道，
乃因它能立竿見影，馬上見效，而儒家的學問往往不能滿足這一方
面外王、事功的要求。早在春秋戰國，即有墨家因此而批評儒家，
只承認儒家維持敎化的責任。司馬談〈論六家要旨〉中，亦批評儒
家云：「博而寡要，勞而少功。」後來南宋陳同甫與朱子爭辯，亦
是基於要求外王、要求事功的精神。而實際上，要求外王中就涵著
要求事功的精神。陳同甫以爲事功須賴英雄，而講英雄主義，重視
英雄生命，推崇漢高祖、唐太宗。到了明末，顧亭林責備王學無
用，亦是秉持事功的觀念而發。而後有顏李學派的徹底實用主義。
一般人斥儒家之無用、迂闊，詆之曰：「無事袖手談心性，臨難一
死報君王」，以爲不究事功者最高的境界亦不過是此一無奈的結
局。這些都是同一個要求事功的意識穿下來的，這是一個由來已久
的老傳統，在中國文化中是一條與儒家平行的暗流，從墨子開始，
一直批評儒家的不足。這個要求事功的傳統再轉而爲清朝乾嘉年間
的考據之學，則屬要求事功觀念的「轉型」。乾嘉年間的考據之學
以漢學爲號召，自居爲「樸學」，以此爲實用之學，以理學爲空

談、無用，骨子裡還是以有用、無用的事功觀念為背景。

何以謂「樸學」為要求事功觀念的「轉型」呢？因為他們雖然批評理學無用，而其本身實際上更開不出事功來，這些考據書生沒有一個能比得上陸象山、朱夫子、王陽明；這些理學家都有幹才，都會做事，只是不掌權而已。然而考據家假「樸學」之名，批評理學無用，背後的意識仍是有用、無用，即可謂之乃事功觀念的轉型。事實上，這種轉型更是無用，故實非事功精神之本義。由此轉而到民國以來，胡適之先生所談的實用主義，以科學的方法講新考據，實仍屬此一傳統，背後仍是要求有用、責斥無用。我們可以看出，儒家這條主流，旁邊有條暗流，這條暗流一直批評儒家無用而正面要求事功，這個傳統從墨子說起，一直說到胡適之所倡的新考據的學風，可謂源遠流長。但是這裡面有個根本的錯解，若是真想要求事功、要求外王，唯有根據內聖之學往前進，才有可能；只根據墨子，實講不出事功，依陳同甫的英雄主義亦開不出真事功。希望大家在這裡要分辨清楚。

中國人傳統的風氣，尤其是知識份子，不欣賞事功的精神，乃是反映中華民族的浪漫性格太強，而事功的精神不夠。事功的精神是個散文的精神，平庸、老實，無甚精采出奇。蕭何即屬事功的精神，劉邦、張良皆非事功的精神，可是中國人欣賞的就是後者。蕭何的功勞很大，所謂「關中事業蕭丞相」，但因其屬事功精神，顯得平庸，故不使人欣賞。漢朝的桑弘羊、唐朝的劉晏皆為財政專家，屬事功精神，然而中國人對這一類人，在人格的品鑑上總不覺有趣味。事功的精神在中國一直沒有被正視，也沒有從學問的立場上予以正視、證成。中國人喜歡英雄，打天下、縱橫捭闔，皆能使

人擊節稱賞。由於中國人在性格上有這種傾向,所以毛澤東才能投這個機,就是因為他不守規矩、亂七八糟,而帶有浪漫的性格。再高一層,中國人欣賞聖賢人物,不論是儒家式的或道家式的。中國人的文化生命正視於聖賢、英雄,在此狀態下,事功的精神是開不出來的。事功的精神即是商人的精神,這種精神卑之無高論,境界平庸不高,但是敬業樂群,做事仔細精密、步步紮實。英美民族是個事功精神的民族,歐陸的德國則表現悲劇英雄的性格,瞧不起英美民族,但是兩次大戰戰勝的卻是這些卑之無高論的英美民族。所以這種事功精神是不能不正視的。

中國人的民族性格在某一方面就是缺乏這種英美民族的事功精神。英雄只能打天下,打天下不是個事功的精神,故不能辦事,聖賢的境界則太高,亦不能辦事。而中國人欣賞的就是這兩種人,所以事功的精神萎縮,這裡沒有一個學問來正視它、證成它、開出它。所以現在我們想要從儒家的立場來正視它。儒家最高的境界是聖賢,聖賢乃是通過一步步老老實實地做道德實踐、道德修養的工夫而達到的。儒家的立場是重視豪傑而不重視英雄,故從不高看漢高祖、唐太宗,故順著儒家理性主義的發展,在做事方面並不欣賞英雄,我們在這裡可以看出一個很好的消息。

但是在以前那種狀況下,儒家的理性主義既不能贊成英雄,故其理性主義在政治上亦無法表現。儒家的理性主義在今天這個時代,要求新的外王,才能充分地表現。今天這個時代所要求的新外王,即是科學與民主政治。事實上,中國以前所要求的事功,亦只有在民主政治的形態下,才能夠充分的實現,才能夠充分的被正視。在古老的政治形態、社會形態下,瞧不起事功,故而亦無法充

分實現。這種事功的精神要充分地使之實現，而且在精神上、學問上能充分地證成之，使它有根據，則必得靠民主政治。民主政治出現，事功才能出現。若永停在打天下取得政權的方式中，中國的事功亦只能永停在老的形態中，而無法向前開展。這句話請諸位深長思之。

要求民主政治乃是「新外王」的第一義，此乃新外王的形式意義、形式條件，事功得靠此解決，此處才是真正的理想主義。而民主政治即為理性主義所涵蘊，在民主政治下行事功，這也是理性主義的正當表現，這是儒家自內在要求所透顯的理想主義。

另一方面則是科學，科學是「新外王」的材質條件，亦即新外王的材料、內容。科學的精神即是個事功的精神，科學亦是卑之無高論的。英雄不能做科學家，聖人則超過科學家，故亦不能做科學家。天天講王陽明、講良知，是講不出科學的，因為良知不是成功科學知識的一個認知機能。然而科學亦可與儒家的理性主義相配合，科學乃是與事功精神相應的理性主義之表現。科學亦為儒家的內在目的所要求者，儒家並不反對知識，在以前的社會中，那些老知識也就足夠應付了，然而今天的社會進步，往前發展、要求新知，亦屬應當的要求。儒家內在的目的即要求科學，這個要求是發自於其內在的目的。何以見得呢？講良知、講道德，乃重在存心、動機之善，然有一好的動機卻無知識，則此道德上好的動機亦無法表達出來。所以，良知、道德的動機在本質上實即要求知識作為傳達的一種工具。例如見人重病哀號，有好心救之，然卻束手無策，空有存心何用？要有辦法，就得有知識。所以有人說西醫中發明麻醉藥者為大菩薩，菩薩講慈悲，然若只是空講慈悲，又有何用？發

明麻醉藥，使人減少多少痛苦，不是大慈大悲的菩薩嗎？所以，不論佛教表現慈悲、或是儒家表現道德動機，要想貫徹其內在的目的，都得要求科學、肯定科學。

科學知識是新外王中的一個材質條件，但是必得套在民主政治下，這個新外王中的材質條件才能充分實現。否則，缺乏民主政治的形式條件而孤離地講中性的科學，亦不足稱為真正的現代化。一般人只從科技的層面去了解現代化，殊不知現代化之所以為現代化的關鍵不在科學，而是在民主政治；民主政治所涵攝的自由、平等、人權運動，才是現代化的本質意義之所在。共產黨亦可講科學，然而他的極權專制卻是最落伍的。我們在此要爭取先聲。幾十年來，共產黨罵人反動、不革命，事實上，這些批評都是虛妄的倒打一耙。我們在此要把頭抬起來，要肯認我們這裡才是理想所在，才是進步，才是現代化，這裡才是真革命，一革永革，不像你那邊革了又革，不斷地革，而結果是毫無結果。我們要認清共產黨才是最頑固、最殘暴、最落伍、最反動的。他能代表個什麼理想呢？他那能有什麼現代化呢？所以不要被共產黨耍弄的一些名詞迷惑。假如在這個時代，儒家還要繼續發展，擔負他的使命，那麼，重點即在於本其內在的目的，要求科學的出現，要求民主政治的出現——要求現代化，這才是真正的現代化。

五、「中國文化」一詞的恰當意義

上面所談的，乃是儒家的發展及其當前使命，接下來，我們所要談的主題也與此類似，不過從另一個角度來看這個問題，範圍也

稍廣些。就是討論中國文化的現代意義。

　　在討論之前，我們先得對「中國文化」這一個名詞有較明確的了解。上面談過，中國文化的核心內容是以儒家爲主，因此，我認爲所謂「中國文化」即是以儒家爲主流所決定的一個文化方向、文化形態。我們現在講中國文化的現代意義，這裡提到的中國文化，並不是指以往隨著各時代所表現的那些文化現象、文化業績的一個總集、總和。以往過去的各時代各階段的文化業績以及各時代的風氣、風俗習慣、所表現的種種現象，事實上已經一逝不可復返了。我們不能夠只是懷念過去，抱著「數家珍」的心理。當然，「數家珍」亦非完全沒有意義、價值，但是我們今天所講則不在此。平常的講法容易將中國文化靜態化，靜態化而把中國文化推到過去某一個階段所表現的那一大堆，這樣想，即容易流於只留戀過去。然而過去再怎麼好，對現在亦無甚幫助，這樣講中國文化沒多大意義，而且如此亦無法說中國文化的現代意義。

　　例如，若問清朝那些典章制度、風俗習慣在現代有何意義，討論起來甚麻煩，亦屬不相干的問題。又如問納蘭性德的詞在現代有何意義，雖非必不可討論，但無甚意義，亦不相干。如此討論下去，無窮無盡，繁複瑣碎不堪，實無甚價值。有些學者討論問題即落在此一方向，常說中國人以前如何，西方人又如何，以此宣揚過去文化的業績，這是在講歷史、數家珍。但對眼前的時代當作一個問題來看時，我們很容易看出這些說法是不中肯的，對將來毫無交待。

　　許多外國人來中國，亦採此種錯誤的態度，而要來台灣「尋找」中國文化。看看台北的高樓大廈和紐約的似乎也差不多，中國

文化在那裡呢？於是中國朋友就帶他們去故宮博物院看古董，去國軍文藝活動中心看國劇。事實上，文化怎能是件具體的東西，而放在那裡讓人尋找的呢？以這種「考古」的態度來「尋找」中國文化是不對的。他們來此找尋中國文化，就如同去埃及看金字塔一般，希望找到個中國的「金字塔」來代表中國文化。可是大家要知道，我們的文化是個活的文化，還要繼續生長的，那能視同於埃及的死文化呢？西方人這樣看，因其有優越感，中國人則不應該有此態度，隨順著西方人考古的態度而跟著轉，這是相當不利於我們的。西方人亦重視「漢學」，然而他們卻是以研究古董的態度來看「漢學」，在這種態度下，「漢學」這個名詞亦包藏了不利於中國文化的輕視心理。可是有些中國人卻以西方人的態度為標準，甚至說世界上只有兩個半漢學家，而我們中國人只佔了半個，這是非常可惡的洋奴心理。所以，我們中國人在此一定要貞定住自己本身的存在價值，絕不能不自覺地順著這些怪現象往下滾。

我們不能採西方人考古董的態度，亦不能採取以往那種「數家珍」的態度，然則我們當以何種態度來看中國文化的現代意義呢？

「中國文化」乃是以儒家作主流所決定的那個文化生命的方向以及文化生命的形態，所以我們講中國文化的現代意義，也即是在講這個文化生命的方向與形態的現代意義、現代使命。生命是一條流，有過去、有現在、有未來，過去、現在、未來是一條連續的流，依此，我們才能談這個問題。我們從堯、舜、禹、湯、文、武、周公、孔子，一代代傳下來的，不是那些業績，而是創造這些文化業績的那個文化生命的方向以及它的形態。形態即指這個文化生命以什麼方式、什麼姿態、什麼樣式來表現。這個樣式、這個姿

態在春秋戰國時代已經表現了，盡了它的使命；在兩漢四百年亦表
現了，盡了它的使命；在魏晉、南北朝、隋唐，它也表現了，也盡
了它的使命；在宋明的階段亦復如此；在清朝三百年又以某種姿態
出現。這一條生命流在這兩千多年來的表現，都是彎彎曲曲的，當
然其中有正有邪，有向上有向下。雖是曲曲折折的，但總是一條生
命流往前進；只有從這個角度看，才能講這個生命的現代意義，亦
即它在這個時代當該做些什麼事情、當該如何表現？這個問題當該
如此來看，因為我們的文化不是個死的，而是個現在還活著的生
命，還需要奮鬥、要自己作主往前進。若是把我們的文化限在過
去，而只劃定為考古的範圍，直成了死的古董，這樣不是把中國文
化看成活的文化，而是視之為死的文化。若是到處去「尋找」、
「發現」中國文化，這種態度根本上即是錯誤的，骨子裡即是認為
中國文化是死的、現在已不存在了。我們是個活的生命，我們生在
現在，有現在的一個奮鬥的方向，也應該有現代的表現，那能以找
古董的方式來找中國文化的代表呢？這個態度本身即是個輕視中國
文化的態度，是相當不友善的。想要了解中國文化，即應和中國人
接近，了解中國人的生活方式，如何地談天、如何地交朋友。若是
到處參觀，走馬觀花，那能了解中國文化？孔子、《論語》也不能
看成古董，他還是個生命，是個現在還活著的生命、智慧，絕不可
把他當作古董而看死了。

六、中國文化的現代意義──開出對列之局

我們了解中國文化是以儒家為主流所決定的生命方向後，即可

順著上面所講的儒家當前之使命來看這一個生命方向在現代應該以那種姿態來表現。

中國文化的現代意義，亦即其本身的現代化，首先即是要求新外王。王道有其具體的內容，而不只是籠統地說仁義道德。黃梨洲曾云：「三代以上，藏天下於天下；三代以下，藏天下於筐篋。」這是一句原則性的話，不是籠統浮泛地說的，而是相當的深刻，且有眞切感。這句話在今天看來，仍然有意義，而且意義更爲顯明。「三代以上，藏天下於天下」，以今天的話說，即是個「開放的社會」（open society）。「三代以下，藏天下於筐篋」，即是家天下，以天下爲個人的私產，這種情形在以往的君主專制下，還沒有今天共產黨做得那麼絕，共產黨算是做到家了。以往中國人的理想是「藏富於民」，而共產黨倒反過來把天下的財富集其一身，形成新階級；共產黨可說是家天下的極端，以前是要求藏富於民，現在則成了「藏富於幹部」。黃梨洲又云：「三代以上有法，三代以下無法。」三代以上有法度，這個法乃是保障「藏天下於天下」，這種法治是多麼的深刻，這才是眞正的法治，法家所講的法比起來是差遠了。三代以下沒有眞正的法度，有的只是皇帝個人的私法，就好像毛澤東私訂的法律。

民主政治能夠表現一些「藏天下於天下」的理想。儒家學術最內部的要求亦一向在於此，但是從未在現實上出現，而今天之現代化亦主要在要求此一理想的出現。此亦即是儒家當前使命所要求的「新外王」。民主政治是新外王的「形式條件」，事功在此形式條件的保障下才能充分實現，在民主政治下才有事功，才能讓你做事；除此之外，還需要科學知識作爲新外王的「材質條件」。新外

王要求藏天下於天下、開放的社會、民主政治、事功的保障、科學知識，這就是現代化。中國文化發展至今，仍是個活生生的文化，我們不可委順西方人輕視的態度而把自己的文化當成一個被西方人研究的古董，我們是個生命存在，仍得往前進、往前奮鬥，在我們前面有不斷來臨的問題有待我們解決，怎麼能採取那種看古董的態度來了解中國文化呢？我們要自己做主，要繼續生存下去，現代化是我們必得做的事。現代化雖發自西方，但是只要它一旦出現，它就沒有地方性，只要它是個眞理，它就有普遍性，只要有普遍性，任何一個民族都當該承認它。中國的老名詞是王道、藏天下於天下，新名詞則是開放的社會、民主政治，所以，這是個共同的理想。故而民主政治雖發自西方，但我們也應該根據我們生命的要求，把它實現出來，這就是新外王的中心工作。對於這個觀念，當年孫中山先生辛亥革命時，非常清楚。以後漸漸變形、模糊，而被人忘掉了，當然，這與現實政治曲曲折折的影響有關，我們現在也不必去深究其原因。孫中山先生辛亥革命即是嚮往這個民主政治，所以孫先生雖出任第一任臨時大總統，但在正式選舉時，卻能讓給袁世凱，這就是中國政治現代化的第一步。這個第一步是從現實上的實行來說是第一步，然而這卻是儒家早已要求的理想。這種王道，黃梨洲已經說得非常清楚了。

　　五四運動以後，新文化運動正面喊出的口號即是要求科學與民主，當時是抓住了現代化的關鍵所在；當時除此正面的要求外，反面的口號則是反封建、反帝國主義。可是後來的發展，一直到今天大陸上的情況，科學也沒出來，民主政治也未實現。享受科學技術的現成的成就，大家都很高興，可是要腳踏實地的去了解科學、研

究科學，則少有人肯爲之。正面的兩個口號沒有發生作用，倒是反面的兩個口號發生了作用。「反帝國主義」，大家容易了解，因爲身受其苦，對它有淸楚的觀念。至於「反封建」，大家對於這個名詞似乎都有些觀念，但卻不淸楚，說不出個所以然。最後，「反封建」倒成了個象徵的意義，象徵些什麼、代表些什麼？也很難說。實則這個名詞，不論從中國或西方歷史看來，都只是個借用的名詞。照西方來說，封建是羅馬帝國崩潰之後，各地方各民族退而求自保的時代。若是「反封建」是反這個封建，那麼羅馬帝國未崩潰之前，即不能算是封建；封建時代以後至於今，亦不算封建。那麼你反的又是什麼呢？難道是反羅馬帝國崩潰之後的那一個散落的狀態嗎？照中國講，封建是西周三百年周天子的封侯建國，作用乃是集體開墾，充實封地，以「拱」周室；封建在這裡帶有積極的意義，與西方的恰相反。然而中國自秦漢以後即無封建，那麼你反封建是反什麼呢？難道是反西周三百年嗎？我們在此可以看出，「反封建」並沒有一個淸楚而確定的意義。其實，它只是一個籠統的象徵的觀念，實即反對一切「老的方式」，而以「封建」一詞代表之、概括之。當時的反封建就是反對過去那些老的方式，而認爲五四以前都屬於過去的、老的方式。

　　然而，什麼是「老的方式」呢？「老的方式」的內容是什麼呢？所要求的「新的方式」又是什麼呢？二者之間的對照與本質的差異點又在那裡呢？我們把新的方式、現代化的內容列舉出來，即是民主政治、事功、科學等。這一套即是西方自文藝復興以後所創造出的近代文明，整個這一套的內容中間有個共同的基本精神，我們可以用一個名詞來說明，即是 co-ordination，可以翻譯作「對列

之局」，這就是現代化最本質的意義。我們也可用《大學》所嚮往的治國平天下的理想——絜矩之道來說明「對列之局」；絜者合也，矩即指方形，絜矩之道即是要求合成一個方形，這樣才能平天下。亦可用《易經》的「保合太和，乃利貞」來說明，保合即是合作而成一個絜矩之道，如此方能成個大諧和（太和）。若必欲比他人高，去征服而使他人隸屬於我，即不能成「絜矩」，天下亦不能平。現在這個時代，從希特勒、史達林，以至於毛澤東，都想把自己「首出庶物」，把一切東西隸屬於自己，這樣天下永不能平，這是個很顯明的道理。交朋友亦是如此，「與朋友交，久而敬之」。若不尊重對方，這朋友交不下去。尊重對方，即是成兩端，兩兩相對，此即是個「對列之局」。唯有成個絜矩之道、對列之局，天下才能平，若是一味講帝王主義的征服，是絕不能平天下的。

七、中國現代化的道路——轉理性的作用表現而為理性的架構表現

西方經過大憲章的奮鬥，一直奮鬥到今天，英美所表現的現代化的精神，即是在爭這個對列之局。社會上不容許有特權的存在，所以說自由、平等，講人權運動即是重視個體。每一個個體都是頂天立地的，在社會上都是一個單位，你也是個單位，我也是個單位，我怎能隸屬、臣服於你呢？一隸屬、一臣服，即不成對列之局了。現代化主要即是要求對列之局。西方要求現代化是通過階級鬥爭而出現的。階級在西方的歷史中原是有的，所謂四階級：僧侶階級、貴族階級、第三階級（布爾喬亞——資產階級）、第四階級（普羅里塔里亞——無產階級）。馬克思所了解的不屬此類，他所

利用的乃是埃及法老政治的路線，不是西方自希臘以來正面要求自由、平等、博愛的階級鬥爭。社會上有不平，當然要鬥爭，然而先得問為什麼而鬥爭，當該是為了理想而鬥爭，不能說是為了形成「新階級」而鬥爭；為了報復，卻不是為了理想而革命，這是共產黨革命的根本錯解。

中國的階級分野不顯明，自春秋戰國的貴族政治崩潰以後，君主專制的形態在政治上雖不合理想，但是下面的社會卻沒有階級；隨著王朝的更替，固然有些特殊的勢力，但是不能成為一個固定的階級，所以會有「公侯將相本無種」這種話。中國的社會，基本上是屬於士、農、工、商並列的形態，套用梁漱溟先生的話，即是「職業殊途，倫理本位」。士、農、工、商只是職業的不同，不可視為階級。

同是要求現代化，西方與中國的源泉不同；西方是根據階級鬥爭而來，中國社會則只是「職業殊途，倫理本位」，階級的分野不清楚。中國以前取得政權的方式是靠打天下而來的，政治的泉源是非理性的、是皇帝打來的，旁人不能過問，所能過問的只是第二義以下的。除了政權來源這一方面不能觸及之外，中國以往在其他方面是非常自由、平等，我們可以說，中國以前只有「治權的民主」，而沒有「政權的民主」。從考進士、科甲取士等處，即可見治權是很民主的。但是，真正的民主政治是在「政權的民主」上表現的，唯有政權民主，治權的民主才能真正保障得住。以往沒有政權的民主，故而治權的民主亦無保障，只有靠著「聖君賢相」的出現。然而這種有賴於好皇帝、好宰相出現的情形是不可靠的，所以中國以前理性的表現只是在作用上表現。在此雖是相當的民主、自

由，然因政權不民主，此處的民主亦無眞保障，所以還是得要求現代化。

中國現代化的道路不能模倣西方通過階級鬥爭的方式，這是因爲社會背景、歷史背景不同。民主政治的實現，並不是一件容易的事，西方亦是經過長期的奮鬥而後才達成這個政治的現代化，這是很可寶貴的。西方的社會原有階級的存在，社會中有些不同的力量、有些中流砥柱在那裡撐著，這樣的社會容易成個絜矩之道，容易構成對列之局。階級並不一定就是壞的意思，照黑格爾的歷史哲學講，階級是從民族的生命中發出，在文化中有其作用的。（印度的階級則是死的，不能起作用。）

中國自秦漢以後，把階級打散了，社會上沒有既成的力量，不容易成個對列之局。下面愈散漫，上面愈容易形成極權專制，當年孫中山先生亦感覺到這個問題，說中國人的自由太多了，如一盤散沙。所以我們要肯定社會的力量，此即是要成個絜矩之道，對極權專制有個限制，不能讓他隨意揮灑。西方自大憲章以來，就是爭這個東西。中國本來早已有了治權的民主，但是因爲政權不民主，則此一民主亦不可靠，所以我們現在再順著這個基礎往前推進一步，要求政權的民主，把理性的作用表現轉成理性的架構表現，亦即轉成對列之局的表現。這才是中國現代化的正當途徑，不可拿西方階級鬥爭的格式硬套在我們身上。

西方的政治現代化是靠著自然的歷史、社會作其憑藉而摩盪出來的，然而還是得經過長期的鬥爭。我們的社會沒有階級，歷史背景、社會背景和西方不同，所以出現這個東西非常困難，否則共產黨也出不來。共產黨是徹底反對這個東西的，他們是最反動的，他

們要求的只是科技的現代化，而不是政治的現代化。這條路是很難走的，然而我們非得往此走，再困難也得走，不能像共產黨一樣虛妄地跨過去；如此，即得靠文化的力量、思想的自覺。所以，知識份子思想上的自覺是很重要的，依此而發動文化的力量、教育的力量來創造這個東西；這就是我們現代化的道路。

可是，民國以來的知識份子，在這方面的思想自覺是很不夠的，否則，共產黨那能得逞呢？這裡需要很大的「克己復禮」。在此沒有很高的境界，卑之無高論，就談玄說是不過癮的。但是我們就需要這個東西，所以要靠大家的自覺。平常大家也不聽這些，尤其新文化運動以後，社會上流行的都是社會主義的意識，自由、民主倒成了令人討厭的庸俗名詞，更被共產黨醜詆為小資產階級的專利品。我們今天遭受到共產黨這個挫折，從三十八年撤退到台灣，就是要徹底正視這個切身的問題，此即「民主建國」、「政治現代化」的工作。

現代化的基本精神是「對列之局」（co-ordination），而所謂反封建，即是反老的那一套。老的方式即是理性的作用表現所表現的方式，基本上亦可用 sub-ordination 這一個名詞來代表，亦即是個「隸屬」的方式。中國文化幾千年來的表現，一方面覺得也還不錯，「職業殊途，倫理本位」、治權民主，在這個制度的完排下，大體不錯，亦有相當的合理性，所以我們說中國早有了理性的作用表現；當然，一般人的表現有過與不及的地方，總是不可免的，那是另一回事。然而，另外一方面，我們又常感到中國文化的不夠，這個不夠的關鍵即在政權不民主，亦即缺乏理性的架構表現。在這種情形之下，整個文化在現實上的表現，大體上呈現的即是個 sub-ordination 的形態。這就是黑格爾所說的，東方世界只知道一個人是自由的。這一個人即是皇帝，表現得最明顯的就是毛澤東，他可以隨便講話，可以在房間中放線裝書、看《紅樓夢》，一般人民卻不行。以前的宰相代表治權，然而宰相有多大權力呢？今天要你做宰相，你就做，明天不要你做，把你殺掉，亦無可奈何、毫無辦法。中國傳統政治在現實上的表現，大體是個「隸屬」的方式，不能成個絜矩之道。

我們離開這些現實的政治表現，再從文化理想、學術方面來看。中國以往的學術是向上講的，儒、釋、道三教，講學問都是如此。儒家講成聖賢，道家講成眞人、成至人，佛家講成佛、成菩薩，這都是重個人修養的向上發展。在向上發展的方向中，對列之局是出不來的，所以中國人喜歡講「天地萬物一體」、「物我雙忘」。在第一關上，喜歡講「首出庶物」，把自己透出來，「先天而天弗違」。依儒家講，此乃是先見本體，有如禪宗所說的「截斷衆流」、「涵蓋乾坤」。先把主體透出來，這是講聖賢學問、往高處講的一定方式；這是講道德、宗教，不是在講政治，更不是要每個人都做皇帝。可是一般人不了解這個分際、分寸，而說凡講透顯主體者都是在幫助極權專制。所以首先得把問題的分際弄清楚，講道德、宗教不同於講政治，不可相混。而且，依著道德修養而言，「截斷衆流」、「涵蓋乾坤」的透顯主體只是初步，最高的境界乃是「隨波逐浪」。莊子亦是如此，往上透的時候說「天地與我並生，萬物與我為一」，但是《莊子・齊物論》的思想並不是像毛澤東一樣，要天下人向他一個人看齊，而是天下一切事物一體平鋪，統統擺在那裡，這是個絕對的自由、絕對的平等。但是這個絕對的

自由、絕對的平等是在道德修養的境界上說的，它是修養的「境界」，不是政治。《莊子‧逍遙遊》的「自由」、〈齊物論〉的「平等」，乃是超越意義的自由、平等，並非政治意義的自由、平等，二者的層次全然不同。當然，在最高的境界講自由、平等，據此而下，亦不會反對政治上的自由、平等。所以，道家是反共的一個最好的思想。從這裡可以很明顯的看出，儒、釋、道三教怎麼會幫助極權專制呢？這種誤想、聯想太過甚了。

中國人以前的理想在講道德宗教，學術往高處講，依現在的話說，即是「談玄」。我們現在所講的下面這一層，亦即現代化的問題，在以前那種社會裡並不成個問題；依著它那種形態，在當時是夠了，也有相當的合理性，所以講學的重點不在科學知識，而在講超越科學知識的道德宗教。但由於缺乏這一層，現代人即可責備以往之不足。以往兩千多年是以在道德宗教方面的表現為勝場，它所樹立的固是永恆的價值，但是現在我們知道，只在這方面表現是不夠的，學術還是要往前開，還是得順著顧（亭林）、黃（梨洲）、王（船山）的理想往前開外王。要求開出下一層來，則學術不能只往上講，還得往下講。民主政治、科學、事功精神、對列之局的這一層面，卑之無高論，境界不高。中國人原本浪漫性格強，欣賞英雄、聖賢，而不欣賞這種商人的事功精神。事功精神是個散文的精神，既不是詩、也不是戲劇，戲劇性不夠，也沒多大趣味。從哲學來講，事功精神屬於知性的層面，如黑格爾即名之曰「散文的知性」、或「學究的知性」。從人生境界來說，事功精神是個中年人的精神，忙於建功立業，名利心重，現實主義的情調強。而我們中國人要現代化，正是自覺地要求這個事功精神，並且得從學術的立

場,給予事功精神一個合理的安排、合理的證成。

八、中國文化主位性的維持

我們以上皆是從時代的觀點來看中國文化這條生命流如何在今日盡它的使命,由此而論其現代意義。然而我們仍當從另一個角度來看中國文化,亦即由其本身看,中國文化是否有其本身的主位性?此則不只是一個應付一時需要的問題,此乃永恆性的、高一層次的問題,不是方才所談那些新外王等的時代問題。

假如中國文化還有發展、還有它發展的動源、還有它的文化生命,那麼,我們不能單由民主政治、科學、事功這些地方來看中國文化的問題,而必得往後、往深處看這個文化的動源、文化生命的方向。這是從高一層次來看中國文化如何維持其本身之永恆性的問題,且是個如何維持其本身之主位性的問題。儒家是中國文化的主流,中國文化是以儒家作主的一個生命方向與形態,假如這個文化動源的主位性保持不住,則其他那些民主、科學等都是假的,即使現代化了,此中亦無中國文化,亦只不過是個「殖民地」的身分。所以,中國文化若想最後還能保持得住、還能往前發展、開無限的未來,只有維持他自己的主位性;對於這個文化生命動源的主位性,我們要念茲在茲,把他維持住,才算是對得起中國文化。

這個中國文化維持其主位性的問題,在這個時代中,究竟表現在那些方面呢?就是表現在這個文化的主流與其他幾個大教的比較問題上,亦即表現在「判教」的問題上。

判教首先對著基督教而言,其次對佛教而言,其次對道家而

言。中國文化以儒家作主,這個文化生命主要的動向、形態是由儒家決定的,在以往幾千年中,道家並不能負這個責任,從印度傳來的佛教亦不能負這個責任。雖說中國人吸收了佛教、消化了佛教,佛教亦對中國文化有所影響,然而它卻始終不能居於主流的地位。主流的地位是在歷史上長期的摩盪中自然形成的,不是可以隨便拿掉或替代的,亦不是可以隨意放棄的。在這個時代,首先以基督教為判教的主要對象。信仰自由是一回事,這是不能干涉的,然而生而為中國人,要自覺地去作一個中國人、存在地去作一個中國人,此則屬自己抉擇的問題,而不是信仰自由的問題。從自己抉擇的立場看,我們即應念茲在茲,護持住儒家為中國文化的主流。信仰自由是個人的問題,然而自覺自己是個中國人,要替中國作主,則要作一個存在的抉擇時,我就不作基督徒。當年甘地即曾接到一位傳教牧師的信,質問甘地的精神很合乎基督的精神,為什麼不作基督徒呢?甘地回答說:我已生而為印度人,我信仰的是印度教、婆羅門教;我所做的事,照你說是合乎基督精神,然而我卻是根據婆羅門教的教義而來的,既然婆羅門教能啟發我、指引我,我又何必一定要作基督徒呢?甘地這句話的確值得深思。

　　我個人並不反對基督教,亦不反對信仰自由,然而,現在每一個中國人在面臨這個問題時,都應該有雙重的身份、雙重的責任。首先,得了解儒家是中國文化的主流,這個主流是不能放棄的。若是基督教能使你的生活得到安寧,當然很好,我也不反對你信仰基督教,但是在這信仰的同時,身為中國的基督徒亦當自覺到自己有雙重的責任,雖然是信仰基督教但也絕不反對中國文化的主流是儒家。我不反對基督教、天主教,可是我堅決反對他們拿著基督教、

天主教來篡奪、改篡中國的文化，更不可把中國歷來黃帝、堯、舜、禹、湯、文、武、周公、孔子的傳統改成耶和華、摩西那一套，若是這樣子搞下去，這和共產黨把馬、恩、列、史掛在天安門上奉爲老祖宗又有什麼兩樣？

我不像宋明儒那樣闢佛，我雖也辨儒佛同異，但並不反對佛教本身的價值，可是我反對以佛教來貶視儒家。以前內學院將孔子列爲第七地菩薩，我就反對。佛家最高的是佛，儒家最高的是聖人，聖人與佛都是無限性的格位，爲什麼一定要把孔子列爲佛家的第七地菩薩呢？這太沒道理。我不反對佛教，已經很客氣了，可是反過來，你卻要貶視儒家，這就不對。爲什麼一定要反對聖人之道呢？聖人之道有那裡對不起你呢？這樣還能算是存在的中國人嗎？

現代信基督教的人最怕人說他信的是洋教，而自辯曰宗教是普世的。事實上，上帝是普世的，基督教卻是西方歷史中發展出來的，這怎麼能是普世的？上帝當然是普世的，就好比孔子講道理也不是單對著山東人講，乃是對著全人類講的。這個分際必得弄清楚，才不愧身爲一個現代的中國人；一方面不妨礙信仰自由，另一方面絕不抹煞儒家在中國文化中的主流地位。有人罵我們這是「本位主義」。然而，本位主義有什麼不對？每一個民族事實上都是本位主義，英國人以英國爲本位，美國人以美國爲本位，何以獨不許我們中國人以中國爲本位呢？若是這叫本位主義，又怎麼能反對呢？

九、結語

最後，我們做一個總結，來看今日中國知識份子所應做的工作。首先，要求現代化先得有現代化的頭腦，每一個概念各歸其自身，每一個概念都有恰當的意義，分際清楚而不混濫，事理明白而不攪和，這就是「正名」的工作。共產黨就是利用名不正來攪亂天下，形成「意底牢結」（ideology）的災害。這種大混亂是要不得的。通過正名的工作，每一個概念有一定的意義，講道理的分際一點不亂，這樣子，我們的生命得到一個大貞定。假如中國文化還能有貢獻於人類，即是以此為基礎而可能的。

再進一步，和西方文化相摩盪，即是個最高的判教的問題。在此，每一個文化系統皆有其雙重性，一個是普遍性，一個是特殊性，每一個民族都該如此反省其自身的文化。只要它是個真理，它就有普遍性。但是真理並不是空掛著的，而必須通過生命來表現。通過一個生命來表現，就有特殊性。通過這雙重性來進行最高的判教，也可以漸漸地得到一個諧和。

以上所談的，就是我個人對於中國文化如何維持其自己、如何向前發展的大體想法，這次就講到此為止。

（68年7月講於東海大學，朱建民記錄）

原載《中國文化月刊》第1期　　1979年11月1日

文化建設的道路
——歷史的回顧

從歷史回顧中找借鏡

這次我應聯合報的邀約作兩次講演，總題目是「文化建設的道路」。今天的子題是「歷史的回顧」。因爲，從歷史的回顧中，我們很可能找到一個線索，作爲我們今天推行文化建設的借鏡。這個問題，並不是可以憑空講的，一方面要切入現實，一方面也要根據以往的歷史。「文化建設的道路」，並不是一個很容易清楚明白的問題。我們現在很容易想到文化建設這個名詞。我們之所以要有文化建設，是因爲我們國家這一、二十年來在經濟、政治方面有重大的進步、開展。例如十大建設，就很具體。這只看我們有沒有這方面的能力、有沒有這方面的資本、有沒有這方面的意願。只要有能力、有資本、有意願，我們就可以做。所以像這一類的問題，我們一提起，便會有一個清晰的觀念。隨著經濟、政治的進步與開展，現在自然又可想到文化建設。「文化」是個非常廣泛的名詞。我們今天的講演也算是個文化活動，經濟、政治、教育的活動也全都是文化的。那我們不是早就在文化建設了嗎？不是已經做了很多了

嗎？為什麼還要特別提出「文化建設」呢？我看，對於這個名詞，大家不一定有個清楚的觀念。假若你要猛然問我一句「什麼叫做文化建設」？我也不一定有個清楚的觀念擺在心中好回答你。所以這個問題不是個很簡單的問題。再進一步講，我們現在所處的這個時代，也不是個很平常的處境。這個處境很特別，主要的是我們當前在大陸上有一個敵人擺在那裡，那個敵人所行的一套完全和我們不同，完全不一樣，所以，我們今天在這裡談文化建設，一方面我們自己自覺地要走這條路，一方面對共黨，我們不能閉門造車一味把自己眼睛蒙住，只是說自己走自己的道路就夠了。我們還得要看一看我們走的這條道路，對共黨將要起什麼樣的對治作用，這一方面是必須要照顧到的。所以，現階段文化建設的意義，不是像平常年間那麼簡單。當然，我們現在行政院裡也有個文化建設委員會，這是屬於政府方面的，主事的人當然有他們的構想與作法。今天《聯合報》舉辦這個講演，找我來講，這只能算是站在社會上貢獻芻蕘之議，提供一點意見。就我個人來說，我願對這個問題加以反省，也希望大家能一同參與這個問題的思考，想一想我們當該如何來了解這個問題。若能了解得恰當，順著這個恰當的步驟往前進，一方面可以滿足我們自己文化建設的要求，一方面也可以滿足「對於大陸共黨起對治作用」的要求。

從歷史的發展上來看，每一個階段都是繼承前一個階段而來。這是句很籠統的話。「繼承」有的是直線的，也有是曲線的。直線的繼承不在我們考慮之中，這裡是沒有問題的。按照以前的說法，直線的繼承就是所謂「守成」。前人創業，後人守成。其實，守成有時也不全是直線的，但我們暫時只以直線的方式來了解它。所謂

曲線的繼承，就是表示其中有問題、有跌宕。

歷史發展的曲線繼承

我們現在用個最簡單的例子，來說明歷史發展中的曲線繼承。秦、漢之際，楚霸王與漢高祖爭天下，漢高祖首先入關拿到咸陽，就表示另一個不同的階段要來臨。此處不是個直線的繼承，其中要有個轉折，要開闢一個新的階段。可是，這個新的階段當該向那裡走呢？這是個最簡單的歷史取向問題，在當時有人能夠了解，有人不能了解，有人能把握得住，有人不能把握得住。漢高祖能把握得住，楚霸王就不能把握得住。楚霸王「力拔山兮氣蓋世」，大小戰役從未失敗過，但是他對他所處的歷史前途該往那裡走，卻是完全不清楚的。而漢高祖一入關，即約法三章，去秦之苛法，這就是針對著前一個階段開闢下一個階段，當時該走的方向。約法三章雖只是「簡單」的幾句話，但代表一個智慧，一個方向。就這一點，讓漢高祖把握住了。也許這在當時的漢高祖只是對那個時代的自然反應。他能有這個自然反應，就表示他那個人對他那個時代有感覺。為什麼那個時代需要簡單化呢？因在前一階段，秦始皇用法家所形成的煩瑣繁雜的法網，人民受不了。如果我們對秦始皇當年的苛繁之法不能了解，我們不妨看看今天的大陸。今天大陸的情形就是如此，而且猶有過之。共黨拿苛繁的法網把人民整個罩住，使人民的思想言行絲毫動彈不得。秦始皇的苛繁之法搞得人民受不了，才有陳勝、吳廣的揭竿而起，才有楚、漢的相繼而起。這就代表了那個時代的要求，要求拉掉秦始皇的苛繁之法，這是當時人民的普遍感

覺與要求。所以當漢高祖一入關,即去秦之苛法,人民皆大歡喜。
因此他得了人心。所以,漢高祖這步作法是中肯的。當然,這還並
不是我們所說的文化建設。這是很自然地對歷史遠景的透視,我們
不要看輕這一步。楚霸王對這一步就不能了解,所以他只是匹夫之
勇,他最後的失敗不是沒有道理的。假如我們把當年漢高祖的此一
舉動運用到我們這個階段中,當我們打回大陸時,第一步的工作也
就該是簡單化,去「秦之苛法」,把那些什麼人民公社、三面紅
旗,一起拉掉、解除。人心必定大悅,這才是真正的解放。這是大
陸人民所迫切要求的。藉著我們帶去的「簡單化」,大陸人民才能
喘一口氣,才能獲得免於恐懼之自由。當年美國羅斯福總統提出的
四大自由中,就有免於恐懼的自由。事實上整個這個時代,不單是
我們大陸的同胞陷於恐懼的狀態中,全人類都是處於恐懼情況中,
所以能得到免於恐懼的自由,是多大的解放!這是何等的重要呢!
像這一類的問題,當下一個階段承繼前一個階段而來時,必須要把
握清楚,即是說,我們要走的方向必得中肯。中肯是由於「智
慧」。現代人所說的專家科技知識在此是沒有什麼用的。所以大家
要注意,科技當然重要,但是科技也有科技的分際與限制。科技代
表的是專家技術的知識,而我們現在所談的把握歷史發展的方向問
題不是技術知識所能擔負得了的。「智慧」與「知識」不同。歷史
方向問題的解決得靠智慧,有這個智慧,思考問題就中肯;能中
肯,事情就能成功。沒有這個智慧,分明當該這樣做而偏不這樣
做,便一定步驟錯亂,走不上軌道,最後必定失敗。我們應知,歷
史上的成功與失敗,都不是偶然的。我現在講的這楚漢之爭一幕,
與我們講的文化建設沒有關係。我只是說明從一時代換一個新時代

的第一步就是需要有智慧把握到那個轉換的契機與方向，漢高祖把握到了。可是他的約法三章的簡單化，只是對治秦始皇苛法的消極作法，雖能符合當時人民的要求，並不是國家社會長治久安之道。因爲代表民族集體生活的政治，不能只永遠停在這消極的意義上，必須有積極的一面。這種積極的構想與構造，在西漢，要到漢武帝時才出現。

自西漢初年到漢武帝的時候，已經有五、六十年了，從漢高祖得天下一直到漢武帝繼承王位的時候才提出了「復古更化」的觀念。復古更化是當時的文化運動、文化建設，這個問題，好像與我們所說的文化建設的問題相同了——內容當然不一樣，但是問題的層面大致是相同的。

什麼叫「復古更化」呢？這是當時董仲舒的口號。要更化，也就是要在政治文化方面積極地開創一個新局面，當然是政府先有這個要求，但是只有這個要求，究竟該從什麼地方做起，當時政府也不見得明白。所以後來董仲舒便提出「復古更化」這個辦法。董仲舒是社會上、民間的知識份子，所以復古更化可以說是發之於社會。民間提議，政府接納。爲什麼要復古更化呢？首先，我們對「復古」兩個字必須有個清楚的了解。

從五四運動以來，中國社會最怕「復古」這兩個字，一提到「復古」，就被認爲是落伍。有人提到古代怎麼樣、怎麼樣，就必得先自我辯白一下，「我這不是復古」。其實復古不見得壞，只是看在什麼分際上講。

近代中國人看起來似乎聰明，實際上很差。中國人本來有智慧，可是從民國以來就沒有了。有的只是些小聰明而已。炎黃子孫

怎麼會落到這種淺薄的地步呢？其實也不是說民國以來這六、七十年才如此，其來也是有自的，也可說是由來久矣。只有小聰明而沒有真智慧，遇事便沒見識。要不然，共產黨如何能出來。在一個堂堂的大中華民族中，具有五千年的歷史，深厚的文化傳統居然會出現像毛澤東這樣的人。簡直是不可思議！而他竟然出現了，你說怪不怪？就從這一點，諸位就可想到，這就表示中國人智慧不夠。這是我們這一代炎黃子孫太不肖了。

不要辜負了這個大時代

「復古」，是今天一般人最不喜歡的兩個字，但是我要提醒大家，英國有兩黨，保守黨和工黨，可是也沒有人說保守黨的保守就是頑固。英國許多大事情都是保守黨完成的，工黨執政常常是不行的，工黨是偶爾冒起來調節一下，真正重要的事情都還是要保守黨來處理。這樣看來保守黨這「保守」兩個字也不算壞。

當年董仲舒公開的說復古更化，「古」是指夏、商、周三代的傳統，孔子所繼承的那個傳統。為什麼要復這個古，復這個傳統呢？那是針對「今」來講。這個「今」就是秦始皇用法家所留下的那些壞習慣、壞風氣、壞風俗。這是董仲舒所面對的「今」。這個「今」到漢武帝時還是存在著的。那就是董仲舒復古所對治的「今」。各位讀讀賈誼的〈治安策〉就可知道。秦始皇用法家所成的「今」是最反動的。凡極權專制，一定要毀滅歷史。所以秦始皇要焚書坑儒。《詩》、《書》所代表的是那個老傳統中的智慧。秦始皇所以要焚書就是不讓知識份子「借古諷今」。共產黨用的也是

這一套。因為有個老傳統擺在那兒，知識份子就可以說堯、舜當年如何如何，和你今天不一樣；可以說禹、湯、文、武當年如何如何，和你今天不一樣。這就叫做「借古諷今」。專制的人最怕借古諷今。所以大陸上文化大革命就以批鬥《海瑞罷官》為序幕。當年秦始皇藉法家來統治中國，知識份子、社會上的意見並不贊成，所以便借古諷今。於是秦始皇就焚書坑儒。而董仲舒所復的「古」，就是要對治這個「今」。恢復夏、商、周三代這個智慧傳統之「古」，以去掉秦始皇、法家這個殘暴的、非理性的「今」。這樣看來，復古有什麼不好呢？所以，董仲舒可以說得振振有辭。「復古更化」實代表一個文化運動。像這類的問題不是個自然的反應所能達到的。而是要想一想，要對眼前的情況有所感覺，對時代的風氣有感覺。能有感覺，就是一種智慧。同樣一個時代，有的人有感覺，有的人卻沒有感覺。我們常說我們處於一個大時代中，所謂大時代就表示我們這個時代就是出問題的時代。但是要有感覺，才能接觸問題。如果沒有感覺而只是一味的睡覺，那就是辜負了這個大時代。我們所處的的確是個大時代，從抗戰開始一直到現在，都是大時代，但是究竟有多少人對這個大時代有真正的感覺呢？我看沒有多少！大多數人都是在睡覺中過去的。所以，一方面我們要注意這個時代，常常不斷地用佛家所謂的「妙觀察」來觀照這個時代，一方面也要對這個時代有感覺。對這個時代有感覺，這也不是很容易的事，這是一種智慧。所以，你要想對治這個時代，你必須要好好平心靜氣想一想，這不是只懂自然的反應就可以達到的。在主觀方面，還要有個自發的理想，才能使自己突進一步。能如實地觀察這個時代靠智慧，在主觀方面能發出一個對治之道也靠智慧。這不

是本能的反應或直接的反應所能擔負的。所以，漢武帝的「復古更化」在當時那個時代中是盡了他的時代使命。以後，漢朝大帝國大體上就是照著他所開的這個道路、方向往前進。這個道路大體就是以學術支配政治，以政治支配經濟。所以它這個大帝國能夠維持四百年，那並不是偶然的。以學術支配政治，就是他的政治措施背後有一個理想在指引，再拿政治的措施支配經濟。依現代的名詞來說就是國家社會主義，不是純粹的放任自由經濟，也不是凡事皆由政府控制的計畫經濟。這就是漢武帝、董仲舒當時所謂的文化運動，從文化運動開一個決定那個時代前進的方向。

文化建設是要透出文化方向

嚴格說來，漢武帝、董仲舒的復古更化，只能叫做文化運動，不能叫做文化建設。文化建設與文化運動，這兩個詞語並不很相同。一講到文化建設，很容易落到第二義，乃至第三義以下那些事業上，例如各縣市多增加幾個圖書館，多安排一些文化活動。落在這個層次上當然也不能說錯，但沒有多大意義，因為這些事情只要有錢自然就會做的。我們現在當該考慮的是我們今天所講的文化建設，到底是就著「文化內容」說呢？還是就著「文化方向」說呢？假如就著文化內容說，那麼社會上的文化活動已經很不少了；假如是就著文化方向講，那麼今天的文化建設就要上通文化運動，要從文化運動的層面來了解。把文化建設提升到文化運動這個層次，就是要給這個國家、這個民族的活動定一個方向。方向就是指南針、定盤針。定盤針只指示方向，是沒有內容的。依照康德哲學的名

詞，這是個「純粹形式的」（purely formal）東西，方向沒有「雜多」（manifold），雜多只能由內容上說，方向是空洞的、無影無形的，不容易把握的。我們現代人頭腦最不容易了解這方向的問題。現代人要求實際、具體，卻不懂得「運用之妙，存乎一心」。這句話是岳飛說的，是一句多麼「空洞」的話，可是，事實上，統帥在戰爭中就是本著「運用之妙，存乎一心」這句空洞話來下決定的。方向是虛的，內容是實的。科技的問題是實的，容易辦，但文化方向問題卻非科技所能決定的，不是光憑著具體、實際就能決定的。這個時候，我們的心思必要虛一點，凌空一點。這就是老子《道德經》一定要講虛、講無的道理。那才是人生最高的智慧。每一個時代都有這種高層次的大問題，解決這些大問題，都要「虛以控實」。要了解這四字，才可以指導這個時代。所謂旋轉乾坤，便是「虛以控實」。不是「以實責實」。前者是智慧，後者常不免落於滯笨。「文化建設」，如果落在第二義、第三義，在內容方面，才可以說，如果提到方向的層次，虛的層次上，則不能說。建設是事業（business）方面的事，而方向不是個事件。若是把文化當作一個事件來看，就表示根本未接觸到文化問題的本質。文化的本質是個方向的問題。漢武帝的復古更化就是很顯明的例子，它是決定行動的方向的。他們當時不是用文化建設這個名詞。我們現在應該藉著這個問題，重新考慮一下，以使我們的文化建設透到文化運動的層次上。

接下來，我們再講漢光武。漢光武在當時也有一個文化運動。經過王莽的篡位，漢朝大帝國曲折了一下，東漢就是一個新的階段，漢光武的文化運動主要在對治王莽篡位時歌功頌德的人太多，

社會上一般知識份子的太無恥。王莽是個善於虛偽的人。毛澤東就是秦始皇與王莽的綜合體。他比王莽還要兇狠，在虛偽之外更加了殘暴。東漢光武對治當時無恥的世風，而提倡名節、名教。這一步在當時也是非常中肯的。漢光武就能把握住。所以他能開創一個時代。這表示他有智慧。事實上這個問題在我們今天也是需要講的，今天的投機份子多的很。當年尼克森訪問大陸、卡特取消協防條約時，這種士子無恥的現象就可以明白地看出。在這個時代，能夠站得住、挺得住的人，又有多少呢？當然我們也不能過於責備一般人，我們也不能要求每個人都做聖人，但是知識份子不能只以一般人自處。總應當對時代有點責任感。一心一意去拿綠卡，便是可恥。這些都是應在當前文化運動中照顧到的問題，這是風化的問題、教養的問題，不是一件事，所以不能設計個什麼方案來處理。這種教養的問題，也不是短期就能奏效的；事實上，也常有陶養了很久，一遇挫折，馬上就垮。陶養起來很費力，但是卻可以一旦而毀之。這類問題過去是如此，現在如此，在無窮的未來還是如此，所以要隨時警覺。就個人來說也要隨時做工夫的，人墮落下去很容易，提起來往前進卻是很難的。

漢光武的文化運動與漢武帝的復古更化也有不同，後者是積極的，前者是消極的。所以東漢二百年與西漢二百年在氣勢、方向上是完全不同。西漢二百年，從漢高祖入關開始，乃是蒸蒸日上，東漢二百年的趨勢則是一步一步下降，下降到東漢末年，以至於三國時代的出現。到了這個時候不能再順著原來的方向往前進，需要有個大轉彎，所謂峰迴路轉，開下一階段的魏晉南北朝。

服從理性的原則

　　魏晉南北朝以至於隋唐，並沒有明顯的文化運動。南北朝是在吸收佛教，這個我們不講。唐朝完全是靠著自然生命的健旺而開發出來的。所以唐朝三百年乃是服從生命原則（principle of life），漢朝是服從理性原則（principle of reason）。生命健旺的結果表現天才而不表現理性。因為唐朝生命旺盛，服從生命原則，所以，他沒有文化運動。文化運動是理性上的事，不是生命上的事。唐太宗就是天才，是在英雄方面表現出的天才。唐朝的知識份子表現在生命方面就是詩，詩是屬於生命的，要靠天才，大帝國的建造則靠唐太宗的英雄生命。學術上表現理性的則在佛教方面。佛教與現實的政治無關。因此，儒家這套學問在唐朝是很差的。唐朝的精采不表現在儒家，而是表現在詩，表現在佛教，表現在英雄的事業上。我們的自然生命能夠延續下去，是要靠理性的，沒有理性參與其中，生命的發展乃是個拋物線，一下就過去，過去就一往不返。它這是屬於強度的拋物線，用哲學的名詞即是屬於「強度量」的 intensive quantity，在生命力旺盛的時候，做出的事冠冕堂皇，漂亮得很，一切頭頭是道，唐初就是如此。可是到了生命衰弱時，就亂七八糟，不成樣子，這就是唐末五代的現象。五代是中國歷史上最衰微的時候，這是生命原則的自然後果。宋朝開國在國勢上很差，燕雲十六州一直不能收回，但是它也維持三百年，靠什麼維持呢？就是靠理學家。宋儒開始的文化運動也是發自於社會，但這和漢武帝復古更化不同，復古更化由董仲舒提出，而朝廷採納後見諸行事。宋

儒的文化運動和朝廷沒有關係,這只是從社會上就教化、風化的立場來維持那個時代。朝廷方面並沒有和理學家配合起來,所以宋儒不是個和政治措施有具體關係的,乃是一個真正屬於純粹精神生活的文化運動。這種文化運動不像漢朝那樣見諸行事,由學術統政治,由政治統經濟。宋明儒這個純粹精神教化的文化運動,照整個文化的發展來看,還是消極的,積極面仍然不夠,但是在當時的階段,也只能做到如此。我們也可以說他們也盡了他們的時代使命。他們的使命不僅是對於宋朝有作用,也是為我們整個中華民族重新明確地決定一個方向,這個方向的決定,依老名詞,即是寄託在「道統」上。說到道統,我們看看,從夏商周開始,至孔子開啓孔孟傳統,一直發展到宋明儒,這其中是有一條線索的。

民族發展的常數與道統

這條線索時隱時現,有時候起作用,有時候不起作用。但是它總是存在著的。不僅事實上有此一線索,且即令沒有,我們也應當使它有;它不顯,我們也應當使它顯。這是我們作歷史的回顧時,作為黃帝的子孫所應當有的責任。這是我們責無旁貸的責任。這是一個民族的方向,一個指南針,好比數學上所說的常數(constant)。一個國家民族不可以沒有常數。如果沒有一個常數,那麼今天往這裡變,明天往那裡變,這些變便沒有定準。因為變是相對於常而言的,如果沒有一個常數,那麼變數也不成其為變數了。所以我常說中華民族,以前的人是有智慧的,從民國以來就沒有智慧了。從民國以來,許多人專門想把這個民族的常數拉掉。

這一代的子孫實在太不肖，太墮落了。民國以來有許多聰明人，可是那麼多的聰明人，為什麼專做拉掉民族生命常道的愚蠢事？所以我常說他們沒知識、沒智慧。

舉個例子來說，我們現在提到蔡元培先生，人家都很尊崇他。他辦北大是辦得很不錯。但這個人並不是任何一面都可以稱讚的。蔡元培先生也參加了把中華民族的常道拉掉的行列，他也支持這種運動。

宋儒的學問，純粹是精神教化的文化運動，他們不只是對著宋朝的政治和立國而言，而是對整個中華民族的文化的發展而言。所以他們強調作為國家民族常數的道統。中國這麼一個大國家，歷史又這麼悠久，如果沒有一個常數，一個道統來維繫，這是不可思議的。現在有許多人，假藉一些莫名其妙、分際不對、根本不相應的辭語，如妨害自由之類的辭語，氾濫地使用之以拉掉這個常數。這就表示，這個時代的人，知識太差，學問太差。辭語是不可以隨便亂用的，每一個辭語有一定的範圍，有一次的層次，皆不能濫。所以荀子當年要作「正名」。這個時代就是名詞的混淆，我們所以從大陸撤退，世界所以這麼動盪不安，最核心的問題，也就在這名詞的混淆上，有許多人就耍詞語的魔術，而耍詞語的魔術本事最大的就是共產黨。共產黨常說他們的思想是最進步、最革命、最理想……，而批評別人為最反動、最不進步……，他們這些話乍聽似乎很有道理，其實統統是耍詞語的魔術。

最近有一位法國學者，專門研究一門學問，叫「蘇聯學」。他的觀點很中肯。他這一套蘇聯學，不僅適用於蘇聯，同時也可以用在大陸上的中共。他曾說一句話，很有趣，他說：「自由世界是一

個眞理，兩套詞語；共產黨的世界是兩個眞理，一套語言。」所以
共產黨左右逢源，到處佔便宜。他這些話講得很有智慧，很深刻。
什麼叫做一個眞理，兩套語言呢？他說搞政治的人，要做宣傳，有
時不得不說假話。對大眾說一套話，私底下另有一套話。但是，語
言可以有不同，眞理卻只有一個。共產黨正好相反，他們是兩個眞
理，一套詞語。也就是用一套詞語來耍兩個眞理。是哪兩個眞理
呢？好比共產黨認爲自由世界講自由、民主，他們也講自由、民
主，當他們要打倒旁人時，他們就用自由世界的自由、民主。當他
們自己當權時，就毀掉了自由世界的自由、民主，而說他們有他們
的自由與民主。鄧小平到美國去，不就說這個話嗎？這就是一套語
言，兩個眞理，也是耍語言的魔術。共黨厲害就厲害在這個地方，
我們深受其害。我老早就看出這個問題。所以三、四十年來我一直
努力地把他們這些基本觀念，一個個加以批駁。看清了他們的魔
術，就知道他們根本沒有自由；事實上，自由就是自由，那有什麼
第三階級的與第四階級的自由？他們根本就是胡說八道。如果看不
清便受它的迷惑。

所以一個國家民族不能沒有常道，如果把常道去掉，那麼這個
國家就麻煩了，我們實際上的行爲也需要一個常道作依憑。如果常
道被去掉，那麼我們的行爲依憑什麼呢？於是每個人都以每個人自
己之主張見解作爲常道，就很糟糕。常道不是隨便可以混淆的，也
不是某一個人的理論或主張就可以作爲民族國家的常道。常道是超
然的，不能當一個理論（theory）看。我們把民族的常道拉掉了，
毛澤東就可以拿馬克思主義來當作常道。如果我們不贊成以馬克思
主義作爲常道，便另外創一套思想、理論。這樣一來就亂了，國家

便從此多事。常道是普遍的、自然的,不能夠是一個人自己的理論或學說。所以中國以前的人強調一個「道」字,「道」不是一個理論。儒家所說的仁、義、禮、智、信,以及父子、兄弟、夫婦、君臣、朋友,既不是宗教裡頭的教條,也不是社會上平常所謂的學說。所以有許多人常說「孔子的學說」怎樣怎樣,便是沒有見識,我最討厭這種說法。孔子是聖人,聖人是沒有什麼學說的。又有些人,動不動就說孔子是偉大的教育家、政治家等等。聖人也是不能以「家」來限定的。如此地誇大聖人,其實就是糟蹋聖人。

我們需要「新外王」精神

宋、明儒之所以闢佛,就是要為中華民族立一個常道。所以,宋儒闢佛,不是狹隘的門戶之見。民國以來,時髦的知識份子,假借一些錯亂的辭語,什麼妨害學術自由……等,錯用詞語來拉掉常道,這是最糟糕的事,這是不對的。宋儒之立常道,與學術自由有什麼妨害呢?

宋儒闢佛,所以佛教最討厭宋儒。這是無所謂的。佛教人士、不敢罵孔、孟,但對於宋、明儒,則大加批評。民國初年仍是如此,現在的佛教已不如此了。現在的佛教比較聰明。唐代時的佛、儒,是爾為爾,我為我,佛教認為儒家是世間道,而佛教為出世間道,各不相干。但到宋儒闢佛,並非與佛教人士有什麼大的仇恨;理學家對那些佛教大德們都很尊崇。站在客觀的、文化的立場上,宋儒不能接受佛教作為立國的常道。當然宋、明儒闢佛,佛教徒起來反宋、明儒,也是自然的。可是現在有很多人,本身也不是佛教

徒，卻來罵宋、明儒；還有一些人反對宋、明儒講道統，這實在是
可惡。從五四運動以來，打倒孔家店……等，都是極力想把我們民
族的常道拉掉。所以，民國以來的知識份子大都是有罪的。他們幫
共黨開路打天下，後來受共產黨的糟蹋，被毛澤東罵成臭老九，這
是自然的報應。假定他們當年不參與毀棄常道，共產黨是起不來
的。

　　身為一個中華民族的子孫，我們不希望以佛教作為常道；同樣
地，也不希望馬、恩、列、史作為我們的常道。以馬、恩、列、史
作為中國的生命原則，這是傷中國人的心的！就這個立場而言，我
們同樣不希望以耶和華、摩西那一套，來作為中華民族的常道。假
定有人把摩西、耶和華那一套硬加在中國傳統之上，硬說堯、舜、
禹、湯、文、武、周公、孔子等，都是替耶穌舖路的，我們一樣要
反對。

　　宋、明儒之闢佛就是站在這樣一個立場上的。儘管在文化發展
上，它是消極的。因為照儒家的傳統而言，本來應是內聖而外王
的。內聖與外王合而為一，才是積極的。宋朝沒有達到這個境界，
宋、明儒也沒有把這一方面做得很好。他們只是強調內聖的工夫，
所以我們說他們仍然是消極的。但我們只能說宋、明儒在外王方面
做得不多，而不能說他們錯。他們做得不夠，就由我們現在的人來
做，前代人做不出來，當然就應由後一代人來做，這是需要一代一
代繼續來做的。這個就是我們這個時代所應當注意的方向。所以，
我去年在東海大學曾作一個演講說：配合我們這個時代，需要新外
王的精神，需要重新去完成儒家的內聖外王合一之教。

　　我作這個歷史的的回顧，如漢高祖約法三章，這是很有啓發性

的，而董仲舒、漢武帝之復古更化，是屬於當時的文化運動，至漢光武時，則重名節，主要是對治王莽時代士子無恥的壞風氣，這是屬於消極的運動。而宋明儒主要的作用，則是維持一個常道。大家環繞這些問題想一想，那麼我們這個時代的文化建設的意義就可以透露出來了。由此，我們可以看出當該從何處著手。在內容方面，一切都是可以做的，但不能止於此。問題一定要透到「虛」的文化方向層面上去。

從文化方向上講文化建設，很不容易有一個清晰的觀念。當我們做一件事時，心中是否有一個像笛卡爾所說的「清晰的觀念」，這是很難的。共黨靠一套 ideology 起家，什麼馬克思主義、唯物史觀、無產階級專政等等，這些正好成功了他奪取政權，而且維持政權的 ideology。他就照他的 ideology 做。不管你贊成不贊成，他就是硬來。這是共產黨走的道路。可是我們不能走這一條路，而且更反對他這條路。在自由世界中，ideology 是壞的名詞，共產黨將 ideology 翻譯成「意識型態」。自由世界不喜歡這個名詞，我就把它譯成「意底牢結」！可是，我們處在自由世界中，我們的行動有沒有一個原則、一個方向呢？當然有。我們如果有原則、有方向，而又不落入像共產黨那樣的 ideology 中，這也是不容易表達的。假定我們對這問題能透徹明白，那麼我們的文化建設一定成功，共產黨一定垮台。假定，對此問題的知識不夠，只把時間、精力，浪費在一些第二義以下的活動上，文化建設就沒有多大的意思。關於這一方面，我下一次再作詳細的說明，也就是對於這個時代的文化建設的意義，再作一個說明。我所想的，也許不一定能和政府方面完全符合，但是我的見解與政府反共的立場絕不相衝突。我今天就講

到此為止。謝謝各位。

（70年7月講於聯合報，尤惠貞記錄）

原載《聯合報》　　1981年7月16日

文化建設的道路
——現時代文化建設的意義

正視我們經濟現代化的事實

各位先生：這次演講所訂的題目是「文化建設的道路」。本星期一，我們已經講了這個題目的上半段：歷史的回顧，就是從中國以往的歷史上看一看，當歷史要往前進，要轉變方向的時候，以往的人如何處理的。今天所要講的就是這個題目的下半段，「現時代文化建設的意義」。作歷史的回顧，並不是表示我們現在的文化建設，完全與以往各階段的表現一樣。歷史的回顧只是一個借鏡，藉以瞭解以往的人在以往歷史階段中作如何的表現。我們現處的時代不同。不但是時代不同，我們現在所面臨的問題，也與以往不同。所以，我們需要正視現時代的文化建設的意義。

我們現時代的文化與以前不同之處，在於「現代化」這三個字上。我們所以現在要求現代化，就表示我們以往二千年至辛亥革命為止，並沒有現代化。所以辛亥革命以後，緊接著有五四運動，也就是所謂新文化運動，主要的就是要求現代化。可是從民國以來，經過抗日戰爭，直到今日，中華民族的運氣很不好。一直都在動盪

不安中。這主要的原因，就是現代化沒有充分地完成，終至大陸陷於共黨之手。假定現代化成功了，那麼共產黨就一定起不來。這是一個很重要的事實。而這事實之所以出現，自然有其一定的道理，有其所以然的道理。所以，我們現在這個時代，文化建設必須配合現代化。現代化的工作，以前我們在大陸上沒有做，沒有機會去實現，現在我們就要去做。

　　三十八年撤退到台灣來，至今已過了三十多年，現代化已經漸漸走上軌道。在此，我稍說幾句閒話。現在中華民國提倡「三民主義，統一中國」。這句話在這個時候講很好，而且有中氣，有客觀的實效性。我為什麼這樣說呢？因為當年我在北大讀書時，正好是民國十七年，北伐成功那一年。從那時起直至今日，所發生之事，歷歷在目，而且常在我密切注意之中。經過寧漢分裂的一幕，民國十七年以後，國民黨清共。共產黨因為政治鬥爭失敗，遂轉入地下。所以民國十七年是國民黨北伐成功的一年，也正是共產黨宣傳他那一套 ideology 開始的一年。所以我們在北平念書的時候，坊間的書店，滿坑滿谷都是左傾的書。北平在當時是最左傾的。從那個時候，共產黨那一套 ideology 就征服了中國；知識份子普遍的意識是肯定社會主義為先天的真理，資本主義與自由經濟是先天的罪惡；唯心論是先天的反革命，唯物論是先天的革命。共產黨如此地征服了知識份子。從此以後，三民主義的口號就不響亮了。我這說的是老實話，只是把事實呈現出來，讓大家仔細想一想，注意這個問題。當時，三民主義對知識份子沒有多大的影響，可見共產黨宣傳的力量有多大。抗戰時期，共產黨不僅征服了中國社會上的知識份子，而且還征服到華盛頓的國會與白宮。我們就是吃這個苦。當

時，羅斯福左右那些幕僚，統統是替共產黨講話，都以為共產黨是進步的、是土地改革者。所以艾奇遜才發表《白皮書》。可見共產黨宣傳的力量是多麼的大。所以三十幾年來，三民主義的宣傳，不能在社會上起客觀的作用，沒有客觀的實效性，也就是說話不響亮，說出來沒人聽。

但是現在的情勢不同，也許諸位在台灣沒有感覺到，我們在海外是很容易感覺到的。這個時候，講三民主義統一中國，是很當機的，而且有客觀實效性。為什麼三十幾年來，我們是個啞巴，一直到現在才可以講話？就是因為我們這裡現代化成功。所以不能看輕現代化這個事實，現代化成功這個事實，影響是非常大的。因為我們把事情做出來了，這是不能夠否認的。「事實勝於雄辯」。事實擺在眼前，不容否認。假定我們沒有做出事實，那麼便是，公說公有理，婆說婆有理；究竟誰有理？是永遠也說不清的，所以我們要正視現代化的問題。

但是現代化不能僅是科技化，科技只是現代化的一個內容。現代化有它特殊的內容。我們說中國二千年來沒有現代化，那麼中國以往二千年的文化，到底作了些什麼呢？沒有現代化，是不是就一無所有呢？而現代化與我們以往文化的分別是在那裡呢？這是五四運動以來，大家講中國文化，天天所考慮的問題。事實上，大多數人都考慮不清楚。

我說現代化有其特殊的內容與價值。就在西方也是如此。西方的現代化是從十七、八、九世紀開始，大約有三百年歷史。十七世紀以前，中世紀時，他們也不是現代化的，可見現代化是開近代的文明；近代的文明同中世紀不同，同古希臘也不一樣。近代之所以

爲近代的地一步要做的是,經濟的現代化。經濟的現代化,是非常重要的。那個地方經濟能現代化,共產黨就起不來,它的根就斷掉了。那個地方最落後、原始,那個地方就是共產黨的溫床。這也是一個必然的事實,其中也有一定的道理。由此看來,當年馬克思說,共產黨革命,是一定在高度資本主義的國家出現。這句話完全是錯誤,事實上正相反。這就表示馬克思所說的,不是歷史發展的一個法則。按理說,資本主義發展得最高度的,是英國、美國和日本,他們都是經濟強國,他們爲什麼不鬧共黨革命呢?所以,經濟一現代化,共產黨之門就被關閉了。現實生活越落後越原始的地方,是共產黨最容易壯大的地方,不管歷史上出了多少聖人,講文化講得如何高妙,都是沒用的。這是個非常現實的問題,也可由此看出經濟現代化的重要性。

文化建設也要現代化

經濟現代化,就能夠迫使我們必然地走上政治現代化的道路。假定經濟不現代化,那麼政治上要求現代化,要求自由民主,也是公說公有理,婆說婆有理,永遠辯不清楚。民主世界肯定自由,毛澤東也講自由,你說民主,他就講新民主;而且他認爲資本主義社會所講的是第三階級的自由,他自己所講的是第四階級的自由。如此一來,永遠也辯不明白。但是經濟一現代化,可以使政治趨向現代化。現代化的內容與事實,就是如此,這是不容辯論的。自由民主是無所謂第三階級的或第四階級的。自由民主就是自由民主,這是有或者沒有的問題。什麼叫做「第四階級的自由民主」呢?它是

魏京生所講的一句話，他說：我們只有做奴隸的權利。魏京生說大
陸上的人民，只有做奴隸的權利，其實就是只有做奴隸的自由。這
算是什麼自由呢？

　　所以，政治現代化，必從經濟現代化著手，而由經濟現代化進
至政治現代化時，所表現的自由民主，就是眞正的自由民主。這就
是所謂敞開的社會（open society）。如果在一個封閉的社會
（closed society）裡，一切人民都被關在人民公社中，誰能有自由
呢？沒有自由，那有民主之可言？所謂的第四階級的自由民主，根
本就是假的。這根本是要文字的魔術。所以，經濟現代化，迫使我
們必然會走上政治的現代化。

　　政治現代化，就是民主建國。我們從辛亥革命以來，就是要求
建立中華民國，也就是要求民主建國。一旦建成了，那麼中華民族
生命的途徑就上了軌道。現在我們在台灣所走的就是這條路子，要
求經濟現代化、政治現代化。

　　政治現代化比經濟現代化還要困難一些。經濟現代化，我們方
便地借用哲學上的名詞來說，就是屬於 material 方面的，是純粹科
技可以解決的；政治現代化則是屬於 formal 一面的，formal 的一
面，層次較高，不像經濟現代化那麼樣的容易。雖然政治現代化比
之經濟現代化較困難，可是道路總是要朝這個方向走，則是沒有問
題的。當然，要能夠確實地實現，也不是短時間就可以做到的。

　　所以經濟現代化與政治現代化，是我們台灣現在已經走上的軌
道，已經做到某種程度，有確實的成績表現的兩面。這兩面一做
到，我們順理成章地就自然想到文化建設的問題。經濟現代化就是
使我們經濟架構現代化，而政治現代化就是使我們政治架構現代

化。這兩個架構是最重要的,是兩個骨幹;這兩個骨幹一撐起來,大部份的生活都不能離開這個架構。所以,由此我們便很容易進一步想到文化建設。那麼,文化建設是什麼意義的文化建設呢?現在所說的文化建設,與上次我所說的漢武帝所倡的「復古更化」的文化運動不一樣,和漢光武帝所提倡的「重名節」不一樣,和宋、明儒所講之理學也不一樣。這個不一樣在那兒呢?就在無論在漢武帝、漢光武,或宋、明儒的時代,他們沒有現代化的問題。

現時代內聖無法直推爲外王

儒家立教是內聖外王合而爲一,雖然提倡內聖外王合而爲一,但是以前兩千多年來的發展,儒家的學問是重視內聖這一面,在內聖這一面,用功用得深。外王這一面就比較差。外王這一方面差,並不是說一定有什麼了不起的錯;在我們現在看起來是差,可是在當時的社會、政治情況下,也只好如此,他們只能說到如此程度。這個是什麼樣的程度呢?以往二千年來,從儒家的傳統看外王,外王是內聖的直接延長。所以《大學》裡說:「自天子以至於庶人,壹是皆以脩身爲本。」天子要治國、平天下,必先正心、誠意、修身、齊家。由正心、誠意、修身、齊家這些內聖的工夫,直接推展出去就是治國、平天下的外王精神。《大學》說「自天子以至於庶人,壹是皆以脩身爲本」,這就表示修身就可以齊家,齊家就可以治國,而治國就可以平天下。這就表示:治國、平天下是修身、齊家的直接的延續,直接就可以推展出來的。這種講法在以往的社會中,已經很足夠了,而且也只能如此講。但是在二十世紀的今天,

我們的民國已建立了七十年，目前我們有經濟現代化與政治現代化，治國、平天下是不是可以由修身、齊家直接開出來呢？這是不行的。修身齊家是必要的，是治國、平天下的 necessary condition。但這並不表示修身、齊家就可以治國、平天下；在以前可以說是如此，在現在則是不夠。修身、齊家在這個時代，不能直接推出治國、平天下；不能由內聖直接推出外王，這就顯出現代化的意義。以前從修身、齊家一直可以推展到治國、平天下，那就是非現代化。所差就差這麼一點，並沒有差很多。

所以，現代化的經濟政治不是由修身、齊家直接可以推展出來的，這就表示從修身、齊家要至治國平天下，這其間有個曲折，是個間接的轉進，而非直接的推展。間接轉進的意思是個什麼呢？我們現代的經濟是高度科技化的經濟，不是手工業。我們小時候所穿的鞋子，是母親或姊姊所做的布鞋。襪子則是布襪子。我們現在所穿的襪子，在鄉間稱做洋襪，可見不是原來有的，是從西洋來的。假使經濟是在手工業的狀態下，那就不是現代化的精神。從手工業進到現代化，你看這裡邊有多大的轉變呢？不是直接由勤儉就可以直接推出來的。以前手工業的時代，鄉下人教訓人就是要勤儉，不要懶。但是從勤儉的手工業精神，無法直接推展出高度科技化的精神。經濟的現代化推展不出來，政治的現代化也推展不出來。在以前的君主專制以及宗法社會之下，修身、齊家、治國、平天下是直接的延續，而且也可以用在皇帝的身上，皇帝的治國平天下，也要從修身、齊家做起。現在高度現代化的政治，則非修身、齊家可以直接推展出來的，這中間有一間接的曲折。既有一曲折，就表示經濟有經濟內在的獨立法則，而政治亦有政治內在的獨立法則。光從

修身、齊家這個道德法則（moral law），推不出經濟和政治的法
則。道德法則和政治法則不一樣，和經濟法則也不一樣。這三個法
則各有其獨立的意義，這就是現代化的精神。這是西方從文藝復興
以後，十七、八、九世紀，大約三百年所做的貢獻。我們就晚了將
近三百年，十七世紀大約是我們中國的康熙年間，相當於清朝的初
年。從十七世紀開始，中國受清朝三百年的統治，而西方卻一步步
地向著近代化的道路走。

確立批評性的檢查

所以，現代化是有特殊的價值內容與精神內容的。我們現在談
文化建設，就是談那配合經濟與政治現代化的文化建設。所以我們
也可以說這是現代化意識中的文化建設。這是漢武帝、漢光武與
宋、明儒時代所沒有的。也就是說，我們現時要作文化建設，我們
先問一問我們自己的頭腦是不是已經現代化了？這是很有問題的。
我們享受現代化的物質與科技，這是很容易接受與了解的，但是我
們的生活與意識，常常是不夠現代化的。我們的意識經常跟不上現
代化。科技很容易跟上現代化，至於政治上就不很容易跟得上；而
文化方面，牽涉到具體的日常生活，就更不容易跟得上。因為我們
以往兩千年來的文化，是在老傳統下培養出來的，到了近代，叫我
吃西餐可以，穿西裝也可以，享受西方的科技文明也可以，但是西
方從十七、八、九世紀以來，這三百年所發展的現代化的政治以及
這政治中諸基本觀念——現代化的意識、現代化精神，我們卻不容
易欣賞與領悟。

假如我們真能了解了，那麼辛亥革命一下子就成功。孫中山先生把總統讓給袁世凱，袁世凱還是想當皇帝。這就是說，孫中山先生的思想已現代化，他意識中很清楚。袁世凱就不清楚，不但袁世凱不清楚，當時的知識分子也不清楚。五四運動時候的那些宣傳科學、民主的知識分子實在是既不科學，也不民主，都不現代化。老一輩的讀書人，像梁漱溟先生，就明白地說：蘇聯的路我們不能走，西方那自由民主的路我們也不能走。這就很怪！說蘇聯的路我們不能走可以，為什麼西方自由民主的路我們也不能走呢？難道還有別的路？沒有！他那鄉村建設的路並不能解答現代化的問題。所以，這些知識分子對於西方的自由民主這觀念完全不能了解。至於代表西方現代化的權利義務觀念，我們以前是不講的，所以老一輩的先生們都不了解。講儒、釋、道三教，講不出這觀念來。這是近代的貢獻。要真正了解並學會英美自由民主這一套，實在不太容易。所以，我們今天就拿一個學校的行政來說，這和一個政府的行政固然無法相比，只是個小行政。就這個小行政也一樣。那些作校長的、作院長、系主任的，也時常不現代化。西方現代化的那一套，用老話來講就是「克己復禮」。但要作到克己復禮也不那麼容易。克己復禮本是道德的教訓，這裡只是方便借來使用。嚴格來說，這個詞語也不能盡西方自由民主這現代化的意義。但林彪之所以寫上「萬事莫若克己復禮急」這句話，也是他真切感到毛澤東之不克己復禮、不現代化。但毛澤東這不現代化也不完全是他個人的責任。毛澤東專制，喜歡抓權、瞎鬧，要是社會上每個人頭腦清楚，自己能挺得住，他也就鬧不起來。但是中國這個社會是勢利的很，一有勢利，就瞎恭維、逢迎、拍馬屁。在過去，用道德上的詞

語來褒貶，也只能說這些人沒有「品」，就像大陸上那「四大不要臉」。郭沫若、馮友蘭這些人都是高等知識分子，卻不自覺地要拍毛澤東的馬屁。事實上，你不這樣拍他馬屁，他也不一定就把你殺掉。更有些佛弟子，硬把唯識宗說成是革命的，而禪宗則是反動的。這更莫名其妙，實在沒有這個必要。這些都是知識分子的自賤。知識分子的自賤，便造成毛澤東的極權專制。但在這些所謂知識分子來說，也似乎無所謂要臉不要臉，反正保命要緊。在不現代化的社會中，才有這類道德上的褒貶，所謂「四大不要臉」，亦才有所謂氣節之士。社會一旦現代化，道德的擔負就不會那麼重，這類的道德的褒貶可以不出現，這看英、美的社會就可以知道。

經濟的政治的現代化固然很難達到。一旦達到，也就很自然的有文化建設的要求。文化建設就是要配合這政治、經濟的現代化而使我們在生活中、意識中頭腦現代化，而這現代化再反過來穩固（justify, confirm）我們的政治的、經濟的現代化。所以，問題是——像我上次所講到的——這文化建設是從內容方面著手呢？還是從方向方面來著手？當然，就最高的原則來說，這是個文化的方向的問題。但文化方向是憑空講的嗎？不是憑空講的！而正是就著我們的經濟、政治現代化這地方來講的。現實上，對社會方面、經濟方面、政治方面的各部門都有其具體的工作（work）需要隨時檢討，看看這各部門的工作是否做到充分的現代化。而文化建設在這個地方並沒有它自己的獨立的工作，它的工作都在社會上。假如我們從「內容」上從事文化建設，則這些工作還是屬於社會上、政治上和經濟上的。在這裡，若借用哲學上的名詞來說，我們寧先採取「唯名論」（nominalism）的立場。我們先不講文化方向本身，因

這方向本身若單提出來，則它是虛的，是屬於虛的層次上的。我們只從它「虛以控實」那實處說。那實處就是從它散開於各部門的工作上見。換句話說，就是以它來檢查這些工作是否已能夠充份達到現代化。這種檢查控制的工作在科技上很容易了解。因為科技本身，由於它的本性，常能把人限制住，限制在恰到好處的地方。但政治上的控制則比較困難，文化上尤其難。在學校教育方面，要負擔起文化建設這責任的，是文學院和法學院。所以對這兩方面更特別需要檢討。但現實上，在臺灣這方面的文、法學院卻都不甚能現代化，完全沒有文化的方向和理想，因而不能克盡文化建設的責任，這就是困難所在。所以教育部須對大專教育的這個情勢有所扭轉。這工作也實在不難，也不要作得很熱鬧，只要作的中肯，一下子即可予以扭轉。像師範大學、臺大文學院，都特別需要檢討。但檢討不能流於虛文。就師大國文系來說，我曾在那裡教過六年，當時全系不到一百人，現在有一千多學生，本來是為培養中等教育之師資，後來更設研究所，又要培養從事高等研究工作的人才，以為大學師資，但所開的課都是些只預備要從事於考據工作的課程，真正的辭章也談不上，義理更不用說，這樣如何能使學生開出文化理想？如何能要他們負起文化建設，開出文化方向的責任？這不是浪費生命浪費人才是什麼？

學術不現代化，不能獨立起來，這樣，「學統」就建立不起來。學統就是由西方希臘傳統所開出的那個傳統，就是學術獨立，就是使學問（科學）如其為一個學問那樣而完成其自己，而使其自己在學問的軌道上延續下去，不受任何外來勢力的干擾。數學當數學講，邏輯當邏輯講，這絕對不能亂。中國過去是依道統來講學

問，所以只有道統，沒有學統，即沒有希臘所開出來的那個學問獨立這意義下的學統。學術之不能獨立，這就是極權專制的一個媒介。教育學術獨立掌握著一切自由的關鍵。沒有教育學術的獨立，牽連所及，沒有了一切自由。試看大陸就可以知道。

這是個很重要的關鍵，正是毛病的癥結所在。因而我們在此要好好地握緊教育學術獨立的觀念和現代化的意義。因此，要把大專教育好好檢討一下，把學術納之於學問的軌道中。我們不是說每個講邏輯的人都成爲亞里斯多德、成爲羅素，但至少不能亂講；也不是說每個人講哲學都要成爲康德，但至少應有基本的訓練。這好比唱戲，科班出身的演員一出場就不難看，至於進一步能不能成爲梅蘭芳，那得靠個人的天才。如果連基本訓練都沒有，怎麼能來教課呢？這爲什麼不應當檢討？這用不著大費手續，每位校長、院長、系主任都可以隨時注意，隨時檢討。假定連這裡都需要政府來過問，把一切事情都推給政府，這也不現代化。這些是可以自己做到的，如此才能講教育學術獨立，教育學術獨立才能講自由，才能講學術自由、學術王國，否則所謂的自由都是假的，只是假借自由來罵人、假借自由做擋箭牌來自立門戶排斥異己。因此我說社會上那些大談民主的人最不民主、那些大談自由的人最不寬容，最不懂自由。現在那些假借洋化而不現代化的知識分子，那一個比得上以前的老讀書人呢？老一輩的讀書人能克己復禮，雖然不是出自政治現代化的觀念，但克己復禮是個教養，是個道德教訓，他們仍能把握住這個分際。現在的人這方面的教養完全喪失了，正因此，更需要隨時檢查、檢討。

在這個意義上的文化建設，是一種批評性的檢討 critical

examination，它沒有其他的工作，它的工作就是要隨時看看各部門那個地方會出問題，那個地方需要斟酌。當然，也需看得準，把握得著。

文化建設最後落實在生活上

如此，文化建設的初步，消極的意義，是在作批評性的檢查、檢討。這種檢討使得我們社會上下任一部門都走上現代化，都能站起來，那麼我們的社會就是個有道的社會，就是個敞開的社會。現代化的目標就是要成一個敞開的社會，敞開的社會就是自由的社會。這話說起來似乎很簡單，但這正是當前主要的問題。因此說現代化有其精神價值，不只是一種時髦而已。現代化的模型就是敞開的社會，這個模型一旦建立起來就有極大的價值。它能夠使各部門都現代化、充分地走上軌道，由此就顯出文化建設所擔負的批評性檢討的責任的重要。而在此種責任中又顯出我們的虛的層次的文化方向。我們依此方向而作成的社會是個敞開的社會、自由的社會。而這自由社會的根據是清明的理性。這清明的理性正是中國傳統儒家所嚮往的。中國的文化傳統，既不同於印度出世式的婆羅門教、佛教，也不同於西方的基督教，這傳統徹底是個理性的智慧。這是此虛的層次所代表的方向，理性即由此層次上顯出，這就是我們當前該肯定的方向。此方向使我們走上現代化的道路，完成一個敞開的社會，如此我們才可說這個社會、這個國家是個有道的社會、有道的國家，大陸上的情形正好與此相反，因此他們是無道。無道，就表現為大陸上的情形，順道而行，就表現為此地的情形。所謂

「以有道伐無道」，並不一定需要出動百萬大軍把它消滅、把毛澤東俘虜過來；乃是以此有道的模型來瓦解他們那個無道的社會，使人民鬆一口氣，過正常的生活。現在大陸上不是也要求現代化嗎？它不能真正地做到現代化，因為它根本不是實行自由經濟的社會，如此就根本作不到經濟現代化，如果作到經濟現代化就要影響它特權的統治，而它卻不能放鬆這種特權的統治，既不能放鬆，則經濟現代化就作不到；作不到經濟現代化則也不可能作到政治現代化，只有僵死在那裡而無法可想。所以它非得堅持「無道」不可，它這樣堅持只有到無法堅持時，才會自己崩解。但我們不能只等待它自己崩解，因此臺灣在此要起積極的作用。我們要把在此地所顯出的道、所發出的光明，向大陸放射。這時就需要宣傳，宣傳的攻勢是非常重要的。在此處講話有許多方式，而且更要開闊。「三民主義，統一中國」這句口號，主要還是在政治的層次上，還不是在文化的層次上的。我們前面所說的文化建設的問題屬於文化的層次，如能做到這文化層次，我們就更開闊。

有一次我和幾位朋友談到這個問題，提到大陸上統戰的攻勢，諸如通郵、通商、通航……等等，該怎麼對付？我當時提出一個觀念。我們現在這個地方這麼小，而大陸那麼大，在現實上根本不能相比。大陸上的共產黨現在不再向我們宣傳它那套理論，而由現實方面喊出要通郵、通航，放出些髒氣。此地在現實的憑藉方面爭不過大陸，那麼就要在高一層次上放光明。「放光明」幽默些說就是「說理想性的大話」。說理想的話，要有理想才能說。如果沒有理想，你就連大話都不會說。真正的理想，便是從文化方向那裏來。我們能宏大文化，文化就也能宏大我們。大陸上向外放髒氣，我們

由高一層次向它放光明，反吹回去，它是受不了的。大陸上幾億同胞之中，有感覺、有良心的人還是多得很。譬如馬、恩、列、史四個像掛在天安門上，你以為大陸上中國人都高興嗎？就這點多予指說，鄧小平就難安於枕。他一度把那些像拿了下來。但是拿了下來，再想想要靠什麼呢？還是不能拿下來，因此又把它們掛回去了。陳雲有次說現在還要不要馬、列這一套？如果不要這一套，那麼走那一條路呢？不是無路可走了嗎？難道走孔子這條路嗎？其實正應該走孔子這條路，你不肯走是因為你為諸邪見所纏，你當該好好讀讀孔子，好好印證人心，好好了解中國以前的歷史。共產黨靠那套 ideology 起家，它現在當然不肯放棄，就好像清算毛澤東，清算的結果是不清算。我們就要在這種地方說話，不要只講一般所謂的八股，而要說這類有力量、發自普遍的人性，與正常的生活有關的而屬於文化方向問題的真話。多說這類的真話，他們就會受不了，藉此也可以喚醒大陸上的人。但是現在的知識分子回到「祖國」去參觀，天天看到天安門上掛的馬、恩、列、史的像，卻沒有感覺，這對嗎？這些留洋的知識份子還有良心嗎？馬克思、恩格斯、列寧、史達林，都是外國人的「邪崇」，你卻把他們拿來作祖宗。這難道不傷中國人的心嗎？我們的宣傳機構為什麼不在這裡講話呢？這種從生活上來講，是具體而真切的話。就是前面所謂理想性的大話。不是空洞的大話。我們所以會認為這些是空洞的大話，就是因為平常我們的頭腦都陷在曲曲折折的專家技術的問題之中，以為這些才具體，而視談理想、談生活為空洞，因此說那些是大話。事實上那些不是大話，也並不空洞，這與專家的知識並不屬於同一層面。這是生活！這是理想！文化建設、文化方向的問題，最

後要落實在生活上。在基層上敞開一個自由的社會，這代表理性，也就是中國文化傳統中所謂「參天地、贊化育」、「老者安之、少者懷之、朋友信之」之使物物各得其所，這便是聖人之道，這道就是清明的理性。在這個虛的層次上把方向透顯出來，就能接上中國文化的傳統。中國文化的傳統就是繼續不斷地要維持這個清明理性。傳統不可只從風俗、習慣看。風俗習慣只是一時的，過去了就過去了。清明的理性是價值的方向，這是永恆的。繼承這個清明的理性，才是繼承中國文化。我們在這虛層方向的意義上接續中國文化傳統，一方面落實為敞開的社會中各部門的現代化，這屬於外部的（external）、客觀的（objective）工作；另一方面落實為社會中日常生活的教養。文化的問題最後是落在教養上，即生活的陶養上。上回陳奇祿先生來訪時也談到文化建設最後要落在這個問題上。現代化靠清明的理性來支持，因為現代化就是使敞開的社會中的各部門對等地各如其分，各得其所，這就非靠明達的理性不辦。

　　有段時期我們考慮到以往二千年沒有現代化的問題，現代才有，這二者的分別究竟何在呢？我曾以兩個字來表示。就社會、政治、經濟等等各部門的工作而言，若採取對列 co-ordination 的原則就是現代化，若採取隸屬 sub-ordination 的原則就是非現代化。近代的精神是 co-ordination，非近代的精神是 sub-ordination，差別就在於此。co-ordination 是理性的，sub-ordination 是非理性的。虛層的清明的理性落實到客觀的各部門上就是現代化的工作，工作就是「辦公」，不只是政府要辦公，就是報社、各公司也都要辦公，由此就形成一種近代化的組織，這是外部的、客觀的、公的方面。理性另一方面又落實到日常生活中而調節我們的生活就成為我們的

教養。在此種情形下才有公私分別，何者爲公、何者爲私才能分別
開。這正是 open society 所保障的，也是我們的文化建設、文化方
向所要指歸的。大陸上共產黨統治之下沒有私，也沒有公，沒有個
人的生活、沒有教養，一切都套在人民公社中，人民公社都歸到毛
澤東處，因此也沒有法制性的公，因此是最反動、最落伍的方式，
正好是 sub-ordination，而不是 co-ordination。大陸上整個是個 sub-
ordination 的社會，一切最後都隸屬到毛澤東一個人的身上。

由清明的理性指導文化方向

　　充分的現代化就是保障公私的分別，嚴復翻譯「羣己界限論」
就是論這些觀念。現代化的問題最後是落在教養、教育的問題上。
現在我們靠什麼來負責教養這個工作呢？這是個很麻煩的問題。以
前這個問題由聖人之教來擔負，我們小的時候老師教導的都是這方
面的事，不論將來要從事那方面的事業，都一定要有這些基本的教
養。現在這些教化都沒有了，因爲現在的人，尤其是知識分子，都
誹謗聖人，輕蔑聖人。那麼把這個問題交給政府嗎？政府負責行
政，嚴格講，不能擔負這個責任。若一切都交給政府，這又是最不
現代化的。那麼誰來作這個工作呢？這要訴諸大家的自覺，訴諸大
家清明地理性地反躬自問。最好由陳先生的文化建設委員會來提
倡，由這個委員會隨時盡批評性的檢討的責任，好比監察院監督政
府一般。但監察院是五權憲法中正式的一個院，而文化的範圍太
廣，因此一定要在虛的層次上著眼，盡 critical examination 的責
任，到最後仍要落實在教育上，仍要靠文教來擔負這個責任，因爲

文化與文教的關係最密切。大家在這裡隨時要有警覺，儘量把握住現代化這個原則，各部門的工作一定要充分現代化，除此之外生活上的教養一定要根據中國傳統文化的方向。這不是個行政的問題，而是個教養的問題，因此不能硬來。

　　文化方向是由清明的理性來指導，不是個 ideology。共產黨的 ideology，把社會都封死了。我們的方向是個清明的理性，推出去散開而將工作落在各部門上，而成為一個 open society，因而此處所提之原則、文化建設之方向才不會落在「意底牢結」的窠臼中。一有 ideology 即成 closed society，因此在此處我們需要好好用心，要有個方向來對抗共黨，但隨時需要檢討，看看是否落入了造成 closed society 的 ideology 的層次上。若是落在這個層次上立刻就要糾正，否則我們就是自相矛盾。因此我開頭就說我們講文化建設，在方向的問題上是很難的，我們既要避免 ideology，但我們又要有方向、有原則。那麼應如何讓我們的原則方向不落入 ideology 的窠臼之中？照我們前面所說，乃是需要隨時注意，隨時檢查。這也是清明的理性的表現。這個時代將是理性與非理性的鬥爭。凡非理性的都要消滅於清明理性的光明中。

（70年7月講於聯合報，鄺錦倫記錄）

原載《聯合報》　　1981年7月20日

中國文化大動脈中的現實關心問題

　　文化問題，經過幾千年的長久累積，內容極其繁複、雜多，似乎很難講；真講起來，又似乎都是些大話、空談。其實，時間固然很長久，內容固然很複雜，過程又極多變化，但總有幾個輻輳點，共同焦點，為我們所共同關心著。若從這幾個點上來講，它也可以很實在、很簡單。

　　因此，我們要了解中國文化的問題，必從兩方面著眼：一是從政治、經濟的現實面看；一是從基本方向的理想面看。後者，即近代所謂「終極關心」的問題：對應於此，前者，我們也可姑稱之為「現實關心」的問題，或現實性的問題。

　　現實性問題是「事」，是表現民族集體生活的具體業績；終極性的問題是「理」，是民族集體生活中的動力之原。「理」是「事」的超越根據，「事」是「理」的客觀實現。二者本為一體，不可分別為言，我們今天之所以要分開來說，只是為了敘述方便的原故。

　　我們之所以要先從現實性之政治、經濟面來看中國文化，乃是因為這方面的問題最具體，且經幾千年演變下來，到今天已形成了一個文化癥結，我們都可以很容易地意識到。

從現實上講，儒家總以三代王道作標準

中國的政治與經濟，從唐、虞、夏、商至西周，是一個原始綜合型態的形成期。所謂原始綜合，簡單地講，就是在這發展的過程中，代表民族集體生活的「政軌」與代表為此政軌最高指導原則的道德實踐之「道揆」是在一體中表現出來的，二者是合一的。用後來的術語來說，就是「即道德即政治，即政治即道德」。這種表現方式，即歷代儒者所極嚮往的「王道」。王道，就是以夏、商、周「三代」為標準的。但是，按照中國儒家的理想來說，王道並不是最高境界。因為，儒者稱美三代「王道」是針對著春秋五霸的「霸道」而講的。中國以前儒者講政治，大致是順著皇、帝、王、霸這系列說下來的。王道之所以不是最高境界，是因為三代「家天下」的原故。雖然三代「家天下」的王道不是儒家所嚮往的最高境界，比起霸道總高一籌。所以，從現實上講，儒家總以三代王道作標準。

明末大儒黃黎洲說：「三代以上有法，三代以下無法。」又說：「三代以上藏天下於天下，三代以下藏天下於筐篋。」這就具體地說明了三代王道的精神。

「三代以上有法」。這「法」就是具有道德的客觀意義的行事之法，不是私心之法。他們只在王位繼承處「家天下」，在其他治國、平天下的立法行事上則是公道的。「藏天下於天下」，就是把天下藏在天下中，不是把天下一把抓起來藏在「我」的口袋中。「我」雖貴為天子，並不把天下當作「我」的私產。以維護這樣的

政治大前提而立的法，才真能叫做「法」。故曰：「三代以上有法」。

「三代以下藏天下於筐篋」。就是指秦漢以後把天下一把抓裝在自己口袋中當私產的政治心態與政治措施。這當然是自私的。這種自私的政治心態。即漢、唐的開國英主都不能免，其他等而下之的所謂皇帝就更不必說了。在民族集體生活的政治安排中，完全以「藏天下於筐篋」的自私為大前提，所有的立法行事都以維護這一個大前提為目的。這種法，嚴格說來，都是不能成其為「法」的。故曰：「三代以下無法」。

政治工作的最高理念是創造一個敞開的社會

三代的政治大前提與根據這大前提所立之法，其目的，用現代的術語來說，都在成就一個敞開的社會（open soiety）。現實上的政治制度，各時代、各民族，可以很有不同，而政治上細微末節的工作又是極具繁複性與多樣性的。可是，政治的大觀念是沒有很多的。創造一個敞開的社會，就是政治工作中當該有的最高理念，這是無分中外、古今的。

在一個敞開的社會中，就今天的民主政治來說，是通過人與人之間權利、業務之釐訂，使社會中的每個成員能依其個人的意願以成就其個人；就三代的王道政治來說，是通過「王者」的道德自覺與禮、樂、刑、政的運用，使社會中的每一成員人人「各得其所」、「各遂其生」、「各正性命」而達到「保合太和」的理想。「太和」，用今天的話來說，就是極佳的和諧。

　　這種政治上的大觀念，無分時代、地域，是人人都嚮往的。而我們今天對這種政治理念之所以具有一種特別迫切的親切感，就是面對統治半個世界的那個極端封閉而頑固的馬克思主義專制社會而起，馬克思主義社會正好不是一個敞開的社會，正好是「藏天下於筐篋」，而且無所不用其極。

　　就中國來說，共黨的專制統治，實比三代以下的君主專制更為封閉而嚴酷。毛澤東不是就說過他比秦始皇更專制一百倍嗎？鄧小平上臺後說要「開放」，只是對西方科技的開放，對西方之所以為西方的自由、民主、人權等敞開社會的政治觀念不唯不開放，而且扣得更緊。所以，他要取消所謂四大自由，強調他的四大堅持。這不是很顯明的實例嗎？

　　從這裡，我們就可看到「藏天下於天下」的「王道」之可貴：「藏天下於筐篋」的自私之不可取。若不處在像今天這樣一個時代，我們實很難了解黃黎洲這兩句話的真切意義。我們總覺得這不過是書生「作文章」而已，事實上，不是「作文章」，而是他的歷史文化的存在悲情，是一種生命的感受，極痛切的。我們要求的就是他所說的這種「藏天下於天下」的敞開社會。剋就今天的政治建設來說，就是「現代化」的問題。

法家人物帶動並完成了他們那個文化轉型的時代使命

　　從中國歷史文化的發展來看，三代政軌與道揆合一的原始綜合，只是一個初期。這一發展，到周公制禮算是完成。所以，古人

看周公乃是一位聖人，不是普通的一個政治家。

自周公制禮經過西周三百多年到東周春秋時代，這個原始綜合便要破裂：政軌、道揆要分頭發展，政治、經濟、社會都要轉型。這轉型的過渡，就是春秋、戰國這四百年歷史。

我們從那些地方看到這轉型的標誌呢？

首先，是在政治上從三代累積一千五六百年而形成的貴族政治中，把貴族壓下去，把國君，也就是諸侯，解放出來、凸顯出來。我們應該知道，國君是應該屬於全國國民的，是應該有他超然而客觀的地位，不應該是一個套在貴族間的血統牽連中半獨立或非獨立的存在，不應該是貴族的附屬品。把貴族壓下去，把國君解放出來，就是要使國君成為一個面對國家、面對國民真正的一「國」之「君」，得到他應有的客觀地位。

在這同時，是一批自基層社會中崛起的「士」，也就是今天所謂的知識份子，取代了在春秋時期仍是政治上主要人物的「貴族」地位，成為國家政治的實際負責人。

政治的措施與運用中心，落在這批人身上，就能得到一種比較客觀的意義。這自然是一種進步。商鞅變法在政治方面的價值，就在於此。他是那個時代的典型代表。

商鞅貶抑貴族，高抬君主，自然要得罪貴族。所以秦孝公一死，商鞅便慘遭車裂。其實貴族們不知道，商鞅固然免除了他們的政治特權，但也把他們從那種僵化的特權中解放出來，面對國家，客觀化成為國家的國民。這對他們也是很好的，他們實不必一定要置商鞅於死地。今天大陸上共黨頭頭們的情形也是如此，他們只知道魏京生所要求的政治現代化會影響他們的政治特權，他們不知道

國家政治現代化對他們也是有好處的。

　　商鞅死後，為他變法所代表的文化轉型工作，並未中止。當時
在各國遊說的人士，其用心努力大體都是朝向一個同一目標——在
文化轉型期中，為民族的集體生活尋找新的出路。在當時能夠覺察
到並把握著這步工作的，就是後來所謂的法家人物。法家人物帶動
並完成了他們那個文化轉型的時代使命。

經濟轉型大體是針對土地問題而起的

　　政治要轉型，經濟也要轉型。經濟轉型，大體是針對著像孟子
所說自夏、商、周三代下來的井田制所代表的土地問題而起的。因
為，土地問題是古代經濟問題的中心。

　　井田制的真實情形，雖不一定像傳說中那樣的整齊，但一般說
來，那應是一種在原始社會中農民的開墾生產方式，後來再經過政
府正式規畫而形成的。那時尚沒有土地所有權的觀念，農民對土地
只是耕種。在井田制度中，八家私田的收穫，歸農民自己所有，八
家共耕的公田收穫，則繳給政府。這種農業生產方式，照古書所
說，是很「王道」的。

　　井田制，在其他政、教制度的配合下，實為西周三百多年承平
的一個重要基石。平王東遷，其他政、教制度廢弛，井田制便成了
使社會遲滯不進的因素。商鞅在秦，李克在魏，所施行的經濟改
革，都是在以制度化的方式打破井田制的阡陌封疆限制：使土地正
式而合法地歸農民所有，使耕者有其田，並可自由買賣。農民不必
再耕公田，只納稅給政府就行了。這樣農民的生產力得到徹底的解

放，經濟繁榮，政府和人民的財富都隨之而提高了。

同時，一旦土地私有，耕者有其田，農民便從井田制中掙脫出來，直接面對國家，成爲國民；在社會上，則成爲自由民。這樣，具有客觀化意義的「民」，便在那個新的政治、社會結構出現了。這，實與國君客觀化，士取代貴族負責國家政治的實際工作具有同等重要性的政治意義。

土地爲農民私有，貴族在失去他們的政治支配力量之後，又失去了他們的「采地」，封建制度便隨之崩解，郡縣制度便應運而生。這便是中華民族歷史發展新時代的來臨。

客觀化了的國君、士、農民，是歷史發展的三個支柱

在這新的政治、社會結構中，客觀化了的國君、士、農民，實是歷史發展的三大支柱，我們在這裡可簡稱之爲「三端」。國家、社會，如果能夠根據這三角形構造爲基礎而繼續發展、轉進，便應大有可爲。

國君、士、農民，從原始的牽連、束縛中解放出來往前進一步，是一種可喜的發展。但這解放不能僅是「一步」，必須要有更高一層的「回應」來貞定住這步解放。那就是我們必須對這獲得初步解放的三端加以合乎理想的安排，以理性的方式使他們得到更高境界的客觀化與解放。否則，僅此初步的解放，並不能眞正使此三端得到充分客觀化的地位而理性地負起締造民族集體生活理想的政治事業。政治事業不能合理地極成，則民族集體生活中其他方面的

事業，就不可能有真正的成就。

這一「回應」，便是一個政治制度的問題。

我們要使這三端都在一個進一步的客觀的形式（objective form）中循著一定的政治軌道起對列性的（co-ordinate）作用。就國君來說，就是不能只使他從貴族血統牽連中解放出來成為一個「孤家寡人」的「獨夫」，要再使他從他那「獨夫」人格中解放出來，在這客觀的形式中充分地客觀化（objectify）理性化（rationalize）而成為一個客觀而理性的政治存在。士也是如此。他從原始的社會中初步解放出來參與政治，而不是替一家、一人辦私事的，他是要對國家、對人民負責任的。我們也要藉這客觀的形式給他以合理的政治安排，保障他的政治地位。從井田制中解放出來的農民，亦復如是，也必須在這客觀形式的安排中使其成為具有政治意義的國家「公民」。

這當然是一種最高級的政治安排。在歷史上，政治進步到這種程度，無論中、外，都是十分曲折而困難的。

就我國歷史來說，我們好像也不能說對這三端完全沒有一個安排。所以，我今天一提出來這個問題，也許馬上便有人提出抗議，說：「我們是有安排的。」但是，這是什麼樣的安排呢？嚴格說來，只是「君主專制」，就是秦、漢大一統成就的那種政治型態。在這種政治型態中君王和士、民不是在一個客觀的政治軌道中對列存在的；而是君一人高高在上，士、民都從屬於他。這樣的安排，其實就是沒有安排，因為，在這「安排」中沒有一個超乎這三端之上為這三端所必須共同遵守的法律制度，不能使這三端充分地客觀化。

使這三端充分地客觀化，就是現代化民主政治所做的工作，也就是現代化民主政治的本質與理想之所在。在現代化的民主政治中，國家的組織建構，必須根據一個基本大法，即所謂憲法。在憲法規定下的民主政治，即所謂憲政民主（constitutional democracy），乃是一種制度化的（systematized）民主政治。君、士、民在這種制度中，皆有一定的權限（rights），皆不能夠亂來，無一人可以是「唯我獨尊」的——這當然是一個近代化的觀念與成就，以前的中國沒有，以前的西方也沒有。

無上的權力，唯藉法律制度的安排來限制

君如果能得到這步客觀化，依黑格爾（Hegel），他才是理性的（rational）；否則，便是非理性的（irrational）。「非理性的」意思就是沒有一個人有權來管束他，也沒有一個法律制度可以限制他；他的君權是一個絕對的至上（absolute supremacy），他行使他這種君權又完全是隨意的（arbitrary）專斷，他愛怎樣便要怎樣，他根本沒有義務遵守個什麼，他做事只憑隨意揮灑的意志（arbitrary will）。此之謂君主專制。

君主隨意行使其絕對至上的君權，當然是不行的，應該加以管束與安排使之合理。那麼，中國人以前用什麼來安排、管束這樣一個君主呢？不是靠法律制度，乃是靠道德宗教。

從道德的安排來說，就是用聖賢的道理來教訓他，把他這位絕對至「上」的君道德化（moralize），使他在道德化的過程中從他那 arbitrary will 中把他自己解放出來得到一種道德的客觀化人格而

為一「聖」君。所以，古人常稱天子為「聖上」。

　　但是，聖賢教訓是要靠個人主體的道德自覺才能有效的。中國歷史上通過道德自覺在聖賢的教訓中「克己復禮」，使自己得到某種程度道德客觀化的好皇帝，當然是有的。但是，若遇到沒有道德自覺的昏君、暴君，聖賢教訓對他們不僅不能起任何作用，而且有時正好還可以被他們用來做為幹壞事的藉口。這豈不更糟！

　　即令如此，儒者總不放棄要求天子做「聖君」。

　　這裡我們必須對聖君這個名詞作一交代。依理而論，「君」和「聖」是不同的。聖，是道德人格之名；君，是政治人格之稱。君主專制政體中的君，具有無上的權力，我們既沒有一個法律制度的安排來限制他，便只有用道德來教訓他，要他成為聖人了。這樣，我們對那個君主，既賦予他政治上的無限權力，又要求他成就道德上的無限人格。我們對他的要求不是也太多了、太過分了嗎？但是，以從前儒家知識分子看來，一個君主如果沒有道德上的無限人格，就不能行使政治上的無限權力，就不能理想地成為一個「君」。

　　要求一個普通人做聖人，已經是很難了：要求一個憑武力自己打來天下或憑祖宗繼承天下享有無限權力的大皇帝做聖人，更難。可是，一個君主如果在道德人格方面無所成就，就一定不能做一個好皇帝。這道理並不難了解。所以，以前的儒者就非要求大皇帝做聖人不可。天天用聖人之道教訓他，要他「法天」以保育萬民乃至萬物，就只因為他是「天子」。

　　這樣，天子實受不了，因為他也是個「人」，不是「神」、不是「天」。他那能依你的安排、教訓而成「神」、成「天」，成就

一個無限的道德人格把自己完全客觀化出去呢？你一定要他這樣做，他就一定受不了。

道德宗教不是管束國君的正當方式

所以，當年北宋大理學家程伊川在宮中做宋哲宗那個小孩皇帝的老師，春天，小皇帝在御花園中玩，一時高興折了一條柳枝。程伊川便把小皇帝大大教訓了一頓，說小皇帝不該在春天萬物發育之時摧殘天地之生機。這樣，既傷天地好生之德，也違背了自己做一個天子當該具有的那種「裁成天地之道，輔相天地之宜，以左右民」的無限道德之「聖君」本質。

這不是大煞風景嗎？

結果是小皇帝受不了，皇太后不高興，宰相司馬光說程伊川這個人太迂腐，程伊川這個皇帝老師便幹不成了。

司馬光和皇太后都是就今天所謂「兒童教育」的現實而想的，並沒有錯。我們更難怪宋哲宗。他也是個人，且是一個小孩童，你一味地要他去「法天」，要用聖人之道去客觀化他，他如何能受得了？當年唐太宗李世民對魏徵就不是很受得了的！但是，我們也不能怪程伊川；你既是一個「天子」，按理我就應該把你從小教成一個具有無限道德人格的「聖君」以「法天」；否則，你將來如何能負起「天下」的責任？那責任也是無限的。同時，你手中還握有無限的權力，如果我不把你從小教好，你將來造成的禍害也是無限的。

所以，聖人之道，在前代儒者心目中，就是把大皇帝從他那

arbitrary will 中客觀化出來的唯一之法。除此之法，別無他法。但是這當中是有問題的。

這問題即是，聖人之道的教訓並不真能對君主起管束安排的作用。

至於用宗教的方式來限制，特別是管束國君，就是我國歷史上有名的「災異」之說。孔子著《春秋》，就很重災異：西漢儒者更把它神而化之拿它來做為對付大皇帝的法寶，直到清末都是如此。

大皇帝做了壞事或起了些壞的念頭，依災異之說，天就會降下冰雹、地震或水、旱之災以為懲罰；行日、月之蝕、不正的時令或彗星以示警戒。這，用現在自然科學的眼光看來，自然是純屬無稽，完全迷信，但在以前並非完全無用，確也有它一定的政治效果。兩漢無暴君，詔書多懼詞，便是實例。不過，無論如何，這絕對不是安排國君的正當方式。而且，若遇到天不怕、地不怕的國君，也可以完全不理會這些；無論多大的災異，對他也是起不了任何警戒作用。

政治人格，只能用政治的標準來要求

其次，我們再來看看「士」。

士從原始的社會中解放出來參與政治，使政治具有初步的政治意義。這就是後來的宰相系統在我國歷史上所起的正面作用。但是，宰相系統，在以前那君權絕對的體制下，完全是「從屬的」，完全沒有獨立而客觀的政治地位：落在現實上，便是宰相地位完全沒有保障。不像今天英國的首相，在憲法體制下經由人民的選舉取

得他的客觀地位,在憲法體制下行使他的行政權。國王完全無權過問他。他在國家政治中,是一個具有充分客觀意義的政治實體。

在中國從前君主專制政體下,宰相的地位與參與政權,都是由大皇帝隨意予奪的。他今天可以用你做宰相,明天也可以不用你做宰相,今天可以給予你這個權力,明天也可剝奪你這個權力。所以,中國以前的宰相是很難處的。上面,他可以隨時被國君隨意換掉;下面,他不能經由像選舉這樣的制度得到人民合法的充分支持。人民對他也完全是不相干的。所以,由「士」這一端所代表的宰相系統,掛搭在君與民之間,沒有一個客觀而合法的支持力量,完全是一種飄忽而游離的存在。在沒有現實力量作憑藉時,他可以完全被動地聽命於君主;在具有充分的現實力量作憑藉時,他也可以隨意地廢立、篡奪。

所以,有人看到中國自戰國、秦漢以降實際主持國政的宰相都是來自民間,便濫言中國早就有了民主政治,這完全是誤解。

這當然也是一個問題。宰相的地位必要加以適當的安排。我國古人用什麼安排呢?沒有別的,也是道德與宗教。所以,在以前,天降災異,宰相也是要負連帶責任的。

至於說到道德的安排。以前的儒者,一方面要求天子作「聖」君,一方面也要求宰相作「賢」相。宰相與國君一樣本是政治人格,現在又要他作「賢」,要他兼具僅次於聖人的道德人格,這也是很困難的。但以前的知識份子又必須對宰相作這樣的要求。因宰相如果不賢便不能「論道經邦、燮理陰陽」以輔弼君主,便不能把政事弄好。

所以,以前的人說到宰相時,總說宰相應該有宰相的「度

量」。這度量，用現在的話來說就是宰相的「格」。因此，王船山論中國二千多年來那麼多的宰相，很少有合格的，大多是不合格的。用「道德」的「度量」來要求宰相，是很不「政治」的。他既是個政治人格，你就只能用政治的標準來要求他。你要用道德的標準要求他，又要求得太高，他做不到，你怎麼辦？

這能算是「安排」嗎？

全無保障的個人自由與生命情調

最後，我們就要看看發生在「民」這一端上的問題。

民從井田制中解放出來成為自由民是很好的。因自由民可以自由生活，享受很多的自由。這些自由權，在以往的中國，好像自然就有的，不必經過流血鬥爭就可取得。除了少數經由科舉離開鄉間，進入為宰相系統所代表那種「仕途」之外，絕大多數的自由民只是「日出而作，日入而息，鑿井而飲，耕田而食」，過著那種「帝力於我何有哉」的生活。「天高皇帝遠」，國家事情好像與他一點關係都沒有——他也不想與國家事情有關係。

這樣的「民」，就像〈五柳先生傳〉中所說的那樣，大家只想過著伏羲以前時代的生活。好像你只要他在所謂「堯天舜日」之下過生活，他還不甘心似的。所以，在從前，人人皆自謂「羲皇上人」。這，若從絕對的個人自由說起來，是很好的；生命情調之美，也很值得欣賞。可是，如果認真說起來，這種個人自由與生命情調，卻又是全無保障的。

在太平年間，五穀豐登，國泰民安，這種生活當然是很舒服

的。可是，一旦水旱災至，年景不好，或遇到一個汙七八糟的皇帝、莫名其妙的宰相，胡作非爲，國家喪亂，這種生活馬上就是問題，這些「羲皇上人」馬上便成了「無告之民」，哭天不應，哭地不靈，結果是流離饑餓，塡充溝壑，暴骸骨於中野。

所以，這種初步自井田制中解放出來得到自由民身分的農民，旣是自由自在的，也是自生自滅的。他們旣不願也不能參與國家政事，他們就不能在國家政事中得到保障。但人民參與政事，必須要從「自由民」的身分「提昇」爲具有現代意義的「公民」才行。自由民「可以」成爲公民，但並不就是公民。要使自由民成爲公民，是非通過以規定政治生活中權利、義務爲目的的近代法律之安排不可的。

綜上所述，我們就可知道，君、士、民這三端僅從原始的的貴族政治與井田制度中得到初步的解放是不夠的，我們僅給他們道德、宗敎（其實是迷信）的安排也是不夠的；我們必須在法律所規定的權利、義務中安排他們，以回應他們那初步的解放以客觀化他們；使他們在一定的政治軌道中，一定的分際中，以極成國家政治，合理地謀求民族集體生活的改進，使個人生活與自由得到眞實的保障。

民主憲政是最後的政治型態

反觀二千年來的歷史，我們實未做到這一步。所以，在春秋戰國之際民族文化轉型中解放出來的君、士、民，只成就一個自秦漢以降的君主專制政治型態；直到辛亥革命成立了中華民國，它才被

打掉。中華民國這個政治型態,在孫中山先生的理想中,就是一個
constitutional democracy,即是一個應以憲法爲基礎的民主政治。
這就叫做「民主建國」。辛亥革命的政治意義即在此。孫中山先生
的政治理想,對以往中國二千多年的君主專制來說,是一種劃時代
的突破性「進步」。雖然,在民主集體生活的實踐中,政治的進步
是最難的,不是一個人想怎樣進步便可怎樣進步的,但這種觀念性
的啓發與突破實是根本而必要的。

從人類歷史的發展中,我們可以知道,政治的進步過程可分三
個階段:初是貴族政治,再是君主專制,終是民主政治。只有這三
個型態,再沒有其他別的了。就政治型態來說,民主政治是最後的
(final)型態。在這民主政治架構中,民主集體生活各方面皆當在
無窮的進步中日新又新,但那只是社會內容的改革、充實與更合理
化,不是政治型態本身的改變。

所以,假定在人類集體生活中還需要政治,這種憲政民主式的
政治型態便是最後的(final)型態了:如果說我們根本不需要政
治,那自然另當別論。在人類歷史上,確有些人是主張不要政治
的,認爲凡是屬於政治性的建構都應該撤銷、打倒。這就是所謂無
政府主義(anarchism),夢想把人間當天國。這種無政府主義,
我認爲是行不通的。原因就在他們根本不了解人間之所以爲人間而
絕不同於天國的道理。人間自是人間,天國自是天國:人間是永遠
不能同於天國的。

君主專制的問題集中在三個特定點上

　　現在，我們必須要回過頭去弄清春秋、戰國文化轉型期間，法家人物怎會促成了這麼一個君主專制，這君主專制的毛病又在那裏？一說到法家人物，我們便應該知道，他們的現實感是極強的。他們一眼便看到那個時代要變了。儒家、墨家、道家，大體說來，這方面的感覺是不大夠的。所以，時代的轉型便自然由這批具有強烈現實感的法家人物促成了。社會需要轉型，他便順應著這社會轉型的需要「現實地」完成了這步轉型。嚴格說來，法家是沒有什麼理想的，他們只是在現實中現實地完成現實而已。儒家在這時候代表理想，是因其現實感不夠，故不能在現實中成就理想，也不能在理想中成就現實。法家只在現實中現實地成就現實，乃形成了秦漢大一統的那種君主專制。

　　這種君主專制，在中國一直維持二千多年。它的問題，也就是它的毛病，始終集中在幾個特定點上，不得解決。

　　第一，是政權移轉沒有辦法解決。殷、周就是如此，秦、漢之後更嚴重。在君主專制政體中，政權的移轉，不是「革命」，便是篡奪，根本沒有和平而合法轉移的可能。所以，中國的歷史看來只是一治一亂的相互交替。篡奪頻仍，無所不用其極。規模大一點的就講「革命」，「效法」湯、武。湯、武怎麼可以隨便「效法」呢？湯、武革命，「弔民伐罪」，雖也使用武力，但基本上乃依「理」而起，此即所謂「順乎天而應乎人」，故被尊為聖人。所以李淵不敢隨便比附，並斥唐儉不自重，根本瞧不起李密。後世假借革命名義只憑「力」不憑「理」。國家沒有一個共同遵守具有客觀性的「大法」，所以政權便根本沒有「合法」轉移的可能。

　　第二，皇位世襲沒法解決。這是君主專制中一個極麻煩的問

題。皇位世襲，依西周制禮宗法制度的常軌，應是嫡長子、嫡長孫一系直線相傳的。這樣，無論如何，也總算是一個具有確定性的秩序，故為後世歷代所遵奉。但是，在每一個王朝的開始，甫自憑武力打天下得來政權之時，很少能遵從這一制度的。所以，在我國因王位之繼承便出了許多的慘劇。在我國歷史上數一數二的好皇帝唐太宗李世民，他的天下就是以殺掉兄、弟，流自己手足骨肉之血硬爭來的。依照宗法制度的常軌，他根本是沒有這皇位繼承權的。其他如隋之煬帝、明之燕王、清之雍正，也都是如此。

第三，因皇位繼承、政權轉移，無合法之安排與解決，於是革命、篡奪、弒父、殺兄這些非理性的事情，便在歷史上層出不窮。在中原民族鬧得不成樣子的時候。邊疆民族自然乘隙而入，君臨華夏。這也是一個問題。在以前人來說，就是所謂夷狄問題。大致說來，在中原民族鼎盛之時，對邊疆民族都是相當客氣的；一旦邊疆民族大軍侵入，尤其軍臨中國，便是劫難非常。所以，它才能構成一個問題。顧亭林、王船山在此都有他們「亡天下」的切膚之痛。我們不能只把他們的話當文章讀。

至於我們前面已說過宰相難處與人民無法客觀化而為國家公民參與國家政事的問題，都是因君主專制之政體而必然產生的。這些，都是中國文化大動脈中政治層面具有關鍵性問題之所在，也是病根癥結之所在。我們是不能不注意的。

我們不願再見揚州十日、嘉定三屠和文字獄的殺戮，不願再見隋煬帝、唐太宗、明燕王、清雍正那樣的爭攘，不願再見王莽、曹丕、司馬炎、朱溫那樣的篡奪，也不願在今後的歷史中常常鬧「革命」；我們願見中華民族各宗族都能和平而有秩序地共同生活在一

個具有高度理性化制度化的政治體系中，我們願見在國家政治中，政權的移轉，各級政府負責人的繼承，都有一個和平而理性的法律制度來安排。這，就今天來說，非靠 constitutional democracy 出現不可。

王船山所謂「立千年之人極」

以前，中國儒家在政治方面有一個很高的理想，從孔子稱美堯、舜禪讓便建立起來了，具體說明則在《禮記‧禮運》篇中「大道之行也，天下爲公」說「大同」的那一大段文字中。但那理想，實從來沒有實現過。孔子與後來的儒者，雖然也稱讚三代王道，孔子也確曾說過「吾從周」這句話，但並未把三代王道當作最高的政治理想，那只因三代是「天下爲家」。「家天下」絕不是儒家的最高政治理想；儒家的最高政治理想乃在「公天下」。

儒家這一最高的政治理想之所以從沒有在中國歷史上出現過的根本原因，就在未能把春秋、戰國文化轉型中解放出來的君、士、民三端作一適切的回應，合理的安排。

以前的儒者一接觸到這個問題，便一點辦法都沒有。因爲：

一、大皇帝根本不許談這問題。你講仁義、道德可以，講這個問題就不行。「免開尊口」，那是與他的君主專制絕對不相容的。

二、憑空想出來一套政治架構並不是很容易的，且是很困難的。如果我們今天不是有西方近三百年演進而成的憲政民主系統爲借鏡，我們也不一定就能想得出來。我們既不比古人聰明，古人也不比我們愚蠢。

三、這需要知識分子的頭腦從傳統的方向中轉一個彎。這更難了。從前的儒者固然未轉過來，就是今天讀一輩子孔、孟書、成天講中國文化的人甚至讀洋書以「新知識分子」自命的人又何嘗能轉過來！你看這難不難？

所以，王船山一看到這問題便說：「至此而窮」，這當中是有一甚深的文化悲情與慨嘆的！

王船山希望中國將來能出現一個大聖人以「立千年之人極」來解決這問題。「立千年之人極」是一個很「玄」的詞語，很難為現代知識分子所了解。其實也很容易把握。他的意思就是用最高度合理的方式來解決二千年來中國政治中無法解決的政權的轉移、皇位繼承和宰相難處的歷史癥結，合理地安排君、士、民這三端使之充分客觀化以建立國家萬世和平之基石。

但是，這位「大聖人」什麼時候才能出現呢？誰也不知道。我們總不能一直等下去吧！所以，我們今天不應該再把「立千年之人極」這件大事寄託在那個未來的大聖人身上：我們應該存在地認定這是我們中華民族文化生命的問題，就是我們現時代必須解決的問題。

這個問題的唯一解決之道，就是「民主建國」，就是依constitutional democracy 的方式來建設國家。這是我們現時代中國人自己的事情，不能夢想幾千年前的堯、舜，也不能交託給未來不可知的「大聖人」。

上面所說是中國文化發展中政治面的問題。至於說到經濟問題，特別是為以前經濟問題焦點的土地問題，歷代儒家並沒有付出太大的注意力。他們提出的一些解決方式，大體說來，都沒有什麼

眞實的價值。

一切現實問題的解決，都要靠經驗，不能視爲絕對

在春秋戰國文化轉型中，井田制度廢除，土地私有，可自由買賣，是歷史之進步，當然有它正面的價值；但連帶也有些負面的問題產生出來，那就是由土地兼併帶來的貧富不均。這問題實與井田制之廢除同時發生，與商鞅同時的孟子就已經注意到了。西漢二百年更爲嚴重，所謂「富連阡陌，貧無立錐」。王莽處處「學」周公，要用恢復像井田制的方式來解決，結果不僅解決不了，反而使問題更大，使得天下大亂。王莽失敗後，問題自然就拖了下來。此後，也無人敢再認眞地恢復西周井田制度了。

這是個經濟問題，對儒者來說，也是個道德問題——社會貧富懸殊自然是不道德的。歷代儒者在這方面講話，大皇帝總是容許的。你們能提供出來一個解決問題的方法，成功了固然很好，失敗了也無所謂，反正與我的「君主專制」並無可見的直接影響。從今天看來，這個問題一直拖下來沒有解決得了，一直存在著。佔全國人口絕大多數，且爲「立國之本」的一般農民二千年來就一直生活在這個問題中，自然是關心的；儒家知識分子在說仁義道德之時眼見這是一個不仁不義的問題，自然也是關心的。

這是一個在中國歷史文化中最具有現實性的問題，也是一個在現實上容許知識分子充分關心的問題。是問題，便應該解決；不解決，當然不行。但反觀我們的歷史，卻一直不能解決。

共黨便在這裡投了一個大機！

　　我們回頭想一想，共黨起來要「革命」，自始至今都不提民主建國這一理想。你給他講憲政民主，他說你這是資產階級民主，是屬於第三階級的，他要講第四階級的民主，而且是「新民主」。民主就是民主。那能分什麼第三階級、第四階級的呢？他那第四階級的「新」民主，其實就是無產階級專政；無產階級專政，其實就是共產黨專政；共產黨專政，其實就是他們的黨魁專政，他們那個黨把持在誰手中，就是誰專政。

　　這不僅是辛亥革命以前君主專制的借屍還魂，而且造成了更大的災害。以前的國君總還講點道德法度，至少總知道頭上還有個「天」，做事總有點畏忌。現在他們把這些都一腳踢開，「無法無天」，肆無忌憚，造成史無前例的災害。此之所謂「浩劫」。

　　他們「革命」之初，自然不敢用他們今天這一套做宣傳，於是便投機取巧地以解決為中國二千年來經濟問題之中心的土地問題來號召天下。結果是一下子就把中國知識分子都吸引過去了。連「洋」人也都是這樣了解、同情他們的，認為他們是「土地改革者」。中國儒家知識分子，基於人溺己溺、人饑己饑的道德感，自始就有一種中國式的社會主義傾向，所謂「不患寡而患不均」就是。他們眼看二千年來的土地問題用中國的老法子總是得不到一個合理的解決，現在有人引進一種共產主義的洋辦法，說能把這一問題加以徹底的解決，又眼見這洋辦法在俄國已「成功」了，自然就跑到他們那裡去了。結果是幫助他們禍害天下，這不是很可悲嗎？

　　知識份子天真幼稚，在理論上，完全不了解共產主義之所以為共產主義的邪惡與災害本質；在現實上，又完全不了解共產黨人陰謀與詐偽手段。結果是全被共黨利用，誤己誤國。過去是如此，今

天還是如此。五十年前的歷史不是正在共黨「祖國統一」的新口號下重演嗎？

他們今天不敢再用解決經濟問題、土地問題號召天下，就是他們在這方面徹底失敗了，更造成了亙古所未有的大災害。

三十八年他們佔據整個大陸後，解決土地問題的辦法就是土地統統收爲「國有」，把人民統統關在人民公社中，而且把這辦法視爲絕對。

老實說，這既不是「辦法」，更不能視爲絕對。須知，解決土地問題是沒有很多辦法的，唯一的辦法就是使耕者有其田並提高其生產的質量。台灣的土地改革不是就得到舉世公認的成功嗎？這才能叫做「辦法」。硬把土地統統沒收，硬把人民統統關進人民公社，那叫做什麼「辦法」？

再說，任何辦法，都不能是絕對的。一切現實問題的解決，都要靠經驗：凡經驗都要因時、因地而制其宜，要隨時加以修正改革，不能絕對化，一絕對化便會造成災害。台灣在三十年前成功的土地改革，今天不是就要考慮修正，要「二次土革」嗎？大陸上自始就是個災害的「人民公社」、「土地國有」，怎麼可以一成不變地「絕對」下去？

他們那一套辦法，明明是胡整亂來，災害天下，但是他們不唯不知反省認罪，反要用中國歷史上的井田制度與西方歷史上的階級鬥爭來欺哄世人。

一個非理性、獨裁的封閉社會

　　井田制度在西周只是諸多政治、社會制度中的一端。在這諸多制度互相配合中，再加上詩、書、禮、樂的道德教化，井田制度在西周，無論在民族集體生活或農民個人生活中都曾起過積極而正面作用。國家社會穩定，農民安居樂業。在井田制度中，農民雖無土地所有權，不能自由買賣，而有耕種權，有對自己耕種所得的享受權。只要把公田中的收成繳給政府，農民的生活、思想、言行，政府全不過問，所以是王道的。這是「人民公社」能比得了的嗎？

　　西方社會有階級，是真的；階級之間有鬥爭也是事實。但自希臘、羅馬、中世紀乃至於近代，在西方歷史文化發展中，「階級鬥爭」實是一個積極因素。有階級，自然有不平；有不平，自然要鬥爭。在西方歷史發展中，階級鬥爭有時雖不免是暴力流血的，但主要乃是在理性協調的方式中進行並解決問題。而這種理性的階級鬥爭解決問題的方式正是西方現代化自由經濟結構與民主政治結構的主要催生力量。共黨的所謂「階級鬥爭」根本就是名詞的濫用。

　　共黨那一套既不同於中國王道的井田制度，也非西方理性的階段鬥爭。是什麼呢？是古代埃及法老（Pharoah）式統治。

　　埃及古代的「法老」把天下財產統統收歸己有，把天下百姓統統一刀削平都變成他的奴隸。毛澤東便是如此，把全國土地、房屋、生產工具與生產資本統統收為「國」有，把全國老百姓剝得精光關到人民公社中。這便是典型的「藏天下於筐篋」。比以前專制王朝更非理性、更獨裁。所以你罵他「秦始皇」，他說：「你罵得

不夠，我比秦始皇狠一百倍。」你罵他不講法律制度，他說：「我本來就是『無法無天』」。

　　平常我總以為自己對中國歷史文化是很有些了解的。但一看到共產黨人在大陸行使的那種無理性統治，尤其「文化大革命」的胡亂打砸，我就完全不懂了！中國人是極講究理性的，為什麼能出現像毛澤東這等樣子的人呢？

　　共黨在大陸上行使的那一套辦法，結果是形成了一個封閉的社會（closed society）、黑暗的統治。人人受不了，都想往外跑。三十多年來一事無成。近來他們自己也感到不大對頭，也要「現代化」了。

一條必然要走，非走不可的路

　　現在，就讓我們從謀求中國歷史文化中政治、經濟這兩個癥結性問題之解決的觀點來看看他們這「現代化」有沒有一點積極的意義。

　　他們的現代化其實只是科技性的，尚達不到經濟的層面。說穿了，只是統治工具現代化與作戰武器現代化。為了「現代化」他們把大門對美國開放，其實他們心中只是想學蘇俄。美國那一套現代化的政治，他們固然受不了，即那套現代化的經濟他們也受不了。因為，經濟現代化必須承認自由經濟，必須承認私有財產。就這兩點便足以在政治上根本瓦解他們那套共產主義統治。因為，一方面經濟現代化一定要以某種程度的政治現代化為基礎；一方面一旦經濟現代化必然要逼出更高程度的憲法民主型態的政治現代化。近年

來幾個經濟發展有顯著成績的國家無不如此。這是他們千萬不願見
的。所以他們在提出四個現代化的口號後,接著便馬上廢除了所謂
「四大自由」,提出了「四大堅持」。

他們提出四大堅持,其用意就在警告大陸人民,在文化大革命
落幕、四人幫倒臺之後,「我們」給「你們」一點兒好處是可以
的,但「你們」對「我們」共產黨的專制統治是絕不可以過問的。
共黨政權是絕對不會對人民開放的。因一開放,他們共產黨就完
了。大陸青年魏京生向他們要求「第五個現代化」,就是要共黨開
放政權使國家政治走向憲法民主的現代化。這當然是為共黨所絕不
容許的。所以,魏京生只寫了幾篇文章便被判了十五年重刑。他們
在這方面是非常敏感而且絕不客氣的。他們絕不容許任何人以任何
方式在這方面對他們作任何程度的過問。他們只知道利用現代化的
科技死抓政權;根本不知道就整個的國家建設來說,政治不朝現代
化的路上走,其他方面的現代化根本是不可能的。

從歷史的發展來看代表中國文化實質面的經濟、政治現代化是
一條必然要走、非走不可的路。眼前雖有共黨魔難的阻礙,只是使
這條路走得迂迴、曲折些,大陸人民要多受些冤枉痛苦。於此,更
可見得海外的中國人,尤其是在臺灣的中國人使命之重大,不能妄
自菲薄。

(72年5月17日講,陳濤記錄)

原載《鵝湖月刊》第9卷第6期　　1983年12月

中國文化大動脈中的終極關心問題

　　上次，我們曾經談過在中國文化發展中隨著各時代所產生的實質性、客觀性或說是事業性的政治、經濟問題，這些問題的癥結所在與現時代文化轉型期中如何以國家近代化建設的方式以解決這些問題的原則與觀念。這次，我們要從中國文化之所以發展成這樣一個型態的中國文化之「動原」處來作一歷史的省察。

民族文化的內容與方向在「動原」處決定

　　中國文化之所以能這樣悠久、廣大，當然要有一個催使它非如此不可的「動原」，也可說是根本。「文化尋根」，就是應該在這裡尋的。

　　比起政治、經濟問題之實質性來說，動原問題當然是具有空靈性的。「空靈」性的問題，因為看也看不見，摸也摸不著，一般人總說是太空洞、不容易把握；其實，如果我們能切實「反求諸己」，認真地想一想，這也並不困難。空靈不僅不是「空洞」，而且正是一個「真實」；一般人平常認為的真實，倒不一定是真實的。所以，從前人在這裡講學問，就說是「實學」。

　　「動原」問題，是任何一個具有高度文化成就的民族都少不了的。因為，這是它成就其文化的「動力之原」。而且，這動原也不僅是個動「力」之原，也是一個民族文化動「向」底決定之原。各個民族文化的內容與方向，其實就是在這「動原」處決定的。

　　各民族的文化動原雖有不同，但都是最初（primary），也是最後的（final）。這裡是無古無今。這方面的問題，就是近代所謂的「終極關心」的問題。它是屬於人類生命根本方向與智慧方向的問題。它不像政治、經濟那樣只是為我們所「實現」地「關心」著，而是為我們「終極」地「關心」著。

　　說到「關心」，我們馬上就可以想到平常為我們所關心的問題實在也太多了。但這些為我們所關心的問題有一共同特性，就是你關心，我不一定關心；我今天關心，我明天不一定關心；現在的人關心，過去的人不一定關心，未來的人也不一定關心；東方人關心，北方人不一定關心。這就是說，這些為我們所關心的問題都沒有一個普遍性（universality）與恆久性（eternity）；也就是說都沒有一個終極性（ultimacy），所以都不算是「終極關心」的問題。

　　終極關心的問題，就是不管你在社會上做什麼事情，是什麼地位，都必關心問題。依西方文化來說，就是宗教的問題。在西方，宗教問題，當然是指自古猶太思想體系中衍生出來的基督教而說的；印度，則是印度教和佛教。中國以前雖然沒有產生像這樣類型的宗教，但道家、儒家的學問，並也都有宗教的作用，故也可以稱為一種宗教。因為，他們所要解決的都是屬於宗教性的終極關心問題。

終極關心問題之「終極性」所在

關於這終極關心的問題,雖各教說法不同,但大體說來,都是教人如何真正成為一個人,如何成就一個完美的人格（perfect personality）。因為,我們任何人不論要在社會上成就任何事業,基本上無例外地我們必須先要成就一個人,並且是一個具有完美人格的人。能達到什麼程度不管,基本上必須心嚮往之。這就是這一終極關心問題之「終極性」之所在。

基督教認為人只是一種具有「原罪」的存在,生命中沒有一個可以「完美」的內在根據,所以,人不能自我完美,必須在對基督的信仰中依賴基督的救贖,死後經過最後的審判靈魂昇入天國與那位「人格神」（personal God）同在乃得完美。因為,那位「人格神」,不僅是宇宙萬物的創造者,而且是普遍的愛、絕對的善、純全的完美。除祂之外,既無真實的愛,也無真實的善,自然也無真實的完美。

佛教認為人生來便具有一種無明煩惱與生、老、病、死之苦;所處世界,又是一個無邊苦海。所以,人必須要出離世間,由解脫以成佛,證成不生不滅佛果,達到「常樂我淨」的涅槃境界而得完美。而人之所以能成就如此,乃在人生來即具有的成佛之內在根據,即所謂「佛性」。

道家認為人生下來便像一個小螺絲釘一樣被套在像一部大機器的「人間世」中。「人間世」這部機器怎麼運轉,人這小螺絲釘便不能不怎麼運轉。所以人在人間世中是無半點自由的,不能獨立存

在的。而人的個體生命之本身，又必須要依靠（即莊子所謂的
「待」）外在世界才能生存。所以，就人的生命本身來說也是無半
點自由，不能獨立存在的。因此，一個完美人格的成就必須人通過
自我的修養，達到絕對的精神自由、絕對的心靈自在，〈逍遙遊〉
的「無待」，以成就所謂「真人」。

這些，在以唐、虞三代一脈相傳下來的正宗中國思想的標準來
看，雖不能說全屬非是，但都是繞出去，岔到一邊了，因其皆未能
把握到人之所以為人的普遍道德理性，並據之以肯定人之所以為人
的個體與集體生活。所以，中國人考慮終極關心問題，自始就未把
主要注意力放在這些地方。

中國文化中的終極關心問題，是如何成德，如何成就人品的問
題。無論貧富貴賤都是如此。所以這是一個具有普遍性的問題。這
個成德的根據，也就是中國文化之動原，即是宋明理學家所謂堯、
舜、禹、湯、文、武、周公、孔子聖聖相傳的「心法」。這心法，
就是「人心惟危，道心惟微，惟精惟一，允執厥中」這幾句話。當
然，這幾句話在民國以來，是很引起問題的，甚至是令人一聽起來
便心生厭煩的。民國以來的一些讀書人，學尚浮淺卑陋，唯以疑古
考古為能事。只知用「物」（即他們所謂的資料），不知用
「心」，中國幾千年歷史文化，除了一些零散器物、文獻外，凡屬
智慧性的東西都被他們考沒有了。自己日趨淺陋而不自知，反以
「學術」為藉口誣衊聖賢，欺罔世人。這裡我們所說的「心法相
傳」自然就被他們斥之為虛誕了。

其實，這「相傳」是不能用今天老師教學生式的「相傳」來了
解的。那是一種「心照不宣」的默契。這種所謂「相傳」，其

「事」固已不能證爲「必無」，其「理」則確然爲一「必有」。因爲非如此，不僅聖人不能成其爲聖人，中國文化亦不能成其爲中國文化，中國人亦不能成其爲中國人。因此，這心法相傳，既是聖人之所以爲聖人之根據，也是歷代聖人文化創造的根據，同時也是在中國人心目中人之所以爲人的根據。不能在這方面有相應的體會便不足以在超乎所謂「古器物學」與「古文獻學」以上的心靈境界上言中國之文化與智慧。

中國《詩》、《書》中講到的天和天帝

除此心法之外，中國古人當然也講到天和天帝。《詩》、《書》之中，提到的很多。

像「有夏多罪，天命殛之」、「蕩蕩上帝，下民之辟」、「昊天不惠，降此大戾」……等等這樣的詞語，都很容易被人解釋爲像古猶太人所說那個耶和華人格神的形象，成爲人們仰慕祈求的對象。但是，中國先民就在這同時借「天聰明自我民聰明，天明威自我民明威」一句話便把高高在上的天，即上帝，拉到了民間，與「我民」同在了。此言天無意志，實以我民的意志爲意志，天無判斷，實以我民之判斷爲判斷；天無聰明智慧，實以我民之聰明智慧爲聰明智慧。而且，中國古人講的這些天或天帝，像其他古代民族與今天仍生活在原始狀態的民族一樣，自然也少不了「人格神」的傾向，但這不是中國古人言天言帝的主要用心所在。而且，這種傾向很快就化爲低級的迷信，不爲士君子之所重。《左傳》中就有許多這樣的迷信故事。這種「天」，這種「神」，用中國的老話說，

都是屬於「氣」的。

那些低級迷信中的天神，像印度經書所說的「帝釋」一樣，實不足和猶太思想體系中的「人格神」相比。所以，若有以猶太思想體系為其究極肯定的宗教信徒，把猶太人那「人格神」和中國《詩》、《書》所載的天相比附，嚴格說來，乃是自貶其「人格神」之身價。因猶太思想體系中的人格神，用中國的老話說，乃是屬於「理」的，所以才能為西洋人所「終極關心」。

中國古人除了把天劃歸迷信之外，又藉「天作高山，大王荒之〔……〕」這一類的話更把天只視為純自然的流行，即古人所謂的「氣化」。表示天本身不僅沒有意志，而且沒有價值；它的價值乃是經由人——在此即太王——的運用而來的。「天生人成」，荀子就在這裏建立了他那獨特的哲學體系。這樣的天，就是現代自然科學所要對付的「自然」。荀子在〈天論〉中是根本否定天有任何意志與價值的。用現在術語來說，他是一個徹底的無神論者（atheist）。所以，現在有些基督教信徒一看到荀子主「性惡」便用「原罪」的觀念來比附，把荀子解釋為猶太思想的東方親屬，既是不懂荀子也是不懂基督教與其所自生的猶太思想體系。

《詩經》中「維天之命，於穆不已，〔……〕，文王之德之純」，更說明了「天命不已」與「文王之德之純」其間有一種平行類比並互相印證之歸趣。而「文王之德之純」，依傳統中國人的看法，也不僅只是文王的，而是人人生來所都具有的，無一例外。所不同者，文王能用自己的修養工夫把它無隱曲地體現出來就是了。由此而發，而有《易傳》「天行健，君子以自強不息」之說。這裏所謂的「君子」，不限於那一個特殊的人或那一群特殊的人，而是

普遍地指所有的人。

孔子就在這裏完全擺脫了像古猶太思想體系中人格神的天，進一步點出了主體的「仁」。這「仁」，依孔子，就是我們人之所以為人的本質與主宰。人不必仰慕、祈求一個高高在上的外在的人格神之天，只要躬行實踐我生命中本有的道德心之仁，在具體生活中「父子有親，君臣有義，夫婦有別，長幼有序，朋友有信」，天的一切便都在這裏了。此之謂「踐仁以知天」。你不能「踐」你生命中的「仁」，你就一定不能「知天」；你能「踐」你生命中的「仁」，你就一定能「知天」。孟子也就在這裏言「性善」，並說：「盡其心者，知其性也；知其性，則知天矣。」天、人根本是一體而不可分的。

這就是中國歷史文化「終極關心」動原之所在。

孔子在這裏，不僅開啓了中國歷史文化獨特的動力之原與方向，也確定了他在中國歷史文化中的關鍵性地位。聖人之所以為聖人，就要在這地方來了解；孔子在中國歷史文化中獨特的地位與重要意義，也要在這地方來了解。

人能盡其在我，便是參天地贊化育

孔子所說那人之所以為人之本質與主宰的「仁」，即內在於我們生命中為我們生命之根本與主宰的道德創造性（moral creativity），亦即那個「於穆不已」的「天命」在我們生命中的呈現。人就是憑藉這內在於自己心中的道德創造性知孝、能孝、知忠、能忠的。所以孟子又稱之為良知、良能。我們「內聖」成己，

「外王」成物，而且還都要盡善盡美地成之，其動原全在這內在的道德創造性。故《大學》說：「大學之道，在明明德，在親民，在止於至善。」在這裡，堯舜、常人、桀紂並無差別；差別只在有沒有自覺地去實踐和實踐多少而已。

所以，就儒者的立場說，一個人如能真實無妄地「踐仁」，為國家社會做事盡其忠心，事奉父母盡其孝心，與朋友交盡其信實之心，在兄弟姊妹之間盡其友愛之心，在夫婦之間盡其和順之心，便是「心安理得」。說得救，這「心安理得」就是得救；說解脫，這「心安理得」就是解脫；說逍遙自在，這「心安理得」就是逍遙自在。你能這樣「心安理得」，現實世界就是你的天堂，現實世界就是你的極樂世界。否則，你沒有這「心安理得」，誰也救不了你，你永遠不能解脫、不得逍遙，現實世界就是你的地獄；無論你死後靈魂跑到那裡去，到天堂或是極樂世界，你也是痛苦的，不能安息的。所以，孔子要說：「未知生，焉知死？」又說：「不能事人，焉能事鬼？」當孔子病疾，子路要為他老人家禱於上下神祇之時，孔子馬上便拒絕了，說：「丘之禱久矣！」

這就是孔子為我們中國人開啟出來的既不同於西方也不同於印度的文化動原。一切都是盡其在我，故「反身而誠，樂莫大焉。」人能盡其在我，便能無愧於天，便是參天地贊化育，故曰：「君子之道，造端乎夫婦；及其至也，察乎天地。」這便是中國人之所以為中國人的終極關心問題。

所以，我們無論在社會上從事於什麼行業，談論是什麼地位，都應念茲在茲在這問題上。因為，我們在社會上，事業、成績、地位不管有多麼的不同，但人要做一個人，成就自己的品德，一定是

完全相同的。所以，這問題是具有究極性與普遍性的。

明乎此，我們就可解決在講中國文化時一個非常惱人的問題了。

什麼是中國文化？何謂文化智慧？

平常我們常談中國文化。但中國文化在那裡？什麼是中國文化？經此一問，我們便會發現，這問題好像很玄，很難回答。其實，照我們這兩次所說，也很容易。

中國文化隨著時代的演進，面對現實上的諸多問題，經大家的共同努力，不管是好是壞，產生了種種不同的事業與成績。這是中國民族集體生活中的一些共同活動。政治、經濟在這方面最具有代表性與統攝性。這就是我們上次所講中國文化大動脈中實質性的內容。而我們今天所講的，乃是支持中國文化導引中國文化的「動原」問題。乃是中國文化大動脈中空靈性的內容。

這不就很清楚，很容易理解了嗎？

實質性的文化內容是「事」，空靈性的文化內容是「理」。一個民族的文化活動，不能只有「事」而沒有「理」，也不能只有「理」而沒有「事」。

凡事都是經驗的，必當隨著時代的需要作適當的調整與變動。此即古人所說：「可與民變易者也。」理是超越的、定然的。千百年前的人生而即當孝、悌、忠、信，今天的人生而即當孝、悌、忠、信，千百年以後的人也是生而即當孝、悌、忠、信。既無所謂調整，也無所謂變動。這即古人所說「不可與民變易者也」。為人

之道怎麼可以隨便變易呢？

　　這不僅中國文化是如此，西方也是如此。

　　從西方來說，自希臘、羅馬、中世紀、一直到今天，他們實質性的文化豈不是隨時在變，隨地不同嗎？但他們有一個不變的東西就是他們的宗教信仰。美國的科學技術和民主政治那麼進步，但他們的總統還是要按禮《聖經》而宣誓的（此即所謂 Bible Oath），他們的錢鈔上還是要鑄印著 In God We Trust 的。他們把文化活動中可變而當變的「事」與不可變而不當變的「理」分得清清楚楚。印度也是如此。

　　這就是文化智慧。

　　反觀我們中國人，近幾十年就不免令人難過。

科學與民主須在實踐中一步步達成

　　近百年來我們因為沒有科學技術、民主政治，受盡外國人欺凌。割地賠款喪權辱國之事不一而足。我們需要自強救國就需要科學技術與民主政治。此之所謂國家現代化。這是歷史事實。生於今日的中國，凡稍具正常頭腦的人誰能不承認這事實呢？照我們上次所講，這都是我們二千年來一心想要解決卻一直得不到解決的問題。王船山說：「至此而窮」，乃是一種無可奈何的文化慨嘆與悲痛。在這「山窮水盡疑無路」之際，我們藉西洋歷史發現了科學技術與民主政治那個「柳暗花明又一村」，自然是值得欣喜的。

　　科學技術有科學技術的道理，民主政治有民主政治的道理。我們需要科學技術、民主政治，就照著這些道理老老實實盡我們的真

心誠意去做就是了。有一分耕耘，就有一分收穫。日就月將，循序漸進，必有成就。西方科學技術和民主政治都是老老實實從這樣「日新又新」的努力實踐中一步一步達成的，不是變戲法變來的。這是稍具西方歷史發展知識的人都能承認的。這道理總不能說是「玄」吧！

這本是一極簡單的史實與道理，但我們的民主、科學宣傳家們偏見不到。他們一看到在過往中國文化史中沒有產生出科學與民主，便說中國文化完全要不得，須要完全打倒。他們根本不知道西方的科學技術與民主政治也是近兩三百年才發展出來的。

再說打倒。究竟要打倒個什麼呢？若說是要打倒那舊有的實質性的政治、經濟制度，那實不必花大力氣去打倒。那些都是些歷史陳跡，你如果能盡心盡力把現時代所需要的民主政治、科學技術依理建立起來，它自然消滅、淘汰。歷史上的陳跡不必經過「打倒」而在新事物建立起來之後自歸於消滅的不是太多了嗎？但是，他們要打倒的不止於此，他們還要打倒為中國文化之動原的孔子教訓，把孔子的教訓也「陳跡化」一起而打倒之。這便是事、理不分明。科學、民主的「事」前人沒作出來，我們現在作就是了；作人之「理」並不礙作事，何必要打倒呢？

他們要打倒「孔家店」，打倒孔子仁義道德的教訓，認是妨礙了中國民主與科學的產生。他們根本不知「孔家」根本沒有一個「店」，孔子仁義道德的教訓只是把人人心中所固有的知忠知孝、能忠能孝的道德心指點出來而已；孔子不是憑空給人填進些仁義道德的內容，給人加上一個仁義道德的枷鎖。再說，科學、民主根本也是孔子所說仁義道德的必然要求。孔子若地下有知看到中國兩千

年來沒法解決的政治、經濟問題藉著你引進的民主與科學解決了，他高興感謝你還來不及哩！

今天我們該當成就的歷史性事業

我們已說過，一個文化中政治、經濟與其他現實方面的業績，都是有時間性的。這時代需要，下一時代不一定需要；這個時代能做出來，那個時代不一定能做出來。無一人能把一切的好事都統統做出來只等著你來坐享現成的福！

再說，什麼叫做什好事，什麼叫做壞事，在績效上也是甚難講的。歷史上有許多在當時有利的好事，到下個時代就不一定是好的，就會產生出些弊病來。為三代王道重要內容的封建、宗法、井田諸制度，不就是如此嗎？同樣的，歷史上也有許多在當時有大弊病的壞事，到下一代就不一定是件壞事，它也會產生很大的好處。秦始皇修長城，隨煬帝開運河，在當時都是極大的壞事，但在後來中國歷史的政治、經濟中都產生了極大的好作用──到今天，它們又只成了供人觀光、憑弔的歷史陳跡，也無所謂好、壞了。

這都說明歷史業績都是有因有革、有損有益的。孔子說：「殷因於夏禮，所損益可知也；周因於殷禮，所損益可知也。其或繼周者，雖百世可知也。」這裡所謂「禮」就是各時代的制度與由此制度而成的業績，是一定要隨時代需要而有因有革，有損有益的；那能一成不變呢？孔子自己既沒有把它當成一成不變的東西，也沒有教我們把它當成一成不變的東西。

過去的東西就是過去的東西。你若認為那間千年老屋的古「業

績」妨害了你修大馬路的現代化，你趁早把它拆掉。你現在不拆，將來還是有人要拆。即令將來沒人拆，它也是要自行毀掉、壞掉的。沒有任何業績是可以永恆下去的。

歷史業績妨礙不了我們的現代化，孔子給我們留下的做人教訓，更妨礙不了我們的現代化。這基本的理由就是無論政治、經濟與現代化，人總要是個「人」；而且，就這現代化的工作，也必須「人」來推動、完成。但是，在過去，大家異口同聲地說孔子這教訓是足以妨礙現代化工作的；現在，事實證明不僅是不能的而且正好是可以成為現代化之根本動力的。

日本、南韓、台灣、新加坡基本上都是以儒家倫理為個人、家庭、社會基礎的國家，現在都現代化了，被歐美那些現代化的先進國家譽為東方的四條小龍。而且，在他們心目中，儒家倫理正是這四個國家現代化的基本動力。基本動力，也就是我們今天所說「終極關心」的「動原」問題。在這四個國家之中，新加坡對他們原來已有的儒教還嫌不夠，正在以政府的具體行動、穩健的步調大力而有計畫地加強與提高中。這也就是他們的文化建設，雖然他們並未提出「文化建設」這口號。

所以，國家現代化只是作為黃帝子孫的我們在今天當該成就的歷史性事業。在成就這歷史事業的過程中，除了我們不好好做能夠妨礙我們之外，誰也妨礙不了我們。

共產災害的根本原因就是文化的

民國以來一些浮在社會上層的知識分子，就像《莊子·秋水》

篇中所說的「曲士」一樣，除了他所讀的那幾本書中的幾個專門術語之外，什麼也不懂。分明是淺薄卑陋，而無頭腦，反「以爲天下之美爲盡在己」。遂至於不明事理，不識大體，胡言論斷，怨天尤人。完全不知道自己的時代使命是什麼，把一切責任都推到孔子身上──孔子能負那麼大的責任嗎？上天把你生下來，就只是要你來吃現成飯的嗎？

把民族固有的歷史文化不分青紅皂白地連事帶理一起打倒，用什麼來代替呢？自己又沒有一套。結果是爲馬克思主義鋪路，讓它來侵佔了人們的空虛的心靈。

馬克思那一套，即令對之作最好的解釋，也不過是可以解決某一方面某一部分的經濟問題而已，那能做爲民族文化的基本動原，人之所以爲人的生活軌範呢？不能做，硬要做，結果是造成這麼一個大災害。天下生民受那樣的痛苦，你們一點都不知道反省，把責任都推到軍事、政治、經濟、外交上；而你自己只是一個旁觀的無事人。其實，大陸上這幾十年共產災害的根本原因就是文化的。

辛亥革命以來，正因爲大家亂來，再加上日本的侵略，國家現代化一直未能走上軌道才弄到今天這個樣子。國民政府撤退到台灣來這幾十年，以其既有的政治架構之運作，使經濟建設走上軌道，經濟現代化成功；經濟現代化了，便促使政治更一步一步地也走上現代化的道路，這是現代化的必經途徑。大陸上還沒走上這條路。他們也喊現代化的口號，但他們別有用心，另有企圖，其目的並不眞在使國家現代化。這個，我們上次已經說過了。

國家需要現代化，無人否認。但現代化有現代化的一定範圍與程序，不能亂來。但人們偏要亂來，前有民初一些人物的亂來，繼

之而有共產黨人的亂來。前者要打倒孔家店,後者要批孔、揚秦。

批的結果是人都不像個人了,一點人味都沒有了。人人都不像個人,都沒一點人味了,國家事怎麼做?即使要做一個共產黨員,也總要先成個「人」吧?做人的道理都被批光了,教人憑什麼做「人」呢?所以鄧小平上台後看到這問題嚴重,又要講求「四美五好」,要人講求禮貌和人道。

禮貌和人道都是要在人與人關係中慢慢陶養的。他們幾十年來訓練黨員,教育人民都是以否定、歪曲、汙衊、破壞這些東西為能事。自己「無法無天」教天下人也都「無法無天」,把做人之道都抹殺殆盡,專以惡毒、姦險、詐偽、忮恨為高尚。現在,自己吃到「惡」果,又要以「美」來教天下人了。試問:「你教天下人怎地『美』得起來?」

從這裡我們可以很清楚地看到馬克思主義那一套是不能為民族文化之「動原」的。如果硬來,除了能成就個「天下大亂」之外,什麼也不能成就。他們統治中國大陸這卅多年的「成就」,不是已清清楚楚地證明了這一點嗎?

私有財產是人格尊嚴的一道防線

我常遇到人問,共黨以馬列主義統治中國三十多年,中國文化實受了史無前例的摧殘與歪曲。如果在短期內大陸與臺灣不能在理性的方式中得到統一,馬克思主義能不能像佛教一樣被中國文化消化成一個旁支?

我以為這要看從那個角度來看馬克思主義而定。

如果從馬克思、恩格斯、列寧、史達林這一系相傳下來的布爾什維克意識型態來說，馬克思主義一定不能成中國文化的一個旁支，它不能像佛教一樣被中國文化消化，成為一個旁支，它與中國文化是一個絕對的對立。我們必須把它徹底消除掉，它徹底是個災禍。

如果是從單純的某形態的社會主義來說，它當然可以像佛教一樣成為中國文化的一個旁支。中國文化中本有社會主義意識這一傾向。相當程度的社會主義是可允許的。三民主義中的民生主義就是一種相當程度的社會主義。世界各國也都有類似英國工黨的那種社會主義者。但某形態的社會主義與共產主義是完全不同的。共黨一方面最厭社會主義，一方面又利用之說共產主義的社會主義。世人無知，便易受其欺哄。某形態的社會主義是一定要承認自由經濟與某種程度的私有財產的。所以，耕者有其田、節制資本、社會保險等是社會主義，因其能創造社會福利。共產主義不是社會主義，因其只能製造災害。

說到這裡，我們必須對某種程度的私有財產有一正確的了解。近代知識分子，其實從清末康有為開始就是如此，誤解儒家所說「大同」與「天下為公」的理想，總把私有財產和自私連結在一起說，都說成一種罪惡。

這樣，就又被共黨投了一個大機。

私有財產與自私是不一樣的。自私是罪惡，私有財產是人格尊嚴的一道防線。人之所以為人起碼是要有屬於自己的生活，不由他人干涉，不由政府支配、控制。試問：如果一個人連買四兩豬肉、兩尺白布都必須經過政府批准，甚至像在人民公社中連吃一碗稀飯

都須要排隊等政府派員來分發，這還能談什麼人格尊嚴？

同樣，自由經濟與資本主義也是不一樣的。人只有在自由經濟的制度下才能自由發揮自己的才能為自己為社會創造財富，經濟才能現代化。經濟現代化了，便也可連帶地促進、加速政治、社會各方面的現代化。

共產主義的「社會主義」有這樣的內容與理想嗎？

所以，共黨所說的現代化絕不是這個意思，他們只是想利用以「四個堅持」為基礎的科技現代化來維持他們那個馬克思主義政權。至於他們能不能維持，能維持多久，則是另一個問題。但不管怎樣，它維持一天便是一天的災害，他們便非否定中國文化不可，永遠不能成為中國文化的一個旁支。

使國家統一的理性坦途

共產主義，以馬克思那一套意識型態為底子，有一個基本惡，就是不承認普遍人性，只承認階級性。你給他講道德心靈，他說你這是小資產階級的奇夢幻想；你給他講兄友弟恭、父慈子孝甚至男女愛情，他說你這是小資產階級的溫情主義。把人性中屬於真、善、美的東西全抹煞了。他們只把人當作一種生物學的存在。這樣，怎能為中國文化消化成為一個旁支呢？要知道，我們反共就是要在這地方反的！

所以，他們只有在把布爾什維克那一套放棄，把馬、恩、列、史那一套放棄，把所謂無產階級專政和所謂四個堅持那一套放棄，理性化其自己，使其自己成為一種能夠承認自由經濟、承認私有財

產肯定個人價值人格尊嚴的社會主義,才能成為中國文化的一個旁支。

他們能這樣做嗎?敢這樣做嗎?

前幾年他們喊出了所謂「祖國統一」的口號,很吸引海外中國人的注意。這是一個問題,不能單把它當作一個統戰口號不理就算了。

對於這個問題,政府有所反應,我也有所反應。政府的反應當然是政治性的。但是,我總以為國家統一的問題不能僅僅是屬於政治層面的,一定要具有更高層次具有涵蓋性的文化意識。我曾應香港一個學生社團發表一次演講,我的意思是共黨如有誠意使國家統一,必須從他們所堅持的馬克思主義的意識型態上降格。國家統一不僅是版圖歸為一體,分離的家庭再團圓,國民黨和共產黨再「合作」執政的問題,而基本上是一個在台灣的中國人和在大陸的中國人都能同樣地一起在中國傳統文化的方式中肯定人格價值、個人尊嚴,自由地安排個人生活,並以此為根據在自由經濟與憲政民主的建構中共同安排民族共同生活的問題。所以,要國家統一,非共黨自他們馬克思主義的僻執中解放出來歸於理性之坦途不可。

共黨自然不敢這樣做,因一這樣做,他們那一套馬克思主義的非理性統治便完了。但他們不這樣做,國家便不能在理性的方式中統一。

所以,海外一些知識分子在那時一聽到共黨喊出「祖國統一」的口號,便說要國家統一必須台灣方面降格,台灣若堅持其立場便是統一的障礙。能說出這樣的話,是既無知識也無良心。

他們住在美國跟著人家美國人享受人家現成的自由、民主,平

時說台灣的自由、民主還不夠，需要「百尺竿頭，更進一步」，現在又要台灣降格，又要生活在台灣的人降低自由、民主的生活標準，而斷絕大陸人民的自由、民主的生活希望。這能算是有知識嗎？這能算是有良心嗎？

士大夫之無恥，是謂國恥

顧亭林說：「士大夫之無恥，是謂國恥。」他所說的「士大夫」就是今天所謂的知識分子。民國以來，一些漂浮在社會上層的知識分子論事說理全無體統，所以國家才弄成這個樣子。在解決國家統一這問題上，以為把台灣與大陸「各打五十大板」便可了事；在國家現代化這一問題上，以為都是孔夫子妨礙了事情。隔岸觀火，不負責任；事理不明，怨天尤人。這就叫做「無恥」。所以，他們有本事在美國的保護傘下回到「祖國」面對高掛在北平天安門上馬克斯、恩格斯、列寧、史達林那四個為共黨奉為「祖宗」的畫像而無動於衷。

馬克思主義想以「教」的形式在中國歷史文化中取得主流的地位是不可能的，取得一個旁支的地位也是不可能的。那麼，其他的宗教可不可以呢？

中國文化自堯、舜與三代聖王之「心傳」到孔子「踐仁知天」，把《詩》、《書》中具有原始宗教意味的天撇開，當下從人之所以為人處講「仁」，講「成德」，肯定個人人格，肯定人倫關係，肯定國家社會。於是，孔子給我們規定的這條路，便成了中國文化的主流。其所以能夠成為主流為我們所接受，乃在孔子之「規

定」並不是把外在的東西加到我們身上，乃只是把我們生命中固有的東西指點給我們而已。所以，孟子便在這裡說：「仁者，人也。」又說：「仁者，人心也。」

但是，中國文化除這主流之外，自始便有一個旁支，那便是道家。在東漢末年與魏、晉之際，由於種種的人為因素，道家思想盛行於浮在中國社會上層的知識分子之間。雖孔子本身的地位並沒有受到多大影響，但中國主流文化實是在一個歪曲的路途上發展的。那時天下喪亂，生民流離，惶惶不可終日。

就在這一時刻，佛教自西域和南海，由陸、水兩路傳入中國。因佛教與道家思想本有異曲同工之處，所以便很快普被高談玄理的士大夫與現實生活全無安頓的一般老百姓所接受。因此，有人便說，在南北朝之時，佛教「征服」了中國。這話也並不能說全無道理。

但是，經過魏晉南北朝的長期醞釀，到了隋唐，佛教可說完全被中國文化所「消化」，幾乎成了中國文化固有的了。上至於天臺、華嚴、禪宗這些大宗派的成立，下至於一般老百姓一些平常生活方式的佛教化。在在都說明這一事實。可是，就這樣它也不能取得中國文化的正統主流地位，它只能是一個旁支。這也是一個事實，是一個連佛教人士都不能不承認的事實。

基督教自明末由利馬竇傳到中國至今也有好幾百年了，時間也不能算短。但是，始終與中國文化，包括佛教，格格不入。對於這個問題，基督教人士也有許多反省，也說出許多原因，我看都不是很中肯的。

基督教至今之所以不能像佛教那樣為中國人所接受，當然是有

原因的：

主體之門不開，無法與東方文化精神相契

　　佛教肯定眾生皆有佛性，人人皆可依之而「自力」修行成佛。這與道家經由自力修行而成「真人」、「至人」，儒家根據自力「踐仁」便「人人皆可為堯舜」的成聖成賢方式完全是不謀而合的。所以佛教可以傳到中國，中國也可以「消化」佛教。從基督教來說，耶穌是經由上帝差遣下來的，不是他那個「人」經由「修養」而成的。他是「神而人」（God-man）不是「人而神」（man-God）。所以，依基督教義，只能說人人皆可經由信仰而成為一個基督「徒」，不能說人人皆可經由自己的修養而成為基督。

　　就在這地方基督教與儒、釋、道三教便格格不入。它根本開不出儒、釋、道三教所必肯定的主體實踐之門。主體之門不開，人道倒懸於神道，所以它與東方文化精神始終不能相契合。

　　基督教在這地方是十分感覺銳敏的。存在主義哲學家祈克果一說出「主體性（subjectivity）即真理」這樣的話便馬上被視為異端。如果是在中世紀，不是就跟哥白尼一樣送到「異端裁判所」中去了嗎？

　　中國人，無分儒、釋、道，偏偏就非要肯定主體性不可，雖然，他們所肯定的主體性尚非祈克果所說的主體性之所能及。其實基督教人士如果好好順著祈克果這句話和存在主義的哲學徹底反省，「齊一變至於魯，魯一變至於道」，不唯有助於他們在中國傳教，也有助於他們本身之更接近於耶穌。這對他們自己也是極有益

處的。在這裡，我們可以借用佛家的名詞來說，能開出主體之門，
自我完美，無待他求，便是「自力教」，開不出主體之門必須依
「他」而完美，便是「他力教」。我們成就自己的完美人格爲什麼
一定需要一個「他力」呢？

基督教根本不可能成爲中國文化的「動原」。但是可能不可能
是一回事，他們要不要這樣做又是另一回事。這次大陸淪陷就是因
爲文化出了問題，而且是在「動原」處出了問題。於是，他們就利
用這個機會要取代這個「動原」。

這是一個文化問題。爲什麼會出現這樣的問題呢？就是中國文
化自己出了問題，而且是在文化「動原」處出了問題。這是一個每
一個中國人都不能不關心的問題。用顧亭林的話來說，就是「匹夫
匹婦與有責焉」，不只是那些廟堂之上公卿大夫的責任。

政府須放眼天下，存心萬古

國民政府撤退來台這幾十年，經濟建設的成就是舉世都承認
的。至於政治建設在現實環境中雖然有些地方不能完全做到，不能
不有些權宜之計，但只要民主建國的最高原則不放棄，就是值得大
家同情與諒解的。所以，國民政府這幾十年的政治雖不如經濟建設
那樣成功，進步也是很大的。

繼經濟、政治建設的成就之後，自然就是文化建設了。在這三
重建設之中，經濟建設最容易，因最具有實質性，同時也最單純；
政治建設因牽涉到的方面太多，必須要解決而卻在現階段無法解決
的大問題太多，所以就比較難些；文化建設實在是最難的，因最

「空洞」，最無實質性，最難有具體的成績表現出來。但政府做事又那裡可以沒有具體的成績表現出來呢？

於是，文化建設工作便落在田野考古、史跡勘查、民間藝術與所謂「文化資產」的保存與保管這個事務層次的工作上來了。須知這些工作在成功的經濟建設中，一般民間的文化團體已經優為之了，不需要政府，尤其中央政府花大力氣。一個民間文化基金會把大批散失在海外的家族譜牒蒐集回來，又一個民間文化基金把索忍尼辛請來講演，都是比這些事情有意義有價值的。一個為中國五千年歷史文化發言人的中華民國中央政府在文化建設工作上不如新加坡政府，已是很不應該了；如何可以連民間文化機構都不如呢？

那麼中央政府的文化建設應該解決些什麼問題呢？實在說來，就是這文化動原的「終極關心」問題，就是如何使全國人民在個人與集體生活中有一個正確方向的問題。而且此之所謂「全國人民」一方面指包括今天生活在台灣、海外和大陸的整個中華民族而言，一方面也指我們的後世子孫而言。所以才「難」。這工作你說它很空洞，其實是最真實的。這當然很難。但是，正因為難，才需要中央政府來作；普通民間文化團體都可作的事，或地方政府就可作的事，又何必勞動中央政府呢？

在現階段這新的文化轉型時期，中央政府如果完全不考慮文化建設的工作，也就算了；如果一定要考慮文化建設的工作，就必須要從目前這種地方性、形式性的瑣碎事務的牛角尖中抽身出來，認清自己的身分地位，放眼天下，存心萬古，用真正的文化智慧順著下列三方面來用心：

一、《論語》說政府對於人民既「富之」就必須繼之以「教

之」，因為人民「飽食煖衣，逸居而無教」是要「近於禽獸」的。這「教」不是近代意義教育（education）之教，而是文化教養（cultural cultivition）之教。文化教養之教，就是使人真正成為人之教，這是只要造就專門技術人員的近代「教育」所不能負起的責任。

人無文化教養必物化，古人叫做「化於物」。軟性的物化，就是奢靡；硬性的物化，就是暴戾。一個有遠見、有責任感的政府，在謀求經濟發展的同時就應該注意以文化「教養」為主，使人民免於物化的文化建設了。

孟子所說舜在禹平定洪水之後命契為司徒，行五倫之教，使民「父子有親，君臣有義，夫婦有別，長幼有序，朋友有信」而免於禽獸化（即物化），便是我國歷史上中央政府第一次有計畫有目的的文化建設。

今天的問題，同樣也是如此，中央政府的文化建設仍是要用這五倫之教來使人民從奢靡與暴戾的物化陷溺中解放出來回歸到做人的本位上。也就是古人所說「復人道之正」。所不同者，五倫之教，在古代有古代的實踐方式，在今天就應該有今天的實踐方式。

如何教人民用現代方式實踐五倫之教呢？現代方式是個什麼方式呢？這就都是今天由中央政府推動的文化建設所必須考慮的重要課題。這是要用心的。

新加坡政府的文化建設有沒有、能不能用心到這種程度，一時尚難看得出來；中華民國中央政府的文化建設工作是非作這樣用心不可的。因為：㈠在現實上台灣所面臨在文化失調中的奢靡與暴戾問題遠比新加坡嚴重得多；㈡在原則上中華民國中央政府所肩負的

歷史文化責任根本是絕對的，新加坡政府可以很輕鬆地說：「我們完全沒這責任」。

二、知識分子與青年學生的左傾，實給共黨席捲大陸河山鋪下了一條寬平的大路。所以，中央政府遷來台灣，即有人說那是一次文化教育的失敗。這話自有其真實的意義。所以，政府來台之初即大力提倡民族文化精神教育。其用意也不可謂不誠，其用心也不可謂不苦。但是，三十多年來，其效果又是怎樣呢？

在這種「民族文化精神教育」之下長大的青年到了國外，為中共幫腔吶喊者有之，腳踏台灣海峽兩岸專說風涼話者有之，只拿美金過生活中國事不聞不問者有之，你要他回來給國家做點事，必須付他美金待遇者有之，甚至根本就不承認自己是中國人一心一意只想取消中華民國者也有之。而且，皆不在「少數」。再說，國外有，國內好像也不是沒有；國外很多，國內誰也不敢說就很少。而且，老早以來，在台灣的大學生都是以「迷失的一代」自稱的。這是一個多麼具有危險性的信號！文化教育當局怎可在這地方全無辦法？

如果我們不肯承認這事實，也就算了；如果我們肯承認這事實，我們就應該承認這又是一次文化教育的失敗。

老實說，我們不能怪罪那些所謂「誤入歧途」的青年；也不能把責任都推給「國際陰謀分子」和中共統戰；政府是應該拿出真誠在文化教育方面作徹底的反省與檢討的。

絕對可以大有爲，爲什麼要畫地爲牢？

三、文化教育須以開發民族文化中屬於精神、智慧、理想、光明與生命的內容爲根本要務，其效績最後必要在身受共黨黑暗統治的全體大陸人民與製造這黑暗統治的共產黨人身上見。

在現階段，中央政府偪促台灣一隅，而且經歷這麼長的時間，爲大家所「現實關心」的政治、經濟建設工作在地理條件的限制下，除了「示範」作用之外，是很難突破地方性限制的。現實就是現實。極殘酷，也極無可奈何。這種限制，不管你多「大有爲」都必須接受。

但是，文化建設工作就完全不一樣了。這完全不是一個「政治經濟」的問題，因而這可以完全不受地理條件的限制而突破這令人窒息的地方性，把自己具有的「中國」和「中央」特性理直氣壯、生機活潑地證明出來。幾個年輕人辦一個雜誌社出版一套《中國童話》就敢說是爲全中國十億人民與未來子孫著想的，中央政府文化建設工作的用心行事，又怎麼可以沒有這樣子的理想與擔當呢？在這絕對可以「大有爲」的工作上，爲什麼也一定要畫地爲牢把自己囚限起來呢？

爲中國歷史文化動原的歷代聖賢相傳的成己成物之道，經過五四時代的刻意曲解與醜化，都已是不絕如縷，再經過共黨這三十多年的打砸與鏟鋤，在中國大陸上，實已蕩然無餘了。大陸人民對共黨有所謂「三信危機」，反共的人們聽了心中都很受用，無不竊竊自喜。

其實，問題並不這麼簡單。根本的「危機」乃是大陸人民對人之所以為人的人道沒有了信心，對中國歷史文化之所以為中國歷史文化沒有了信心。大陸有一位好像是孫姓的青年詩人便在一首詩中說他所知道的中國歷史文化只是到處埋葬著古人朽骨的墳墓。就是像魏京生這樣思想敏銳覺醒的一代也都是這樣的，他們並未在中國文化中看到屬於他自己或整個民族的理想與光明。

刻不容緩，無可旁貸的責任

要知道，這種根本性的「信心危機」不是共黨的而是整個中華民族的。即令今天共黨政權垮台，國民政府返回大陸，這危機照樣還是存在的。這很像秦漢之間的情形，而且比那時更嚴重。賈誼〈治安策〉中有很清楚的說明。大家一看就知道了。

因此，今天中華民國中央政府的文化建設工作就應該在這裡多用點心思，針對這民族的信心危機採取必要的措施以謀化除之道。最根本的方法，沒有別的，就是把民族文化中屬於精神、智慧、理想、光明與生命的內容開發出來，用現代化的傳播工具，放送到大陸去。有一分努力，就有一分的成果；有十分的努力就有十分的成果。自己工作如能做得真切而有力，大陸人民固然一定要揚棄馬列主義，即共黨黨員與其幹部也終要丟掉那死教條的。

大陸共黨要用馬克思那一套作為民族文化的動原，把人完全弄成一種生物性的存在，已造成了一個亙古未有的大災難。台灣這方面三十幾年雖政府與民間有識之士有些反省，體認到一點民族本位文化的重要性，但民國三十八年以前在大陸時期那種文化混亂依然

是存在的。現在，繼經濟建設、政治建設成就之後，這種開啓民族文化精神、智慧、理想、光明與生命內容的文化建設工作是刻不容緩的，中華民國政府在這裡有其無可游移、無可旁貸的責任，這才是王船山所說「立千年人極」的大業。歷史功、罪皆決定在自己一念之間。面對祖宗與子孫，這是一件很值得有歷史文化使命感、責任感的人，一想起來便會出一身冷汗的事情。當仁不讓，這與學術自由、思想自由、宗教自由全無關係；任何人不能以此爲藉口推卸其當負的責任。

但是，我們也應該知道把一切事情都推給政府而自己只是被動而行，這無論在經濟、政治、文化的建設中，都不是一個現代化國民應有的心態。在這個文化混亂問題時代中，我當該如何自處，乃是我自己的事情，是不能交給政府的。

一個憲政民主的國家，一定要肯定人民宗教信仰自由；一個不能肯定人民宗教自由的國家，便不足以稱爲一個憲政民主的國家。在台灣，人人可享有宗教信仰自由的權利。但是，當你在使用這自由權的時候，你不能只作政治權利的考慮，你還要考慮到你作爲一個中國人的「應當」的問題，當你眞實而存在地感覺到你「應當」爲中華民族作主的時候，你便知道你「應當」選擇什麼了。

眞正的民族精神與文化智慧

當年甘地領導印度人向英國爭取獨立自由的非暴力方式獲得舉世讚美。一位基督教傳教士告訴他：「你這種革命方式完全符合我們基督的精神。你爲什麼不信仰我們基督教呢？」甘地的回答很簡

單：「我既生爲一個印度人，便『應當』信仰我們的印度教；既然我可以根據我們的印度教的信仰決定我這種合乎你們基督的精神的革命方式，那我又何必改信你們的基督教呢？」

這才叫做眞正的民族精神。

這才叫做眞正的文化智慧。

雖然只幾句平常的話，卻是從他眞生命中發出來的。他完全不屬於任何外在而毫無意義的假借與攀附；他只緊抓著他作爲一個印度人的「應當」，以他自己民族文化的精神與智慧肯定他個人的人格與事業，並以他個人的人格與事業肯定他自己民族文化的精神與智慧。人，只有在這種與自己民族文化的精神與智慧眞正的同一（identification）中才能有眞正的人格，有眞正的事業；才能眞正上不愧於祖宗，眞正下不愧於子孫；才能眞正地正其名分，眞正地順其言辭，眞正地爲自己的國家民族負得「起」自己的責任。

歷史文化，有人說它沒用，我們聽起來好像很不順耳；有人說它有用，我們好像也看不到它的用處在那裡。因此，歷史文化有用沒用，就成了一個很難說的問題了。其實，也很容易，歷史文化之有用與無用，不能在歷史文化本身看，而只能在你有沒有這種與歷史文化之精神智慧眞正同一起來的眞正人格處看。你若沒有這種眞正的歷史文化人格，只瑣碎地講些堯、舜、禹、湯、文、武、周公、孔子和孟子的教訓是沒有用的，只空泛地講句「爲天地立心，爲生民立命，爲往聖繼絕學，爲萬世開太平」的大話也是沒有用的。一切形式主義的教條與口號都只能在人們的幼稚、愚昧與閉塞的狀態中起些短暫性的麻醉作用而已；等麻醉過後，非唯無益，且必有害。面對心智趨向成熟的人民與啟開的社會，非要用眞正的人

格講眞正的話不可。因此，如果你眞正有像甘地這種眞正的歷史文化人格與智慧，不必講大話，就可做大事。

　　所以，民族歷史文化、聖人之道，究竟有用沒用，不用問別人，只問自己有沒有這眞正的人格與智慧就知道了。

（72年5月24日講，陳濤記錄）

原載《鵝湖月刊》第9卷第6期　　1983年12月

《牟宗三先生全集》總目